Dışavurumcu Sanatın Psikolojik Danışma Uygulamalarına Entegrasyonu

Teoriye Dayalı Müdahaleler

Dışavurumcu Sanatın Psikolojik Danışma Uygulamalarına Entegrasyonu

Teoriye Dayalı Müdahaleler

Editör

Hayal Demirci

Çeviri

Nurdan Cihanşümül Maral

Integrating the Expressive Arts Into Counseling Practice Theory-Based Interventions

Editörler

Suzanne Degges-White, PhD, LMHC, LPC, NCC

Nancy L. Davis, PhD, LPC, LSC

SPRINGER PUBLISHING COMPANY
NEW YORK

NOBEL YAŞAM

NOBEL YAŞAM

Dışavurumcu Sanatın Psikolojik Danışma Uygulamalarına Entegrasyonu
Integrating the Expressive Arts Into Counseling Practice

1. Basımdan Çeviri, Haziran 2019
Yayın No.: 83
ISBN: 978-605-9746-82-3

by Jamie Combs and Brenda Hoddinott
Editör: Hayal Demirci
Çeviri: Nurdan Cihanşümül Maral

Genel Yayın Yönetmeni: Nevzat Argun
Yayın Koordinatörü: Alper Tok
Sayfa Tasarım: Emel Yıldız
Yayına Hazırlayan: Samet Tekin
Kapak Tasarım: Mehtap Yürümez

Baskı ve Cilt: Sarıyıldız Ofset Amb. Kağ. Paz. San. ve Tic. Ltd Sertifika No.: 23593
İvedik Ağaç İşleri San. Sit. 1354. Cad. 1358. Sok. No.: 31 Ostim / ANKARA

Nobel Yaşam

İstanbul Büro: Rasimpaşa Mah. Rıhtım Cad. Nemlizade Sok.
Güleryüz Apt. No:9 Daire:3 Kadıköy / İSTANBUL
Tel/Faks: +90 (216) 418 20 10
info@nobelyasam.com - www.nobelyasam.com
Ankara Büro: Mithatpaşa Cad. No.: 74/4 Kızılay / ANKARA
Tel: 0312 418 20 10 Faks: 0312 418 30 20

Genel Dağıtım

ATLAS AKADEMİK BASIM YAYIN DAĞITIM TİC. LTD. ŞTİ.
Sipariş : -siparis@nobelyayin.com-
Telefon : +90 312 278 50 77 - Faks: 0 312 278 21 65
E-Satış : www.nobelkitap.com - esatis@nobelkitap.com
Bilgi : www.atlaskitap.com - info@atlaskitap.com

Dağıtım ve Satış Noktaları: Alfa Basım Dağıtım, Arasta, Arkadaş Kitabevi, Başarı Dağıtım, D&R mağazaları, Dost Dağıtım, Güneş Dağıtım, Kitapsan, Nezih Kitabevleri, Prefix, Remzi Kitabevleri, TveK Mağazaları

Bu kitap, sadece izin vermekle kalmayıp, aile ve kariyer dengesini ararken kendi yaratıcılığımı kullanıp geliştirmemi talep eden üç çocuğum, Georgia, Andrew ve David'e adanmıştır; kendi kişisel yaratıcılığımın en değerli ve en parlak örnekleridir!

—SED

Bu kitabı dışavurumcu sanatları kendi çeşitli uygulamalarına entegre eden ve bana günlük olarak birçok yetenekleri ile ilham veren ilham veren, yaratıcı ve etkileyici kızlarıma adıyorum

—NLD

İçindekiler

Katkıda Bulunan Yazarlar

Angela L. Anderson, PhD, LP (MO), Missouri Eyalet Üniversitesi, Springfield, MO Danışmanlık Bölümü'nde Doçent olarak görev yapmaktadır.

Lauren E. Atkins, MA, MFA, Appalachian Eyalet Üniversitesi, Boone, NC Tiyatro ve Dans Bölümü'nde doçent olarak görev yapmaktadır.

Sally S. Atkins, EdD, REAT, Appalachian Eyalet Üniversitesi İnsan Gelişimi ve Psikolojik Danışamanlık Bölümünde doçent olarak görev yapmaktadır; aynı zamanda bölümde Dışavurumcu Sanat Koordinatörüdür.

John Beckenbach, EdD, Texas Eyalet Üniversitesi-San Marcos, San Marcos, TX, Danışmanlık, Liderlik, Yetişkin Eğitimi ve Okul Psikolojisi Bölümü'nde doçent olarak görev yapmaktadır.

Paul Blisard, EdD, LPC, Missouri Eyalet Üniversitesi, Springfield, MO Danışmanlık, Liderlik ve Özel Eğitim Bölümü'nde doçent olarak görev yapmaktadır.

Imelda N. Bratton, PhD, LPC, NCC, RPT-S, Güney Dakota Üniversitesi, Vermillion SD doçent ve doktora programı koordinatörü olarak görev yapmaktadır.

Montserrat Casado-Kehoe, PhD, LMFT, RPT,Palm Beach Atlantic Üniversitesi, Orlando FL Psikolojik Danışmanlık Bölümü'nde doçent ve Staj ve Oyun Terapisi Sertifikası Koordinatörü olarak görev yapmaktadır. Onaylı LMFT/LMHC süpervizörüdür.

Katrina Cook, PhD, LPC-S, LMFT-S, San Antonio, TX2da bulunan Texas A&M Üniversitesi'nde Danışman Eğitimi'nde doçent olarak görev yapmaktadır.

Keith M. Davis, PhD, NCC, Appalachian Eyalet Üniversitesi, Boone, NC İnsan Gelişimi ve Psikolojik Danışmanlık Bölümü Klinik Ruh Sağlığı Danışmanlık Programı yöneticisi ve profesör olarak görev yapmaktadır.

Kristin I. Douglas, MA, LPC, BCB, Laramie County Community College'da, Cheyenne; WY lisanslı profesyonel danışman olarak görev yapmaktadır; aynı zamanda Wyoming, Laramie Üniversitesi'nde, WY doktora öğrencisidir.

Thelma Duffey, PhD, LPC, LMFT, Texas Üniversitesi Danışmanlık Bölümünde Profesör ve danışmanlık Program Koordinatörü olarak görev yapmaktadır.

Nancy Forth, PhD, LPC, NCC, Central Missouri Üniversitesi Warrensburg, MO Danışmanlık Eğitim Programı bölümünde doçent olarak görev yapmaktadır.

Nan J. Giblin, PhD, Northeastern Illinois Üniversitesi Chicago, IL. Danışmanlık Eğitimi Bölümü'nde profesör ve bölüm başkanı olarak görev yapmaktadır.

Mark Gillen, PhD, Wisconsin Üniversitesi, River Falls, WI. Danışmanlık ve Okul Psikolojisi bölümünde doçent ve öğretim üyesi olarak görev yapmaktadır.

Mary Amanda Graham, PhD, Seattle Universitesi, Seattle, WA. Danışmanlık Bölümü'nde doçent olarak görev yapmaktadır.

Samantha Grzesik, BA, Purdue Universitesi Calumet, Hammond, IN.Ruh Sağlığı Bölümünden mezundur.

K. Hridaya Hall, PhD, NCC, Plymouth Eyalet Üniversitesi, Danışmanlık Eğitimi ve Okul Danışmanlığı Bölümü'nde doçent olarak görev yapmaktadır.

Laura Heil, MS, Corpus Christi'de, TX ilkokulda okul danışmanlığı yapmaktadır.

Stephanie Helsel, PhD, Pittsburg bölgesinde araştırma, danışmanlık ve eğitmenlik alanında uzman lisanslı profesyonel danışmanlık yapmaktadır. Duquesne Üniversitesi'nden doktora derecesine sahiptir ve Pittsburg Gestalt Enstitüsü'nden mezundur.

lossie Ierardi, MM, MT-BC, LPC, Drexel Universitesi, Philadelphia, PA, Yaratıcı Sanat Bölümü Alan Eğitimi direktörü olarak görev yapmaktadır.

Chloe Lancaster, PhD, ilkokulda danışmanlık yapmaktadır ve bir üniversite topluluğunda danışmanlık program süpervizörüdür.

Ileana Lane, MS, Texas A&M Üniversitesi'nde doktora öğrencisidir,

Elsa Soto Leggett, PhD, LPC-S, CSC,Â€, Houston Üniversitesi-Victoria, Sugar Land, TX.'te doçent olarak görev yapmaktadır.

Kathleen Levingston, PhD, LPC, RPT-S, Old Dominion Üniversitesi'nde Norfolk ve oyun terapisi direktörü ve insan kaynakları uzmanı olarak görev yapmaktadır.

Melissa Luke, PhD, LMHC, NCC, ACS, Syracuse Universitesi, Syracuse, NY. Okul Danışmanlığı Bölümü koordinatörüdür ve doçent olarak görev yapmaktadır.

Karen L. Mackie, PhD, NCC, LMHC, Rochester Universitesi, Rochester, NY. Danışmanlık &İnsan Gelişimi bölümünde klinik doçentlik yapmaktadır.

Michele P. Mannion, PhD, LCPC, ACS, Maine'de lisanslı klinik danışmandır. Çalışmalarını özel olarak sürdürmektedir ve Capella Üniversitesi'nde ders vermektedir.

Beth McCabe, MS, Purdue Universitesi Calumet Okul Danışmanlığı bölümünden mezundur ve 24 yıldır ilkokul beden eğitimi öğretmeni olarak görev yapmaktadır. Illinois'de bulunan Country Club Hills District 160'da ders vermektedir ve dışavurumcu sanatları, müfredatına, öğrencilerin iletişimi ve birbirlerini anlamalarını, kişiler arası ilişkilerini geliştirmek amacıyla uygulamaktadır.

Christine McNichols, PhD, LPC-I, NCC, Delta Eyalet Universitesi'nde, Cleveland, MS. doçent olarak görev yapmaktadır.

Dixie Meyer, PhD, NCC, PLPC, Regent Universitesi, Virginia Beach, VA. Psikoloji ve Danışmanlık Bölümü'nde doçent olarak görev yapmaktadır.

Brian J. Mistler, PhD, Gestalt Terapi Gelişimi Derneği üyesidir ve Hobart William Smith Üniversiteleri Danışmanlık ve Öğrenci Sağlığı Merkezinde psikolog olarak görev yapmaktadır.

Teah L. Moore, PhD, Fort Valley Eyalet Universitesi'nde, Fort Valley, GA. doçent olarak görev yapmaktadır.

Charles E. Myers, PhD, LCPC, NCC, NCSC, ACS, RPT-S, Northern Illinois Universitesi, DeKalb, IL. Danışmanlık, Yetişkin ve Yükseköğretim Eğitiminde doçent olarak görev yapmaktadır.

Adele Logan O'Keefe, PhD, NCC, LPC, LMFT, Finney Psikotherapi Derneği'nde terapisttir ve Dominion Üniversitesi, Norfolk, VA. Danışmanlık alanında profesördür.

Jill Packman, PhD, RPT-S, NCC, Nevada Üniversitesi Evlilik, Çift ve Aile Danışmanlığı ve Terapisi koordinatörü olarak görev yapmaktadır.

Tina R. Paone, PhD, NCC, NCSC, LPC, RPT- Monmouth Üniversitesi, West Long Branch, NJ. Eğitim Liderliği, Okul Danışmanlığı ve Özel Eğitim Bölümünde doçent olarak görev yapmaktadır.

Shawn Patrick, EdD, Texas Eyalet Üniversitesi-San Marcos, San Marcos, TX. Danışmanlık, Liderlik ve Yetişkin Eğitimi Bölümünde doçent olarak görev yapmaktadır.

Rachel Payne, MS, Güney Teksas Kadın Sığınma Evinde danışmanlık yapmaktadır ve sanat eğitimeni ve masaj terapisti olarak 20 yıldır dışavurumcu sanat ve iyileştirici sanat alanında çalışmaktadır.

Dale-Elizabeth Pehrsson, EdD, CLPC-S, NCC, ACS, DCC, RPT-S, Nevada Üniversitesi, Las Vegas, NV. Danışmanlık Eğitimi Bölümü'nde profesör ve dekan olarak görev yapmaktadır.

Kristi Perryman, PhD, LPC, RPT-S, Missouri Eyalet Üniversitesi, Springfield, MO. Danışmanlık, Liderlik ve Özel Eğitim bölümünde doçent olarak görev yapmaktadır.

Sheri Pickover, PhD, LPC, Detroit Üniversitesi Mercy, Detroit, MI. Danışmanlık bölümünde doçent olarak görev yapmaktadır.

Melina Pineda, MS, Corpus Christi Eyalet Yaşam Destek Merkezinde psikolog olarak görev yapmaktadır.

Torey L. Portrie-Bethke, Ph.D., NCC, Antioch Üniversitesi, New England, Keene, NH Uygulamalı Psikoloji Bölümü Klinik Ruh Sağlığı Kliniğinde doçent olarak görev yapmaktadır.

Christopher P. Roseman, PhD, Güney Dakota Üniversitesi, Vermillion, SD. Danışmalık bölümünde doçent olarak görev yapmaktadır.

Mardie Howe Rossi, MA, EdD, LMHC, Rochester Üniversitesi, Rochester, NY. Margaret Warner Eğitim ve İnsan Gelimi bölümünde misafir öğretim üyesi olarak görev yapmaktadır.

Varunee Faii Sangganjanavanich, PhD, LPC, NCC, ACS, RPT, Akron Üniversitesi, Akron, OH. Danışmanlık Bölümünde doçent olarak görev yapmaktadır.

Corie Schoenberg, Ed.S.,LPC, Central Missouri Üniversitesi Danışmanlık Eğitim Programı misafir fakülte üyesidir, sertifikalı okul danışmanıdır ve Sedalia'da çalışmalarını özel olarak sürdürmektedir.

Atsuko Seto, PhD, LPC, NCC, New Jersey Üniversitesi Danışmanlık Eğitimi Bölümü, Klinik Yerleştirme Koordinatörü ve doçent olarak görev yapmaktadır.

Cheryl L. Shiflett, MS, LPC,ATR-BC, Eastern Virginia Tıp Fakültesi'nde Sanat Terapisi ve Danışmanlık Programı topluluğuna üyedir ve Virginia Beach City'de devlet okullarında sanat eğitmeni olarak görev yapmaktadır.

Allison L. Smith, PhD, NCC, ACS, Antioch Universitesi New England, Keene, NH. Klinik Ruh Sağlığı ve Uygulamalı Psikoloji Bölümünde doçent olarak görev yapmaktadır.

HoiLam Tang, MS, BFA, South Bay Ruh Sağlığı Merkezi'nde, Brockton, MA. Terapist olarak görev yapmaktadır.

Heather Trepal, PhD, LPC-S, Texas Üniversitesi, San Antonio, TX. Danışmanlık bölümünde doçent olarak görev yapmaktadır.

Katarzyna Uzar, PhD, John Paul II Catholic Üniversitesi, Polonya Felsefe Bölümü asistan öğretim üyesi ve eğitim uzmanı olarak görev yapmaktadır.

Katie Vena, BA, Purdue Üniversitesi Calumet, Hammond, IN, Ruh Sağlığı Danışmanlığı Bölümünden mezundur.

Anna Warzecha, MA, Polonya'da bulunan Maria Curie-Skłodowska Üniversitesi'nde sanat terapisi doktorası yapmış bir psikologtur

Kathy Ybañez, PhD, LPC-S, Texas Eyalet Üniversitesi'nde doçent olarak görev yapmaktadır.

Ön Söz

Hem benzersiz hem de paha biçilmez bir kitap ara sıra denk gelir. *Dışavurumcu Sanatın Psikolojik Danışma Uygulamalarına Entegrasyonu: Teoriye Dayalı Müdahaleler* işte böyle bir kitaptır. Bu kitapta Suzanne Degges-White ve Nancy L. Davis, teorik olarak sağlam ve klinik olarak pratik olan birçok bilgiyi bir araya getirerek düzenlemiştir. Bu çalışmadaki bölümlerin her birinin yazarları, ana danışma teorileri ve dışavurumcu sanatın birbirleriyle nasıl bağlantılı olduklarını anlatma konusunda oldukça açıklayıcıdır. Öncesinde dışavurumcu sanat uygulamalarıyla ilgili yüzlerce cilt varken, dışavurumcu sanatı ve arkasındaki teorileri derinden ele alan bir grup uzmanı bir araya getiren ilk kişi Degges-White ve Davis olmuştur.

Başlıca danışmanlık kuramlarının Adlerian, çözüm odaklı, bilişsel davranışçı, varoluşsal, feminist, gestalt, birey merkezli, öyküsel ve bütünleştirici olmak üzere neredeyse tamamı bu kitapta ele alınmaktadır. Bu teoriler ve dışavurumcu sanat arasındaki ilişki tam olarak çizilmektedir. Görsel sanatlar, müzik, drama, etkileyici yazı/şiir ve dans/hareket terapileri, bu teorilerin bir eki olarak değil, kaynağı olarak görülmektedir. Dolayısıyla, teoriler olarak hem bilim hem de yardımcı sanatın temeli olduğu anlatılmaktadır. Her bir teori, etkililiği ve özellikle dışavurumcu sanat açısından gücü bakımından iyi açıklanmıştır. Hepsinden iyisi, bölümler düzgün bir şekilde sunulmuştur ve son derece iyi düzenlenmiştir. Sonuç, elde tutması ve kullanması keyif veren dikişsiz-güçlü iç içe dokunmuş bir kumaş.

Dışavurumcu Sanatın Psikolojik Danışma Uygulamalarına Entegrasyonu'nun heyecan verici bir parçası, her bölümün sonunda, teorik kavramlarla kanıtlanmış dışavurumcu sanat çalışmalarını sunduğu gerçeğidir. Bu egzersizler, teoriyi uygulayan ve çalışmalarında bu etkinlikleri kullanma konusunda kendilerini rahat ve bilgili hisseden klinisyenler tarafından desteklenmektedir.

Degges-White, Davis ve ortakları, dışavurumcu sanatın sağlam teorik tekniklerin ve müdahalelerin yerine geçmediğine işaret etmektedir. Bunun yerine, danışanlara yardım etmenin yenilikçi yolları kulanılan teoriyi genişleten terapötik araçlardır. Böylece, uygulayıcılar bu çalışmayı okuyarak ve inceleyerek danışanlarının yaşamlarını ve kendi etkinliklerini zenginleştirebilirler. Değişimi sağlamak için aktif araçlar kullanabilirler. Bu süreçte, düşünceler, duygular ve davranışların yanı sıra algılar da değişmektedir.

Dışavurumcu Sanatın Psikolojik Danışma Uygulamalarına Entegrasyonu, sadece danışmanlar için "okunması gereken bir metin" olmanın yanı sıra bir klasik hâline gelecektir. Nedeni oldukça basit. Teoriyi pratiğe dönüştürmekte ve ana akım psikolojik danışma yaklaşımlarını, danışanların ve danışmanların terapide çalışma şeklini değiştirmek için son derece yararlı hâle dönüştürmektedir. Farklı yardım ve kültürel geçmişe sahip uygulayıcılar bu kitabı pratikliği ve özgünlüğüyle deneyimleyeceklerdir. Bir kitap, olabileceği kadar kapsamlı ve kullanışlıdır. Kendinden emin bir otomobil firmasının dediği gibi: "Daha iyisini bulabilirseniz hemen alın!"

Samuel T. Gladding,
Wake Forest Üniversitesi Danışmanlık Bölümü
Başkanı ve Profesör
Winston-Salem, Kuzey Carolina

Giriş

Danışmanlık, uzun zamandan beri, bireylerin büyümesine ve gelişmesine yardımcı olan bir sanat olmanın yanı sıra bir bilim olarak da kabul edilmiştir. Yine de teorilerimizin ve uygulamalarımızın çoğu, iyileştirme sürecinde büyük ölçüde "konuşma terapisi"ne dayanmaktadır. Danışanı sürece dâhil etmede bu geleneksel yöntemler önemli olmakla birlikte, dışavurumcu ve yaratıcı sanatların tamamlayıcı veya birincil kullanımını içeren geleneksel olmayan yöntemlerin kullanılması, aslında iyileşme sürecini derinleştirmenin yanı sıra tanı, tedavi ve önlemeyi de hızlandırabilir. Profesyoneller, üretken ve etkili bakım yöntemlerini ararken, danışanların kaygılar, zorluklar ve içsel yaralarla mücadele ettikleri psikolojik alana yaklaşmanın, tamamlayıcı iyileştirme yöntemlerinin kullanılmasını gerektirebileceğinin farkına varmak önemlidir. Danışanı sanat yaratma sürecine dâhil etmek -ister görsel ister işitsel, kinetik vb. olsun- danışanların, yalnızca kelimelerin tam olarak yetersiz olabileceği yerleri keşfederken ve daha derinlere inerken takip edecekleri güvenli bir yol sağlayabilir.

Bu kitabın amacı, danışmanların ve danışmanlık öğrencilerinin, dışavurumcu sanat tekniklerinin, öğretilen ve uygulanmakta olan temel teorilerin herhangi birindeki psikolojik danışma uygulamalarına verimli bir şekilde entegre edilebilecekleri yolları daha iyi anlamalarını sağlamaktır. Bu kitap, danışmanların ve danışman eğitimcilerin katkılarıyla alanda test edilmiş yaratıcı müdahalelerin bir koleksiyonunu sunması bakımından benzersizdir. Bu müdahaleler, okuyucunun en iyi uyuştuğu lider teorik oryantasyonlarla düzenlenen bölümler hâlinde sunulmaktadır.

Dışavurumcu ve yaratıcı sanatın klinik pratiğine dökülmesi sayesinde uygulayıcılar, oldukça zor ulaşılan tedavi hedeflerine daha güvenli ve eğlenceli yollardan ulaşmanın tadını çıkarmaktadır. Elektronik medya büyümeye devam etmekte ve dikkat çekici bir çeşitlilik sunmaktadır. Kültürümüz giderek daha fazla madde yerine "eğlence" beklemektedir. Bununla birlikte, seans sırasında danışanın aklını, hayal gücünü ve fiziksel varlığını destekleyen yaratıcı teknikleri bütünleştirerek, uygulayıcılar, danışanın yenilik ihtiyacından faydalanabilir. Yaratıcı ve deneysel müdahaleler, danışanları kalıcı değişime yönelten katalizör olabilir. Ancak pek çok danışman, kendi felsefi ve klinik çerçevelerine uyabilecek çok sayıda dışavurumcu sanat tekniğinden haberdar değildir. Pek çok öğrenci ve uygulayıcının aşina olduğu teoriler içinde çerçevelendirilen dışavurumcu sanat müdahalelerini tanıtarak, danışmanların klinik çalışmalarını var olan sınırlarının ötesine taşımalarına ve danışanların gelişimine destek olabilecek bu farklı teknikleri uygulamaları konusunda kendilerini daha rahat hissetmelerine destek olması umulmaktadır.

Kitapta yer alan her bölümde, danışmanlık teorisiyle ilgili özet bir bilginin yanı sıra dışavurumcu sanat tekniklerinin uygulama aşamalarıyla ilgili açıklamalar yer almaktadır. Kısacası, bu kitap, uygulayıcılara ve bu öğrencilere, dışavurumcu sanat tekniklerini klinik çalışmalarda kullanabilme olasılıklarını anlatmaktadır. Bilinen teorik yapılar içinde yenilikçi ve yaratıcı müdahale aktiviteleriyle, tüm okuyucuları, danışanlarını terapi saatinde daha fazla enerji, yaratıcılık kendini keşfetmeye odaklanmaları yönünde uygulamalarını canlandırmaları konusunda teşvik etmesini umuyoruz.

Kitabın Anahtar Özellikleri

- Çeşitli danışanlarda ve çeşitli sorunlarda kullanılabilecek 50'den fazla yaratıcı sanat müdahalesi.
- Bilinen danışmanlık teorileri, anlatı terapisi, çözüm odaklı terapi, bilişsel davranışçı terapi, feminist teori ve daha fazlası içinde sunulan müdahaleler.
- Resim terapisi, müzik terapisi, bibliyoterapi, drama, dışavurumcu yazı, kukla, kum oyunu ve diğer yaklaşımları kullanan müdahale biçimleri.
- Önde gelen uygulayıcıların, danışanları ileri seviyelere taşıyan klinik olarak kanıtlanmış müdahale yöntemleri.
- Klinik uzmanların kolaylıkla uygulayabilecekleri adım adım anlatılmış yaratıcı müdahale biçimleri.
- Süpervizyon seanslarını geliştirmenize yardımcı olacak, süpervizyon sırasında dışavurumcu sanatın kullanımına ayrılan bir bölüm.
- Geleneksel konuşma terapisinin hızlı bir başlangıç gerektiği zamanlarda terapist olarak kendinizi rahat hissetmenizi sağlayacak ve danışanlarınıza yardımcı olacak fikirler.
- Klinik çalışmalarına düzen vermek isteyen uygulayıcılar için bir araç kutusu ve danışmanlıkta dışavurumcu sanat terapileri konusunda eğitim alan öğrenciler için ulaşılabilir bir kaynaktır.

Teşekkür

Bu kitap, uzun yıllardır yaratıcı sanat biçimlerini klinik uygulamalarında kullanan pek çok kişinin yanı sıra daha henüz alanda yeni olan ve yaratıcı kanatlarını test etmeye yeni başlamış kişilerin ürünleriyle ortaya çıkmıştır. Mesleklerini geliştirme yeminleri, sanata olan tutkuları ve ortak akıllarıyla birbirinden farklı katılımcıların verdiği katkılardan dolayı çok şanslıyız. Ayrıca konuyu başından bu yana sahiplenen ve süreç boyunca bizi yönlendiren editörümüz Jennifer Perillo'ya da minnetlerimizi sunuyoruz.

Dışavurumcu Sanatın Psikolojik Danışma Uygulamalarına Entegrasyonu

Teoriye Dayalı Müdahaleler

1

Danışmanlıkta Dışavurumcu Sanat Kullanımına Giriş

Suzanne Degges-White

DIŞAVURUMCU SANATLARA GENEL BAKIŞ

Binlerce yıldır, doktorlar, şifacılar terapötik uygulamalarında çok çeşitli yaratıcı sanat biçimleri kullanmaktadır. Antik Yunan ve Roma'da depresyon, kaygı gibi bozukluklar yaşayan kişilere, drama ve komedi çalışmaları "reçete" ediliyordu. Kabile dansları çok uzun bir süre bireylerin ve yeryüzünün iyileşmesi için kullanılmıştır. Müzik, yüzlerce yıldır ruh hâlini değiştirmek için kullanılıyordu. Çağdaş Navajo şifacıları, iyileşme süreçlerinde hâlâ kum resmi ve müziği kullanmaktadır.

Dışavurumcu sanatların, dünyevi şeylerin üstesinden gelmemize ve geleneksel *konuşma terapisinin* ulaşamayacağı içsel yanlarımızla iletişim kurmamıza yardım etme gücü vardır. Sanat; bir heykel, bir öykü, bir tablo ya da dans gibi somut bir ürün ortaya koyarak içsel duygularımıza ve bilinçaltımıza erişebileceğimiz bir araç işlevi görür. Dışavurumcu sanatlara katılım, danışanların, içsel duygularını ve çatışmalarını temsil eden sembolleri kullanarak ve fiziksel olarak içsel meselelerini ifade ederek en derinlerde bulunan ve çoğunlukla da gizlenmiş olan duygularını keşfetmelerini sağlar. Bu süreç, geleneksel konuşma terapisine göre genellikle daha kapsamlı bir şekilde kendini keşfetme ve kendini ifade etme süreçlerini oluşturur. Danışanın gelişimine destek olan bir süreçtir ve çağdaş şifacıların -psikolojik danışmanlar ve klinik psikologların- kullanabileceği çağdaş bir araçtır.

Profesyonel ruh sağlığı eğitimlerinin pek çoğunda sanat etkinliği deneyim ve uygulamalarına programlarında çok az yer verilmiştir. Önde gelen danışmanlık teorilerine -kişi odaklı terapi, akılcı duygusal terapi, bilişsel davranışçı terapi ve diğerleri- aşina olmalarına rağmen yaratıcı sanat tekniklerini seçtikleri uygulama teorisi içinde nasıl kullanacaklarını öğrenmemiş olabilirler. Tüm bu teoriler, yaratıcı sanat müdahaleleriyle bir araya gelebilir ve kullanılabilir. Üstelik, daha aktif terapötik çalışma uygulamalarının kullanılmasıyla, danışanların kişisel gelişim ve değişime karşı motivasyonu daha da artmaktadır.

Bu bölümde yer alan müdahaleler, klinik uzmanın uygulama becerilerinin yerine geçecek uygulamalar değil ancak onların uzantısı olacak şekilde tasarlanmıştır. Çalışmalarına enerji katmak isteyen klinik uzmanlar, kendi klinik uygulamalarını şekillendiren teorilerle birlikte kullanabilecekleri yaratıcı ve yenilikçi müdahale örneklerinden oluşan bir koleksiyonla karşılaşacaktır. Kendi tarzlarına uygun yaratıcı sanat örneklerini araştırıp keşfettikçe belirli alanlarda daha fazla araştırma yapma ihtiyacı duyacaklardır. Knill, Barba ve Fuchs (2004), bireyin uygulamalarında çok yönlü yaratıcı sanat etkinliklerini dâhil etmelerini destekleyen intermodel dışavurumcu sanat terapisi teorisinin öncülüğünü yapmışlardır. Ruh sağlığı alanında çalışanlar, çalışmalarına en uygun yaklaşımları seçerken, danışanları için en etkili olacağını düşündükleri farklı türleri bir araya getirmeye başlayabilirler. Hayal gücü ve ruhu harekete geçiren araçları kullanmak, intermodel dışavurumcu terapinin kalbinde yer almaktadır.

ANA DIŞAVURUMCU SANAT YÖNTEMLERİ

Sanatın pek çok şekli vardır ve yaratıcılık sürecinde çeşitli yöntemler ve araçlar kullanılabilir. Görsel sanatlar, müzik, dans/hareket, drama ve dışavurumcu yazı, danışmanlıkta kullanılan temel dışavurumcu yöntemlerdir. Danışmanlar, danışanları için intermodel deneyimler oluşturmak için çeşitli sanat etkinlikleri kullanırlar. Danışmanlar, danışanlarını farklı sanat etkinliklerine katılmaya davet ederek, çok katmanlı öz keşif deneyimleri yaşamaları için sahneler oluşturur. Kitabın amacı bu yöntemleri derinlemesine araştırmak olmadığı için, aşağıda önde gelen sanatsal yöntemlerin kökeniyle ilgili genel bilgiler yer almaktadır. Amaç daha çok, var olan teorik uygulamalarla birlikte kullanılabilecek çeşitli dışavurumcu sanat biçimleri konusunda farkındalığı arttırmaktır. Bu kitapta yer alan müdahalelerin başarılı bir şekilde uygulanabilmesi açık yönergeler yer almaktadır. Yöntemler hakkında daha fazla bilgi edinmek için, kitabın son bölümünde yer alanda kaynak listesini incelemeniz iyi olacaktır.

Görsel Sanatlar

Görsel sanatlar alanı pek çok sanat biçimini kapsamaktadır; bunlar arasında resim, çizim, heykel, kolaj, fotoğraf yer almaktadır. Sanat terapisi, öz keşfi canlandıran sanat parçalarını bir araya getirmeyi kapsayabilir. Margaret Naumburg

(1950), terapide sanat kullanımının öncülerinden biridir, 1940'lı yıllarda sanatsal etkinlikleri terapi alanına kazandırmıştır. Danışanlarıyla yaptığı çalışmalar, olumlu dönütler almıştır ve sanat terapisi, ruh sağlığı merkezlerininde daha fazla kullanılmaya başlanmasıyla, tıp alanı da terapide sanat kullanmanın danışanlar üzerindeki olumlu etkilerini tanır hâle geldi. Sanat terapisini ilk uygulayan kişiler, ruh sağlığı alanına giren resim öğretmenleri ve psikiyatristler olmuştur. Günümüzde ise sanat terapisi lisans programlarından mezun olan uzmanlar vardır ancak uzman olmayan klinikçilerin de sanat terapisi etkinliklerini uygulamalarında kullanabilecekleri görüşü de yaygındır. Yetkili sanat terapisi derneği; Amerikan Sanat Terapisi Derneği'dir (www.arttherapy.org).

Müzik Terapisi

Müzik terapisi, yirminci yüzyılın ilk yarısından bu yana ülkemizde psikoterapötik tedavinin bir parçası olmuştur (Wigram, Pedersen, & Bonde, 2002). Gönüllü müzisyenler, 1. ve 2. Dünya Savaşı'ndan dönen yaralıların bulunduğu gazi hastanelerinde müzikal rahatlama sağlamak için çalışmışlardır. Müziğin iyileştirici ve rahatlatıcı etkisi, tıbbi kadro tarafından kabul edildi ve kısa süre sonra hastanelerde müzisyenler çalışmaya başladı. Müzik terapisiyle dört alan işlevinde gelişme olduğu anlaşıldı: Fiziksel işlev, bilişsel işlev, psikolojik işlev ve sosyal işlev. Müzik terapisi sırasında, danışanlar aktif olarak beste yapabilir, kendi müziklerini yaratabilir ve klinik uzman tarafından yönlendirilen müzik etkinliklerinde yer alabilirler. Lisanslı müzik terapisti olabilmek için özel eğitim programları olmasına rağmen, ruh sağlığı çalışanları, klinik çalışmalarında, hastane ortamlarında, yataklı tedavi merkezlerinde ve okullarda müzik terapisinin farklı yönlerinden yararlanması konusunda desteklenmektedir. Yetkili müzik terapisi derneği; Amerikan Müzik Terapisi Derneği'dir (www.musictherapy.org).

Drama Terapisi

Drama ve rol yapma 2000 yıldan daha fazla süredir hemen her kültürde vardır. 1900'lü yılların başında Jacob Moreno, bu hareketi, grup terapisi biçiminde terapötik ortamlarda kendini ifade etme biçimlerini iyileştirici biçimi olarak yönlendirmiştir. *Drama terapisi*, güçlü ve son derece deneysel bir terapötik deneyimdir. Klinik uzmanlar, danışanlar arasındaki hareketi yönlendirir ve aktif olarak yer alan duyguların, davranışların ve düşüncelerin keşfi sırasında güvenli bir alan sağlarlar. Danışanlardan, geleneksel olarak gizledikleri ya da sansürledikleri yanlarını canlandırma konusunda cesaretlendirilirler. Drama müdahaleleri, öyküleme, doğaçlama, kukla, rol yapma ve belirli olayları canlandırma gibi çeşitli etkinlikleri kapsamaktadır. Yetkili drama terapisi derneği; Ulusal Drama Terapisi Derneği'dir (www.nadt.org).

Dışavurumcu Yazı/Şiir Terapisi

Dışavurumcu yazı etkinlikleri, düz yazı ve şiir gibi çeşitli biçimlerde olabilir. Dışavurumcu yazının amacı, fizyolojik ve psikolojik acı ve ağrılarıyla mücadele ve iyileşme dönemine destek olmaktır. Dışavurumcu yazı genellikle klinik uzmanın danışanı yönlendirmesiyle yapılan etkinlikleri içermektedir. Dışavurumcu yazının, çok çeşitli ortamlarda faydalı olduğu görülmüştür (Baikie & Wilhelm, 2005). Normatif gelişimsel durumlarla mücadele eden kişilerin yanı sıra belirgin travma (Dünya Ticaret Merkezi saldırısı gibi terörist saldırılar dâhil), kronik ve akut sağlık problemleri (ölümcül hastalıklar ve kronik ağrılar dâhil) yaşayan kişilerde dışavurumcu yazı etkinlikleri sonucunda iyileşmeler görülmüştür. Şiir terapisi ve bibliyoterapi yaratıcı terapi biçimleriyle ilgilidir ve özellikle danışanın okuması için özellikle seçilen eserlerin okunmasını kapsamaktadır. Yetkili şiir terapisi derneği; Ulusal Şiir Terapisi Derneği'dir (www.poetrytherapy.org).

Dans/Hareket Terapisi

Dans/hareket terapisi, 1940'lı yılların başında sanat terapisi ve müzik terapisi gibi belirgin bir terapi yöntemi hâlini aldı (Malchiodi, 2005). Modern dans hareketi, dansçılar tarafından özgürleştirici, sağlığı destekleyici olarak anlatılan daha spontane, dışavurumcu bir hareket biçiminin doğmasına neden olmuştur. Modern dans koreografı Marian Chace'dan bu kendini ifade etme biçimini psikiyatri danışanlarına tanıtması istendi ve bu çalışmadan olumlu sonuçlar elde edildi. Dans ve hareket terapistleri, dansın, hareketle oluşan zihinsel ve bedensel bütünleşme üzerindeki olumlu etkilerine katkıda bulunmaktadır. Kendini dans ve hareketle ifade ederek, kelimelerle anlatmanın çok karmaşık ve güç olduğu deneyimlerin ifade edilebileceği ve işlenebileceği düşünülmektedir. Yetkili dans ve hareket terapisi derneği; Amerikan Dans Terapisi Derneği'dir (www.adta.org).

FARKLILIKLAR İÇİNDE DIŞAVURUMCU SANATIN UYGULANABİLİRLİĞİ

Dışavurumcu sanatlar, pek çok farklılığa sahip bireyler üzerindeki etkisi açısından sıra dışıdır. Sanat evrenseldir ve her kültürde kendi ifadesini bulur. Bu evrensellik, dışavurumcu sanatların, cinsiyet, etnik köken, beceri, yaş, dil, kültürel kimlik, fiziksel işlev ve diğer farklılıkları gözetmeden her danışana uygulanmasını desteklemektedir. Görsel sanatlar, müzik, dans, psikodrama ve dışavurumcu etkinliklerin örneklerine evrensel olarak her yerde rastlanmaktadır ve dışavurumcu sanat etkinliklerinin temelde herhangi bir danışan grubuna uygulanabileceği fikrini destekler. Klinik uzmanlar, her danışanın kendine özgü yaratıcılık kapasitesini destekleyerek sağlıklı bireylerin gelişimini desteklemektedir.

Görsel sanatlar, fiziksel zorluklar yaşayan kişiler için uyarlanabilir ve kısıtlı sözel becerisi ve dil engeli olan bireyler için oldukça faydalıdır. Var olan sanat biçimlerinin (örn., fotoğraflar, baskılar, heykeller vb.) fırça ya da çizim araçları kullanamayacak durumda olan danışanlar için danışmanlık sürecine katılabilir.

Müzik terapisinin, gelişimsel danışmanlık deneyimleriyle ilgilenen bireyler ve grupların yanı sıra klinik uygulamalarda da etkili olduğu görülmüştür. Amerikan Müzik Terapisi Derneği'ne (2010) göre, müzik terapisi, fiziksel hastalıklar yaşayanlar ve Alzheimer gibi yaşa bağlı hastalıklar üzerinde etkilidir. Müzik terapisinin aynı zamanda, otizm, fiziksel engelleri ve kronik ağrıları olan bireyler üzerinde etkili olduğu belirtilmektedir. Kişiler, müzik terapisi sırasında müzik üretebilir ya da sadece dinlemekten keyif alabilir, bu nedenle de tüm danışanlar için kullanılması olasıdır.

Hareket, dünyadaki fiziksel varlığımızın doğal bir yoludur ve bu terapötik yöntemden faydalanmak için belirli yeteneklere sahip olmak gerekli değildir. Fiziksel engelleri olan kişiler de esneme ve bedenlerini hareket ederek hareket terapisinden faydalanabilirler (Horowitz, 2000). Bu yöntem için kelimelere ya da karmaşık açıklamalara gerek yoktur, sözel ya da zihinsel yeteneklerin ötesinde danışan hareket ettiği en saf hâliyle var olur. Drama terapisi, herhangi bir farklılığı olan klinik uzmanın verdiği komutlara yanıt verebilecek ve gerçekle hayal arasındaki farkı anlayabilecek durumda olan hastalara uygulanabilir.

Dışavurumcu yazı ise sözel ifadeleri kullanabilecek düzeyde bilişsel kapasitesi olan ve kâğıt ya da bilgisayar kullanarak yazı yazabilme becerisi olan danışanlar için uygundur. Bu da yöntemin çok farklı kişiler üzerinde kullanılabileceği anlamındadır. Danışanlar yazamayacak ya da klavye kullanamayacak durumdaysa, klinik uzmanın yardımıyla düşüncelerini, duygularını ve yansımalarını dikte ederek aktarabilirler. Danışanların akıcı yazı konusunda yetersiz hissetmeleri durumunda, yazdıklarını paylaşması şart olmadığından, kendi kendilerine daha fazla yazmalarını sağlayabilir.

ÖZET

Yaratıcı sanatlar hem klinik uzmana hem de danışana konuşma terapisinin belirleyici sınırlarının ötesine geçme fırsatı sunmaktadır. Yaratıcı sürecin oluşturduğu kıvılcım çoğu zaman, danışanları en iyi şekilde işlevsel olmaktan alıkoyan sorunlar için yenilikçi çözümlerin keşfedilmesine yol açar. Danışanları daha fazla kendini ifade etmeye cesaretlendirme ve spontan işleme olumsuz-sınırlı ve daralmış düşünce kalıplarını etkili bir şekilde parçalayabilir. Ayrıca, sanat, okullardan ayakta tedavi merkezlerine, yataklı tedavi merkezlerine ve küçük çocuklardan yetişkinlere kadar her yaştaki danışanla herhangi bir klinik ortamda başarıyla birleştirilebilir.

Dışavurumcu sanat müdahalelerini geleneksel uygulama çerçevenize dahil etme çabanız, kendi eşsiz yaratıcı tekniklerinizi geliştirmenize izin verecektir. Bununla birlikte, yeni bir gelişim sürecine başlamak için, bildik yapılar içinde çerçevelenmiş yeni fikirlere sahip olmak genellikle yararlıdır. Bu amaçla, bu kitap en çok kullanılan sekiz danışmanlık teorisini temel alarak şekillenmiştir. Her bölümde, teorinin bir özeti ve teorinin dışavurumcu sanatla bütünleşmeyi nasıl desteklediğinin açık bir açıklaması sunulmuştur. Eşlik eden her yaratıcı müdahale, klinik repertuarınıza yeni teknikler eklemeyi kolaylaştırmak için adım adım talimatları içermektedir.Güven kazandıkça, bu teknikleri sadece başlangıç noktası olarak kullanıp, tarzınıza en uygun yöntemleri keşfedersiniz ve dışavurumcu sanatları kişisel danışmanlık uygulamalarınızla bütünleştirebilirsiniz.

REFERANSLAR

American Music Therapy Association. (2010). *What is the profession of music therapy?* Retrieved July 29, 2010, from http://www.musictherapy.org on.

Baikie, K. A., & Wilhem, K. (2005). Emotional and physical health benefits of expressive writing. *Advances in Psychiatric Treatment*, *11*, 338–346.

Horowitz, S. (2000). Healing in motion: Dance therapy meets diverse needs. *Alternative and Complementary Therapies*, *6*, 72–76.

Knill, P., Barba, H., & Fuchs, M. (2004). *Minstrels of soul: Intermodal expressive therapy* (2nd ed.). Toronto: EGS Press.

Malchiodi, C. A. (2005). *Expressive therapies*. New York: The Guilford Press. (ISBN 1-59385-379-3).

Naumburg, M. (1950). *An introduction to art therapy: Studies of the free art expression of behavior problems of children and adolescents as a means of diagnosis and therapy*. New York: Teachers College Press.

Wigram, T., Pedersen, I. N., & Bonde, L. O. (2002). *A comprehensive guide to music therapy: Theory, clinical practice, research and training*. London: Jessica Kingsley Publishers.

2

Adlerci Teori

Mary Amanda Graham ve Dale-Elizabeth Pehrsson

İnsanın ilkeleri için savaşması, ilkelerine bağlı yaşam sürmesinden daha kolaydır.—***Alfred Adler***

Alfred Adler'in bireysel psikolojisi, danışmanların iyileşme ve gelişme için yaratıcı, sosyal odaklı, anlam yaratan ve gelişme merkezli stratejiler geliştirmelerine imkân sağlamaktadır. Adlerci psikolojinin yaratıcı ve anlatımsal doğası, geniş bir danışan kitlesine hitap etmeyi sağlamakla kalmaz aynı zamanda dışavurumcu sanat yaklaşımlarıyla da kolay bir şekilde birleştirilebilmektedir. Bu bölümde Adlerci teori ve Adlerci yaklaşımla dışavurumcu sanat etkinliklerinin nasıl kullanılabileceği ele alınacaktır.

ADLERCİ TEORİNİN TARİHÇESİ

Alfred Adler (1870-1937), Sigmund Freud'un çağdaşıdır ve bireysel psikolojiyi geliştirmiştir (ayrıca Adlerci psikoterapi olarak da bilinmektedir). Adler, kariyerinin ilk yıllarında göz doktoru, tıp doktoru ve psikiyatrist olarak çalışmıştır. Çeşitli erken çocukluk dönemi deneyimlerine dayanarak çalışma alanını seçmiştir. Büyük bir ailede dünyaya gelen Adler, ailenin altı çocuğundan biridir ve çocukluk dönemi boyunca pek çok duygusal ve fiziksel travmalar yaşamıştır. Henüz 3 yaşındayken aynı yatağı paylaştığı kardeşi yaşamını yitirmişti. Gençlik döneminde pek çok ciddi hastalıklarla savaşmıştı. Bu mücadele dolu deneyimleri, kendi kişilik gelişimi ve teorisi kavramını etkilemiştir (Orgler, 1963).

Freud'un ilk yıllarında, 1902-1911 yılları arasında Adler, Psikanalitik Topluluğunun bir üyesi oldu. Adler, insan gelişimi ile ilgili çelişkili inançlarından dolayı kendini Freud ve Psikinalitik Topluluğundan ayrı görüyordu. Bunlar arasında biyolojik ve cinsel dürtüler, libidonun rolü, sosyal sorunlar ve bilinçaltının rolü gibi konular da vardı.

Adler, başka bir teorik yöne doğru yol aldı. Bununla birlikte Freud ile olan çalışmaları, kendi teorik yapısını oluşturmada temel oluşturarak bireysel psikolojiyi geliştirmesini sağlamıştır. Freud'un aksine Adler, seçimin gücüne inanıyordu. İnsanların doğuştan iyi ya da kötü olabileceğini ve bireylerin ilişkileri ve sosyal bağlarıyla bunun şekillendiğini savunmuştur.

Bireysel Psikoloji

Adlerci teori ya da bireysel psikoloji, her bireyin kendine özgü olduğu iddiasını destekleyen bir terimdir. Teori, insan varlığının doğasını şekillendiren dört temel kavram ileri sürmektedir: Bunlar kişilik gelişimini, üstünlük kavramını, psikolojik sağlığı ve kişilik bütünlüğüne değinmektedir. Uzmanlar, sosyal etkileşim, ilişkiler ve bağlanma konularındaki müdahalelerde, klinik uygulamalarda bireysel psikolojiyi temel alırlar. Adler, insanları sağlıklı bireyler olarak görmekte, yaşadıkları zorlukların da büyük oranda sosyal ilgi eksikliği, ilişki bağlılığı ve yanlış hedefler nedeniyle olduğunu söylemektedir. Bireyin davranışının ardında yatan motive edici güç, mükemmeliyet ve ideal olana ulaşma arzusu olduğunu ileri sürmektedir. Mükemmeliyet arayışı, bireyin *topluluk duygusu* olarak adlandırılabilecek sosyal ilgileri ve bağlarını kapsamaktadır (Adler, 1927). Adler, bireyin sosyal bağlam ve çevre içinde her zaman var olduğuna ve işlev gösterdiğine inanmaktadır. Bireyin, aşağılık duygusu ve inançlarını ya da aşağılık kompleksi geliştirmesinin nedeninin değersizlik duygusuyla ilgili olduğunu öne sürmektedir. Adler, üstünlük kompleksinin ise bireyin gerçek duygularını göz ardı ederek aşağılık duygusunun üstesinden gelme çabasının bir sonucu olarak görmektedir (Adler, 1927; Orgler, 1963).

Adler de Freud gibi, erken çocukluk dönemi deneyimlerinin etkisini vurgulamıştır. Her iki teorisyen de erken çocukluk döneminin etkisine inanmıştır. Adler, çocuğun kişiliğinin, erken dönem deneyimlerine bağlı olduğunu vurgulayarak Freud'un bebeklikte oluştuğu fikrinden ayrılmaktadır. Bu erken dönem deneyimi, çocuğun yeri, rolü, önemi ve aile yapısı ve sistemi içindeki uyumundan etkilenmektedir.

Bireysel psikolojinin altında yatan diğer kavramlar arasında bireyin kendi bakış açısıyla yaşamını, aile içindeki yeri, aile yapısı, seçimleri ve ömrünü gözden geçirdiği bilinç ve bilinçaltını anlamayı da içermektedir (Adler, 1959). Aşağıda bireysel psikolojinin temel kavramlarını açıklayan kısa tanımlar yer almaktadır:

- **Bireysel algılar:** Bireyin gerçeklik bakışıyla ilgili algıları.
- **Ilımlı determinizm:** Bireyin seçimlerinin biyoloji ya da koşullarla sınırlı olup olmadığına bakmadan durumla ilgili hisleri ya da yorumlarıyla karar verir. Bireysel seçim ve bireysel sorumluluk, kişinin gelişiminde önemli bir rol oynar.
- **Bütüncül yaklaşım:** Birey, bir bütünün parçaları olarak değil, tam bir bütün olarak görülmektedir. Kişinin bütün yaşamıyla ilgili olduğundan kişinin yaşamın her kısmını anlamak bireysel psikoloji yapısı içinde temeldir.
- **Yaşam biçimi:** Her birey kendi yaşam yolu ya da Adler'in deyimiyle yaşam biçimi konusunda kendine özgü bir çerçeve çizer. Bireyin yaşam biçiminde temel olan başarılı bir şekilde hedeflere ulaşmak ve yaşamı yönetmektir. Bu çerçeve ise anlam ve kişisel gerçekliği bulmak için kullanılan inançların ve varsayımların birleşimidir.
- **Aile yapısı:** Bu yapı, bireyin kendi aile sistemi içindeki ilişkilerini ele alır. Bu aile ilişkilerini etkileyen şeyler arasında, doğum sırası, kardeş ve ebeveyn rolleri, ebeveynler üzerindeki toplumsal baskılar, kültürel normlar ve aile deneyimleri gibi durumlar vardır. Aile içindeki ilk ilişkiler ve olaylar, doğrudan bireyin yaşam biçimiyle ilgili inançlarını etkilemektedir. Adler'in, doğum sırasıyla ilgili çalışmaları tüm dünya tarafından bilinmektedir.
- **Sosyal ilgi:** Bireyler sosyal ilişkileriyle etkindir. Birbirine bağlılık ve sosyal ilişkiler, bireysel psikolojinin temel kavramları olarak görülmektedir.
- **Davranış, amaca yönelik ve hedef odaklıdır:** Davranış, bir seçimdir ve davranış seçimleri, bireysel yaşam biçimi, gerçeklik ve ilişkilerle tutarlı hedeflere ulaşmak için yapılır. Davranış, kalıtım ve çevreyle otomatik bir neden sonuç ilişkisi yoktur. Bireyler, yaşam hedeflerine bağlı olarak olayları anlama, idare etme ve gerçekleştirme becerisine sahiptir. Davranışın olduğu varsayılır ve içsel ya da dışsal güç ya da faktörlerle belirlenmez.

ADLERCİ DANIŞMANLIKTA HEDEFLER VE SÜREÇ

Adlerci terapinin uygulamasıyla ilgili hedefler; ilişki, değerlendirme, sezgi, anlayış ve yeniden uyumlama ve redükasyonu içermektedir.

- **İlişki:** Danışman ve danışan arasındaki ilişki eşit, iş birlikli, yakın, empatik, güvene dayalı ve gelişmeye açık bir ilişkidir. Danışanın gelişim hedefleri danışanın dünya görüşünü temel alır ve danışmanla birlikte yeniden yapılandırılır. Danışman ve danışan arasında, danışanın yaşam biçimi değerlendirmeleriyle ilgili sorunsallarla ilgili karşılıklı bir yolculuğa çıkar.
- **Değerlendirme**: Danışanı değerlendirme ve onlarla ilgili bilgi edinme, Adlerci danışmanlık sürecinde önemli bir rol oynamaktadır. Değerlendirme, tedavinin başlangıcında olur ve danışmanlık süresince de devam eder. Adlerci danışmanlar, danışanların yaşam sistemlerini, hedeflerini, ilişkilerini, bireysel dinamiklerini, aile bağlılığı ve yapılarını değerlendirir. Adlerci danışmanların, danışanların gelişimi için bilgi toplamada kullandığı formel ve informel değerlendirmeler vardır.
- **Sezgi ve anlayış:** Adlerci danışmanlıkta, bireysel gelişme, bireyin kişisel amacını anlamaktan geçmektedir. Adlerci danışmanlar, danışanların kendi motivasyonlarının farkına varmaları ve hastaların kendileri hakkında bilgi sahibi olmalarına yardımcı olur. Danışmanlık süresince amaç farkındalığı sağlanır.
- **Yeniden uyumlama ve redükasyon:** Sezgi ve anlayışla danışanlar yeniden uyumlama ve redükasyon yapabilirler. Bu amaç farkındalığını eyleme dönüştürme sürecidir. Gelişme aşamasında, danışman, danışanın daha az işlev gösteren alternatiflerin kullanılmasının üstesinden gelmesine yardımcı olacak davranış seçimleri yapmasına yardım eder. Bu, yaşam biçimi, amaç ve motivasyonu ele alarak danışanı anlama ve sezgilerle tutarlı bir süreç olarak devam eder.

TEORİ ÖZETİ

Adler'in bireysel psikolojisi, insanoğlunun olumlu doğasını vurgulamakta ve bireylerin seçim ve değişim yoluyla kendi kaderlerini yönetmelerine destek olmaya odaklanmaktadır. Adlerci danışman ve danışan yaşam biçimi, aile ve sosyal bağlılıkla ilgili bilgileri bir araya getiren, sezgi kazanana bir ilişki kurarak, yeni biçimlenmiş anlam ve amacı temel alan hedef ve davranışlar geliştirirler.

Bireysel psikolojinin yaratıcı doğası, çok çeşitli kavramlar içinden bireyler için çeşitli kültürler içinde uygulamalar yapılmasına olanak sağlamaktadır. Danışmanlar, okullarda, ofislerinde, bireysel, aile, grup, üniversite, ruh sağlığı ve aile eğitim ortamlarında bireysel psikoloji uygulamaları yapmaktadır. Dışavurumcu sanatlar, özellikle sanat terapisi, oyun terapisi (Kottman, 1999, 2003) ve bibliyoterapi (Kotman, 2001) bireysel psikoloji yapısına çok iyi uymaktadır.

Yaratıcı yaklaşımlar kendini keşfetme ve anlama ile ilgili alanlar sunmaktadır (Gladding, 2005). Bu alanlar ise sezgi ve değişim için katalizör etkisi görmektedir. Dışavurumcu ve yaratıcı müdahalelerle hastalar, gelişim için sezgi kazanma, yeniden uyumlama ve redükasyon kazanırlar.

ADLERCİ UYGULAMA VE YARATICI SANATLAR

Sanat ve yaratıcı müdahaleler, danışmanlık süreçlerine uygun bir şekilde kolayca uygulanabilir (Crenshaw, 2004, 2006; Gladding, 2005; Malchiodi, 2003, 2005, 2006, 2008; Oaklander, 1988); özellikle de bireysel psikoloji çatısı altında çalışırken bu kolaydır (Kottman, 2001). Sanat ve oyun araçları, iletişim, anlayış, öz yansıtma ve dünyayı algılamada bireysel yeterlilikleri destekleyen araçlardır (Pehrsson & Aguilera, 2008; Pehrsson & McMillen, 2005). Danışmanlıkta sanatsal müdahaleler, bireyin yaşam biçimini, aile bağlarını, yanlış düşünceleri, hatalı hedefleri fark etmelerini sağlayan alanlar açmaktadır (Dreikurs, 1986; Watts & Garza, 2008). Bireysel psikolojide sanat terapisinin kullanımı, bireysel psikolojinin hedefleriyle uyumlu dört aşamadan oluşmaktadır (ilişki gelişimi; yaşam biçimini, davranışın amacını, yanlış düşünceyi ve uyumsuz davranışları keşfetme ve değerlendirme; bireysel sezgileri kolaylaştırma, uyumlama ve redükasyon).

Adlerci danışmanlığın değerlendirme aşamasında en çok sanatsal araçlar kullanılsa da Adler odaklı danışmanlar, sürecin her aşamasında sanatsal araçları kullanabileceğini bilmelidir. Danışmanlık uygulamalarında sanatsal çalışmalar kullanmanın faydaları arasında kendini keşfetme, güçlenme, kendinin, başkalarının dürtü ve davranışlarını anlama, sosyal bağlılık ve amaç, rahatlama, özyeterlik ve arınma yer almaktadır (Kramer, 1979; Kramer & Schehr, 1983; Rubin, 1984), tüm bunlar bireysel psikoloji yapısına uymaktadır (Kottman, 2003).

OYUN TERAPİSİ

Danışan odaklı oyun terapisi (Axline, 1947; Landreth, 2002; Pehrsson & Aguilera, 2008), kolaylıkla Adlerci yapıya uyarlanabilir; cesaretlendirme ve öz yeterlilik bu teorinin temel bileşenlerindendir ve terapiyi şekillendirir (Kottman, 1999, 2001, 2003). Oyun terapisi temel olarak 2 ile 12 yaş arasındaki çocuklarda kullanılmakla birlikte bazı danışmanlar bunu farklı yaş gruplarına da uyarlamaktadır (Pehrsson & Aguilera).

Oyun terapisinde kullanılan araçlar arasında genelde oyuncaklar, resim araçları, rol oynama malzemeleri yer almaktadır. Danışman oyun odasındaki Adlerci oyuncaklar (araçlar) genel olarak, aile dizilimini ve atmosferinin keşfedilmesine destek sağladığını için besleme ve aileyi temsil eder. Korkutucu araçlar, yanlış inançlar ve dünya görüşlerinin keşfedilmesini sağlar. Kültürel araçlar, kendine değer ve sosyal aidiyet duygusunu destekler (Kottman, 2001, 2003). Oyun aracılığıyla, danışmanlar danışanların aile rollerini, dünya görüşünü ve yaşam biçimini, dürtüleri ve hatalı hedefleri fark etmelerine destek olur (Dreikurs, 1986; Watts & Garza, 2008).

Adlerci oyun terapisi şu aşamalardan geçer: İlişki gelişimi, yaşam biçimi, davranış amaçları, yanlış düşünce uygunsuz davranışların keşfedilmesi; bireysel sezgi kolaylaştırma; uyum ve redükasyon. Adlerci yapı içinde kullanılan oyunlar, hatalı hedeflerin keşfedilmesini sağlayan öz keşif ve duygusal rahatlama süreçlerinde danışana yardımcı olur (Kottman, 1999, 2001, 2003).

BİBLİYOTERAPİ

Bibliyoterapi, ciddi ruh sağlığı sorunlarının yanı sıra geçici sorunlar yaşayan danışanlara destek olmak için edebiyatın kullanılmasıdır. En bilinen ve en çok kullanılan bibliyoterapi modeli, özdeşleşme, katarsis ve sezgi olmak üzere üç aşamalı bir yaklaşımdan oluşmaktadır (Shrodes, 1950). Bu yaklaşım, bireysel psikolojinin odak noktalarıyla uyumludur. Bu üç aşamalı bibliyoterapi yaklaşımıyla, bireyler seçilen edebi eserdeki karakterle kendini özdeşleştirir ve katartik bir rahatlama sağlayacak şekilde sorunlar ve deneyimler üzerinde çalışır. Katartik rahatlama, sezgi, kişisel gelişim ve ilerlemenin sağlanacağı alanlardır (Hynes & Hynes-Berry, 1994; Pehrsson & McMillen, 2005; Shrodes).

Bibliyoterapi, danışmanlara çok farklı yaratıcı ve deneysel stratejiler sunmaktadır (Pardeck, 1991, 1998; Pardeck & Pardeck, 1984, 1993; Pehrsson, 2006; Pehrsson & McMillen, 2007). Adlerci danışmanlar, bibliyoterapötik müdahaleyi, danışanların kendi kişisel kaygılarının, kendilerinin tek olduğunu ve kendi duygularının farkına varmalarını yardımcı olmak için kullanabilirler. Ayrıca yaşam biçimini ve kariyer sorunlarını keşfetmek, sezgi ve farkındalık kazandırmak, yeniden uyumlana ve reedükasyon sağlamak için danışmanlık ilişkisini pekiştirecek terapötik bir mekanizma olarak kullanılabilir (Jackson, 2001). Bibliyoterapi, kişilerin dünya görüşlerini, kültürel benlik ve ilgili diğer bağları anlamaları açısından danışanlara destek olarak kullanılabilir (Pardeck & Pardeck, 1998; Pehrsson & McMillen, 2006).

Bireysel psikoloji, çeşitli dışavurumcu sanat tekniklerinin bir arada kullanılabileceği bir alan sunmaktadır. İlişki, sezgi, gelişim ve sosyal bağ bu teoriyi, danışmanın yaratıcılığını bütünleştirebileceği ideal bir teori yapacaktır.

Dışavurumcu Sanat Müdahaleleri

YAPILANDIRILMIŞ ÇOKLU-ALAN AİLE ÇİZİM TEKNİĞİ

Mary Amanda Graham ve Dale-Elizabeth Pehrsson

Belirtiler: Bu müdahale, geçişkenlik, ruhsal sağlık, kariyer, yaşam biçimi, ebeveynlik, kimlik, kültür, şiddet, yoksulluk, madde bağımlılığı ve travmayla ilgili konularda sorun yaşayan kişiler için uygundur. Her hasta, sorununu, sözel olarak ya da belirli yapılar kullanmadan ifade edemeyebilir (Crenshaw, 2004, 2006; Malchioldi, 2003, 2008). Bu yöntem, danışanların görsel sanatlar araçlarını kullanarak kendi aile dinamikleriyle ilgili fikirlerini ifade edebilmeleri için oldukça rahat bir yöntemdir.

Bu teknik, yönlendirilmiş bir süreçtir; danışanın ve terapistin izleyebileceği minimal bir yapı sunarak, sözel ya da sözel olmayan yollarla duygu ve düşüncelerini ifade etmelerine imkân sağlar (Kramer, 1979). Teknik aynı zamanda, çizim süreci içinde karar verme, yönlendirmesiz yöntemlere, yaratıcılığa izin verir. Bunlar, keşfetme sürecinde danışan için önem taşır (Malchioldi, 2005; Oaklander, 1988).

1. Bu yöntem, keşfetme, benlik, aile farkındalığı ve sezgisellik sağlar.
2. Danışman, danışanı bir aile etkinliğini çizmesi konusunda cesaretlendirir. Danışmanın bakış açısı ve ifadeleri teşvik edicidir. Danışana mesaj, "ailenin yaptıkları konusunda uzman olan sensin"dir.
3. Danışan, resmi oluşturur ve açıklar.
4. Danışan, aile dinamiklerini, aile yapısı içindeki yerini ele alırken aynı zamanda bu konuda farkındalığı artar.
5. Danışan, terapötik ilişki içinde var olur.
6. Danışman, resim ilerlerken belirli noktaları ve aile dinamiklerini pekiştirerek danışanın farkındalığını arttırır.

Hedef: Danışanın kendini kimliklendirmesi ve sezgisellik kazanması.

Yaklaşım: Sanat.

Uygunluk: Bu etkinliğin amacı, kişinin var olan hayat sorunlarını ve aile içindeki rolünü çizimler aracılığıyla genişletmektir. Bu çizim etkinliği, danışanın aile ortamını ve aile dinamiklerini keşfetmek için kullanılır; yansıtma ve danışmanlık süreçlerinde sözel ve sözel olmayan becerilerin kullanımını desteklemektedir. Süreç, bir mesafe koyarak, karmaşık ve acı verici sorunları güvenli bir şekilde konuşma imkânı sunar. Bu teknik, Burns ve Kauffman'ın oluşturduğu tanısal ve yansıtıcı değerlendirme süreci olan Kinetik Aile Çizim Tekniği'nin farklı bir biçimidir (Burns & Kaufman, 1972). Danışman, danışanı çizim yapması için harekete geçirir. Yazı, çizim ve konuşma etkinlikleriyle danışman danışanın keşfetmesini ve resim hakkında konuşmasını sağlar; böylece resmin içinde yer alan hastanın aile yapısı ve dinamikleriyle ilgili çeşitli alanlar (bilişsel, sözel, duygusal ve davranışsal) araştırılır.

Yaş Grubu/ Evren: Ergenler/yetişkinler; gruplar/bireysel.

Malzemeler: En az bir kâğıt ve kalem; istenirse diğer resim gereçleri. Ayrıca kum tepsisi çalışmaları, heykel ya da kalem ve kâğıt dışında farklı araçlar kullanılarak da uygulanabilir.

Dikkat Edilmesi Gerekenler /Uyarılar: Danışmanlar, kullandıkları sanat araçlarını iyi bilmelidir ve sanatın kışkırtıcı doğasını, sanatın ve sanatsal araçların hastalarda yol açabileceği şeyleri iyi anlamalıdır (Kramer, 1979, 1983; Malchiodi, 2005, 2008; Oaklander, 1988; Rubin, 1984). Bazı danışanlarda resim yapma korkusu olabilir, motor becerilerinin zayıflığı ya da sakatlıkları, dışavurumcu yazı bozukluğu ya da ilgili becerilerindeki sınırlamalar sanat kullanımının doğru bir terapötik seçim olmadığını gösterir (Malchiodi, 2006, 2003).

Yönerge

1. Dikkati dağıtmayacak uygun bir çalışma alanı sağlayın.
2. Danışana bu etkinliğin kişilerin birbirini daha iyi tanıması için gerçekleştirildiğini anlatın. Danışman şu ifadeleri kullanabilir *"İnsanlar, dünya görüşleri, günlük yaşamları ve aileleri hakkında çizimler ya da konuşma yoluyla iletişim kurabilir."* Bunun bir test olmadığının danışana anlatılması, özellikle okul çağında çocuklarla çalışırken etkinliğin doğru ya da yanlış bir biçiminin olmadığının belirtilmesi önemlidir.
3. Danışandan çizim yapmasını isteyin (örn., *"Kendini ya da aileni bir şeyler yaparken çizer misin? Gerçek ya da hayali olabilir."*).
4. Danışan resmi tamamladıktan sonra, resim hakkında konuşmaya yönlendirin. Genelden (aile ne yapıyor) çizimdeki belirgin detaylara doğru (kişilerin ve nesnelerin yeri, ilgili özellikler) hareket edin.

5. Danışana şöyle sorun, *"Resimdeki kişiler konuşabilseydi birbirine ne derdi?"* Danışandan konuşma balonları çizmelerini istemek faydalı olabilir. Danışandan her kişinin ağız kenarına ya da işaret dili kullanılıyorsa ellerine konuşma balonları çizmesini önerin.
6. Danışana şöyle sorun, *"Resimdeki her bir kişi aslında söylemediği neleri düşünüyor?"* Danışandan düşünce baloncukları çizmesini isteyin.
7. Şu soruyu sorarak tartışmayı harekete geçirin. Resimdeki her bir kişi ne hissediyor? Kalp şeklinde bir baloncuk çizerek içine duygu yazmak genelde faydalı bir yöntemdir. Son soruyu sorun, resimdeki her bir kişi sonra ne yapacak ya da ne yapmayı planlıyor?
8. Danışandan eylem okları çizmesini isteyin.
9. Danışan bitirdiğini söylediğinde biraz bekleyin ve sorun *"Resimde silmek istediğin ya da unutmuş olduğun, önemli olduğunu düşündüğün bir şey var mı eklemek istediğin?"* Bu kapanışı sağlar, bu da gizlenmiş, önemli ve/veya değerli bilgilerin ortaya çıkması için bir imkân verir, utanç verici ya da duygusal olarak önemli bilgileri geri almasına imkân sunar.

OYUNCAK EVDE BANA AİLENİ GÖSTER ETKİNLİĞİ

Mary Amanda Graham ve Dale-Elizabeth Pehrsson

Belirtiler: Bu müdahale, danışanın kendi dünya görüşü, yaşam biçimi ve aile atmosferine bir bakış açısı sağladığı için yaşamında zorluklar ve geçiş süreci yaşayan hastalar için uygundur.

Hedef: Danışanı tanıma, öz farkındalık, aile yapılanmasını anlama ve aile ortamını değerlendirme.

Yaklaşım: Oyun terapisi.

Uygunluk: Çocuk merkezli oyun terapisi kavram ve ilkeleri Adlerci teoriyle iç içedir. Adlerci oyun terapisinde danışmanın ana rolü, çocuğun yaşam biçimini, dünya görüşünün ve ortaya koyduğu yaşam durumunu anlamak için oyun sürecinde hastayı oyun odasında gözlemlemektir. Danışman, çocuğu anlamak için bu bilgileri gözlem ve sentez yoluyla edinir. Burada çocuğu ve aile içindeki rolünü anlama üzerinde vurgu yapılmaktadır. Adlerci oyun terapisi, çocukların doğuştan sosyal olduğunu ve ait olma ihtiyacında oldukları görüşünden yola çıkmaktadır. Çocuklar kendi yaşam biçimlerini destekleyecek deneyimler ararlar ve amaca yönelik davranırlar. Çocuklar diğerleriyle iletişim kuramadığı zaman da uyumsuzluklar ortaya çıkar.

Danışman ağırlıklı olarak cesaret verme tekniğini kullanır ve böylece koşulsuz bir kabul gösterir, çocuğun çabasını görerek güçlü yanları üzerine odaklanır. Ek olarak, danışman ilgi gösterir, kabul eder ve sosyal aidiyet fırsatları yaratırken kusursuz da olunamayacağı konusunda model olarak cesaret verir.

Yaş Grubu/ Evren: Ergenler/yetişkinler; grup/bireysel.

Malzemeler: Çeşitli şekillerde, yaşlarda, renklerde oyuncak bebekler; oyuncak ev (ya da bölmelere ayrılmış büyük mukavvalar); mutfak, yemek alanı, banyo, garaj, yatak odası, oturma odası gibi bölümlere uygun oyuncak mobilyalar; yiyecek, biberon, telefon, saat, küvet, tuvalet, soba, televizyon ve bilgisayar gibi oyuncaklar. Danışmanın çalıştığı çevreye özgü önemli kültürel araçlar (Gil & Drewes, 2005).

Yönerge:

1. Danışanın oyuncak evde kendi ailesini oluşturmaya davet eder (örn., *"Bana oyuncak evindeki aileni göster."*).
2. Danışan çekimser kalıyorsa, ona kendi evinde sıradan bir gününü ya da hayali bir günü anlatan bir sahne oluşturmalarını isteyin. Odada pek çok eşyayı kullanabileceğini bunları evin içine ya da dışına yerleştirebileceğini söyleyin.
3. Aile sahnesi oluşturulduktan sonra danışanı bu sahne hakkında konuşmaya davet edin (örn., *"Bana bu sahneyi anlat ya da bu evde şu anda neler oluyor anlatır mısın?"*).
4. Danışanın ipuçlarını izleyin ve araştırın. Danışan çekingense, belirgin bilgileri elde etmek için genel bilgilerden yola çıkın; danışanın her figürü, her bir figürün yaptığını, söylediğini, düşündüğünü ve hissettiğini anlatmasını isteyin. Önerilen işleme ifadeleri ya da soruları şöyle olabilir: *"Bu aile hakkında bana daha fazla bilgi ver, şu anda ne yapıyorlar? Bu aile hep birlikte bir şarkı söyleseydi, bu hangi şarkı olurdu?* (Bu ayrıca *televizyon izlemek, kitap okumak, oyun oynamak, sinemaya gitmek ya da birlikte bir şeyler yapmak* olarak değiştirebilir.) *Bu ailede insanlar mutlu, üzgün, kızgın ya da sessiz olduğunda neler olur bana gösterir misin? Doğum günü ya da kutlama olduğunda neler olur gösterir misin? Birinin başı derde girdiğinde neler olur gösterir misin? Bana bu aile bir proje üzerinde çalışırken gösterit misin?"*
5. İşleme süreci tamamlandığında, danışana gösterdiği çabayı destekleyen ve cesaret veren bir şekilde teşekkür edin.

Özet: Oyun terapisini Adlerci ilkelere uyarlamak, danışmanın danışanı anlaması için büyük bir imkân sağlar ve hastanın öz farkındalığı, aile yapısı ve aile atmosferi hakkında bilgi verir. Stratejik olarak seçilen oyuncaklar (araçlar), oyuncak evdeki yapılandırılmış etkinlikler aracılığıyla, danışman ilişkiyi kurar ve aynı zamanda danışanı sezgisellik kazanması yönünde destekleyerek araştırır, yeniden uyumlama ve redükasyona yönlenir.

YAPILANDIRILMIŞ BİR TEKNİK BİBLİYOTERAPİ TEKNİĞİ

Mary Amanda Graham ve Dale-Elizabeth Pehrsson

Belirtiler: Bibliyoterapi, aile içi sorunlar, ruh sağlığı, yaşam tarzı, ebeveynlik, kültürel, madde kullanımı ve travmayla ilgili sorunlar yaşayan kişiler için uygundur.

Hedef: Danışan özdeşleştirme, katarsis, sezgi, yeniden uyumlama ve redükasyon.

Yaklaşım: Bibliyoterapi.

Uygunluk: Bu etkinliğin amacı bireyin edebiyat aracılığıyla sorunlarını anlamasını sağlamaktır. Bireysel ya da grup çalışmalarında kullanıldığında bu çalışma, danışan ve danışman arasında güven, grup bağı, öz keşif, sezgi ve gelişmenin ilerlemesinde yardımcı olmaktadır. Bu etkinlik, Adlerci yaklaşıma uygun olmasının nedeni sezgi, gelişme, sosyal bağ, öz keşif ve değişimi desteklemesidir. Adlerci bibliyoterapinin 6 adım kuralı vardır (Riordan, Mullis, & Nuchow, 1996): Temel ihtiyaçlar ve beceriler arasındaki boşluğu doldurarak eğitim; ilham verici ve motive edici okuma materyalleriyle cesaretlendirme; hedef oluşturma ve hedefe ulaşma yoluyla güç verme; bireyin kendisi ve diğerleriyle ilgili farkındalığını arttıracak okuma materyalleri ile aydınlanma; sosyal danışmanlık ve diğer kurgusal materyallerle bireyin sosyal dünyaya katılmasını sağlamak; danışmanlık sürecinde belirli noktaları ve yaşam değişikliklerini pekiştirerek geliştirmek.

Yaş Grubu/Evren: Ergenler/yetişkinler; grup/bireysel.

Malzemeler ve Hazırlık: Çeşitli edebî çalışmalar hazırlanmalıdır. Edebi metinler bireyin gelişimsel seviyesine ve ilgi alanlarına göre seçilmelidir. Danışman, edebi metinleri kullanırken karmaşık kültürel ve farklılıklara karşı da duyarlı olmalıdır. Adlerci çerçevede, edebiyat seçimleri iş birliklidir ancak danışan ya da danışman tarafından da seçilebilir. Adlerci danışman, edebi metinleri danışanlarına vermeden önce okur ve eleme yapar (Pehrsson &Pehrsson, 2006).

Yönerge:

1. Danışanın gelişimsel düzeyine ve yaşadığı sorunlarına uygun yazılı materyalleri seçin.
2. Danışanın gelişimsel seviyesine, rahatlığına ve kitap seçimine bağlı olarak, kitabı danışana seans sırasında okumayı tercih edebilirsiniz ya da danışanın seans öncesinde evde okumasını isteyebilirsiniz.
3. Danışan, materyalin tartışılması için hazır olduğunda, seans sırasında materyali tartışın. Tartışmayı kolaylaştırmak için şu sorular kullanılabilir: "*Öyküde ne oldu ya da okuduğunuz öykünün genel teması nedir? Nasıl? Öykünün konusu ya da karakterler sizin şu andaki durumunuzla ne kadar ilgilidir? Özdeşleştirdiklerinizi nasıl görüyorsunuz ve nasıl değişiklik yapabilirsiniz?*"
4. Bibliyoterapi deneyimini kolaylaştırmanız, danışanın kendisini özdeşleştirdiği konu ya da karakterler ya da var olan sorunlarıyla ilgili özdeşimini de kolaylaştıracaktır. Her danışan, kendini farklı bir konu ya da karakterle özdeşleştirecektir, katarsis ve sezgi bireye özgüdür.
5. Bibliyoterapi deneyimi, tek bir seansta ya da bir ya da daha fazla edebi metin kullanarak tedavi süresince kullanılabilir.

YAŞAM HARİTASI AKORDEON KİTAP

Katrina Cook

Belirtiler: Cesaretsizlik, öz güven eksikliği, depresyon, büyük yaşamsal geçişler, karar verme, baş etme ya da stresle ilgili becerilerde eksiklik yaşayan danışanlar için uygundur.

Hedef: Öz güvenli, kararlı bir ruh hâline sahip olabilme, başa çıkabilme ya da geçiş becerilerinin geliştirmesi için yaşam deneyimlerinin keşfedilmesi.

Yaklaşım: Sanat.

Uygunluk: Yaşam haritası, danışanların erken dönem anılarını, aile yapısı içindeki deneyimleri, yaşam tarzı, yaşam hedeflerini incelemelerine, sosyal ilgini arttırmalarına, eylem planı geliştirmelerine ve geleceğe odaklanmalarına yardımcı olduğu için Adlerci terapisi için çok uygundur. Tüm bu alanlar Adlerci terapinin odak noktasıdır (Adler, 1950). Bu etkinlik hastaların, yaşam haritalarını bir kitaba dönüştürmelerini sağlar.

Yaş Grubu/ Evren: Ergenler/yetişkinler; grup/bireysel.

Malzemeler: Renkli kâğıt, mukavva, yapıştırıcı, makas, keçeli kalem, renkli boyalar, eski dergiler, raptiye. Danışandan fotoğraflar, çizimler, özel etkinlik biletleri ve benzeri kişisel eşyalar getirmesini isteyin.

Şekil 2.1 Açık kitap görüntüsü, "Yeryüzü Nerede?"

Yönerge:

1. Danışana, akordeon tarzı kitap yapması için yardım edin (Weintraub & Miller, 2010). Kitabın boyutu kâğıt şeritlerin boyuyla belirlenir. Bir kâğıt şeridi ikiye katlayın. Ardından bir ayrılan kenarını ortaya doğru katlayın. Katlanan kısmın yarısını geriye doğru katlayın, sonra diğer yöne doğru kat verin. Yeni oluşan katı, ortaya getirin ve ardından ortaya doğru katlayın. Bu katlama sırasını kitabın diğer tarafı için de yapın. Böylece sekiz sayfalık akordeon bir kitap oluşturacaksınız. Kitapla aynı boyutlarda olacak şekilde iki parça mukavva keserek son sayfaların dışına yapıştırın.
2. Kesin ve arka zemin olarak haritanın bir kısmını yapıştırın
3. Kolajlar yapın ya da danışanın yaşamı ya da gelecek hedeflerini temsil eden belirli olayların resmini çizin. Danışandan kitaba yerleştirdiği olayları ve anıları incelemesini isteyin (bk. Şekil 2.1).

KÂĞIT PEÇETE/ PELÜR KÂĞIT KOLAJI

Nan J. Giblin

Belirtiler: Bu etkinlik duygularını ifade etmekte zorluk yaşayan, özellikle resim ve sanat konusundaki yeteneğine güvenmeyen çocuk ve ergenlerde, etkinliği tamamlama konusunda doğru veya yanlış bir yol olmadığı vurgusu yapılarak uygulanabilir. Bu çalışma, istismara uğramış, sözel yetenekleri yetersiz, dile getirmek istemediği sırları olan ya da sabırsızlık ve öfke sorunları yaşayan kişiler için uygundur.

Hedef: Duyguların ifade edilmesi ve öz farkındalığın arttırılması.

Yaklaşım: Sanat.

Uygunluk: Adlerciler uzun zamandır danışanlarına yardım etme aracı olarak sanatı kullanmaktadır. Rudolph Dreikurs'un eşi Sadie Dreikurs (1986), sanatı terapötik bir araç olarak Adlercilere tanıtan ilk kişidir. Sanat hem duygusal katarsis ve duyguların özgürce ifade edilmesini sağlarken hastanın sözlü ya da sözlü olmayan yollarla hastanın terapistle iletişim kurmasını sağlar. Adlerciler, danışanın çeşitli yöntemlerle kendilerini ifade etme hakları olduğuna inanmaktadırlar.

Yaş Grubu/ Evren: Çocuklar/ergenler/yetişkinler; grup/bireysel.

Malzemeler: 11-14 ölçülerinde tuval, kontrplak ya da sert resim panosu (ölçüleri değişebilir); çeşitli renklerde kâğıt peçete, yapıştırıcı (1 fincan beyaz tutkal ve 1 fincan su), 1 adet boya fırçası; tutkallı alçı (isteğe bağlı); kâğıt havlu; gazete ya da masaları örtmek için örtü.

Yönerge:

1. Seansa insanların duygularını sanat aracılığıyla ifade edebileceğini söyleyerek başlayın. Kâğıt peçete kolajının herkesin başarabileceği bir sanatsal ifade biçimi olduğu konusunda danışanı ikna edin.
2. Alçılı tutkalı tuvale ya da sert resim panosuna uygulayın ve kuruması için bırakın (zaman kısaysa tuvalin hazırlanması aşaması atlanabilir).

3. Danışanlardan kullanmak istediği kâğıt peçeteleri seçmesini isteyin. Her kişi en az altı farklı renk seçmeli, keserek ya da yırtarak küçük parçalara ayırmalı. Danışanlardan kolajları için isterlerse bir plan hazırlayabileceklerini de söyleyin.
4. Tutkal karışımını tuvale sürün.
5. Danışanın fırçayla kesilmiş ya da parçalara ayrılmış peçetelere tutkal sürmesini sağlayın ve en açık renkten başlayarak tuvale yapıştırılsın.
6. Danışanlardan istedikleri kadar (en az altı) katmanı tuvale yapıştırmasını isteyin.
7. Çalışmayı kurumaya bırakın ve ardından hastanın yaptığı kolajı paylaşarak konuşmasını sağlayın. Sürece şu sorularla başlayabilirsiniz: "*Bunu yaparken bir plan yaptın mı? Renkleri nasıl seçtin? Ortaya çıkan şey hakkında ne hissediyorsun? Bu kolaj senin için ne anlam ifade ediyor? Bu kolaj sana ne söylüyor?*" Danışanın yorumu ya da etkinliğe karşı tepkisine odaklanın ve grup üyelerinin (eğer varsa) yargısal olmayan geri bildirimlerde bulunmasına dikkat edin.

Olası Çeşitlemeler: Yerine geçebilecek malzemeler ya da mürekkep ve keçeli kalemlerle yapılacak kombinasyonları da ele alın.

İMGELER VE KOLAJ ARACILIĞIYLA DANIŞANIN DÜNYASINI GÖRMEK

Teah L. Moore

Belirtiler: Herhangi bir danışma seansında olduğu gibi, uygulayıcı danışanın yaşamının, ilişkilerinin ya da kendini keşfetmeye ne kadar hazır olduğunun farkında olmalıdır. Kolaj çalışması, bilinçaltı inançlarını ya da geçmiş olaylarını ortaya çıkarabilir. Burada keşfedilecek alan seçilirken dikkatli davranmak gereklidir. Çocuklarla ya da keskin aletleri kullanmakta sorun yaşayan ya da kesici aletlere fazla ilgili olan hastalarda güvenlik makasları kullanılabilir.

Hedef: Görsel ve somut bir kendini keşfetme, öz farkındalık, iletişim becerileri konusunda ilerleme sağlama fırsatı sunar.

Yaklaşım: Sanat.

Uygunluk: Kolaj çalışması, hastaların duygularını ifade etmesini, aile dinamiklerini, etkileşimlerini anlatmalarını sağlar ve varoluşçuluk, Adlerci, Jungcu başta olmak üzere pek çok teoriye uygundur. Varoluşçu bir yönlendirme, öz farkındalık çalışmalarının yapılmasını, ölüm, anlamsızlık, özgürlük, yalnızlaşma gibi konuların ele alınmasını sağlayabilir. Adlerci danışmanlar, kendileri hakkında paylaşımda bulunmada sorun yaşayan danışanlarının yaşamsal değerlendirme yapmalarını sağlamak için kolaj çalışması kullanabilirler. Kolaj çalışmaları, danışanların diğer kişilerle ilişkilerini, yaşam biçimlerini, aşağılık duygusu gibi sorunları ele alacak şekilde yapılabilir. Jungcu uygulayıcılar ile çeşitli, hayvanlar, karakterler ya da kişilerle oluşturulacak kolajlarla arketipleri inceleyerek danışanlara destek olabilir (Frost, 2001).

Yaş Grubu/Evren: Çocuklar/ergenler/yetişkinler; grup/bireysel.

Malzemeler: Farklı türlerde ve farklı okuyuculara hitap eden *National Geographic, Ladies' Home Journal*, erkek moda ve teknoloji dergileri gibi dergiler; makas, yapıştırıcı, beyaz karton (zaman sınırlamalarına göre uygun ölçüyü seçin); laminasyon makinesi (imkân varsa, zorunlu değil), keçeli kalem, tükenmez kalemler.

Yönerge:

1. Danışanların kolaj çalışmasıyla kendileriyle ilgili hangi yönleri keşfedebileceklerini (danışanların duyguları, konuları, olaylar, ilişkiler vb.) belirleyin ve seçilen konulara odaklanmalarını isteyin.
2. Etkinliği, danışanların kolaj çalışmalarıyla ilgili bilgilerini ele alarak tanıtın. Kolaj çalışmalarının danışmanlıkta hangi yönleriyle kullanılabileceğini, danışmanlık seanslarının, yaşamlarının, davranışlarının, aile etkileşimlerinin, duyguların ve seansta ele alınan diğer konuların görsel günlüğü olarak faydalanılabileceğini açıklayın. Eğer mümkünse, danışanların incelemesi için örnekler verin. Danışanların kolajı oluştururken bağımsız bir şekilde çalışabileceklerini, tamamladıktan sonra süreç hakkında konuşacaklarını anlatın. Normal olarak, kolaj çalışmaları ofiste kalır ve süreç içinde bir gösterge olarak kullanılabilir.
3. İlk olarak, 5 × 9 ölçülerinde bir karton bulun. Bu, zaman yönetiminde faydalı olacaktır. Tamamlama süresi belirleyin; belirlemezseniz danışanlar zamanın büyük kısmını kolaj hazırlamak için harcar, tartışmaya az zaman kalır.
4. Danışanların kesintisiz ve sessiz bir şekilde görüntü seçimlerine odaklanmalarını ve yansıtmalarını isteyin.
5. Danışanın seçim yaparken beklediği anları, çalışırken yaptığı yorumları, işe yaklaşımı ve resim türlerine dikkat edin.
6. Kolaj tamamlandıktan sonra, danışana kolajda gördüklerini, seçtiği resimlerin anlamını sorun.
7. Kolajı, konular, yaşam biçimi, aile yapısı ve önceki çatışmalar gibi önceki seanslarla ilişkilendirin
8. Renklerin, resimlerin, kelimelerin kullanımını yargısal olmayan bir biçimde ifade edin, şu tür ifadeler kullanabilirsiniz: *"Resmine baktığımda düşündüğüm, aklıma gelen, renklerin temsil ettiği şey, senin bu ahırda bir şey saklayabileceğin ve resimde atlar olduğunu da görüyorum."* vb.
9. Laminasyon ya da saklama işleminden önce, kartonun arkasına duygu, olay, ilişki keşfedilen şeyi danışanın adını ya da kodunu tanımlayın.
10. Danışana yaptığı sanatsal çalışmanın ofiste kalacağını ve ileriki seanslarda zaman zaman yeniden kullanılacağını anlatın. Danışana sonraki seanslarda kolaj çalışması yapmak isteyip istemediğini sorun. Çalışmanın, ilerlemenin görsel bir günlüğü olduğunu ve görsel olarak içinde olanı tartışmanın yollarını sağlayacağını pekiştirin.

Olası Çeşitlemeler: Bazı danışanların kolaj sürecini anlamaları için örnekler görmesi gerekebilir. Etkinlik öncesinde hazırlanan kartlar kullanılabilir. Uygulayıcı kendi kolaj kartlarını geliştirebilir. Çeşitli görüşler, resimler, konular ve içsel düşünceler geliştirmede dostlar ve aile çok önemli bir kaynaktır. Önceden hazırlanan kartlar, ön çalışma için kullanılabilir. Danışanlar kart seçerek bu kartlar hakkında konuşur. Seçilen kartlara göre, seans resimler, kelimeler, konular vb. üzerine odaklanabilir.

REFERANSLAR

Adler, A. (1927). *Understanding human nature*. Garden City, NY: Garden City.

Adler, A. (1959). *Understanding human nature*. New York: Premier Books.

Axline, V. M. (1947). *Play therapy*. London: Churchill Livingstone.

Burns, R. C. & Kaufman, S. H. (1972). *Action, styles, and symbols in kinetic family drawings (K-F-D)*. New York: Brunner-Routledge.

Crenshaw, D. A. (2004). *Engaging resistant children in therapy: Projective drawing and storytelling techniques*. Rhinebeck, NY: Revelstoke Community Forest Corporation (RCFC).

Crenshaw, D. A. (2006). *Evocative strategies in child and adolescent psychotherapy*. Lanham, MD: Rowman & Littlefield Publishers.

Dreikurs, S. E. (1986). *Cows can be purple: My life and art therapy*. Chicago: Alfred Adler Institute.

Frost, S. (2001). *SoulCollage*. Santa Cruz, CA: Hanford Meade Publishers.

Gil, E., & Drewes, A. (2005). *Cultural issues in play therapy*. New York: Guilford Press.

Gladding, S. T. (2005). *Counseling as an art: The creative arts in counseling* (3rd ed.). Alexandria, VA: American Counseling Association.

Hynes, A. M., & Hynes-Berry, M. (1994). Biblio-poetry therapy, the interactive process: A handbook. St. Cloud, MN: North Star Press of St. Cloud, Inc.

Jackson, S. A. (2001). Using bibliotherapy with clients. *The Journal of Individual Psychotherapy*, 57, 289-297.

Kottman, T. (1999). Integrating the Crucial C's into Adlerian Play Therapy. *Journal of Individual Psychology*, 55(3), 288-297.

Kottman, T. (2001) *Play therapy: Basics and beyond*. Alexandria, VA: American Counseling Association.

Kottman, T. (2003). *Partners in play: An Adlerian approach in play therapy* (2nd ed.). Alexandria, VA: American Counseling Association.

Kramer, E. (1979). *Childhood and art therapy*. New York: Schocken Books.

Kramer, E., & Schehr, J. (1983). An art therapy evaluation session for children. *American Journal of Art Therapy*, 23, 3-12.

Landreth, G. L. (2002). *Play therapy: The art of the relationship* (2. bsk.). New York: Brunner Routledge.

Malchiodi, C. A. (Ed.). (2003). *Handbook of art therapy*. New York: Guilford Press.

Malchiodi, C. A. (2005). *Expressive therapies*. New York: Guilford Press.

Malchiodi, C. A. (2006). *Art therapy sourcebook*. (2. bsk.). New York: McGraw-Hill.

Malchiodi, C. A. (Ed.). (2008). *Creative interventions with traumatized children*. London: Jessica Kingsley.

Orgler, H. (1963). *Alfred Adler: The man and his work-triumph over the inferiority complex.* London: Sidgwick & Jackson.

Oaklander, V. (1988). *Windows of our children.* Highland, NY: Gestalt Journal Press.

Pardeck, J. T. (1991). Using reading materials with childhood problems. *Psychology: A Journal of Human Behavior, 28,* 58-65.

Pardeck, J. T. (1998). *Using books in clinical social work practice: A guide to bibliotherapy.* New York: Haworth Press, Inc.

Pardeck, J. T., & Pardeck, J. A. (1984). Bibliotherapy: An approach to helping young people with problems. *Journal of Group Psychotherapy, Psychodrama, & Sociometry, 37*(1), 41-43.

Pardeck, J. T., & Pardeck, J. A. (1993). *Bibliotherapy: A clinical approach for helping children.* (Vol. 16). Langhorne, PA: Gordon and Breach Science Publishers.

Pardeck, J. T., & Pardeck, J. A. (1998). An exploration of the uses of children's books as an approach for enhancing cultural diversity. *Early Child Development and Care, 147,* 25-31.

Pehrsson, D.-E. (2006). Fictive bibliotherapy and therapeutic storytelling with children who hurt. *Journal of Creativity in Mental Health, 1,* 273-286.

Pehrsson, D.-E., & Aguilera, M. E. (2008). *Play therapy: Overview and implications for counselors* (APAPCD-12). Alexandria, VA: American Counseling Association.

Pehrsson, D.-E., & McMillen, P. (2005). Bibliotherapy evaluation tool: Grounding counseling students in the therapeutic use of literature. *Arts in Psychotherapy, 32,* 47-59.

Pehrsson, D.-E., & McMillen, P. (2006). Competent bibliotherapy: Preparing counselors to use literature with culturally diverse clients. *Vistas 2006.* Alexandria, VA: American Counseling Association.

Pehrsson, D. E., & McMillen, P. (2007). *Bibliotherapy: Overview and implications for counselors* (ACAPCD-02). Alexandria, VA: American Counseling Association.

Pehrsson, D.-E., & Pehrsson, R. S. (2006). Bibliotherapy practices with children: Cautions for school counselors. *Journal of Poetry Therapy, 19,* 185-193.

Riordan, R. J., Mullis, F., & Nuchow, L. (1996). Organizing for bibliotherapy: The science in the art. *Individual Psychology, 52*(2), 169-180.

Rubin, J. (1984). *Child art therapy.* New York: Van Nostrand Reinhold.

Shrodes, C. (1950). Bibliotherapy: A theoretical and clinical-experimental study. Unpublished doctoral dissertation, University of California-Berkeley.

Watts, R. E., & Garza, Y. (2008). Using children's drawings to facilitate the acting as if procedure. *Journal of Individual Psychology, 64,* 113-118.

Weintraub, D., & Miller, K. (2010). *Accordion fold book.* Alıntılama tarihi 11 Nisan 2010, http://198-172-203-93.ga.verio.net/pix/accordionbook.pdf

3

Çözüm Odaklı Terapi

Mark Gillen

Çözüm Odaklı Terapi (ÇOT), esnekliği ve danışanın güçlü yanlarına odaklanması sebebiyle danışmanlığın pek çok alanında kullanılmaktadır. Williams (2000), çözüm odaklı terapinin danışanları harekete geçirdiği, danışanların kendine güvenini ve iyimserliğini arttırdığını belirtmiştir. Çözüm odaklı terapi uygulayan kişiler, bu yöntemin hızlı ve sürekli bir değişim sağladığını, tek seanslık tedavilerde iyileşme oranının ve danışan memnuniyetinin yüksek olduğunu iddia etmektedirler (Stalker, Levene, & Coady, 1999).

ÇÖZÜM ODAKLI TERAPİNİN TARİHSEL GEÇMİŞİ

Steve de Shazer, Insoo Kim Berg, Eve Lipchik, Alex Molnar, Jane Peller ve diğerleri 1980'li yıllarda Brief Aile Terapi Merkezi'nde çözüm odaklı terapiyi geliştirmiştir. Bu ideografik, stratejik terapi modeli, öz, açıkça belirlenmiş hedefler ve danışanlarla birlikte müdahalelerin kullanımını vurgulamaktadır (Stalker ve ark., 1999).

De Shazer (1982), Milton Erickson ve diğerlerinin çözüm odaklı terapi üzerindeki etkilerini açıklamıştır. Shazer, Erickson'un bireylerin sahip olduğu öğrenme çıktılarını alarak bu bilgileri yeni durumlara uyarlamalarına yardım ettiğini belirtmiştir. Danışanlarla bu tür bir etkileşim yöntemi Erickson'un üç ilkesini temel almaktadır: (a) Danışanlarla oldukları yerde buluşun, (b) kontrol kazanması için danışanın bakış açısını değiştirin ve (c) danışanın ihtiyaçlarını karşılayacak değişimlere izin verin (de Shazer). Erickson ilkelerinin bakış açısı çözüm odaklı terapiyle bütünleştirilmiştir. Örneğin, çözüm odaklı terapi uzmanları, sorunun mucizevi bir şekilde çözülmesi sonucunda danışanın yaşamının nasıl değişeceğini belirlemek için mucize soru kullanırlar (Stalker ve ark., 1999). Erickson aynı zamanda hastanın dirençli olduğu durumlarda danışmanın rolü tanımına da katkı sağlamıştır. Bundan *Erickson'un ilk kuralı* olarak bahsetmiş ve 'danışanlar direndiği sürece, siz de onları direnmeye yönlendirmelisiniz' demiştir (de Shazer, s.11).

İzomorfizm, iş birliği ve çelişkili niyet aynı zamanda çözüm odaklı çalışmanın temelidir (de Shazer, 1982). De Shazer, Brief Aile Terapi Merkezi'nde kendisinin ve diğerlerinin, aile terapisinin merkezî bileşeni olarak Bateson'un izomorfik değişim kavramından etkilendiğini, belirtmiştir. Bateson'un daha önceden başarılı bir şekilde kullanılmış olan bilginin yeniden kullanılabileceğini ifade ettiği önceki öğrenme tanımı ve Festinger'in sosyal bir grup tarafından desteklenen fikirlerin açık bir şekilde yanlış olabileceğini belirten sosyal grup desteği fikrinin çözüm odaklı teorisyenleri etkilediğini söylemiştir (Molnar & Lindquist, 1989).

TEMEL VARSAYIMLAR

Çözüm odaklı terapi, değişen etkileşimler sürecinde danışanın sorunlarına yeni çözümler yaratılması ve danışanın sorunlarını çözerek alışkanlıklarının üstesinden gelme sürecinde bulunabileceği varsayımını temel almaktadır (Stalker ve ark., 1999). Littrell, Malia ve Vanderwood (1995), çözüm odaklı terapinin varsayımlarını şöyle tanımlamıştır: (a) Değişim için somut hedefler oluşturmak, (b)herhangi bir sorunda istisnai durumların var olması, (c) danışanların değişim için gerekli kaynağa sahip olması, (d) klinik bir ekibin kullanılması. Bu varsayımlar: a) küçük değişimler bir bütün olarak sistem içinde değişimlere yol açar, (b) değişim süreklidir (c), danışanlar, danışmanları kendi tarafında görmeli ve kendilerini "normal" olarak değerlendirmeleri konusunda desteklenmelidir görüşlerinin altında yatan temelleri desteklemektedir (Littrell ve ark.; Stalker ve ark.).

Çözüm odaklı terapinin çeşitli bileşenleri zaman içinde belirlenmiştir. Büyük bir terapötik bileşen olan mucize soru, Milton Erickson'un hipnoz çalışmalarını temel almaktadır ve aynı zamanda terapist ve danışman arasında Sokratik sorgulamanın yanı sıra geçmiş ve gelecek başarıların görselleştirmesini vurgulamaktadır (Franklin, Biever, Moore, Clemons, & Scamardo, 2001). Brief Aile Terapisi Merkezi'ndeki stajyerlerden biri üstünkörü bir öneri yapmak istemediği için seansına ara vererek, süpervizörüne danışmak istediğini söylediğinde hastasından övgü dolu geri bildirimler almıştır (de Shazer, 1982).

Model, danışmanın ve danışanın birbirlerinin dünya görüşlerini kabul ederek karşılıklı olarak anlaşması ve uygun bir müdahale belirlemek için konuşma danışmanlığı kullanması şeklinde değişmiştir (Stalker ve ark., 1999). Molnar ve Lindquist (1989), çözüm odaklı terapiyi çeşitli sosyal ortamlarda problem davranışların etkisini görmeye çalıştığı için ekosistemik olarak tanımlamıştır. Sonrasında şunları içeren bir ekosistemik bir görüş oluşturulmasıyla ilgili bir anlayış ortaya konmuştur.:(a) Danışanı problemlere karşı yeniden yönlendirmek, (b) başkalarının problem durumunu nasıl gördüğü ile ilgili ipuçları aramak, (c) değişimlere dikkat etmek. Bazı teorisyenler problemler ve çözümleri arasındaki yakın ilişkiyi tanımlamış olmasına rağmen (Selekman, 1997), çözümlerin doğrudan problemlerle ilgili olmadığını söyleyen çözüm odaklı kavramıyla zıtlaşmaktadır (de Shazer, 1988).

DANIŞMANLIK SÜRECİ

Çözüm odaklı terapi danışmanları, ilk görüşmeden önce genellikle, yerleşmiş fikirleri en aza indirgemek için danışanlar hakkında sınırlı bilgiler edinirler (Stalker ve ark., 1999). Danışmanlar sorunları keşfetmek (Franklin ve ark., 2001) ya da altta yatan sorunları (Littrell ve ark., 1995) araştırmak için çok az zaman harcamaktadırlar. Danışmanlar, danışanlarla gerçekçi çözümler geliştirip, çözümlerin nasıl dışa vurulduğunu keşfederek, çözüm için küçük adımlar atılmasına karar verirler (Franklin ve ark.).

Problemin ortaya çıkmadığı ya da daha az sıklıkla ortaya çıktığı nadir durumlar, istisnalar ya da koşullar kullanılarak danışanlara çözümleri keşfetmeleri için destek verilir. Murphy (1994), hastaların bu istisnai durumları fark etmeleri ve kullanmaları için beş yöntemden söz etmektedir. Bu yöntemler arasında; (a) problemin belirmediği zamanların ortaya çıkarılması, (b) bu zamanların özellikleri ve koşulların detaylandırılması, c) diğer bağlamlara göre genişletilmiş istisnalar, (d) önceden belirlenen hedefleri temel alarak bu istisnaların değerlendirilmesi ve (e) değişimin sürmesi için danışanın güçlendirilmesi.

İstisnai durumların tanınmasıyla, çözüm odaklı terapi olumlu davranışların gücünü arttırır ve süreci vurgulayıp gelecekteki davranış değişimine odaklanır (Franklin ve ark., 2001). Gelecekteki davranış değişikliği odağı, çerçeveler ya da insanların belirli durumlarda izlediği kurallarla ilgilidir. Çözüm odaklı terapinin diğer bir bileşeni olan yeniden çerçevelendirme ya da şekillendirme, danışanların kendilerine sıkıntı veren çerçeveleri değiştirmesine destek olmaktadır(de Shazer, 1988; Molnar & Lindquist, 1989).

ÇÖZÜM ODAKLI TERAPİNİN ETKİLİLİĞİ

Literatürde, çözüm odaklı terapinin başarısını özetleyen raporlar yer almaktadır (Corcoran & Stephenson, 2000). Çözüm odaklı terapiyi inceleyen yayınlanmış çalışmaların meta analizinde, Stalker ve ark. (1999), metodolojik görünen çalışmalar yürütülmediğinden çözüm odaklı terapi uygulayıcılarının başarıları ile ilgili iddiaları destekleyen deneysel bir kanıt olmadığını belirtmiştir. Danışan geri bildiriminin araştırmanın temeli olarak alan bazı çalışmalar, terapi hedefine ulaşıp ulaşılmadığını en iyi danışanın kendisinin bilebileceği söyleyen çözüm odaklı varsayımla sınırlıdır (Littrell ve ark., 1995). Diğer çalışmalar ise çözüm odaklı terapinin yalnızca bazı bileşenlerini ele aldığı için zayıf kalmıştır. Beklenen bileşenler şunlardır: (a) Mucize soru, (b) ölçeklendirme soruları, (c) görüşme arası ve (d) hasta övgüsü ve ödevler. Bu çalışmalar, gözlemlenen danışmanlar çözüm odaklı danışmanlık uygulaması yapmadığı için Stalker ve ark. çalışmalarına dâhil edilmemiştir.

2000 yılında Gingerich ve Eisengart, 15 Çözüm Odaklı Terapi sonuç çalışmasını inceleyen sistemik nitelikli bir çalışma yönetmiştir ve çözüm odaklı terapiyi destekleyen sınırlı araştırma evreninin ve diğer faktörlerin yetersiz olduğunu görmüşlerdir. Franklin ve ark. (2001), çözüm odaklı terapi modelinin deneysel yöntemleri kullanarak kurulmadığını ve bu nedenle yapılan çalışmaların sonuçlarının basit olduğunu ifade etmiştir. Coady, Stalker ve Levene (2000), çözüm odaklı terapi ile ilgili en deneysel çalışmanın kontrol grubu kullanmadığı konusunda uyarmıştır. Kontrol grubu olan çalışmalar da katılımcı sayısının az olması, katılım için zor kriterlerin olması ve önleme protokolleri ile ilgili çok az bilginin verilmesi nedeniyle dikkatli bir şekilde incelenmelidir (Coady ve ark.).

Son dönemde, Kim (2008), 22 çalışmanın meta analizini gerçekleştirmiştir ve dışsallaştırıcı davranış problemleri, içselleştirici davranış problemleri, aile ve ilişki problemleri ile ilgili destek sağlandığında çözüm odaklı terapinin küçük olumlu etkilerini görmüştür. Analiz, depresyon, kaygı, benlik algısı ve öz güvenle ilgili çalışmalarda olumlu etkiler olduğunu göstermiştir (Kim). Çocuklar ve ergenlerle yapılan çözüm odaklı terapi çalışmalarıyla ilgili inceleme sonuçları, bu yöntemin var olan belirli sorunlarda etkili olabileceğini göstermiştir. Davranış problemleri, hiperaktivite ve madde bağımlılığı gibi davranış problemi olan risk grubundaki öğrencilerle çalışmalar buna örnek verilebilir (Kim & Franklin, 2009).

DANIŞMANLIK VE DIŞAVURUMCU SANAT UYGULAMALARI

Çözüm odaklı terapi danışmanları, bu yöntemin hızlı, kalıcı ve yüksek derecede danışan memnuniyeti sağladığını iddia etmektedirler (Stalker ve ark., 1999). Yapılan araştırma çözüm odaklı terapinin güçlü yönlere odaklandığını, iş birlikli olduğunu ve danışmanın dağarcığını geliştirdiğini göstermiştir (Murphy, 1994). Bazıları ise çözüm odaklı terapi gibi yöntemlerin, değişime katkı sağlayan araçlar olduğunu ele almaktadır (Williams, 2000). Bu teorik yönelim ve yaratıcı sanatlar bir arada müthiş bir uyum göstermektedir. Çözüm odaklı terapistler, danışanların yeni düşünme, var olma ve yapma biçimleri keşfetmelerine yardımcı olmakta ve danışanın etkisiz özellerini harekete geçirmek için yenilikçi bir yöntem olarak yaratıcı sanat müdahalelerini kullanmaktadır. Çözüm odaklı terapinin etkisini gösteren çok az çalışma yapılmasına rağmen, çözüm odaklı terapi yöntemlerinin kullanılmaması gereken durumlar da vardır. Bunlar arasında krizler, travma gibi ciddi sorunları olan ya da istismar, ihmal gibi belirli yöntemlerin izlenmesi gereken durumlar yer almaktadır (Coady ve ark., 2000; Molnar ve Lindquist, 1989; Stalker ve ark., 1999).

Dışavurumcu Sanat Müdahaleleri

BİR ÇÖZÜM ÇİZME

Elsa Soto Leggett ve Kathy Ybañez

Belirtiler: Bu etkinlik sınırlı kelime dağarcığı olan, karmaşık kavramları ifade etmede zorluklar yaşayanlar, anadili bulunduğu ülkenin dili olmayanlar, konuşma terapisine katılım konusunda isteksiz olan kişiler için uygundur. Ayrıca şu andaki ya da gelecekteki durumlar konusunda umutsuz olan kişiler için uygundur.

Hedef: Problemlerin istisnai durumlar gibi kavramları keşfeden soyut soruların somut olarak ifade edilmesi, mucize soru ve hedef belirleme.

Yaklaşım: Sanat.

Uygunluk: Çözüm Odaklı Terapi (ÇOT), danışanın nasıl değişebileceğine odaklanması için özel sorular kullanır. Danışman, bir sonraki soruyu oluşturmadan önce danışanın kelimeleri ve anlamlarını dinler ve bu anahtar kelimeleri ve ifadeleriyle bir sonraki soruyu hazırlar. Bu süreç, danışanla birlikte danışanı değişim ve çözüme doğru götüren yeni ve alternatif anlamları yapılandırırken yeni düşünce biçimleri için temel oluşturulmasını sağlar (Trepper ve ark., 2008). Mucize soru, çözüm odaklı terapide sık kullanılan bir tekniktir (de Shazer, 1988). Bu etkinlikle, danışanlar yaşamlarının nasıl olabileceği ve başarmak istediği hedefleri görsel anımsatıcıları yaratırlar. Danışanın düşüncelerini, duygularını ve davranışlarını sözel olmayan yollarla ifade etmesine yardımcı olmak için, konuşma ve oyun birleşiminden yararlanmak gereklidir (Gladding, 2005; Orton, 1997). Naumberg (alıntı Orton, 1997, Leggett, 2009), çizimi, bilinçaltını izlemek, danışmanlık sürecinin iç yüzünü anlamak ve hastanın kendini yorumunu getirmesini sağlamak amacıyla kullanmak olarak tanımlamıştır. Malchiodi (2005), "Kendini ifade etmek kendini anlamayı derinleştirmek için algıların ve duyguların toplandığı bir konteyner olarak kullanılmaktadır." diye öne sürmektedir (s. 9). Görsel sanatlar olarak çizim aracılığıyla danışan kâğıt ve boyaları bir problem ya da durumu yansıtmak için kullanabilir (Chesley, Gillett, & Wagner, 2008) ya da ÇOT'de problemin istisnai durumları ya da mucizenin ayrıntılarını keşfetmek için kullanabilir. Bu etkinliğin amacı, danışanın düşüncelerini, duygularını umutlarını somut bir biçimde ortaya çıkarmasını sağlamaktır.

Yaş Grubu/Evren: *Çocuklar*/ergenler/yetişkinler; gruplar/bireyler.

Malzemeler: Boş kâğıt ya da çeşitli boyutlarda çizim kâğıdı, kurşun kalem, pastel boya, keçeli boya kuru boy ya da renkli kalemler gibi sanat malzemeleri (yaş olarak daha büyük olan danışanlar çizim tableti ya da çizimlerini kaydedebileceği bir defter tercih edebilir).

Yönerge: Danışmanlık ilişkisinin aşamasına bağlı olarak, danışman çizim etkinliğini tamamlamak için aşağıdaki beş ifadeden istediğini kullanabilir.

1. Problemi tanımlama ve hedefleri oluşturma:

1.1 Hastaya şöyle sorun: "*Bugün seni buraya getiren şey ne oldu?*" Bu başlangıç aşaması danışanı kendi öyküsünü anlatmaya davet eder. Danışan farklı olmasını ya da değişmesini istediği şeyi belirler ve bu süreç de hedefini belirlemeye yönlendirir. Hedef; (a) hastanın ihtiyaçlarına uygun, (b) duruma uygun, anlamlı ve belirleyici, (c) somut, doğal ve ölçülebilir olmalıdır. Bazen danışan karşılaştığı sorunu açıklamada ya da ifade etmekte sorunlar yaşayabilir.

1.2 Resim malzemeleri sağlayın ve hastadan kendisine en çok sıkıntı yaratan durumu çizmesini isteyin ve hastaya resmi tamamlaması için yeterince zaman verin.

1.3 Hastadan resmin ayrıntılarını anlatmasını isteyin. Çözüm odaklı ilişki soruları ve bilinmeyen sorular, çizim sürecine destek sağlayacaktır ve hasta için neyin ve kimin önemli olduğu konusunda bilgi sağlayacaktır (bk. 5).

2. Mucize soru: Mucize soru, danışanın şimdiyi ve geleceğe bakmasını ve hedefe ulaştığında nelerin değişeceğini canlandırmasını sağlar. Bu aşama, gelişim düzeyi ve sorunun karmaşıklığı nedeniyle genç danışanlar için en zor olan kısımdır.

2.1 Hastaya şöyle sorun: "*Eğer bu gece uykudayken bir mucize olsa ve yarın seni buraya getiren problem mucize eseri uyandığında çözülmüş olsa, bu mucizenin gerçekleştiğini anlamanı sağlayacak olan en küçük detay nedir? Ya da yarının mükemmel bir gün olduğunu ve bugün yaşadığın problemin çözüldüğünü hayal et. Mükemmel günün nasıl olurdu?*"

2.2 Danışandan mucize ya da mükemmel günü çizmesini isteyin ve resmi tüm ayrıntılarıyla tamamlaması için zaman tanıyın. Bu ayrıntılar, özellikle bir önceki günden farklı olanlar tartışılmalı ve ÇOT ilişki ve bilinmeyen kaynaklı sorularla zenginleştirilmelidir.

3. İstisnaları keşfetme: Bu teknik, problemin yaşanmadığı ya da daha az ortaya çıktığı zamanları araştırmayı içerir. Bu aynı zamanda mucize resme benzeyen geçmişteki bir anı da içerebilir. İzleme sorularını kullanmak, bu istisnai durumların oluşması için kimin ne yaptığını görmeyi de sağlar. Bu danışan mı? Yoksa bir ebeveyn, öğretmen ya da bir arkadaş mı? Çizim danışanın problemle ilgili en küçük istisnai durumu dahi dikkatli bir şekilde incelemesini sağlar.

   3.1 Danışana şöyle sorun: "*Problem yaşamadığın başka bir an düşünebiliyor musun?*"

   3.2 Danışandan problemin yaşanmadığı bir anı çizmesini isteyin ve danışan resmi tüm ayrıntılarıyla tamamlaması için fırsat verin. Danışan, istisnai durumları düşünmeye yönlendirildiği için, bu istisnai duruma yönelik tutum ve davranışlar da ortaya çıkabilir. Danışan bu isteği yerine getirmekte zorlanıyorsa, geçmişte yaşadığı mükemmel bir günden ya da mucizeden kısa bir bölümü değerlendirmesini isteyin. Bazı genç danışanlarda, birkaç istisnai durum yerine tek bir duruma odaklanmak daha iyi olabilir.

4. Ölçeklendirme soruları: Bu sorular, var olan kaygıyla ilgili süreci değerlendirmek ya da temeli ölçmek için kullanılabilir.

   4.1 Danışana şöyle sorun: "*1 ile 10 arasında bir sayı verecek olsan kaç verirdin, bu problemin çözülebileceğine olan inancın 10, çözülmeyeceğine olan inancın ise 1, bugün kendini hangi noktada görüyorsun?*"

   4.2 Danışanın söylediği rakama göre nasıl göründüğünü çizmesini isteyin. Ölçeklendirme sorularının görselleştirilmesi değerlendirme sürecini daha somut kılabilir (Nims, 2007). Biçim, ölçeklendirme sorusunun odağına göre değiştirilebilir. Böyle bir değişiklik şu şekilde olabilir: "*1 ile 10 arasında bir sayı verecek olsan, mucize resim ya da mükemmel gün 10, en kötü gün ise 1, bugün şu anda bulunduğun duruma kaç verirdin?*"

5. İlişki soruları ve bilinmeyen sorular: Bu sorular, danışanların sahipliği geri almasını ve var olan kaygılarını değerlendirmesini sağlar. Bu sorular şunlar olabilir: "*Bunun sorun olduğunu belirten nedir? Bunun senin için bir sorun olduğunu kim fark eder? Çizdiklerinle ilgili daha fazla bilgi verebilir misin? Bunu söylediğinde ne demek istiyorsun? Bu sorun çözüldüğünde neyin farklı olduğunu gördün? Başka kim bu farklılıkları fark eder? Ne gibi farklılıklar görürler?*"

YENİ BÖLÜM EL YAPIMI KİTAPÇIK

Katrina Cook

Belirtiler: Fiziksel istismar, cinsel istismar, sözlü istismar, öz saygı eksikliği, depresyon, yeme bozuklukları, madde kullanımı ya da yaşam geçişleri ve diğer pek çok var olan sorun için kullanılabilir.

Hedef: Öz farkındalığı arttırmak ve hedef belirlemek.

Yaklaşım: Sanat ve/veya yazma etkinliği.

Uygunluk: Mucize soru, çözüm odaklı terapide sık kullanılan bir tekniktir (de Shazer, 1988). El yapımı kitapçık, danışanın var olan sorunlarından, yeni fırsatlara açık olan olumlu bir geleceğe doğru geçiş yapmasına imkân sağlar. El yapımı kitapçık, danışanın *"Bir mucize olsa ve yasadığın sorun bir gecede çözülse, bu sorunun çözüldüğünü nasıl anlarsın ve neler farklı olurdu?"* sorusuna verdiği yanıtı içeren tek bir bölümden oluşur. Bu etkinlikle, danışan, yaşamının nasıl olabileceği ve başarmak istediği hedefleri ile ilgili görsel bir anımsatıcı oluşturur. Bu müdahale, özellikle zorlayıcı yaşamsal bir geçiş yaşayan danışanlar için uygundur.

Yaş Grubu/Evren: Çocuklar/ergenler/ yetişkinler; gruplar/bireysel.

Malzemeler ve Hazırlık: Kapak için sert kâğıt ve metin sayfaları için kâğıt, sağlam ip ve dikiş iğnesi, eski dergiler, mürekkepli kaşeler, ıstampa, fotoğraf, çizim, şiir, mektup ya da günlük sayfaları gibi danışanın seçtiği kişisel eşyalar.

Danışanla görüşmeden önce sayfa boyutunu/formaları belirleyebilirsiniz böylece, danışan tüm enerjisini kolaja odaklayabilir. Forma oluşturmak için, kâğıtları katlayın ve istediğiniz ölçüyü elde edene kadar ortada kâğıdı katladığınız kısımlardan kesin ve ortalarını kıvırın. Sayfaları ortada tepe görüntüsü verecek şekilde istifleyin (Miraker & Peyton, 2009; Smith, 1999). Her tepeye 3-5 sayfa ekleyin, kitabın kaç sayfa olmasını istiyorsanız ona uygun olarak ayarlayın.

Yönerge:

1. Var olan sorunu belirlemek için danışanla iş birliği yaparak seansa başlayın; danışana mucize soruyu sorun ve danışandan bu mucize soruya bir yanıt yazmasını isteyin.

2. Danışana hazırladığınız kaşeli/bölüm kâğıtlarını ve kapağı verin ve kapağa bu kâğıtları nasıl dikeceğini gösterin.
   2.1 Kapak sayfasını katlayarak iç sayfaların üstüne yerleştirin. Sayfaları bir arada tutmak için mandal ya da ataç kullanın.
   2.2 İğne ile sayfa kenarında üç delik açın: 1 tane ortaya 1 üste ve 1 alta.
   2.3 İğneye kitabın boyundan üç kat daha uzun ip geçirin.
   2.4 İğneyi iç kısımdan geçirerek ortadaki delikten geçirerek başlayın ve diğer deliklerden geçirerek dikin.
   2.5 İğne ve ipi en üst deliğe geçirin ve yine aynı delikten içeri doğru dikin. Sağlam olana dek aynı delikten dikmeye devam edin.
   2.6 Daha sonra ortadaki deliğe gelin ve bu delik etrafında sağlam hâle gelene dek dikin.
   2.7 Daha sonra en alttaki deliğe geçin ve sağlamlaşana dek dikin. Daha sonra ortadaki deliğe dönün ve ipi bağlayın. Dikme işini bir figür yaratıyor gibi düşünün (Miraker & Peyton, 2009; Smith, 1999).
3. Danışandan mucize sorunun yanıtını temsil eden şeyler yazmasını ya da kolaj yapmasını isteyin.
4. Danışandan kitabına bir isim bulmasını isteyin ve bunu kapağa yazmasını ya da kolaj yapmasını isteyin
5. Kitap tamamlandıktan sonra kitapta yer alan görsel ya da yazılı bilgiler doğrultusunda konuşmaya başlayın. Olası konuşma soruları şunlar olabilir: *"Bana kitabının adından söz eder misin, senin için ne anlam ifade ediyor? Kitabın her bir sayfasını göster ve senin için ne anlama geldiğini anlat. Bu kitap sana nasıl bir öykü anlatıyor. Yaşamının bu bölümü nasıl sona eriyor?"*
6. Danışanın yaşamının nasıl olabileceğini anımsatması için bu kitabı yanında taşımasına cesaretlendirin.

YARIŞ ARABASIYLA ÖZDEŞLEŞTİRME

Sheri Pickover

Belirtiler: Var olan uygun sorunları kapsayabilir ancak uç duygusal tepkiler, bağlanma bozukluğu, dürtüsel ya da saldırgan davranışlar gibi konuları da içerebilir.

Hedef: Duygu aralığını arttırmak ve öz farkındalığı kazandırmak.

Yaklaşım: Sanat.

Uygunluk: Bu etkinliğin amacı danışana, ortaya çıkan durum karşısında uygun olmayan aşırı duygusal tepki metaforunu göstermektir, örneğin herhangi bir aşağılama karşısında öfke nöbeti geçiren ya da bir sınav sonucuna aşırı üzülen danışanlar gibi. Bu etkinlik, hem bireysel hem de grup danışmanlığı için uygundur ve danışan farklı duyguları tanımayı öğrendikten sonra kullanılmak üzere tasarlanmıştır.

Bu müdahale, duygu düzenleme sorunu olan danışanları, güvensiz bağlanma sonucu gelişimsel eksiklik yaşaması ve buna bağlı olarak sosyal durumlar karşısında dürtüsel ve saldırgan davranışlar sergilemesini gösteren teorik bakış açısını temel alarak ortaya çıkmıştır (Bowlby, 1988). Bu teorik bakış açısına göre danışanın erken çocukluk döneminde yeterli duygu düzenleme becerilerinde zorluk yaşadığı varsayılmaktadır ve bu müdahale gerekli duygusal gelişim becerilerinin gelişmesine katkıda bulunur.

Yaş Grubu/Evren: Çocuklar/ergenler/yetişkinler; grup/bireysel.

Malzemeler: Keçeli kalem, pastel boya, tükenmez kalem, kâğıt, yaşa uygun makas.

Yönerge:

1. Seansı şu şekilde bir benzetme ile başlatın: *"Farklı durumlara nasıl tepki veririz? Duygular yarış arabası gibidir. Bu tüm duygular için geçerlidir. Farklı durumlarda bazı duygular 0-150 km hıza çıkabilir. Sen bu durumda ne kadar hızla gidiyorsun?"*
2. Herhangi bir destek ya da yönlendirme olmadan bir yarış arabası çizmesini isteyin.
3. Danışanla birlikte ilgili senaryoları gözden geçirin ve danışandan duygulara hız limitleri koymasını isteyin (örn., *"Kızgınlık için saatte 50 mil, endişe*

için saatte 80 mil.") Senaryolar, şu konuları içerebilir: (a) *Bir komşunun aile üyelerinden birine hakaret etmesi,* (b) *yeni bir işe başlama* ya da (c) *bir arkadaşın giydiği kıyafetlerle dalga geçmesi.* Danışanın verdiği yanıtları yazarak süreci kayıt altına alın.

4. Öfke için 150 saatte 150 mil kaygı için saatte 130 mil hızın yanı sıra güçlü tepkilere neden olmayan durumları da tartışın.
5. Danışandan, elinizdeki sanat malzemeleriyle "hız cezası" oluşturmasını isteyin. Bu biletlerin üzerinde danışanın durumu yazabileceği ya da çizebileceği (gelişim düzeyine bağlı) ve "... *hissediyorum* " yazabileceği bir alan olmalıdır. Danışandan biletleri kesmesini ve "… hissediyorum" ifadelerini değerlendirmesini isteyin.
6. Danışana şu yönergelerle biletleri verin: *"Önümüzdeki hafta hızının arttığını hissedebilirsin. Seni kızdıran (ya da kaygılandıran vb.) bir durumla karşılaştığında, kendine duygu düzeyinin duruma uygun olup olmadığını sor. Unutma duygular yanlış değildir ama yoğunluğu duruma uygun değilse hızını arttırıyorsun demektir. Hızlandığını hissettiğin her sefer hazırlamış olduğun hız cezalarından bir tane al."*

Sonuçları sonraki seanslarda gözden geçirin ve ihtiyaç duyulması hâlinde daha fazla hız cezası hazırlayın. Danışan *hızlandığını* fark ettiğinde ya da hızlanmayı *engellediğinde* güçlü yönlerine dikkat çekin. Danışmanlık sırasında kontrol ve izleme süreçlerinde bu tür müdahalelere devam edin.

KUMDA ÇÖZÜMLERİ KEŞFETME

Charles E. Myers

Belirtiler: Kayıp, boşanma, travma gibi pek çok sorun için uygundur ve ayrıca danışanın elde etmek istediklerini görselleştirerek kişisel gelişim için kullanıma da uygundur.

Hedefler: Danışanın çözümleri zihninde canlandırmasına yardım etmek.

Yaklaşım: Kum terapisi.

Uygunluk: Bu etkinliğin amacı, danışanın probleme odaklı, geçmişe yönelik bakış açısından çıkarak çözüm odaklı geleceğe yönelik bir bakış açısı kazanmasına yardımcı olur. Danışanlar çoğunlukla, sorunların içine batmış ya da sıkışmış bir hâle gelir ve zihinlerinde daha iyi bir gelecek canlandıramazlar. Bu etkinlik, Erickson'un (1954) "kristal küre" tekniğini temel alarak de Shazer'in (1988) "mucize soru" tekniğinin uyarlanmış hâlidir. Danışman, danışandan yaşamının sorunsuz bir hâlde nasıl olacağını hayal etmesini ve bu değişikliği gerçekleştirmek için neler yapabileceğini düşünmesini ister. Bu süreç, danışanın iyi tanımlanmış, üstelenebileceği ve uygulayabileceği hedefler belirlemesine (Sklare, 2005) yardımcı olur. Herkesin kendi çözümlerini bulabileceği kaynakları olduğu inancından yola çıkar ve terapistin, bu kaynaklara dokunmasını sağlar. Mucize sorunun amacı, danışanın problemden uzaklaşarak çözüme odaklanmasını (Murphy, 1997), durumunun değişebileceğine ve bu değişimi yaratmak için gücü olduğuna inanmasını sağlamaktır. Çözüm odaklı, kısa süreli ve kum tepsisi terapilerini birlikte kullanmak, danışanın olumlu ve güç veren bir yaklaşım elde etmesini sağlar (Taylor, 2009).

Yaş Grubu/Evren: Çocuklar/ergenler/yetişkinler; çiftler/bireysel.

Malzemeler: Kum tepsisi (ideal olanı, 50 cm genişlik, 76 cm boy ve 8 cm derinlikte bir tepsi, tabanı ve yan duvarları donuk mavi renkte boyanmış bir tepsi); 7-8 cm derinliğinde tepsiyi doldurmak için tozsuz kum; belirlenmiş kategorilerde seçmeli minyatür koleksiyonu (Homeyer & Sweeney, 1998).

Yönerge:

1. Danışanın kuma alışması için; *"Elini kumun üstüne koy, nasıl hissettirdiğine, nasıl hareket ettiğine ve dokunuşlarına nasıl tepki verdiğine dikkat et."*

gibi cümlelerle başlayın. Danışanın hislerini ya da gözlemlerini paylaşmasını isteyin. Bu, hem danışanın kuma alışması hem de temellendirme etkisi yaratması açısından etkilidir.

2. Danışana şunları söyleyin: *"(Var olan sorun) hakkında düşün. Yaşamının içinde nasıl görünüyor, hangi duyguları ortaya çıkarıyor? Danışana şunları söyleyin, Şimdi, aklında (var olan problemi) tutarak istediğin birkaç minyatürü seç ve tepsinin sol tarafına kendi dünyanı yarat (üç boyutlu bir resim gibi)."* Not: Tıpkı okurken olduğu gibi sanat terapisinde de görsel olarak soldan sağa doğru hareket vardır.
3. Danışan herhangi bir bölünme olmadan kendi dünyasını yaratır ve danışman da izler, danışanla problem arasındaki güvenli mesafeyi koruyun.
4. Danışanla birlikte ilk yarıyı (problem kısmını) işleyin. Danışandan tepsiyi önce genel olarak daha sonra da aşamalı bir şekilde daha spesifik olarak anlatmasını isteyin.
5. Tepsinin "problem kısmını" işledikten sonra danışana mucize soruyu sorun: *"Altı ay sonrasını hayal et, problemin artık yok. Dünyanın yaşamının nasıl farklı olacağını düşün. Nasıl görünecek, nasıl hissedeceksin. Şimdi tepsinin sağ tarafına, problem ortadan kalktığında altı ay sonrasını gösteren dünyanı (ya da bir resim) oluşturmanı istiyorum."* Danışan çözümü yaratırken, yalnızca gözlemleyin ve sessizlik içinde süreci izleyin.
6. Danışan tepsinin sağ yarısını (çözüm kısmı) tamamladığında, şunu sorun: *"İkinci kısımda farklı olan nedir? Ne değişti? Problemin artık olmadığını nasıl anlıyorsun? Başkaları problemin artık olmadığını nasıl anlar?"* Bu tür sorular, danışanın farklı olacak şeyleri daha iyi tanımlamasını sağlar ve terapide hedef oluşturmak için oldukça faydalıdır. Bu sorular ayrıca danışanın, yaşamının daha iyi yönde değişebileceği umudu taşımasına yardımcı olur. Kum tepsisi işleme sürecinde oluşan hedefleri yazın.
7. Danışana şöyle sorun: *"Tepsinin sol tarafından sağ tarafına geçmek için ne yapabilirsin? Bu durumu değiştirebilecek gücün nedir?"* Bu sorular, danışanın içsel kaynaklarına dokunarak, gerekli müdahaleyi danışanın yapmasını sağlar. Danışanın ortak olduğu ve tamamladığı bir süreç böylece yaşanır.
8. Kum dünyanın fotoğrafını çekin. Kum tepsisi fotoğrafları, danışanların değişimi görmesini ve danışan ve danışman arasında metaforik bir dilin oluşmasını sağlar (örn., *"Evliliğin bittiğinde öfkeni yansıtan ejderhayı ve kendini özgür hissettiğinde kullandığın yunus balığını hatırla. Bugün ejderha mı yoksa yunus balığı mısın?"*).

REFERANSLAR

Bowlby, J. (1988). A secure base: Clinical applications of attachment theory. New York: Basic Books.

Chesley, G. L., Gillett, D. A., & Wagner, W. G. (2008). Verbal and nonverbal metaphor with children in counseling. Journal of Counseling & Development, 86(4), 399-411.

Coady, N., Stalker, C., & Levene, J. (2000). A closer examination of the empirical support for claims about the effectiveness of solution-focused brief therapy: Stalker et al. respond to Gingerich. Families in Society, 81(2), 223-230.

Corcoran, J., & Stephenson, M. (2000). The effectiveness of solution-focused therapy with child behavior problems: A preliminary study. Families in Society, 81, 468-474.

De Shazer, S. (1982). Patterns of brief family therapy: An ecosystemic approach. New York: Guilford Press.

De Shazer, S. (1988). Clues: Investigating solutions in brief therapy. New York: W.W. Norton & Company.

De Shazer, S. (1991). Putting difference to work. New York: W.W. Norton & Company. Erickson, M. H. (1954). Pseudo-orientation in time as a hypnotic procedure. Journal of Clinical and Experimental Hypnosis, 2, 261-283.

Franklin, C., Biever, J., Moore, K., Clemons, D., & Scamardo, M. (2001). The effectiveness of solution-focused theory with children in a school setting. Research on Social Work Practice, 11, 411-434.

Gingerich, W., & Eisengart, S. (2000). Solution-focused brief therapy: A review of outcome research. Family Process, 39, 477-496.

Gladding, S. T. (2005) Counseling as an art: The creative arts in counseling (3. baskı.).Upper Saddle River, NJ: Pearson Education.

Homeyer, L. E., & Sweeney, D. S. (1998) Sandtray: A practical manual. Canyon Lake TX: Lindan Press.

Kim, J. S. (2008). Examining the effectiveness of solution-focused brief therapy: A metaanalysis. Research on Social Work Practice, 18, 107-116.

Kim, J. S., & Franklin, C. (2009). Solution-focused brief therapy in schools: A review of the outcome literature. Children and Youth Services Review, 31(4), 464-470.

Leggett, E. S. (2009). A creative application of solution focused counseling: An integration with children's literature and visual arts. Journal of Creativity in Mental Health, 4, 191-200.

Littrell, J., Malia, J., & Vanderwood, M. (1995). Single-session brief counseling in a high school. Journal of Counseling and Development, 73, 451-458.

Malchiodi, C. A. (2005). Expressive therapies: History, theory, and practice. In C. A.

Malchiodi (Ed.), Expressive therapies (s. 1-15). New York: Guilford Press.

Miraker, C., & Peyton, S. (2009) Bookmaking with kids: For the love of reading, writing, & art. Sewn pamphlet stitch. Alıntı: Ağustos 4, 2009, from http://www.bookmaking with kids.com/wp-content/uploas/2009/07/sewn-pamphlet-instructions.pdg

Molnar, A., & Lindquist, B. (1989). Changing problem behavior in schools. San Francisco: Jossey-Bass.

Murphy, J. (1994). Working with what works: A solution-focused approach to school behavior problems. School Counselor, 42, 59-68.

Murphy, J. J. (1997). Solution-focused counseling in middle and high schools. Alexandria, VA: American Counseling Association.

Nims, D. R. (2007). Integrating play therapy techniques into solution-focused brief therapy. International Journal of Play Therapy, 16, 54-68.

Orton, G. H. (1997). Strategies for counseling with children and their parents. Pacific Grove, CA: Brooks/Cole Publishing.

Russell, K. C. (2000). Exploring how the wilderness therapy process relates to outcomes.

The Journal of Experiential Education, 23(3), 170-176.

Selekman, M. (1997). Solution-focused therapy with children: Harnessing family strengths for systemic change. New York: Guilford Press.

Sklare, G. B. (2005). Brief counseling that works: A solution-focused approach for school counselors and administers (2nd ed.). Thousand Oaks, CA: Corwin Press.

Smith, K. A. (1999). Non-adhesive binding: Books without paste or glue. Rochester, NY: Author.

Stalker, C., Levene, J., & Coady, N. (1999). Solution-focused brief therapy: One model fits all? Families in Society, 80, 468-477.

Taylor, E. (2009). Sandtray and solution-focused therapy. International Journal of Play Therapy, 18(1), 56-68.

Trepper, T. S., McCollum, E. E., DeJong, P., Korman, H., Gingerich, W., & Franklin, C. (2008). Solution focused therapy treatment manual for working with individuals:

Research Committee of the Solution Focused Brief Therapy Association. Retrieved July 23, 2008, from http://www.sfbta.org/Research.pdf

Williams, B. (2000). The treatment of adolescent populations: An institutional vs. a wilderness setting. Journal of Child & Adolescent Group Therapy, 10, 47-56

4

Bilişsel Davranışçı Terapi

Dixie Meyer

Pek çok bilişsel davranışçı terapi (BDT) hedefi ve tekniği, dışavurumcu sanat bakış açısıyla uyumludur. BDT ve dışavurumcu sanatlarda ortak hedef, danışanda davranış değişikliği oluşturmaktır. BDT, günlük tutma, rol oynama ve yönlendirilmiş benzetim gibi tekniklerin kullanılmasıyla bilinmektedir; bu teknikler aynı zamanda dışavurumcu sanat yaklaşımlarında da kullanılmaktadır. Bu bölümde dışavurumcu sanatın BDT'yle nasıl bütünleştirilebileceği ayrıntılı bir şekilde ele alınacaktır.

BİLİŞSEL DAVRANIŞÇI TERAPİNİN TEMELLERİ

BDT, rasyonel duygusal davranışçı terapi (RDDT; Ellis,1998, 1999), davranışçı terapi (DT; Lazarus, 1971) ve bilişsel terapinin (BT; Beck, 1967, 2005; Beck, Rush, Shaw, & Emery, 1979) karışımıdır. Bu teoriyi diğer terapi türlerinden ayıran ise tek bir bütünleştirilmiş ve kapsamlı teori içinde davranışların ve bilişin ortaya çıkmasıdır. Tarihî olarak bakıldığında, REBT 1950'li yıllarda ortaya çıkmıştır (Corsini & Wedding, 2008). Önceki davranışçı müdahale keşiflerine karşın, 1950'li yıllara dek DT psikolojik sorunları tedavi etmek için kullanılmamıştır (Corsini & Wedding). Beck'in bilişsel modeli çalışması diğer teorilerin gelişimini yakından izlemiştir ve 1960lı yıllarda Beck'in yazıdıkları BT'de ortaya çıkmıştır (Corsini & Wedding). Ancak Beck'in teorisi depresyon araştırmaları sırasında ortaya çıkmıştır. DT kısa süreli olduğundan genellikle bilişsel ve duygusal bileşeni dışarıda bırakır, bu bölümde Beck'in bilişsel modeli ile Ellis'in RDDT teorisi karşılaştırılarak ele alınacaktır.

Temel İlkeler

Herhangi bir teorik yönelimi değerlendirirken, o teorik bakış açısında insan doğasına bakış ile başlamak önemlidir. BT bakış açısına göre, insanlar kötü ya da iyi olarak değerlendirilmez ancak bireylerin sosyal çevrelerine nasıl uyum sağladıkları ve öğrendiklerini nasıl uyguladıkları üzerine odaklanır (Beck, 1976). RDDT, insan doğası bakışı tarafsız olan bakış açısına benzemektedir ancak RDDT, bireylerin akılcı düşünebildiklerini varsaymakta ve akılcı düşünmenin terapinin odağı olması gerektiğini varsaymaktadır (Ellis, 1998, 1999). Her ikisi de bilişselliğe odaklanmasına rağmen, BT ve RDDT arasındaki fark BT'nin biliş düzeyinde önceki deneyimlere odaklanmasıdır. Bu nedenle, BT danışmanı daha çok geçmişe odaklanmakta ve RDDT danışmanı ise ana odaklanmaktadır. BT ve RDDT'de danışmanlık sırasında danışanının inançlarına vurgu yapılır. BT'ye göre (Beck, Freeman, & Davis, 1994) inançlar, çekirdek, koşullu ya da dengeleyici inançlar olarak sınıflandırılabilir. Çekirdek inançlar otomatiktir ve genelde bireyin kendi görüşünü yansıtır. Koşullu inançlar deneyimlere anlam yükler ve eğer-ise ilkesiyle hareket eder. *Eğer* bir olay olursa, *ardından* birey kendine bir etiket yükler. Dengeleyici inançlar ise genelde çekirdek inançları temel alır ve bireye çekirdek inançları belirlemesine yardımcı olur. Örneğin, bireyin kendisi ile ilgili çekirdek bir inancı vardır ve ardından dengeleyici inançlar bireyin nasıl davranması gerektiğini belirler.

BT'ye göre tüm inançlar (çekirdek, koşullu ve dengeleyici) şemalar ya da deneyimler sonucu geliştirilen varsayım kalıplarından oluşmaktadır. (Beck ve ark., 1979). Tüm bilgiler şemalar aracılığıyla işlenir ve bu da yeni deneyimlerle ilgili düşünceleri ve bireylerin tepkilerini belirler. Şemalar, bireyin ruh sağlığına bağlı sonucuna göre uyarlanabilir ya da işlevsiz olabilir. Şema koleksiyonları modlardan oluşur ve danışanın gerçeklik algısını düzenler (Beck ve ark., 1979). Modlar, uç tepkiler ve mutlak düşünceler gibi ilkel ya da düşünce sürecinde daha esnek ve duruma bağlı bilgiyi bütünleştirebilen olgun biçimde olabilir (Beck ve ark., 1979).

BİLİŞ YAPISI

İrrasyonel düşünceleri değerlendiren Ellis'in aksine Beck, işlevsiz düşünceleri değerlendirmesiyle tanınmaktadır. Bireylerde meydana gelen şey genelde olumsuz düşünceler sonucunda ortaya çıkan kalıplardır. Bunlar genellikle bilişsel çarpıtmalar olarak adlandırılır. BT'de Beck (1967) ve Beck ve ark (1979) yaygın bilişsel çarpıtmaları tanımlamıştır:

- *Keyfi çıkarımlar,* danışan, doğrulayıcı bir kanıt olmadan sonuca vardığında ya da çelişkili durumlar söz konusu olduğunda meydana gelir.
- *Seçici soyutlama,* danışan daha geniş açıyla bakmadan var olan durumun bir ya da birkaç noktasına odaklandığında oluşur.
- *Aşırı genelleme,* danışanın bir olayla ilgili genel bir sonuca ulaşmasıyla oluşur.
- *Büyütme ve küçültme,* danışanın bir olaya çok fazla ya da çok az anlam yüklemesiyle oluşur.
- *Kişiselleştirme,* danışanın kendisiyle ilgili olmayan olayların nedeni olarak kendisini görmesiyle oluşur.
- *İkili düşünme,* danışanın bir olayı ya tamamen iyi ya da tamamen kötü olarak yorumladığında oluşur.
- *Felaketleştirme,* danışanın bir olayı olduğundan daha kötü göstermesiyle oluşur.
- *Akıl okuma,* danışanın başka bir kişinin düşüncelerini bildiğini varsaymasıyla oluşur.
- *Falcılık,* danışanın kötü şeyler olacağını hayal etmesiyle oluşur.
- *Etiketleme,* danışanın tek bir olaya dayalı olarak kendini tanımlaması ya da nesnel olarak olayı tanımlamadan kendini kötü olarak etiketlemesiyle oluşur.

Ellis de (1999), Beck'in bilişsel çarpıtmalarına benzer bir şekilde bireyin sahip olduğu düşünceler için teorik bir açıklama yapmıştır. Bu model ABC modeli olarak adlandırılmaktadır. *A,* harekete geçiren olayı temsil eder. *B* ise bireyin harekete geçiren olayla ilgili inançlarını temsil eder ve *C,* olayla ilgili inanca dayalı olarak duygusal ya da davranışsal sonucu temsil eder. Ellis'e (1999) göre bireyi rahatsız eden duyguları ya da davranışları değil o olayla ilgili inançlarıdır. Danışmanlık boyunca, danışman danışanla yaygın bilişsel bozuklukları gözden geçirebilir ya da danışanın bir olayla ilgili inançlarını keşfetmesi için verdiği tepkileri gözden geçirmesini sağlayabilir. Bu etkinlikler danışanı daha uyarlanabilir ya da daha mantıklı düşünce süreçlerine yöneltir. Örneğin, Ellis, danışanın irrasyonel düşüncelerini çalışırken Beck danışanın daha uyarlanabilir ve esnek düşünce biçimleri geliştirmesini çalışırdı.

DANIŞMANLIK SÜRECİ

RDDT, çoğunlukla duygu ve düşüncelerin davranışlarda bütünleştirilmesi olarak değerlendirilmektedir (Ellis, 1962). Benzer olarak, BT, bireyin tepkilerinin davranışsal, bilişsel ve duygusal bileşenleri kapsadığını varsayar (Beck, 1976). Hem RDDT hem de BT danışmanlık sürecinde danışanın inanç sistemlerini inceler. Ellis, oluşan rahatsızlıklara göre düşünceleri rasyonel ve irrasyonel olarak görse de Beck, düşüncelere karşı daha nötr bir tutum sergiler. Düşünceleri rasyonel ya da irrasyonel olarak değil uyumlu ya da uyumsuz olarak tanımlayan şeylerin düşüncelerin bir sonucu olduğunu görmüştür. Patolojik açıdan bakıldığında ise BT her bir bozukluğun işlevsiz düşüncelere ait bilişsel içerikleri olduğunu kabul etmektedir, RDDT ise danışanın yapması *gereken* ve/veya yapmak *zorunda olduğu* şeyleri nasıl değerlendirdiği ve bunları kendi inanç sistemi içine nasıl yerleştirdiğini ele almaktadır (Beck ve ark., 1994; Ellis, 1998, 1999). BT bakış açısına göre, davranışsal, bilişsel ve duygusal tepkiler, bireyin nasıl tepki göstereceğini etkileyen şema ya da çekirdek inanç serisidir. Danışmanlıkta, bu şemalar ya da çekirdek inançlar, test edilebilir hipotezlere dönüştürülür (Beck ve ark., 1979). Danışanlardan hipotezlerini test etmeleri ya da çekirdek inançlarını onaylamaları ya da reddetmeleri için kanıt aramaları istenir.

Danışanın inançlarını test etmek için kullanılan bu bilimsel yöntem süreci *iş birlikli ampirizm* olarak adlandırılmaktadır (Beck ve ark., 1979). BT danışmanlık sürecini yönlendiren bir diğer strateji de *yönlendirilmiş keşif*tir. Yönlendirilmiş keşif süreci var olan işlevsiz düşünce örneklerini arar ve bunları danışanın önceki deneyimleriyle ilişkilendirir (Beck ve ark., 1994). Yönlendirilmiş keşif sürecinde, danışan ve danışman, danışanın düşüncelerinin kökenini ya da bilişsel bozuklukları ortaya çıkarmaya çalışır. Danışanla çalışırken, danışanın kendiliğinde ortaya çıkan düşüncelerini tanıması ve bu düşüncelerin olumsuz mu yoksa işlevsiz mi olduğuna karar vermesi önemlidir (Beck ve ark., 1979). Bunun ardından danışan, bilişselliğin davranışlarını ve duygularını nasıl etkilediğini anlar (Beck ve ark., 1979).

Danışman, danışana işlevsiz düşüncelerini ortadan kaldırmaya yardımcı olmak için çalışır (Beck ve ark., 1979). Düşünceleri ortadan kaldırmak için, danışman, danışanın üzerinde etkili olan düşüncelerin gücünü azaltmayı ve danışanın işlevsiz düşünceler karşısındaki duyarlılığını azaltmayı hedefler (Beck ve ark., 1979). Bu süreç başladığında danışman danışanın var olan inançlarını düzenlemesine yardımcı olabilir. Unutmayın ki bu terapi modeli bilimsel modeli izlemektedir ve danışman danışandan kendisiliğinden ortaya çıkan düşünceleri destekleyen ya da karşı çıkan kanıtları değerlendirmesini isteyecektir (Beck ve ark., 1979). Kanıt arayışının sonuçlarına bağlı olarak, danışman danışanın gerçekte var olan bilişsel düzeyler geliştirmesine yardımcı olur (Beck ve ark., 1979). Akabinde, danışanın daha sağlıklı bilişsel düşünce durumları keşfetmesine yardımcı olacak yeni inançlar ya da durumlar ortaya koyar. BT danışmanı ve danışan birlikte işlevsiz düşünceleri inceler ve bunları işlevi olan inançlar hâline dönüştürür. Danışman, danışanı bu sürece tamamen katar (Beck ve ark., 1979). Böylece, danışan işlevsiz düşünceleri keşfederek bunları daha objektif düşüncelere dönüştürür ve sonunda düşünceleri artık yaşadığı şeyleri olumsuz olarak etkilemez.

BİLİŞSEL DAVRANIŞÇI TERAPİ TEKNİKLERİ VE DIŞAVURUMCU SANATIN BÜTÜNLEŞTİRİLMESİ

BDT, bilişsel terapi modeli ve davranışçı müdahaleleri bir araya getirmek üzere tasarlanmıştır (Beck, 2005). BDT teknikleri, dışavurumcu sanat bakış açısına ait tekniklerin kullanımıyla uyumludur. Hem BDT hem de dışavurumcu sanatlarda ortak hedef, danışanın davranış değişikliğini gerçekleştirmektir. Herhangi bir müdahalenin uygulanmasının ardından seans sırasında, hem BDT hem de dışavurumcu sanat kullanılan danışmanlıkta, müdahalenin işleyişi için zaman ayrılmaktadır. Bu süre içinde, sorgulama, yansıtma kullanımıyla, müdahaleden ders çıkarma, öğrenme gerçekleşir. BDT bakış açısında, hedef, bilişsel olarak yeniden yapılandırma üzerine odaklanabilir. Ancak yine de *bilişsel yeniden yapılandırma* terimi dışavurumcu sanat yöntemlerinde kullanılmasa da süreç içinde danışanın düşüncelerinde bir değişiklik olmayacağı anlamına gelmediğini unutmamak gerekir.

Böylece, hem BDT hem de danışmanlık sürecinde dışavurumcu sanat kullanımıyla hem düşünce hem de davranışlarda değişiklik beklenebilir.

Dışavurumcu sanat teknikleri zaten BDT tekniklerinde kullanılır ya da kolaylıkla davranışçı müdahale kategorisi içinde yer alabilir. BDT, gelişimi kaydetmek için ve var olan duygu ve düşünceleri keşfetmek için günlük kullanılmasıyla bilinir. Dışavurumcu sanat bakış açısında yazı ve şiir en yaygın yöntemlerdir ve bu amaçla da kullanılmaktadır. BDT aynı zamanda rol oynamayı da kapsamaktadır. Rol oynama, yeni davranış becerilerini uygulama ya da danışmanlıkta ele alınan durumu kullanarak danışanı zor sosyal durumlara karşı hazırlamayı kapsar.

Ortak olarak yararlanılan tekniklerin yanı sıra, diğer teknikler de kolaylıkla dışavurumcu sanat tekniklerine uyarlanabilir. Yönlendirilmiş imgelem BDT tekniği yaygın olarak drama terapisinde kullanılmaktadır. Yönlendirilmiş imgelem, hayal gücünü danışanı iyileşmeye doğru yönlendirecek hayal gücüne izin verme sürecidir. Danışman bir öykü anlatır ya da danışan danışmanın söylediklerini hayal eder. Yönlendirilmiş imgelem genellikle rahatlama ya da danışanın istediği ruhsal sağlık kalitesine kavuştuğunu hayal etmesine yardımcı olmak için kullanılır. Sürece müziğin de katılması, yönlendirilmiş imgelem çalışmasının kalitesini yükseltir, böylelikle teknik müzik terapisi müdahalesi hâline gelir. BDT aynı zamanda bilişsel çarpıtmaların etiyolojisini ortaya çıkarmak için anıların yeniden işlenmesi tekniğini de kapsar. Danışan, çarpıtmaların başladığı dönemlere ait anıları çizebilir. Ardından, danışan bu anıyı daha uyarlanabilir kılmak için boyama yapabilir. Böylece danışan, daha sağlıklı düşünce sürecinin fiziksel bir temsilini de görmüş olur.

BİLİŞSEL DAVRANIŞÇI TERAPİ İÇİN DENEYSEL DESTEK

Beck, akıl sağlığı bozukluklarının yaygın düşünce süreçleriyle sınıflandırılabileceğine inanmaktaydı. Beck, üretken bir yazardır ve genelde çeşitli akıl sağlığı bozuklukları olan hastalar için danışmanlık süreçleriyle ilgili kılavuz kitaplar yazarken belirli akıl sağlığı bozuklukları düşünce süreçleri ile ilgili olarak da yazmıştır. Depresyon, kaygı, kişilik, bipolar, şizofreni ve madde kullanımıyla ilgili çalışırken kitaplar yazmış bir yandan da bu bozukluklara sahip kişilere tedavi modelleri yaratmıştır.

Kanıta dayalı uygulama hareketi danışmanlık mesleğini güçlü bir şekilde etkilemektedir. Bu hareketin çeşitli anahtar bileşenleri, teorinin ne zaman, nasıl ve kim için kullanılacağını bilmektir. BDT yapısı, bu yönelimin araştırılmasına izin verir ve çeşitli popülasyonla, psikolojik sorunlarla ve uygulamalarla kullanımını destekleyen çalışmalar vardır.

2005 ve 2006 yılında, BDT'nin deneysel desteği inceleyen iki makale yayınlanmıştır (Beck, 2005; Butler, Chapman, Forman, & Beck, 2006). Çeşitli çalışmalardan elde edilen sonuçları ele alan bu makalelerde, depresyon, kaygı bozukluğu, evlilik sorunları, şizofreni, yeme bozukluğu, somatik bozukluklar, bağımlılık, öfke yönetimi, intihar düşüncesi ya da teşebbüsü, kronik ağrı ya da cinsel sorunlar gibi sorunlar yaşayan bireylerle çalışırken BDT'nin etkili sonuçlar elde edebileceği belirtilmiştir. Bu da BDT yöneliminin danışmanlıkta pek çok bozukluk için faydalı olabileceğini göstermektedir.

2006 yılından bu yana, BDT destekleyen en son kapsamlı görüşler yayınlanmıştır, danışmanlıkta BDT kullanımının faydalı sonuçlar ortaya çıkarılabileceğini gösteren pek çok araştırma yapılmıştır. O günden bu yana BDT'nin dürtüsel kontrol bozukluğu, insomniya, vajinismus gibi cinsel yetersizlik sorunları, bazı kişilik bozukluklarında faydalı olabileceği gösterilmiştir (Clarke, Rizvi, & Resick, 2008; Davidson ve ark.,2006; Davidson ve ark., 2009; Emmelkamp, Benner, Kuipers, Feiertag, Koster, & van Apeldoorn, 2006; Hodgins & Peden, 2008; Morin ve ark., 2009; Hoyer, Uhmann, Rambow, & Jacobi, 2009; Perlman, Arnedt, Earnheart, Gorman, & Shireley, 2008; ter Kuile ve ark., 2007; van Lankveld ve ark., 2006). Antisosyal, kaçınmacı, sınır kişilik bozuklukları için de deneysel destek bulunmasına rağmen (Clark ve ark.; Davidson ve ark., 2006; Davidson ve ark., 2009; Emmelkamp ve ark., 2006), danışmanlara diğer kişilik bozuklukları için de tavsiyede bulunulmalıdır. Dissosiyatif bozukluklar, bilişsel bozukluklar ve yapay bozuklukların tedavisini değerlendiren bir çalışma olmadığını da göz önünde bulundurmak gereklidir. Ancak danışmanlar, dissosiyatif, bilişsel ya da yapay bozukluklarıyla ilgili semptomları azaltma konusunda çalışırken BDT uygulaması konusunda dikkatli olmalıdır.

Dışavurumcu Sanat Müdahaleleri

BİLİŞSEL DAVRANIŞÇI TERAPİ DRAMA İKİ SAHNE

Dixie Meyer

Belirtiler: Bu etkinlik, davranışlarını geliştirmek isteyen; zorlayıcı ya da duygusal olarak zor durumlarla karşı karşıya kalan kişileri hazırlamak için ve kişisel sınırlarını esnetmek isteyen kişiler için uygundur.

Hedefler: Danışanları gelecekteki kişisel etkileşimlere karşı hazırlamak.

Yöntem: Drama.

Uygunluk: Drama terapisi, BDT'yle en çok uyumlu dışavurumcu sanat yöntemidir. Davranış değişikliği ve gerçek yaşamda karşılaşmadan önce yeni davranışları uygulama konularına vurgu yapma hem BDT hem de uygulamada benzerdir. Örneğin hem BDT hem de drama terapisinde çok sık kullanılan tekniklerden biri rol oynamadır. Rol oynama, danışanın kendi seçimi olan sosyal bir durumu canlandırabileceği beceri eğitim biçimidir.

Yaş Grubu/Evren: Çocuklar/ergenler/yetişkinler; çiftler/aileler/gruplar/bireyler.

Malzemeler: Özel bir malzeme gerekli değildir.

Yönerge: Burada yer alan etkinlik, danışanın davranış zenginliğini arttırmaya yönelik olarak rol oynamasına odaklanmaktadır. Bu etkinlik tek bir düzenleme ile tipik bir rol oynama olarak da geçekleştirilebilir.

Sahne 1:

1. Danışandan gelecekte yaşayabileceği zorlayıcı bir duruma odaklanmasını isteyin.
2. Başlangıçta danışandan zor bir durum karşısında normal daranışını ve konuşmasını canlandırmasını isteyin.
3. Rol oynamada ilerleyerek deneyimleri karşısında rol oynama sırasında beklenen ya da beklenmeyen duygulara, ortaya çıkan duygularına odaklanma-

sını isteyin. Süreçle ilgili düşünceleri, rol oynama ile sevdiği ya da sevmediği şeylere odaklanmasını isteyin.

Sahne II

1. Danışandan gerçek yaşamda görmeyi istediği bir film ya da oyun karakterini ve gelecekte yaşanacak belirli bir zorluğu düşünmesini isteyin. Seçilen karakter, Vietnam savaşında esir düşen ancak sonrasında kaçmayı başaran *Rescue Dawn Şafak Harekatı* filmindeki Dieter Dengler gibi imkânsızlıklara rağmen başarılı olan bir karakter olabilir. Danışan *It's a Wonderful Life/ Şahane Hayat* filmindeki George Bailey gibi iyi niyetli karakter seçebilir. Danışan, 2. Dünya Savaşı'nda saklanarak hayatta kalmayı başarmış olan umudunu hiçbir zaman kaybetmemiş olan yaşam öyküsünü *The Diary of Anne Frank adlı kitapla ele alan* Anne Frank gibi bir karakter de seçebilir.
2. Danışandan seçtiği karakteri kişileştirerek rol oynamasını isteyin.
3. Bildik bir durum karşısından yeni rolünü canlandırdıktan sonra, danışana, oynadığı oyundan neleri almak istediğini ve düşünce, duygu ve davranış repertuvarına katmak istediğini sorun.

Tekrar Sahneye Çağırma: Gerçek etkileşim oluştuktan sonraki seansta, danışan kendi etkileşimini değerlendirirken, seçtiği karakterin hangi yönlerini ele aldığını anlatır.

CANLANDIRMA: ÇELİŞKİLİ NİYET

Dixie Meyer

Belirtiler: Bu etkinlik kendi tepkilerinden, duygularından korkan hastalar ya da danışana özgü olası uyarıcı tepkiler vermek için uygundur ve fobiler ya da obsesif-kompulsüf bozukluk gibi kişiler ve olaylar hakkında korku ya da kaygı yaşayan kişilere yardım etmek için kullanılabilir.

Hedef: Kişiye korku ve kaygıları üzerinde kontrol sahibi olabileceği duygusunu vermek için güvenli bir ortamda korkularını canlandırmasına izin vermek.

Yöntem: Drama.

Uygunluk: Burada BDT'nin yaratıcı yapısı vardır. Bu teorik bakış açısıyla kullanılan pek çok teknik, danışmanın kendi hayal gücünü kullanmasına izin vermektedir. Yaratıcı bir müdahale örneği de çelişki müdahalesidir. Çelişkili niyet müdahalesi danışandan tam olarak korktuğu şeyi canlandırmasını ister (Burns, 1989). Danışan, olmasından korktuğu bir şeyi fiziksel ya da davranışsal olarak canlandırma konusunda cesaretlendirilir. Ardından birey, davranışlarına bağlı olarak tepkisel olmaya çalışır. Bu tepkisellik saçma konuşmak, öfke nöbeti geçirmek ya da yumruk atmak gibi davranışlar olabilir. Böylece danışan, kendilerini korkutan şeyin aslında o kadar da korkunç olmadığını görebilir. Buna ek olarak, danışan böyle bir davranış biçimi canlandırarak kendi davranışları üzerinde kontrol sahibi olabileceğini görür.

Yaş Grubu/Evren: Çocuklar/ergenler/yetişkinler; bireyler.

Malzemeler: Özel bir malzeme gerekli değildir.

Uyarılar: Danışmanın, danışanın korkuları hakkında dikkatli olması ve danışanı etik olmayan ya da tehlikeli davranışlara yöneltmemesi önemlidir. Danışanların kendilerine ya da başkalarına zarar vermesine neden olacak davranışlara izin vermeyin. Danışanın, bu davranış biçimlerini önce danışmanın yanında canlandırması sonrasında tek başına denemesini sağlayın.

Yönerge: Her danışmanlık sürecinde danışanın güvenliği en temel noktadır; bu nedenle danışanın önce danışmanın yanında bu davranışları sergilemesi önemlidir. Danışan kendisini rahat hissettiğinde bu etkinliği evde kendi başına uygulayabilir.

1. Danışandan canlandırmasını istediğiniz konuyla ilgili bir gösteri yapın (Burns, 1989).
2. Danışandan korktuğu davranışları sergilemesini isteyin. Danışanın, gösteriyi taklit etmesi yerine kendi duygu ve davranışlarını sergilemesini isteyin, böylece danışan kendi davranışları konusunda daha ilintili hisseder.
3. Danışanın canlandırması sırasında cesaretlendirici ifadeler kullanın (örn., "*Yumruğunu sıkman iyi ya da kendini bu etkinliğe vermen güzel.*") Danışmanından gelen cesaret verici biri söz, danışanın davranışlarını canlandırırken yaşayacağı kaygı düzeyini indirger ya da korktuğu davranış ve duyguları konusunda daha rahat hissetmesini sağlar.
4. Seans sırasında gerçekleştirilen canlandırmadan sonra, danışanın ofis dışında da ihtiyaç duyduğunda içgüdüsel olarak ortaya çıkmasını sağlamak için bu davranışı gerçekleştirmesini isteyin. Danışanın başkalarının karşısında bu tekniği kullandığında, bunun terapötik bir teknik olduğunu söylemesi ve bu konuda bilgi vermesi en uygunudur.

AİLE İLE KEÇE ÇALIŞMASI

Cheryl L. Shiflett ve HoiLam Tang

Belirtiler: Otizm spektrum bozukluğu olan çocuklar ve ergenler ve aileleri bu sanat müdahalesinin iş birlikli, el becerisine dayalı, dokunsal yönünden faydalanabilir.

Hedefler: Duyusal bütünleşmeyi desteklemek ve iletişim seçeneklerini geliştirmek için kardeşler arasında iş birlikli ve karşılıklı etkileşim sağlamak.

Yöntem: Sanat.

Uygunluk: Bu etkinliğin amacı, danışanın sanat malzemelerini dokunsal ve kinestetik olarak keşfetme toleransını arttırmayı, seçim fırsatı sunmayı, renk seçimleriyle iletişim kurmayı, kardeşlerle iş birlikli ve karşılıklı iletişime geçmeyi sağlamaktır. Kardeşlerden oluşan bir grupta kullanıldığında bu motive edici etkinlik, aile üyeleri arasında sözel olmayan yollarla anlamlı ilişkiler kurulmasını sağlarken danışana malzeme seçimi konusunda seçenekler sunar ve dokunarak bu malzemeler arasından seçim yapmasını sağlar. Bu etkinlik, diğer kardeşin sosyal etkileşimini gözlemlemeye ve terapist ya da danışman tarafından sergilenen davranışları taklit etmeye yönelik olduğundan bilişsel davranışçı yaklaşıma yakındır. Bandura'ya (1977) göre, insan davranışı gözleme dayalı bir şekilde öğrenilmektedir. Sanat malzemesi ile etkileşim için istenen davranışı şekillendirerek, katılımın sürekliliğini sağlayarak ve danışan, kardeş ve arasındaki etkileşimi destekleyerek, danışanın başarılı deneyimi, yeni ortamlarda etkileşimli ve uygun davranışları tekrar etmesini sağlar (Kazdin, 2001). Keçe malzemesi ve keçeleştirme süreci, dokunsal algıların beslenmesini, dokunsal bütünleşme için temel blok oluşturmayı, akademik hazır bulunuşluluğu ve daha karmaşık bilişsel becerilerin gelişmesini sağlar (Kranowitz, 1998). Yazarlar bu etkinliği, otizm spektrum bozukluğu olan çocuklarla sanat terapisisi grup çalışmasında ve kardeşleriyle kardeş sanat terapisi grubunda kullanmıştır. Buna ek olarak, bu etkinlik aile sanat terapisi olarak ebeveynlerin, bakıcıların da dâhil edilmesiyle aile ilişkilerini geliştirme konusunda da kullanılabilir. Bu teknik, ayrıca, dikkat, yönergeleri takip etme, sır bekleme ve karşı gelme karşıt olma bozukluğu yaşadığı için alternatif okullara devam eden çocuklarla toplum yanlısı davranış çalışmaları için kullanılmaktadır.

Yaş Grubu/Evren: Çocuklar/ergenler/yetişkinler; aileler/gruplar.

Malzemeler: Yaklaşık 500 gram çeşitli renklerde merinos yünü (temel ana renkler ve ara renkler); iki litre ılık sabunlu su dolu termos; 2-3 litre ılık saf su dolu termos; çeşitli küçük ölçü kapları; çalışma halısı (3,5 metre yuvarlak baloncuklu örtü ya da dayanıklı plastik örtü; 2-3 su tepsisi; birkaç küçük sünger; 5-7 parça büyük havlu ve birkaç keçe kumaş örneği.

Yönerge:

1. Etkinlik odasının ortasına çalışma halısını serin. Halının ortasında durup, danışanları ve kardeşlerini halı keşfetmeleri için davet edebilirsiniz. Danışanların ortama alışması için 5-6 dakika verin ve ardından kardeşleriyle birlikte oturmak için rahat buldukları bir yere oturmalarını söyleyin.
2. Danışanlarınız ortama alıştıktan sonra kısa bir duyusal deneyim ortamı oluşturarak danışanlarınızın kardeşleriyle birlikte yün malzeme dokunup hissetmelerini sağlayın. Yünü yanaklarınıza sürün ya da avuçlarınızın içine alın; danışanlarınızın ve kardeşlerinin de sizin yaptıklarınızı yapmasını isteyin. Malzemeye dokundukları sırada hissettiklerini sorun. Duyusal olarak hislerini anlatmalarını isteyin (örn., yumuşak, rahat, gıdıklayıcı, sıcak, kaşındırıcı vb.). Sınırlı sözel iletişimi olan danışanlar için iletişim ya da resimli kartlardan faydalanabilirsiniz. Duygularını tanımlarken, en çok hissettikleri duyusal deneyimleri keşfedin.
3. Kısa duyu deneyiminden sonra, birkaç keçe parçasını danışanlarınıza dokunmaları için verin. Ve yapacağınız çalışmada yünle oynayarak keçe hâline getireceğinizi açıklayın. Küçük yün parçalarını birleştirerek kuru keçeleme tekniğini gösterin. Kuru keçeleme sürecinde farklı renkleri bir araya getirin.
4. Daha sonra, danışanlarınıza kardeşleriyle birlikte sevdikleri renkte yumuşak keçe oluşturacaklarını anlatın. Danışanlarınız ve kardeşlerinin birbirlerinin en sevdikleri renkleri öğrenmelerini isteyin. Danışanlarınız ve kardeşlerinin yün kutusundan sevdikleri renkte yün seçmelerini isteyin.
5. Ardından küçük yün parçalarını birbirine tutturarak kuru keçeleme tekniğini gösterin. Her kardeş takımına, çalışma halısı üzerinde yünlerini birbiriyle bağlamanın öneminden bahsedin. Renkler üzerinde çalışırken birbirleriyle etkileşim hâlinde olmaları için cesaretlendirin.
6. Bir yün parçası elde etmek için 3-4 kat kuru yünü katmanlar hâlinde yerleştirmeleri için yaklaşık 5-8 dakika süre verin (zaman sınırlamasına bağlı). Kuru yün parçasının ortasına yarım fincan ılık sabunlu su dökerek ıslak ke-

çeleme tekniğini gösterin. Kardeşleriyle birlikte sabunlu suyu yaymak için elleriyle ıslak yünü ovalamalarını isteyin. Farklı hareketler gösterin (örn: çekme, döndürme, sıkma vb.). Yünü ayaklarınızla ve ayak parmaklarınızla karıştırmaya çalışın. Kardeşlerin yünle farklı hareketler denemelerini isteyin. Aynı zamanda diğer takımların hareketlerini gözlemlemelerini ve yeni hareketler denemelerini isteyin.

7. 5-10 dakika boyunca ıslak keçeleştirme çalıştıktan sonra, her takımın sünger yardımıyla fazla sabunu almasını isteyin. Her çiftin başarılı bir şekilde keçeleştirme yapıp yapmadığını kontrol edin. Daha sonra yaklaşık 2 litre suyu su tepsilerine dökün. Sonra her ekibin keçe parçasını bu ılık su içinde temizlemesini isteyin.
8. Keçe parçasını temizlemek için temiz suyu kullandıktan sonra bir yardımcıyla at yakala oyununu sergileyin. Her takımdan açıklamalarınızı dinlemesini ve ıslak keçe parçalarını kurutmak için at yakala oyununu oynamasını isteyin. At yakala oyununu oynamak istemeyen olursa, kardeşiyle birlikte sırayla ıslak keçe parçasını başının üstüne koyup çalışma halısının üzerine atmasını isteyin, böylece keçe parçasındaki fazla sudan kurtulmuş olacaklardır.
9. At yakala oyununun ardından, her takıma bir havlu verin. Her takımın havluyla çalışma alanını temizlemesini ve çalışma halısını toplamasını isteyin.
10. İletişim araçları, hat çizimleri ya da iletişim için çeşitli imgeler kullanarak bazı sorulara yanıt vermelerini isteyin "*Kuru yün neler hissettirdi? Islak keçe nasıl hissettirdi? Keçeleştirme işleminin en sevdiğin kısmı hangisi oldu? Kardeşinizle keçe yapmak nasıldı? Kardeşinizden neler öğrendiniz?*"

ÇAYDANLIK DEĞİŞİMİ

Nancy L. Davis

Belirtiler: Bu etkinlik değişimler karşısında engeller koyarak değişime karşı çıkan birey için uygundur.

Hedefler: Danışanlara gelecekte karşılaşabilecekleri değişimler karşısında eylem planları geliştirmeleri konusunda destek olmak.

Yöntem: Dışavurumcu yazı.

Uygunluk: Bu etkinlik, düşüncelerimiz ve davranışlarımız arasındaki bağ konusunda bilişsel davranışçı vurguya uygundur. Gelecekle ilgili planları oluştururken ve ifade ederken, uygun planlamalarla gelecekteki davranışımızı da değiştiririz.

Yaş Grubu/Evren: Yaşça büyük çocuklar/ergenler/yetişkinler; gruplar/bireyler.

Malzemeler: Kâğıt, yazı gereçleri.

Yönerge:

1. Harekete geçene dek fikirlerin "kaynama" ve "demlenme" aşamasına gelmesini temsil etmek üzere çaydanlık resimleri çıktısı alın. Seçtiğiniz malzemeye (yazı tahtası, kâğıt, zarf içinde küçük kâğıtlar vb.) ifadeler yazın.
2. Her katılımcı tamamlaması gereken ifadelerin bulunduğu zarflar alır. Hayali çaydanlığın içindeki ifadeler: "*Biraz planlamayla … yapabilirim. Geçmişte sıkışıp kaldığımda, ... denedim. … yapacağıma inanıyorum. Bana yardım edebilecek kişi ... Başarabileceğim üç küçük adım …*"
3. Zorluklara karşı ilerleme konusundaki süreci şu metinle anlatın:
   "*Bireyler yaşamlarında zorluklarla karşılaştığında, genellikle çırpınırlar. Bazıları sıkışıp kaldığını ifade edebilir. Bu durumun yarattığı duygusal etki, olumlu hareket etmemizi sağlayan davranışlarımızı kısıtlayabilir. Bir fincan çay içmek için zaman yaratmak yansıtıcı fırsatlar ortaya koyabilir. Hayali çaydanlığınızda karşılaştığınız zorlukların üstesinden gelmenizi*

sağlayacak bazı cümleler göreceksiniz. Bu cümleleri, yaşadığınız sorunla ilişkilendirerek tamamlayın."

Örnek: Eğer cümleniz, biraz planlamayla ... yapabilirim ise şöyle bir şey yazabilirsiniz:

"Biraz planlamayla, bir danışmanla iletişim kurup randevu alabilirim ve bağımlılığım konusunu konuşabilirim."

4. Her katılımcı, bir eylem planı oluşturduğunda bireyleri fikirlerini grupla paylaşmaya ve sıkışıp kalan kişilere yardım etmeye davet edin.

PROBLEMLİ DÜŞÜNCELERİ TERSİNE DÖNDÜRMEK

Suzanne Degges-White

Belirtiler: Bu etkinlik kısır bir dönüye girmiş ve soruna karşı yeni bakış açıları geliştiremeyen kişiler için uygundur.

Hedef: Danışanların kendilerini sıkışıp kalmış hissetmelerini sağlayan sorunları farklı biçimde ele almalarına yardım etme.

Yöntem: Resim ve görselleştirme.

Uygunluk: Danışanlar genellikle kişisel inanç sistemleri ya da kendilerini bildik durumlar içine sokan şemalarla olumsuz davranışlar içinde sıkışıp kalır. Bu etkinlikle, danışanların önce sorunlarını yazmaları ya da olayları yaşamlarında normal bir şekilde karşılayabilecekleri durumları sunmaları istenir. Ardından kendi düşünce süreçlerini yaratıcı ve yapılandırılmış düşünce biçimlerine dönüştürerek önceki bakış açılarından ya da beklentilerinden kurtulurlar.

Yaş Grubu/Evren: Çocuklar, ergenler, yetişkinler; gruplar/bireyler.

Malzemeler: İki yazma aracı (tercihen bir kurşun kalem/tükenmez kalem, bir renkli kalem ya da farklı bir keçeli kalem/tükenmez kalem/boya); çizgili kâğıt ve çizim kâğıdı.

Yönerge:

1. Danışanlara bir sayfa çizgili kâğıt ve kalem verin. Kendilerini danışmanlık seansına getiren problem, sorun ya da düşünce hakkında bir kısa bir tanım yazmalarını isteyin.
2. Yazma alıştırmasını tamamladıktan sonra, yüksek sesle yazıklarını okumalarını isteyin.
3. Danışanlar, yazdıklarını okumaya başlamadan önce aşağıda yazan metni konuşmanızda kullanın:

   "Sorunlara genellikle beynimizin baskın olan yanıyla eğiliriz. Solaklar beynin sağ tarafını, sağ elini kullananlar ise beynin sol tarafını kullanır. Her

iki hemisfer de gerçekten çok farklı şeyler yapar. Sağ taraf Görseldir ve bilgiyi sezgisel ve eş zamanlı bir biçimde işler. Sol taraf ise temelde sözeldir; bilgiyi, analitik ve sıralı bir biçimde işler. Bazen bir sorunun sezgisel olarak çözülmesi diğer bir sorunun ise mantıklı bir şekilde çözülmesi gerekir. Aslında bir sorun karşısında sıkışıp kaldığımızı hissettiğimizde, bu baskın olan tarafın çözüm bulma konusunda yetersiz kalması ya da yorulduğumuz anlamına gelir. Beynimizin diğer yanını görevi üstlenmeye davet ettiğimizde ise daha önceden göremediğimiz bir çözüm görebiliriz."

4. Danışanların yazdıklarını yüksek sesle okuyun ve ardından gözlerini kapatmaya ya da bakışlarını yumuşatmaya davet edin. Zihinlerinin sorunu es geçmesini ve beyinlerinin baskın olmayan tarafının işlev göstermesine izin vermelerini ve ardından sorunla ilgili bir çözümü gözlerinde canlandırmalarını isteyin. *Yazılı kelimelerin silikleştiğini ve harflerin tek tek değişerek sorununuza bir çözüm bulduğunu hayal edin. Harfleri henüz göremediğiniz ama ihtiyacınız olan çözüm resmini size göstermek için değişime uğrarken izleyin.*
5. Zihinlerinde yeni bir yolun oluşması için biraz süre verin ve gözlerini açtıklarında ya da tekrar odaklandıklarında ortaya çıkan çözümü devam ettirmelerini isteyin. Önlerine bir çizim kâğıdı, farklı bir kalem ya da boya koyun. Kalemi baskın olmayan ellerinde tutarak, beyinlerinin baskın olmayan tarafında ortaya çıkan çözümü kâğıda dökmelerini isteyin. Bu süre içinde görsel imgeler, kelimeler, semboller, cümleler gibi istedikleri her şeyi kullanabilecekleri açıklamasını yapın.
6. Danışanlar hayali çözümlerini kâğıda döktüğünde, sorunları konusunda çalışırken yeni ortaya çıkan fikirleri paylaşmalarını isteyin.
7. Danışanlarla, baskın olmayan ellerini kullanarak çizim yaptıklarında ya da yazı yazdıklarında olduğu gibi baskın düşünce biçimlerinden de kurtulabilecekleri sürecini işleyin. Eğilimleri problem çözüm ya da başkalarıyla iletişimleri sırasında olaylara tek yönlü bakma yönünde mi?

REFERANSLAR

Bandura, A. (1977). *Social learning theory*. Upper Saddle River, NJ: Prentice Hall.

Beck, A. T. (1967). *Depression: Clinical, experimental, and theoretical aspects*. New York: Harper & Row.

Beck, A. T. (1976). *Cognitive therapy and the emotional disorders*. New York: International Universities Press.

Beck, A. T. (2005). The current state of cognitive therapy: A 40-year retrospective. *Archives of General Psychiatry*, *62*, 953-959. Alıntı Ekim 15, 2009 from http:// archpsyc.ama-assn.org/cgi/content/abstract/62/9/953

Beck, A. T., Freeman, A., & Davis, D. D. (1994). *Cognitive therapy for personality disorders: A schema-focused approach* (Rev. ed.). Sarasota, FL: Professional Resource Press/ Professional Resource Exchange.

Beck, A. T., Rush, A. J., Shaw, B. F., & Emery, G. (1979). *Cognitive therapy of depression*. New York: The Guilford Press.

Burns, D. D. (1989). *Feeling good handbook*. New York: Plume/Penguin Books.

Butler, A. C., Chapman, J. E., Forman, E. M., & Beck, A. T. (2006). The empirical status of cognitive-behavior therapy: A review of meta-analyses. *Clinical Psychology Review, 26*, 17-31.

Clarke, S. B., Rizvi, S. L., & Resick, P. A. (2008). Borderline personality characteristics and treatment outcome in cognitive-behavioral treatments for PTSD in female rape victims. *Behavior Therapy, 39*, 72-78.

Corsini, R., & Wedding, D. (2008). *Current psychotherapies* (8. bsk.). Belmont, CA: Thomas Higher Education.

Davidson, K. M., Norrie, K., Tyrer, P., Gumley, A., Tata P., Murray, H., et al. (2006). The effectiveness of cognitive behavior therapy for borderline personality disorder: Results from the borderline personality disorder study of cognitive therapy (BOSCOT). *Journal of Personality Disorders, 20*, 450-465.

Davidson, K. M., Tyrer, P., Tata P., Cooke, D., Gumley, A., Ford, I. ve ark. (2009). Cognitive-behavioural therapy for violent men with antisocial personality disorder in the community: An exploratory randomized controlled trial. *Psychological Medicine, 39*(4), 569-577.

Ellis, A. (1962). *Reason and emotion in psychotherapy*. Seacausus, NJ: Citadel Press.

Ellis, A. (1998). *How to control your anxiety before it controls you*. Secaucus, NJ: Caroll Publishing Group.

Ellis, A. (1999). *Reason and emotion in psychotherapy: A comprehensive method of treating human disturbances*. New York: Citadel Press.

Emmelkamp, P. M., Benner, A., Kuipers, A., Feiertag, G. A., Koster, H. C., & van Apeldoorn, F. J. (2006). Comparison of brief dynamic and cognitive-behavioural therapies in avoidant personality disorder. *The British Journal of Psychiatry, 189*, 60-64.

Hodgins, D. C., & Peden, N. (2008). Cognitive behavioral treatment for impulse control disorders. *Revista Brasileria de Psiquiatria, 30*(Ek. 1), 531-540.

Hoyer, J., Uhmann, S., Rambow, J., & Jacobi, F. (2009). Reduction of sexual dysfunction: By-product of cognitive-behavioural therapy for psychological disorders? *Sexual and Relationship Therapy, 24*, 64-73.

Kazdin, A. E. (2001). *Behavior modification in applied settings* (6. bsk.) Belmont, CA: Wadsworth/Thomson Learning.

Kranowitz, C. S. (1998). *The out-of-sync child: Recognizing and coping with sensory integration dysfunction*. New York: Berkley Publishing Group.

Lazarus, A. A. (1971). *Behavior therapy and beyond*. New York: McGraw-Hill. Morin C. M., Vallières, A., Guay, B., Ivers, H., Savard, J., Mérette, C. ve ark. (2009). Cognitive behavioral therapy, singly and combined with medication, for persistent insomnia: A randomized controlled trial. *The Journal of the American Medical Association, 301*(19), 2005-2015.

Perlman, L. M., Arnedt, J. T., Earnheart, K. L., Gorman, A. A., & Shirley, K. G. (2008). Group cognitive-behavioral therapy for insomnia in a VA mental health clinic. *Cognitive and Behavioral Practice*, *15*(4), 426-434.

ter Kuile, M. M., van Lankveld, J. J., de Groot, E., Melles, R., Neffs, J., & Zandbergen, M. (2007). Cognitive-behavioral therapy for women with lifelong vaginismus: Process and prognostic factors. *Behaviour Research and Therapy*, *45*(2), 359-373.

van Lankveld, J. J., ter Kuile, M. M., de Groot, H. E., Melles, R., Neffs, J., & Zandbergen, M. (2006). Cognitive-behavioral therapy for women with lifelong vaginismus: A randomized waiting-list controlled trial of efficacy. *Journal of Consulting and Clinical Psychology*, *74*, 168-178.

5

Seçim Teorisi

Torey L. Portrie-Bethke

Seçim teorisi, kısa süreli ve eylem temellidir; var olan problemlerin çözümlerine odaklanır; kaliteli dünyalar olarak bilinen ve zihnimizdeki mental imgeleri keşfetmeye yol açan yaratıcı terapötik süreçtir. Bu bölümde seçim teorisinin geçmişi ve temel ilkeleri ele alınacak ve dışavurumcu sanat tekniklerinin bu teori içinde nasıl kullanılacağı açıklanacaktır.

SEÇİM TEORİSİNİN TARİHİ

Seçim teorisi (1998), gerçeklik terapisinin (1965) bir uzantısıdır ve kurul sertifikalı bir psikiyatrist olan William Glasser tarafından ortaya konmuştur. Terapötik görüşü 1962 yılında kişisel sorumluluk ve seçim üzerine odaklanan bir teori yarattığında başladı. Glasser'in teorik inançları geçmiş deneyimleri araştırmayı vurgulamasa da bu teorinin gelişimine katkıda bulunan önemli yaşam deneyimlerini bilmeyi önemsemektedir. William Glasser, 11 Mayıs 1925 tarihinde OH, Cleveland'da dünyaya geldi; kendisine karşı sevgi dolu ancak birbiriyle anlaşamayan ebeveynler tarafından büyütülmüştü (Glasser, 1998). Glasser, küçük yaşlarda ebeveynlerinin ilişkisindeki güç ve kontrol mücadelesini, ilişki kopukluğunu fark etmiş ve ilişkilerinde anın keyfini çıkaramadıklarını görmüştü. Glasser'in çocukluğu ile ilgili verdiği bu kısa bilgiler, ilişkilerdeki kişisel bağı, seçimi, sorumluluğu, diğerini düşünmeyi ve temel ihtiyaçlarda uyumu vurgulamaktadır. Kendisini kişisel seçim ve ihtiyaçlar anlayışına yönlendiren ilişki gözlemlerine ek olarak Glasser, özel bir öğrenciydi; eğitim yolculuğu boyunca üç iddialı derece almıştır. Profesyonel kariyerine mühendislik derecesiyle başladı ve bir yıl boyunca kimya mühendisi olarak çalıştı. Bu meslek Glasser'in temel ihtiyaçlarını karşılamıyordu ve sonunda klinik psikoloji alanında doktora programına devam etti. Glasser, yaptığı değerlendirmeler ve hedefe yönelik planlamayla klinik psikoloji alanında yüksek lisans yaptıktan sonra psikiyatri alanında eğitim aldı.

Glasser, 28 yaşında tıp eğitimini tamamladı ve gerçeklik terapisi ardından da seçim teorisinin gelişmesini sağladı. Glasser, Powers'ın (1973) kontrol sistemi teorisi yazılarından yola çıkarak teorik yapılanmasını geliştirdi (Seligman & Reichenberg, 2010). Glasser, kontrol sistemi teorisini, kişilerin bireysel ihtiyaçlarını karşılamak için duygu ve davranışlarını yönlendiren ve düzenleyen beyndeki içsel kontrol sistemiyle kontrol edildiklerini anlamanın bir yolu olarak yorumladı (Seligman & Reichenberg). Glasser'in teorisi, beynin dış kontrolden içsel seçim kontrolüne doğru odaklandı. Bunun sonunda, gerçeklik/kontrol teorisi daha sonra, bireylerin daha tatmin edici bir hayat sürmeleri için düşünce ve duygu seçimlerine vurgu yapan seçim teorisine dönüşmüştür. Bu teoriyle bağlantılı üç tanım da beyni dış dünyadan bilgileri alarak bireylerin istedikleri ve yaşadıkları gerçekliklerle ilişkilendiren bir kontrol sistemi olarak görmektedir (Seligman & Reichenberg, 2010; Wubbolding, 2000). Bireyin sahip olduğu ve istedikleri arasındaki boşluk seçim teorisinin gelişimini yönlendirmiştir.

Glasser'in kendisi (1998), kendisini eğitmeyi ve var olan seçimleri kucaklayan ve ilişkilerin kalitesini onurlandıran uluslararası bir teorinin ilerlemesini, gelişmesini ve mükemmel hâle gelmesini sağlayacak bir şekilde kendi teorisini yaşamayı seçmiştir. Seçim teorisi, danışanların kişilerarası ve öz gelişimlerine destek olmak için ilişkilerin kalitesini kucaklayarak danışmanlık sürecine katkı sağlar. Bu süreç, danışanların hayatta kalma, sevgi ve ait olma, güç, özgürlük ve eğlence gibi genetik olarak şifrelenmiş ihtiyaçları anlayışlarını geliştirir (Glasser, 1998). Bu ihtiyaçların hepsi önemli ve yaşamdaki seçimlerimizi yönlendirse de bunlar arasındaki ilişki zaman içine değişkenlik gösterebilir.

TEORİNİN ESAS FİKİRLERİ VE KAVRAMLARI

İnsan Doğası

Galsser'in (1998) tanımladığına göre, insanoğlu olarak beş temel psikolojik ihtiyacımızı karşılamak üzere genetik olarak kodlanmışızdır: Hayatta kalma, sevgi ve ait olma, güç (ya da başarı), özgürlük (ya da bağımsızlık) ve eğlence (ya da keyif). Bireylerin bu psikolojik ihtiyaçları yerine getirmek için yaptığı girişimler, bireyin tercihlerini uyguladığı tarihte yaşadığı koşullar, deneyim ve enerji göz önüne alındığında en iyi seçenek olarak kabul edilir.(Glasser, 1998; Purkey & Schmidt, 1990; Zeeman, 2006).Bireylerin kalıtsal olarak geçen ihtiyaçlarını karşılamak için kullandığı yöntemler, hayatın nasıl yaşandığı ile ilgili bilgiler olarak işlev görmektedir (Glasser, 1998). Glasser (1985), psikolojik ihtiyaçların tatmin edilmesiyle ilgili beş yoldan söz etmektedir (Archer & McCarthy, 2007; Seligman & Reichenberg, 2010; Sommers-Flanagan & Sommers-Flanagan, 2004):

1. Sevgi, paylaşma ve diğerleriyle iş birliği yaparak ait olma ihtiyacını karşılama. *Sevgi ilişkilerinde karşılık görme, duygusal bağ, iletişim, etkileşim, değer verilen insanlarla ilişkilere sahip olma ile ait olma duygusunda tatmin yaşanır.*
2. Başarma, sonuç elde etme, tanınma ve saygı görme ihtiyacını karşılama. *Güç/başarı, aynı zamanda başarı, yeterlilik, kendine değer verme, bireyin yaşamını kontrol edebilmesiyle yaşadığı başarı duygusuyla da karşılanır. Güç aynı zamanda yaşamda başarılı olabilmek için başkalarıyla iletişim kurup iş birliği yaparak becerileri yeniden tanımlama ve düzeltme yoluyla da elde edilebilir.*
3. Yaşamımızda seçimler yaparak özgürlük ihtiyacını gerçekleştirmek. *Özgürlük ve bağımsızlık kişisel ihtiyaçları en iyi şekilde karşılayan seçimler yapabilme ve gereksiz sınırlarlar olmadan yaşamını sürdürme ile karşılanabilir. Özgürlük aynı zamanda çevre ve olası sınırlı seçimlerle başa çıkabilme becerisidir.*
4. Gülüp oynayarak eğlence ihtiyacını giderme. *Eğlence ve keyif aynı zamanda oyun oynama becerisini öne sürme ve insan olmanın keyfini çıkararak dünyayı keşfederek de tatmin edilir.*
5. Hayatta kalma ihtiyacını giderme. *Hayatta kalma aynı zamanda Abraham Maslow'un ihtiyaç hiyerarşisine benzer bir şekilde yaşamdaki temel şeyleri yaşayarak da karşılanır. İnsanoğlu olarak bizler, sağlık, beslenme, barınma, hava, tıp, cinsel keyif, güvenlik, fiziksel rahatlık için çabalarız. Hayatta kalma aynı zamanda çok çalışma isteği ve güvenlik duyusu elde etmek olarak görülebilir.*

Yaşam koşulları ve deneyimler, bireylerin psikolojik ihtiyaçlarını karşılamak ve tatmin olmak için yaptığı seçimlere bağlı olarak farklı derecelerde sonuçlanır. Bu davranış seçimleri, bireylerin zihninde yer alan en keyifli anlar, deneyimler, bu olaylar içindeki, kişileri kapsayan resimleri temel almaktadır. Yaşamdaki ilişkilerimizi ele almak için oluşturulan resimler "kalite/ideal dünyalar" olarak adlandırılmaktadır (Glasser, 1998).

Kalite/İdeal Dünyalar

Kalite/ideal dünyalar, bireylerin kendine has gerçeklikleri, ilişkiler ve olaylarla ilgili algılarını temsil eden küçük resimlerden oluşmaktadır. Bu resimler genellikle, yaşam deneyimlerinin en temel ihtiyaçları desteklediği ya da bireyin yaşamak istedikleri hayatı, birlikte olmak istedikleri kişileri, sahip olmak istediklerini, elde etmek istediklerini içeren görüntüleri içerir ve değer verilen inançlar ve fikirlerle çevrelenmiştir. Glasser (1998), bu resimlerin ortaya koyduğu üç kategoriden bahsetmektedir: (a) Birlikte zaman geçirmekten en fazla keyif aldığımız insanlar, (b) sahip olmak ya da deneyimlemeyi en fazla istediğimiz ögeler ve eşyalar, (c) davranışlarımızı belirlediğini düşündüğümüz düşünceler, rüyalar ya da inançlarımız. Bireyler, iş birlikli danışmanlık ortamında temel ihtiyaçlarıyla ilgili daha net bir algı geliştirdikçe, daha tatmin edici bir yaşam için kalite/ideal dünyalarının yeniden ele alınarak değerlendirmeleri gerektiği konusunda bir farkındalık kazanabilirler.

Danışmanlık süreci, bireyin keyif veren isteklerini kontrol ederek yerine getirebildikleri kalite/ideal dünyalarının çeşitli yönlerini keşfetmek üzere kurulan iş birlikli danışmanlık ilişkisidir. Çok keyifli olmayan gerçeği değiştirmek için, keyif veren deneyimlere ulaşma isteğini yerine koyan ve sürdüren güçtür. Bireyler, arzu edilen ihtiyaçlarını göz önünde tutarak yalan ve çelişkilerle kalite/ideal dünyalarına bakmaya başlayınca, temel ihtiyaçlarını yerine getirme bakışını kaybetmeye başlarlar. Bireyler, var olan yaşam deneyimlerine göre gerçekçi olmayan resimleri seçmeye devam ederse ardından hayal kırıklığı ve öfke yaşarlar. Bireyler, danışmanlık sürecine tam olarak katıldığında, kalite/ideal dünyalarındaki ihtiyaçları ve çelişkilerin farkında vardıklarında, daha bilgece ve gerçekçi seçimler yapmaları, yaptıkları seçimler konusunda daha duyarlı olmaları ve temel ihtiyaçlarını karşılamaları daha olasıdır (Glasser, 1998). Yargılayıcı olmayan danışmanlık ilişkisi, bireylerin çevrelerini ve alışkanlıklarını keşfetme ve gözden geçirme fırsatı vermektedir. İş birlikli danışmanlık süreci, bireylerin yaşamlarında gerçekleştirmek istedikleri davranış/alışkanlıklardan sorumlu tutmaktadır.

Seçim teorisi, bireylerin kişisel gelişimleri için destekleyici alışkanlıklar edinme ihtiyaçlarını ele alır; bunlar yedi bakım alışkanlığı olarak adlandırılır.

Bakım alışkanlıkları bireyler tarafından içsel olarak kontrol edilen davranışlar olarak benimsenir. Bunlar destekleme, cesaretlendirme, dinleme, kabul etme, güvenme, saygı duyma ve farklılıkları kabul etmeyi içerir. Dış kontrol, diğerleri üzerinde dominant kontrol davranışları olarak deneyimlenir. Dış kontrolün egemen olduğuna inanan bireyler, kendileri de dâhil olmak üzere herkes için neyin en iyi olduğunu bildiğine inanırlar. Yedi ölümcül davranış olarak bilinen bu davranışlar ı sergileyen kişiler, eleştiri, suçlama, şikâyet etme, kusur bulma, tehdit etme, cezalandırma, rüşvet verme ve/veya kontrolü ödüllendirme gibi davranışları tercih ederek ilişkileri koparırlar. Daha önce listelenmiş olan bakım ve ölümcül alışkanlıklar, bireylerin toplam davranışlarına ilişkin olarak danışmanlık sürecinde incelenmektedir.

Ruh Sağlığı

Ruh sağlığı uzmanları, Glasser'in ruh sağlığı konusundaki görüşlerinin, bireylerin davranışları, duyguları ve fiziksel problemleri seçtiği ve bunlardan sorumlu olduğu bakış açısına bakarak iddialı ve muhtemelen pervasız olduğunu söyleyebilir (Sommers-Flanagan & Sommers-Flanagan, 2004). Zaman zaman, bu kavram, danışanlar ve var olan sorunlarına karşı duyarsız gibi görünebilir ancak doğru bir şekilde uygulandığında bu tekniklerin depresiften depresyona geçme deneyimine geçişi, danışanlar için güçlendiricidir (Sommers-Flanagan & Sommers-Flanagan). Sıfatların ve isimlerin yerine fiiller kullanma fikri, bireyleri duygusal, fiziksel ve zihinsel acılarını seçim açısından yorumlamaya teşvik eder. Glasser, (1998), farkındalık kazanmak için bu yöntemin arkasındaki iki amacı tanımlar: (a) Bireyler, şikâyet ederken ne kadar enerji kullandıklarını bilerek seçer ve (b) şikâyetleri ortadan kaldırmak için daha iyi seçimler yapmanın deneyimlerini nasıl etkilediğiyle daha bilinçli ve uyumludurlar. (Archer & McCarthy, 2007).

Glasser'in akıl hastalığı kavramının, tıpta görülen tıbbi modellerin ana görüşünden çok farklı olduğu göz önüne alındığında, bireyleri güçlendirmek konusundaki tutumunu doğru bir şekilde kavramsallaştırmak önemlidir. Bireyleri güçlendirmek, danışanlara kaynaklarına ulaşmaları için güç vermek, yaşam boyunca yaşam geçişlerini kabul etmek ve kucaklamak, bireysel farklılıkları desteklemek ve onurlandırmak, pozitif büyüme ve refahı teşvik etmek doğrudan danışmanın öncelikli konuları ile ilgilidir. Bu görüşle tutarlı olarak, Glasser, bireylerin yaşamlarını yönlendirmelerine yardımcı olması için alternatif bir güçlendirme görüşünü benimsedi. Seçim teorisine göre zihinsel hastalık, bireylerin beş temel ihtiyaçlarını tatmin edici ve etkili yollarla karşılayamamalarının sonucudur (Glasser, 1998). Problemleri ruhsal hastalık olarak kavramsallaştırmak yerine, seçim teorisyenleri beş temel ihtiyacı dengesiz ve karşılanmamış olarak görürler. Bu başarısızlık duygusal zorluklara dayanan beş kapsayıcı yoldan görülebilir:

- Yalnızlık ve izolasyon,
- Güçlendirme ve başarıdan ziyade kontrol ve güç kaybı,
- Özgürlük ve güvenlikten ziyade hastalık ya da mahrumiyet,
- Eğlence ve yaratıcılıktan ziyade monotonluk ve depresyon ve
- Özgürlük ve farkındalıktan ziyade öfke, isyan ve engelleme (Seligman & Reichenberg, 2010).

Beş temel ihtiyacın etkin bir şekilde karşılanması, bireylerin düşünceler, davranışlar ve duygular ile ilgili seçimler konusunda dikkatli olmalarının bir sonucudur. Danışmanların, danışanın/bireyin semptomlarını, psikolojik davranışı motive etmenin amacını tanımlamaya ve hedeflerin ne olduğunu sorgulamaya yönlendirmesiyle, danışanlar/bireyler, beş temel ihtiyacı karşılayacak şekilde, kendi değer sistemleri içinde olumlu etkili stratejilere yönelme konusunda yardımcı olabilirler. Wubbolding (2000), danışmanların, beş temel gereksinimlerini karşılamak için danışanın yöntemlerini belirlerken, danışanın deneyimlerinin geçerliliği ile ilgili empati kurmalarını önermiştir. Danışanlara fenomenolojik bir deneyim sağlamak, kutsal konular ve ihtiyaçlar araştırıldığında danışanın algıladığı bağlantıyı ve danışmanı güvence altına alabilir.

SEÇİM TEORİSİ İLE İLGİLİ KONULAR

Toplam Davranış

Glasser'in (1998) seçim teorisine göre davranış doğrudan tanımlanmış ve ayrıntılandırılmıştır. Teoriye bakış açısı kişinin davranış biçimleri gibi biçim kelimesinin dört biçiminden oluşmaktadır. Glasser, kendi davranış davranışlarımızı belirleyen dört biçimden söz etmektedir:

1. Hareket ilk bileşendir. Yürüme, konuşma oynamayı kapsar.
2. Düşünme ikinci bileşendir. Düşünceleri ve yarattığımız imgeleri kapsar.
3. Duygu üçüncü bileşendir. Davranışlarımızı temel alan duygular olarak tanımlanır.
4. Fizyoloji dördüncü bileşendir ve yaptığımız ve yaşadıklarımıza (kalp atışı, akciğerlerin büyümesi ve geri çekilmesi ve beyin işlevimizle ilgili nöroloji).

Birbiriyle eş zamanlı olarak işlev gösteren davranışların dört bileşenini değerlendiren Glasser (1998), "toplam davranış" yerine "davranış" kelimesini tercih etmektedir. Davranış kelimesinin önüne toplam kelimesi eklendiğinde, toplam davranışı meydana getiren eylemler, düşünceler ve duygularla ilişkili dört bileşenden (hareket, düşünme, duygu, fizyoloji) söz edilmektedir. Seçim teorisi, bireylerin düşüme ve hareketleri kontrol etmeyi seçebileceklerini ve böyle yaparak fizyolojileri ve duyguları üzerinde dolaylı olarak kontrolü yeniden sağlayacaklardır. Danışmanlar, danışanları bu sürece kattığında, önce hareketleri değiştirme üzerinde odaklanmaları konusunda danışanları cesaretlendirir. Hareketleri ve düşünceyi değiştirmek duyguların ve fizyolojinin değişmesi için bir başlangıç noktasıdır.

Toplam davranış konsepti, Wubbolding (2000) tarafından araba analojisi kullanılarak tanımlanmıştır; buna göre arabanın iki ön tekerleği bireyin hareketleri ve düşüncesi, arka tekerlekler ise duygular ve fizyolojidir (Archer & McCarthy, 2006). Arabayı öndeki iki tekerlek yönlendirir ve arka tekerlekler de takip eder, en iyi sürüş sonuçları ön tekerlekler yönlendirdiğinde gerçekleşmektedir. Bu da bireylerin önce hareketlerini ve düşüncelerini değiştirmeleri gerektiğini ve sonuç larak duyguların ve fizyolojinin de değişeceğini gösterir ve bireylere genel olarak bir kazanç sağlamaktadır.

WDEP Sistemi

Gerçeklik terapisinin gelişimi, uygulaması, tanıtımı ve seçim teorisi olarak ilerlemesi konusunda belirgin isimlerden biri olan Robert E. Wubbolding, kararları ve davranışları değerlendirmek için bir sistem geliştirmiştir. Yaratıcı stratejileri, WDEP sistemini bütünleştirerek terapötik sonuçları desteklemektedir. Bu sistem, teorilerin uygulanabilirliğini desteklemek için tasarlanmıştır. WDEP sistemi dört ana bileşenden oluşmaktadır: İstekler, yön verme ve yapma, değerlendirme ve planlama. Bu bileşenler değiştirilebilir bir şekilde danışmanın sağduyusu ve danışanın istekleri doğrultusunda daha etkili bir terapötik bir süreç için kullanılabilir Bu süreç, Wubbolding (2000) tarafından şöyle tanımlanmıştır:

W—İstekler: Bu süreç, danışmanın ve danışanın isteklerini ve algılarını keşfetme sürecidir. Danışanın algılarını incelemek ilişkilerden ve dünyada beklentilerini ve bu beklentilerini gerçekleştirmek için ne kadar istekli olduklarını belirlemeyi de kapsar. Wubbolding (2000), bireylerin istekleriyle ilgili kararlarını verirken algıların gezindiği iki filtre tanımlamıştır. Bu filtreler; *alt düzey filtre* ve *üst düzey filtre* olarak adlandırılmaktadır.

- *Alt düzey filtre (toplam bilgi filtresi),* danışanın algılarını tanır ve adlandırır.
- *Üst düzey filtre (değerlendirme filtresi),* algıları değerlendirir.

Bu olgusal yaklaşım danışman, danışanın algı filtrelerini nasıl işlediği konusunu çalışırken, danışanların seçimlerinin ihtiyaçlarını ne kadar karşılaştığı konusundaki farkındalıklarının artmasına yardımcı olur. Wubbolding (2000), danışmanların danışanlarla birlikte danışanların değişimi ne kadar istediğini değerlendirebilecekleri beş katmanlı bir model belirlemiştir. Bu katmanları, danışanların düşük düzeyden daha üst düzeye gelmeleri konusunda danışmanları destekler: (a) "Burada olmak istemiyorum." (b) "Çaba göstermeden sonuç elde etmek istiyorum." (c) "Deneyeceğim; yapabilirim." (d) "Elimden gelenin en iyisini yapacağım." ve (e) "Ne gerekiyorsa yapacağım."

- Yönlendirici terapötik sorular: *İhtiyaçlarını karşılamak için isteğini nasıl algılıyorsun? Hedeflerine ulaşmada isteklerini nasıl değerlendiriyorsun? Ne kadar çalışmak istiyorsun?*

D—Yön ve Gerçekleştirme: Danışman ve danışan, iş birliği ile iç konuşmalar ve seçimleri keşfeder. Bu süreç, danışanların dünyada kendilerini nasıl algıladıklarını ve yaşamlarını nasıl kontrol edebileceklerini ve kontrol edemediklerini nasıl gördüklerini anlamalarını geliştirir.

Odak, danışanın yaptıkları üzerinedir ve belirli davranışlara ve eylemlere odaklanmaz.

- Yönlendirici terapötik sorular: *Temel ihtiyaçlarınızı en iyi hangi seçenek ve eylemler karşılar? Şu an yaptığın şey seni istediğin şeye götürüyor mu? Kendi kendinize yaptığınız yorumlarınız, ihtiyaçlarınızı karşılayan seçimler yapmak için motivasyonunuzu en iyi şekilde karşılar mı? Mevcut seçimleriniz sizi nereye götürüyor? Son kez kendinizi iyi hissettiğinide ne yapıyordunuz?*

E—Değerlendirme: Öz değerlendirme, danışmanların danışanlarına rollerini ve hedeflerini, eylemlerini ve algılarını yerine getirme konusundaki seçimlerinin sonuçlarını değerlendirmede yardımcı olduğu süreçtir.

- Yönlendirici terapötik sorular: *Yaptığın şey sana yardımcı mı oluyor, sana zarar mı veriyor? İstediğin şeyler gerçekçi olarak elde edilebilir şeyler mi? Kendi kendinize konuşmanız, seçimlerinizi tatmin etme ihtiyacınızı karşılıyor mu engelliyor mu? İstediğiniz sonuçları almak için yeterince adanmış mısınız? Şu an yaptığın şey seni istediğin şeye götürüyor mu?*

P—Planlama: Danışmanlar ve danışanlar, terapötik süreç boyunca kurulan kısa ve uzun vadeli hedefleri belirler ve yeniden değerlendirir. Planlar, kendini yansıtma, isteklerdeki değişiklikler ve danışanların toplam davranışlarının yeniden değerlendirilmesinin bir sonucudur.

- Yönlendirici terapötik sorular: *Bu hedefe ulaşmada rolünüzü değerlendirmek ve tamamlamak için kendiniz nasıl sorumlu olacaksınız? Temel ihtiyaçlarınızı karşılamada isteklerinize dair algılarınızı nasıl keşfedeceksiniz? Temel ihtiyaçlarınızı karşılamada hangi becerileri uygulayacaksınız? En büyük kontrole sahip olmak için hangi davranışları değiştirmeniz gerekiyor? Planını takip edersen, hayatın nasıl daha iyi olacak? Daha fazla tatmin edici bir yaşamı nasıl yaşayacaksınız? Şu an sahip olmadığınız şey ne olacak?*

Danışmanlar, danışanlara yeteneklerini keşfetmeleri için terapötik sorular sağladıkça, bireyler seçimlerini değerlendirmek için yaşam boyu beceri elde edeceklerdir. Daha önce sıralanan soru teknikleri, temel ihtiyaçları karşılayacak planları sorgulamak ve yeniden değerlendirmek için danışmanlık sürecinde kullanılır. Bu, danışanlara, öğrenilen becerileri danışmanlık sürecinden hayatlarına aktarma konusunda yardımcı olacaktır. Kişisel tercihlerin ve sorumlulukların danışmanlık ilişkisinden diğer ilişkilere aktarılması, genel bir danışmanlık amacıdır.

TERAPÖTİK HEDEFLER

Seçim teorisi için danışmanlık hedefleri ve sonuçları bireylerin kişisel özgürlüğe ve seçime, erişme ve sadece kendileri değil başkalarının yararına olan daha tatmin edici seçimler yaparak hayatları üzerinde büyük bir kontrol sahibi olma becerisine erişmeleri olarak tanımlanmıştır. Danışmanlar, eylemlerdeki kalıpları tanımlamak için danışanlarla birlikte çalışırken, danışanları beş tedavi hedefi kapsamında değerlendirirler (Sommers- Flanagan & Sommers-Flanagan, 2004):

1. İnsan bağlantısı— Danışanların ilişkileri, kalite dünyalarında kişilerle olan bağlantıları ile daha fazla yerine getiriliyor mu?
   - Danışmanlık sürecinin, danışanların kendi kalite dünyalarını doğuştan gelen ihtiyaçlarını ve isteklerini yansıtacak şekilde keşfetmelerine nasıl olanak sağladığını tanımlayın.
   - Danışanların ödüllendirme, tatmin edici ve ilişkileri nasıl sağladıklarını ve sürdürdüklerini keşfedin.
2. Toplam davranış anlayışı— Danışanlar eylemlerinin ve düşüncelerinin doğrudan seçildiğini kabul etmeye istekli mi ve davranışları ve düşüncelerinin duygularını ve fizyolojilerini yönlendirdiğini fark edebiliyor mu?
   - Danışanların başarılı kimlikleri nasıl oluşturabileceğini keşfedin.
   - Danışanların davranışlarının, temel değerleri üzerinde ne kadar saygın olduğunu keşfedin
3. Danışmanlık— Danışanlar, danışmanlık sürecinden faydalanıyor mu?
   - Danışanlarla, danışmanlık ilişkisinin, süreç içindeki destekleyici yönlerini ele alın.
   - Danışanların temel ihtiyaçlarını karşılamak için seçimler yapmalarına yardımcı olan danışmanlık ilişkisinin yönlerini keşfedin.
4. Seçim teorisini kullanma— Danışanlar, seçim teorisinin temel kavramlarını kendi ilişkileri içinde uygulayabilirler ve başkalarını kontrol etme çabalarına izin verebilirler mi?
   - Danışanların başkalarına saygılı seçimler yapma derecesini değerlendirin.
   - Eylemlerinin kendilerini ve diğerlerini kalite dünyalarında nasıl etkilediğini keşfedin.
5. Etkili planlar geliştirme— Danışanlar, temel ihtiyaçları karşılayacak planları geliştirip uygularken ne kadar etkilidir?
   - Danışanların planlarının aktif sağlıklı yaşam tarzlarını sürdürmede onlara nasıl yardımcı olduğunu keşfedin.
   - Danışanların planlarının unsurlarının basit, ulaşılabilir, ölçülebilir, kapsayıcı, kontrol edilen, etkili ve tutarlı olup olmadığını belirleyin.

Genel olarak danışmanlar ve danışanlar, danışmanlık hedeflerine ulaşmak için iş birliği içinde çalışırlar. Danışmanlar, danışanları eylemleri ve düşünceleri değiştirmeye, temel ihtiyaçların karşılanmasında olumlu bir denge bulmaya teşvik eder, destekler ve yönlendirir. Bu hedeflere ulaşmak için danışmanlar, danışanları seçim teorisinin temel bileşenleri ve kişisel sorumluluk süreci ile tatmin edici ilişkiler için seçim konusunda eğitirler.

Çok Kültürlü Bakış Açısı

Seçim teorisinin farklı evrenlere uygulanması, teorinin bireylerin dünya görüşlerini ve kalite dünyalarını tanımlamak için kullanılan fenomenolojik bir odaklanma olduğu göz önüne alındığında uygun görünmektedir. Seçim teorisi, tüm bireylerin belirli bir plana uyduğunu varsaymak yerine, her bireye özgü kişisel örnek ve seçimlere odaklanarak danışanları güçlendirir. Glasser (1998), beş temel ihtiyacı evrensel ihtiyaçlar olarak tanımlamaktadır. İhtiyaçlar, tüm insanlar için evrensel olarak değerlendirilip birleştirilmesiyle, seçim teorisinin danışmanlık hizmeti alan bireylerin kararlarını ve ihtiyaçlarını onurlandırdığı görülmektedir. Danışmanlar, başarılı bir kimlik, seçim gücü, kişisel sorumluluk üzerindeki vurgu ve temel ihtiyaçların dengesi ile danışanları güçlendirmek için çalışırlar (Seligman & Reichenberg, 2010).

Seçim teorisinin ilkelerini uygulayan danışmanlar, çeşitli ve haklarından mahrum kalmış bireylerin ihtiyaçlarını hümanist bir sorgulama süreci ile onurlandıran ve kucaklayan bir çerçeve sunar. Genel olarak, bu süreç kişisel tercihler ve değişim için zorlayıcı değerlendirmeler sağlarken diğer seçeneklere saygılıdır.

SEÇİM TEORİSİ VE YARATICI SANATLAR

Seçim teorisinin kısa vadeli olduğu, eylem temelli olduğu ve günümüzde sorunların çözümüne odaklandığı düşünüldüğünde; danışanların çeşitli ihtiyaçları ve sorunları için uygun görünüyor. Bireylerin seçimlerinin ve sorumlu davranışlarının güçlendirilmesine vurgu yapan teoriye ek olarak, kişisel tamamlayıcı ilişkileri geliştirmek için yaratıcı bir terapötik yaklaşım kullanır. Seçim teorisi, kalite dünyalar olarak bilinen zihnimizdeki görüntüleri keşfetmeyi gerektiren yaratıcı bir terapidir. Kaliteli bir dünyanın ya da yaşamımızın yeni bir yaşam tarzının imgesi, temel ihtiyaçlarımızı yerine getirmek için sahip olduğumuz ya da sürdürmeyi sürdürdüğümüz ilişkileri ve deneyimleri temsil eder. Temel ihtiyaçlara dair dürüst algıların yakalanması, kalite dünyalarımızı yaratmada etkili ve güçlendirici seçimler yapmak için önemli bir bileşendir.

Dışavurumcu Sanat Müdahaleleri

KALİTE DÜNYALARI YANSITAN ÇİÇEK DÜZENLEMELERİ

Torey L. Portrie-Bethke

Belirtiler: Çiçek aranjmanları güzelliği, sevgiyi, kaybı, cesareti, kabul etmeyi, maceranın ve ilişkilerin işaretidir. Danışanların kalite dünyaları içinde kişiler arası ve içsel ilişkilerini göstererek, seansların sonunda ilişkilerinin hayatta kalma, sevgi, ait olma, güç, özgürlük ve eğlence gibi temel ihtiyaçlarını karşılamadaki önemini keşfederek gelecekte de bu ihtiyaçlarını karşılamayı öğrenecektir.

Hedefler: Seçim teorisi ile yaşam deneyimleri, ilişkiler, deneyimleri içsel bakış açısıyla görmek ve kişisel ihtiyaçların ve sorumluluğun ana temellerini anlamak.

Yöntem: Çiçek sanatı.

Uygunluk: Danışanların kalite dünyalarını keşfetmek, seçim ve ilişki ihtiyaçlarını ortaya çıkaracaktır. İlişkilere dayanarak seçimlerin nasıl yapıldığını göstermek, kişilerin, olayların ve hayallerin kendi ellerinde olduğu inancını verecektir. Danışanın kontrolünde olan şeyler, kalite dünyalarının vizyonunu geliştirmelerine yardımcı olacaktır.

Yaş Grubu/Evren: Çocuklar/ergenler/yetişkinler; gruplar/bireyler.

Malzemeler: Saksı da dâhil olmak üzere çeşitli çiçek düzenleme malzemeleri.

Yönerge:

1. Danışanlardan kendilerini en iyi temsil eden çiçekleri seçmelerini ve kalite dünyaları içinde resmetmelerini isteyin.
2. Danışanlardan kalite dünyaları içinde ilişkilerini en iyi temsil eden çiçekleri düzenlemelerini isteyin. Danışanlar çiçekleri kendileri seçmeli ve yaptıkları düzenlemeyi göstermek için istediği saksıyı kullanmalıdır.
3. Çiçek düzenlemeleri tamamlandıktan sonra, danışanlar sürece danışmanla birlikte devam eder. Olası süreç ifadeleri şöyle olabilir:

"Hayatta kalma, sevgi, ait olma, güç, özgürlük ve eğlence gibi temel ihtiyaçların kalite dünyanda nasıl karşılanıyor. İhtiyaçlarının hangi yönleri senin kontrolünde? Kalite dünyanın senin temel ihtiyaçlarını karşılamayan yönlerini tanımlar mısın? Son seçimlerini temel alarak, istediğin ve yaptığın şeyleri değiştirecek yollar nelerdir. Temel ihtiyaçlarını karşılayan ilişkileri nasıl kurdunuz? İlişkilerinde neler verdiğini anlat. İlişkilerinin hangi yönleri, destek, cesaret, dinleme, kabul etme, güven, saygı ve farklılıkları kabul etmeni sağlıyor? İlişkilerinin hangi yönleri, kontrol etmede eleştirme, suçlama, şikâyet etme, azarlama, tehdit etme, cezalandırma ve rüşvet/ödül gibi yedi ölümcül alışkanlıkla kontrol ediliyor? Bu koruma ve ölümcül alışkanlıklardan hangileri üzerinde kontrolün var? Çiçek düzenlemeni yaparken kullandığın yolu anlatır mısın? Her bir çiçeğin ya da dolgu malzemesinin temsil ettiklerini tanımlayarak çiçek düzenlemen içindeki yerine nasıl karar verdiğini anlatır mısın?" Danışanların kalite dünyaları içinde kendilerini yansıtıp yansıtmadığı keşfedilir.

SEÇİM-HAREKET ETKİNLİĞİ

Rachel Payne, Chloe Lancaster, Laura Heil ve Melina Pineda

Belirtiler: Bu etkinlik, geçmişteki seçimleri hakkında karmaşa yaşayan ve gelecekte yanlış seçimler yapmaktan korkan kişiler için uygundur.

Hedef: Danışanların iradeye dayalı seçimler yapmasına destek olmak.

Yöntem: Drama.

Uygunluk: Bu etkinlik süresince, danışanlar daha önceden yaptıkları bir seçimi yeniden ele alarak toplam davranışlarını keşfeder. Glasser'e göre, toplam davranış birbiriyle ilişkili dört bileşeni içermektedir: eylem, düşünme, hissetme ve fizyoloji (1992, 1997, 1998). Eylem, yürüme, koşma ve konuşma gibi dışarıdan görülebilecek tüm davranışları içermektedir. Düşünme, yaptığımız seçimleri onaylayan algılarımızla ve gönüllü inançlarımızla ilgilidir. Duygular, dış bir uyarana karşı içsel olarak yaşadığımız tepkilerdir. Duygular, öfke, kaygı ve depresyonu içerebilir. Son olarak fizyoloji de terleme, baş ağrısı ve diğer psikosomatik belirtiler gibi bedenimizde meydana gelen tepkilerdir. Seçim teorisyenleri, nasıl düşüneceğimizi ve davranacağımızı seçebilecek durumda olduğumuz için toplam davranışı bireyin kendisinin seçtiğini ileri sürmektedir. Bu dört faktörün toplam davranışı nasıl etkilediğini göstermek için araba analojisi kullanılmaktadır (Glasser, 1992, 1997, 1998). Bu örnekte, motor temel ihtiyaçtır, direksiyon gitmek için seçtiğimiz yöne ilerlememizi sağlar ve tekerlekler de eylem, düşünce, duygu ve fizyoloji bileşenleridir. Dört tekerlek gidilen yolu etkilerken, düşünce ve eylem daha baskındır. Nasıl düşüneceğimizi ve davranacağımızı seçebiliriz, burada düşünce ve eylem arabanın yönünü belirleyen ön tekerleklerdedir. Aksine fizyolojimiz ve duygularımız ne seçilir ne de yaptığımız seçimleri belirler. Duygular ve fizyoloji ise arka tekerleklerdir, ön tekerleklerle uyum içinde hareket ederler, direksiyonun yönüne etki etmezler.

Yaş Grubu/Evren: Çocuklar/ergenler; gruplar.

Malzemeler: Seans öncesinde poster kâğıdı ve keçeli kalemlerle seçim-hareket posteri (Poster tahtasında, bir arabanın dışından kuşbakışı bir görüntü çizin, arka lastiklerden birine *Duygu* diğerine *Fizyoloji* yazın. Yolcu tarafındaki ön tekerleğe *Düşünce* ve sürücü tarafına da *Eylem* yazın. Direksiyona *Eylem direksiyonu* yazın.); dört sandalye ve dört katılımcı.

Yönerge:

1. Danışanlardan önceki günlerde yaşadıkları bir sorunu tartışmalarını isteyin. WDEP lensleri (Wubbolding, 1996), kullanarak danışanlardan yaptıkları seçimleri ihtiyaçlarını karşılama düzeyleri açısından değerlendirmelerini isteyin. Danışanlar paylaşım yaptıktan sonra, seçim-hareket posterini tanıtın ve seçim aşamasındaki dört bileşeni anlatın (eylem, düşünce, duygu ve fizyoloji). Danışanlara, grup üyelerinden birinin geçmişte yaptığı seçimi canlandıracaklarını anlatın. Danışanlardan, hangi seçimi canlandıracaklarına karar vermelerini isteyin.
2. Danışanlardan sandalyelerini bir aracı canlandıracak şekilde yerleştirmelerini isteyin: İki sandalye önde, iki sandalye arkada. Her bir danışan seçim yapma sürecindeki dört bileşenden birini canlandıracaktır: Fizyoloji ve duygular arka koltukta iken düşünce ve eylem öndedir.
3. Danışanlardan canlandırdıkları role uygun bir şekilde yanıt vermelerini isteyin. Çoklu duyguları tanımlamanın ve fizyolojik belirtileri detaylandırmanın önemine değinin. Arka koltukta oturan yolcuların verdiği bilgiler arttıkça, önde oturan yolcuların karar verme kapasitesine destek olacaktır. Aynı şekilde düşünceleri temsil eden yolcular, çoklu seçenekleri ve olası sonuçları değerlendirmelidir.
4. Sürücü eylemi canlandıracaktır. Seçim-hareket etkiliyse, tüm grup üyeleri seçimlerinin kontrol altında olduğunu anlayacaktır ve dikkat çeken ve/veya psikosomatik belirtiler göstermeyecektir. Bu etkinlik, tek bir senaryo etrafında farklı seçeneklerin yönetilmesini ve çeşitli seçimlerin ortaya çıkmasını sağlayacaktır.
5. Etkinlik şu sorularla ilerler: "*Seçim-hareketin gittiği yolu anlatın. Tümsekli yollar genellikle sorunun habercisidir. Yolun yapısı arka koltukta oturan yolcuların tepkilerini nasıl etkilemektedir? Kabul edilen seçimler yapmakta arka koltuklarda oturanların rolü konusunda beyin fırtınası yapın. Seçimlerinizi yalnızca arka koltukta oturanlar-duygular ve fizyoloji- yapsaydı nasıl olurdu? Duygular ve fiziksel tepkilerden bağımsız olarak düşünce ve eylemleri değerlendirmenin önemli olacağı zamanları açıklayın.*"

AKRAN DÜDÜKLÜ TENCERESİ ("TUTUM BELİRLEMEK")

Beth McCabe

Belirtiler: Bu etkinlik, akran baskısıyla mücadele eden ve yaşamlarındaki seçimlerini yönetmeyi beceremeyen gençler için uygundur.

Hedefler: Bireyin seçme özgürlüğü ve seçim konusundaki sorumluluk; bireyin seçimlerinin sonucunu kabullenmesi; karar verme konusunda bireyi yönlendiren sebepleri konusunda kişisel farkındalık oluşturma; karar verme süreçlerinde akran baskısının ne kadar etkili olduğu ve bireyin benlik kavramıyla uyumlu seçimler yapmak için ruhsal imgeler geliştirmeyi öğretir.

Yöntem: Hareket.

Uygunluk: Etkinliğin amacı öğrenci/danışanın kişisel özgürlüklerinin, bireysel olarak kendi düşünceleriyle çatışan olumsuz etkilerden bağımsız olarak davranış seçimleri yapma sorumluluğunun farkına varır. Akran baskısı simülasyonu ile bireyin bir gruba ait olma ihtiyacı ile gerçek benliği arasında hissedilen içsel ve duygusal gerginliği harekete geçirir. Halat çekme ve paraşüt hareketli etkinlikler kullanılarak, bireyin kendi değer sistemi ile uyumlu bir karar verene dek bu çatışmanın nasıl hissedildiğini göresel olarak resmetmesini sağlar.

Yaş Grubu/Evren: Çocuklar/ergenler; gruplar.

Malzemeler: Üzerinde EVET/DOĞRU; BELKİ/EMİN DEĞİLİM; HAYIR/ YANLIŞ yazılı koniler; akran baskı ifadeleri (kendiniz ya da gönüllü grup tarafından hazırlanır); ortasında bandana bağlı halat çekme oyununda kullanılacak halat; fiziksel mücadeleyi kazananın geçmek zorunda olduğu alanı belirlemek için dört koni; dur işareti vermek için düdük; paraşüt (sözü edilen tüm malzemeler Palos Sports Sporting Goods Store in Alsip, Illinois-1-800-233- 5484 alınabilir).

Yönerge:

Aşama 1:

1. BELKİ/ EMİN DEĞİLİM işaretini, birbirinden altı metre uzakta karşılıklı olarak yerleştirilmiş işaretlerin arasına yerleştirin.

Öğrencilere doğası gereği tartışmalı bir ifade okuyacağınızı belirtin. İfade okunduktan sonra, öğrencilerden nasıl bir duruş sergileyeceğini seçmesini ve bu süreç içinde grup üyesi diğer arkadaşları ile konuşmamasını söyleyin. EVET/DOĞRU; BELKİ/EMİN DEĞİLİM; HAYIR/YANLIŞ yazılı konilerin yanına gidebilirler. Grup üyelerine 30 saniye içinde fikirlerini değiştirebileceklerini söyleyin.

2. Bireyin akranları tarafından dışlanmayacağı korkusu olmadan karar vermesi zor olduğundan, hoşgörülü anımsatıcılar beklenmeli ve birbiriyle konuşma, karar vermeden önce diğerlerine bakma, yalnız durana kızma, sözlü ya da fiziksel jestlerle diğerlerini izleme isteği gibi normal tepkiler daha sonraki tartışmalar için "öğretilebilir anlar" olarak ele alınmalı. Bilgilendirme döneminde daha anlamlı tartışmalar yapmak için belirli gruplarda davranışları gözlemlemek ve kaydetmek için yetişkinler görevlendirilebilir.
3. Öğrencilere düdüklü tencere ifadeleri okunur. Gerekli durumlarda daha önceden açıklanan kurallar hatırlatılabilir. Düdüklü tencere ifadelerini kullanarak öğrenci gözlemlerini kaydedin, sonraki etkinlik ya da bireysel görüşmeler için ifadelerin yanına isimleri ve davranışları yazılabilir.

Aşağıdaki ifadeler düdüklü tencere ifadeleri olarak kullanılabilir:

- Gençlerin kaldırımlarda kaykay kullanmasına izin verilmemeli.
- Sigara satın almak ve kullanmak için yaş sınırı getirilmelidir.
- Marihuana kullanımı yasal olmalıdır.
- 18 yaşında olduğu için savaşa gidebiliyorsa, Indiana'da 18 yaşında içki de içebilmeli.
- İçinde 50 dolar ve ehliyet olan bir cüzdan bulsam, içindeki parayla birlikte sahibine teslim ederim.
- Sınav için çalışmaya vaktim olmadıysa, kopya çekebilirim.
- Okuldan kaçmak benim suçum değil.
- Bir arkadaşım başka birine zorbalık yapmamı istese, arkadaşlığımız nedeniyle bunu yaparım.
- Sabah 2.00'ye kadar bilgisayar/video oyunları oynadığım için okula gitmeyebilirim.
- Arkadaşlarımın alay ettiği tişörtümü asla giymem.
- Bugün aldığım kararlar geleceğimi etkileyecektir.
- Ailem yalnızca hafta içi dışarı çıkma cezası vermeli.

- Dışarı çıkma cezası olmamalı.
- Gece evden gizlice dışarı çıktım.
- Sarışınlar esmerlerden daha aptaldır.
- Kızıl saçlılar sinirlidir.
- Kızlar erkeklere göre daha fazla dedikodu yapar.
- Erkeklerin duyguları yoktur.
- Bir derste başarısız olmam öğretmenin suçudur.
- Bir testi geçmek için matematik dersini kesmek kötüdür.
- Country müzik bomba gibidir.
- Aileme yalana söylemek iyi bir fikir değildir.
- Erkekler küfür edebilir ama kızlar asla etmemeli.
- Hawai gömlekleri modaya uygundur.
- Bir kız 16 yaşında kulağını deldirebilir.
- Hiçbir zaman dövme yaptırmam.
- Cinsel ilişki yaşamam beni havalı yapar.
- Kabadayı olmak harikadır.

4. Tüm ifadeler okunduktan sonra bilgilendirme seansına geçilir. Bu, önce danışmanlarla (üst sınıflarla alt sınıflar, lise ve ortaokul öğrencileriyle üniversite öğrencileri) ya da ortak liderlerle (danışman ve ortak yönetici ya da öğretmen) yapılabilir. Danışman yalnızsa grup kendi içinde küçük gruplara bölünebilir ve her gruptan bir lider sorularla bilgilendirme seansını yönetebilir: *"Bu etkinliği senin için zor kılan ne oldu? Hangi konular zordu? Yetişkinlerin önünde gerçekleri söylemek seni rahatsız etti mi? Peki danışmanlar? Ya birbirine anlatmak? Dikkatini çeken davranışlar neler oldu?* (Yanıtlar tek başına durmak, başkasını izlemek olabilir) *Bir kişinin akran baskısı kurmasını sağlayan nedir?* (Yanıtlar uygun olmak ve ait olmak, arkadaşlığı kaybetmemek, beğenilme ihtiyacı, alay edilmekten çekinme olabilir). *Olumlu akran baskısı nedir?"* (Yeni bir oyun öğrenmek; grubun dışından bir kişiyle arkadaş olmak gibi örnekler verebilirsiniz).

Aşama 2

Grubu eşit sayıda olacak şekilde ikiye bölerek halatın iki ucuna geçmesini isteyin. Güvenlik için öğrencileri ipin yanında sağlı sollu olacak şekilde yerleştirin. Takımların yüzü birbirine dönük olmalıdır. Düdük çaldığında oyunun biteceğini söyleyin. *Hazır* ve *başla* komutlarıyla oyun başlar. Öğrenciler 3 kazanabilmek için üç oyunun 2'sini kazanmalıdır. Oyun alanı halat çekme oyunu için yeterli değilse daha fazla grup oluşturulabilir. Gruplar kendilerine isim verebilir ve okulun şampiyon takımı olmak için yarışırlar.

Bu aktiviteyi tamamladıktan sonra, grupların, ipin çekilmesinin, kendi benlik kavramlarıyla uyumlu olmayan bir grubun eylemlerine uygun olarak baskı altında olan bir arkadaşla nasıl ilişki kurabileceğini tartışmasını isteyin. İpi, kişinin içsel mücadelesini, "uyum içinde" kişinin ahlaki, kültürel, cinsel değerleri, beden imgesi veya öz konseptiyle çelişen davranışlarını, kıyafetlerini ya da fikirlerini değiştirmek olarak simgeleyen metaforu paylaşır.

Ayrıca, kişinin kendi kararlarını vermede kişinin sağlamlığını kontrol etmek için zihinsel bir hatırlatma görevi görebilir. Karnındaki "hastalık hissi", kararlarının izlenmesinde kendi kendini kontrol etmenin bir göstergesi olabilir.

Aşama 3

Son etkinlik olarak paraşüt oyununu tanıtın. Paraşüt odanın ortasına açılmalıdır. Öğrencilerden paraşüte doğru yürüyerek istedikleri bir rengin üzerine bacaklarını uzatmalarını isteyin. Bütün kurallar anlatılana kadar paraşüte dokunmamalarını söyleyin. Öğrencilere paraşütün altına ya üstüne gidemeyeceklerini ya da birbirlerini yakalayamayacaklarını söyleyin. Bu etkinliğin amacının tüm görevleri başarmak için iş birliği olduğunu açıklayın. Etkinliği başlatmak için kolunuzu yukarı kaldırın ve etkinliği durdurmak için işaret parmağınızı kullanın. Daha rahat olacaksa düdük de kullanılabilir. Öğrencilerden iki elleriyle paraşütü tutmalarını isteyin. Çeşitli paraşüt etkinlikleri (oturma, diz çökme ya da ayakta durma) aşağıda listelenmiştir:

- Hafif dalgalar—Dalgalar yukarı aşağı kalkar.
- Dalgalar—Kollar yukarı ve aşağı hareket eder.
- Gelgit dalgası—Paraşütün yarısı aşağıdayken diğer yarısı yukarıdadır.
- Atlı karınca—Öğrenciler grup hâlinde bir seçim olarak saat yönünde veya saatin tersi yönde hareket eder.
- Şemsiye—Tümü, şemsiye kapanana kadar kolunu yukarı kaldırırken aynı zamanda açarken de paraşütü kaldırır.
- Halıdaki böcekleri silkeleyin—Öğrenciler şiddetli bir şekilde paraşütü yukarı ve aşağı doğru sallarlar.
- Dağın içinde/dağın tepesinde—Öğrenciler kenarlara tutunur, şemsiye yapar, paraşütün içine üç adım atılır. Altına oturulur; öğrenciler şemsiye yapar ve şemsiyeyi kapatırken diz çöker.

- Dağları salla—Dağın içinde, öğrenciler sırtlarını, bedenlerini ileri geri sallayarak paraşüte karşı iterler.
- Renkler—Olukların dört renginden biri öğrenci olarak adlandırılır, şemsiye ve diğer eşleşen rengin altına giderek renkleri değiştirirler (diğer yana emekleyerek geçme şeklinde de yapılabilir).
- Kedi ve fare—İki öğrenci fareler olarak seçilir ve paraşütün altından geçer. İki kişi de kedi olarak seçilir ve paraşütün üstüne geçer. Diğer öğrenciler paraşütü sallar. Kediler, paraşütün üstünde hareket ederek fareleri kovalayıp yakalamaya çalışır.

Paraşüt oyununun tamamlanması üzerine, öğrencileri birbirleriyle iş birliği yaparken hissettikleri dinginlik duygusunun, kararları doğru olduğunda ve seçimlerine rağmen kendi gruplarında kabul edildiğinde de hissetmeleri gerektiği konusunda bilgilendirin. Arkadaşlıkla etkilenme gücünün de geldiğini söyleyin. Akran baskısı bireylerin iyiliği için olumlu yönlerde de kullanılabilir.

"SEÇTİĞİNİZ MODAYI AÇIKLAMA" ETKİNLİĞİ

Samantha Grzesik ve Katie Vena

Belirtiler: Bu etkinlik, uyumsuz benlik imajı/benlik saygısı, bedensel görüntüsünde bozulma ya da kimlik sorunlarıyla mücadele eden danışanlar için uygundur.

Hedefler: Bireyin kişisel algılarını analiz ederek, kişinin kalite dünyasına karşı çarpık düşünme ve seçim yapma üzerine yeni bakış açıları geliştirmek. Sonuç olarak, danışanlar, temel ihtiyaçlarının karşılanmadığı durumları ve bunun uyumsuzluğa ve özdeşliklerine ve kimlik sorunlarına nasıl etki ettiğini anlayacaklar.

Yöntem: Görsel sanatlar.

Uygunluk: Bu aktivitenin amacı, danışanlara olumsuz düşünme ve kendi kendilerine konuşma becerilerinin kendilerini nasıl etkilediğini algılamaya iten yolları anlamalarında yardımcı olmaktır. Seçim teorisi, dışsal olayların bireyleri zayıf seçimler yapmak için motive etmediği, aksine kendi iç beklentilerini belirlediği fikrine dayanır (Glasser, 1998). Ergenlerin Erikson'un gelişim kimliğine karşı, rol karmaşası karşısında çalıştıkları gibi, birçok genç kadın medyayı ideal görünüm ve kendi gerçekliği tasvirleri arasında çarpıtmalarla karşı karşıyadır. Bu, kimlik krizlerine, zayıf benlik imgesine ve düşük benlik saygısına yol açabilir.

Genç kadınları giyim tercihi ve modayı bir ifade aracı olarak kullanmaya davet ederek, onların bireyselliklerini ve kendi öz imgelerini ifade edebilecekleri bir araç sağlıyorsunuz. Kendini giydirmek, vücut imajı ve görüntüleriyle kimliklerinin görsel ifadesi konusunda farkındalıkları olan ergenler için güçlü bir odak noktasıdır.

Yaş Grubu/Evren: Ergen kızlar, öz benlik/öz saygı ve/veya kimlik sorunları yaşayan 13-16 yaş arasındaki kişiler.

Malzemeler ve Hazırlık: Mankenler (bir ince, bir ortalama, bir artı boyutu) ve pantolon, kazak, kolsuz yelek, şort ve çeşitli moda stillerini yansıtan T-shirt (örn., tiki, hippi, emo, tutucu, seksi vb.) ile dolu büyük plastik kutuları ve marka isimleri. Bu malzemeler indirimlerden ya da ikinci el mağazalardan sağlanabilir.

Yönerge

1. Danışandan ideal giysileri seçerek yere ayırmasını isteyin. Danışana; *"Bunu senin için ideal kılan nedir? Seçtiğin belirli tarzdaki kıyafetlerle (tutucu üst, yırtık kot vb.) ilgili biraz daha bilgi verip senin için ne ifade ettiğini anlatır mısın? Seçmediğin kıyafetler seninle ilgi diğerlerine ne der?"* gibi soruları sorarak kıyafet seçimleriyle ilgili konuşun.
2. Danışandan kendi bedenini en iyi temsil ettiğini düşündüğü mankeni seçmesini isteyin. Bu seçimi, *"Bu mankenin seni temsil ettiğini düşünmeni sağlayan nedir? Bu seçim başkalarının sizi nasıl görebileceğinden farklı mıdır?"* gibi sorularla ilerletin.
3. Danışanı, etkinliğin daha derin bir işlemine davet edin ve kendi imajıyla ilgili daha derin kimlik sorunlarını şu gibi sorularla ele alın: *"Giysi seçimlerin diğerlerine seninle ilgili ne diyor? Seçtiğin giysilere baktığında nasıl hissediyorsun? İdeal dünyanda istediğin ve/veya ihtiyacın olan şeyi ifade eden şey nedir? Bu imaj öz benliğini ya da öz güvenini nasıl etkiler? Seçimlerinize göre karşılanması zor olabilecek bazı temel ihtiyaçların nelerdir? Bedeninin en çok hangi bölgesini seversin? Bedeninde en az sevdiğin bölge neresi?"*
4. Danışanın kendisiyle ilgili üç olumlu ifade içeren cümle kurmasını isteyin.

REFERANSLAR

Archer, J., & McCarthy, C. J. (2006). *Counseling theories: Contemporary applications and approaches*. Upper Saddle River, NJ: Prentice Hall.

Glasser, W. (1985). *Control theory: A new explanation of how we control our lives*. New York: Harper & Row.

Glasser, W. (1992). Reality therapy. *New York State Journal for Counseling and Development*, 7(1), 5-13.

Glasser, W. (1997). Teaching and learning reality therapy. In J. K. Zeig (Ed.), *The evolution of psychotherapy: The third conference* (s. 123-133). New York: Brunner/Mazel.

Glasser, W. (1998). *Choice theory: A new psychology of personal freedom*. New York: HarperCollins.

Powers, W. T. (1973). *Behavior: The control of perception*. Chicago: Aldine.

Purkey, W. W., & Schmidt, J. J. (1990). *Invitational learning for counseling and development*. Ann Arbor, MI: ERIC Counseling and Personnel Services Clearinghouse.

Seligman, L. W., & Reichenberg, L. W. (2010). *Theories of counseling and psychotherapy: Systems, strategies, and skills* (3. bsk.). Upper Saddle River, NJ: Prentice Hall.

Sommers-Flanagan, J., & Sommers-Flanagan, R. (2004). *Counseling and psychotherapy theories in context and practice: Skills, strategies, and techniques*. Hoboken, NJ: John Wiley & Sons

Wubbolding, R. E. (1995). Integrating theory and practice: Expanding the theory and use of the higher level of perception. *Journal of Reality Therapy*, *15*(1), 91-94.

Wubbolding, R. E. (1996). Reality therapy: Theoretical underpinnings and implementation in practice. *Directions in Mental Health Counseling*, *6*(9), 4-16.

Wubbolding, R. E. (2000). *Reality therapy for the 21st century*. New York: Brunner-Routledge.

Wubbolding, R. E. (2007). Glasser quality school. *Group Dynamics: Theory, Research, and Practice*, *11*, 253-261.

Zeeman, R. D. (2006). Glasser's choice theory and Purkey's invitational education— Allied approaches to counseling and schooling. *Journal of Invitational Theory and Practice*, *12*, 46-51.

4

Varoluşçu Teori

Michele P. Mannion

Gittiği yoldan emin olmak siteyen bir kişi gözlerini kapatmalı ve karanlıkta yürümelidir. ***—Saint John of the Cross, Dark Night of the Soul***

Varoluşçu terapi, pek çok bakış açısı içinde insanın varlığı ve deneyimleri konusunda daha fazla soruya yanıt verir. Varoluşçu terapistler; özgürlük, yalnızlık, ölüm, anlamsızlık gibi anahtar temalar aracılığıyla danışanların kendi dünyalarını, yaşamlarını ve yaptıkları seçimler üzerinde düşünmelerini sağlar. Yaratıcı süreç ve sanat varoluşçu temaları keşfetmeye ve danışanların kendi amaçlarını ve hedeflerini belirlemeye destek olabilir, sanat danışanların kendi dünyaları içindeki uygunluklarını bulmak için bir bağ kurmalarına kaynaklık eder.

VAROLUŞÇU TEORİNİN TARİHÇESİ

Varoluşçu psikoterapi; özgürlük, sorumluluk, kaygı ve özgünlük gibi kavramların çerçevesinde insanın varoluş doğası üzerine odaklanır. Kierkegaard, Nietzsche, Heidegger ve Sartre gibi Avrupalı varoluşçu felsefeciler ve yazdıklarından doğan varoluşçu felsefeyi içeren Ludwig Binswanger (1957) ve Viktor Frankl (1959) gibi Avrupalı klinik uzmanları da etkileyen varoluşçu psikoterapinin doğmasına kaynak olmuştur. Varoluşçu psikoterapi kavramları, Rollo May (1958) ve James Bugental'ın (1965) eserleriyle Amerika Birleşik Devleteri'ne ulaşmıştır. Felsefi alanda varoluşçu psikoterapinin temelleri göz önüne alındığında, düşünce, teknikten nispeten uzak varoluşsal bir yönelim olan terapötik bir yaklaşıma dönüştürülür. Bu, psikoterapi yönelimlerinin yanlış anlaşılmış üvey modeli olarak görülen yaklaşıma katkıda bulunan bir algıdır. Varoluşçu psikoterapinin en sık alıntılanan bakış açısı, "gamlı", yaşamın karmaşıklıklarını keşfetme ve düşünme lüksüne sahip danışanlar için uygun olmasıdır.

Bununla birlikte, bu tür bakış açıları, varoluşçu psikoterapinin hümanistik, bilişsel davranışçı ve anlatı terapileri gibi diğer terapötik yaklaşımlarla olan ortak noktalarını kavrayamaz.

Norcross (1987), "varoluş, özgürlük, sorumluluk ve seçim gibi" temel varoluşçu kavramların çağdaş psikoterapi sistemlerinin çoğuna dâhil edildiğini öne sürmektedir. (s.42) Ek olarak, "dünya-varlığını" *(Lebenswelt)* terapötik karşılaşmanın temel amaçlarından biri olarak tanımlayan Binswanger (1957) tarafından yıllar önce danışanlarının dünya görüşüne önem verilmesi gerektiğini vurgulanmıştır. Özünde, varoluşçu psikoterapinin odak noktası, insan olmanın ortak deneyimini merkez alır ve şu sorularla en iyi şekilde özetlenebilir: "Neden buradayım?" ve "Hayatımı nasıl bir seçimle doğru yönlendirebilirim?"

VAROLUŞÇU PSSİKOTERAPİNİN TEMEL KAVRAMLARI

"Neden buradayım?" ve "Hayatımı nasıl bir seçimle doğru yönlendirebilirim?"i araştıran yollar; ölüm, özgürlük, yalnızlık ve anlamsızlık gibi varoluşsal temalar aracılığıyla ortaya çıkar (Yalom, 1980). Pek çok açıdan, bu temalar geniş tabanlı ya da şemsiye temalar olarak düşünülebilir çünkü diğer klinisyenlerin de belirttiği, *yönelmişlik* ve *bireysellik* (Norcross, 1987), *efsane* (Mayıs, 1991) veya *ıstırap* (Frankl, 2000) gibi ek varoluşçu temaların keşfine dikkat çekicidir.

Bu makalenin amaçları için Yalom'un temaları referans alınmıştır. Yalom'un kavramsallaştırması, görünüşte karamsar gözükse de varoluşsal temaların her birinde ayna gerçekleri vardır ve bu temalar, varoluş hakkında temel gerçekleri keşfetmede danışanlarla inceleme noktaları olarak hizmet eder.

Özgürlük

Varoluşsal kavramları anlamaya başlamanın temeli, özgürlük temasıyla gerçekleşebilir. İnsan deneyimimizin bir parçası olarak, hayatlarımızı nasıl yaşayacağımızı seçme özgürlüğümüz vardır ancak bu özgürlük, daha geniş bir özgürlük, sorumluluk ve seçim yoluyla hayatlarımızı yönlendirmenin sorumluluğunu gerektiriyor. Klinik uzmanın sorumluluğu danışanlarını, çoklu olasılıklar ve karar seçenekleriyle ilgili farkındalıkları da dâhil olmak üzere, sorumlulukları konusunda farkındalıklarını artırmalarına yardımcı olmaktır. Bu farkındalık artışı kaygıya yol açmamakta çünkü herhangi bir karara dayanan acı veya trajediden kaçınmanın hiçbir garantisi yoktur; bu nedenle, May'in önerdiği gibi, özgürlük "kaygının anası"dır (Mishlove tarafından 1995'te yazıldığı gibi).

Ölüm

Varoluşçu klinik uzman için, ölümün reddi, kişinin tam ve etkili bir şekilde yaşama becerisini kısıtlamaktadır. İnkâr, yaşamın nihai gerçeğinin sorumluluğunu almamaya bağlıdır; hepimizin sonu var. Ölümden kaçınma, filmlerinde varoluşçu temalarla bilinen yönetmen Woody Allen tarafından en iyi şekilde özetlenebilir: "İşimle ölümsüzlük elde etmek istemiyorum. Ölmeden bunu başarmak istiyorum." (Schoel & Stratton, Bauman & Waldo'dan alıntı,1998, s. 16). Ölüm hakkında farkındalığın arttırılması ve yaşamın nihai gerçeğini anlama girişimleri, baskı, kaçınma ve gerileme gibi bir dizi savunma mekanizmasının biçimini alabilir. Yalom (1980), kaygıdan kaçınmak için iki özel savunma mekanizmasını betimlemektedir: *Özel* olduğu ile ilgili akıl dışı inanç ve *nihai kurtarıcıya* olan inanç. Bu savunma mekanizmalarının her ikisi de ölümün nihai gerçekliğini görme yeteneğini ortadan kaldırır. Bununla birlikte, endişe aracılığıyla çalışmak, yaşamımızda ihtiyaç duyduğumuz yerde kendimiz olmamıza ve hareket etmemize izin verir.

Yalnızlık

Varoluşsal bir perspektiften, hepimiz sonuçta birbirimizden ayrıyız ve yalnızlık, insani koşulların bir parçası olarak kabul edilir. Bireysel ayrılığımızla yüzleşmeden, insan doğamız, başkalarıyla özdeşleşmek ya da kabuğuna çekilmek gibi, yalnızlığın kaygısını ortadan kaldıracak savunma biçimleri ortaya koyacaktır. Nihayetinde dünyada yalnız olmanın kabul edilmesi, ezici ve rahatsız edici olsa da bunu kabul etme, gerçek bir insan ihtiyacı olan başkalarıyla bağlantı ve bağlanma kaynaklarını tanımlamaya hizmet edebilir. Bu nedenle, varoluşçu klinik uzmanın görevi, danışanlara yaşamları boyunca işlevsel ve anlamlı ilişkiler kurmanın sorumluluğuyla, onların yalnızlığı hakkındaki endişelerini aşmalarına yardımcı olmaktır.

Anlamsızlık

Varoluşçu psikoterapide, danışan; *"Hiçbir şeyin anlamının olmadığı bir dünyada nasıl anlamlar oluştururum?"* sorusunu ele alması konusunda yönlendirilir. Anlamsızlık teması, sıklıkla kaos dolu ve kayıtsız olarak sunulan bir dünyada gömülüdür. Böyle bir dünyayı anlamlandırmak için varoluşçu psikoterapi, tüm insanların anlam ihtiyacını ortaya koyduğunu söyler. Bu görüş çoğunlukla Viktor

Frankl (1959) ile ilişkilendirilir. Frankl'in (1959) bir Nazi toplama kampında yaşadığı deneyimler, varoluşsal ilkelere dayanan bir psikoterapi yaklaşımı olan, logoterapi gelişimine itici güç olarak hizmet etti. Frankl (1959), insanın *kendi içinde* değil, *dünyada* anlam bulma ihtiyacını ele almıştır. Bu ihtiyacı "insan varoluşunun kendi kendini aşması" olarak nitelendirmiş ve "İnsanın anlam arayışı, her zaman, kendinden başka bir insanın veya başka bir şeyin anlamıyla karşılaştırılır. Kendini arayan insan her zaman kendinden başka bir şeye yönlenir." diye belirtmiştir (p. 115). Yaşamdaki anlam eksikliği, Frankl (1959) tarafından "varoluşsal boşluk" olarak tanımlanmıştır ve bu, yaşamda boşluk ve hedeflerin olmamasını belirtmektedir. Varoluşçu psikoterapinin bir işlevi de danışanlara dünyanın zorlu doğasını amaca yönelik olma ve umut etme potansiyeli ile uzlaştırmada yardımcı olmaktır.

Kaygı, Gerçeklik ve Suçluluk Bağlantısı

Kaygı

Her varoluşsal temanın altında yatan şey kaygıdır; insan olmanın varoluşsal kaygısıdır. Varoluşsal kaygı, yapısal olmayan bir durum olarak görülmez; bununla birlikte, belirli varoluşsal kaygıları tanımlamaya, danışanın farkındalık kazanmasına ve özgün bir yaşamın gelişimine yardım etmeye destek olmak için etkin bir şekilde kullanılabilir. Varoluşsal kaygı herhangi bir varoluşsal temele özgü değildir çünkü "birey, belirsiz sonuçlarla alternatifleri seçme ihtiyacından, kişinin nihai yüceliğinin tanınmasından ve ölümün kaçınılmazlığından, kendinden önce meydana gelebilecek varoluşsal kaygıya sahip olabilir" (Kitano & LeVine, 1987, s. 405). Varoluşsal kaygıların farkına vardıkça, bu kaygılarla baş edebilmek için, savunma mekanizmalarına, işlevsiz bir şekilde güveniriz.

Varoluşsal anksiyetenin tersi, kaçınmak ve kişinin hayatının sorumluluğunu üstlenememesi ile ilgili nevrotik kaygıdır. Bu durum, uyumsuzdur ve bireyin hayatını tam anlamıyla yaşamasını engeller. Hayatın gerçeklerinden kaçınma (varoluşsal temalar) sonuçta sahte bir yaşama yol açar ve nevrotik kaygıyı besler. Nevrotik kaygı ile görev, varoluşsal kaygıya doğru, mümkün olan en yüksek düzeyde harekettir çünkü yaşamsal gerçeklikten kaçınmaktan kaynaklanan nevrotik kaygı ve semptomların varlığıyla bağlantılıdır.

Gerçeklik

Varoluşsal temaların altında yatan kaygının varlığına ek olarak, özgünlük/gerçeklik kavramı yer almaktadır. Farkındalık geliştirdikçe, varoluşsal temalara dikkat ederek daha da gerçekçi oluruz. Norcross (1987), "Özgün/gerçekçi insanlar kendilerinin, ilişkilerinin farkındadırlar, seçimleri ve kararları tanır ve kabul eder ve sonuçların tam olarak kabul edilmesi de dâhil olmak üzere, kararlarının sorumluluğunu üstlenir." (s. 52). Gerçeklik/özgünlükle tam olarak insan oluruz. İnsan olma duygumuz, potansiyelimizin ve bu potansiyel hakkındaki bilincimizin sorumluluğuna bağlıdır.

Varoluşsal Suçluluk

Varoluşsal suçluluk varoluşsal bir perspektif içinde başka bir alt sınıftır. Yalom (1980), *gerçek* suçluluk ve *nevrotik* suçluluk arasında ayrım yapar. İkincisi, kendisiyle ilgili şikâyetleri, ilki ise sosyal olarak ya da başkalarına karşı yapılan yanlışları temsil eder. Kendi ihtiyaçlarımıza dikkat etmediğimiz, seçimlerle ilgili seçenekleri görmezden geldiğimizde veya deneyimlerimizi kendi kendini kınama ile azalttığımızda nevrotik suçluluk ortaya çıkabilir.

Danışanların önceki veya mevcut kararlarla, kendilerini kınama derecesi özellikle güçlü olabilir çünkü suçluluk kişisel potansiyel kadar yaşamamakla ilişkilidir. Yalom'un (1980) belirttiği gibi, suçluluk, danışanlara pişmanlıktan ziyade kişisel sorumluluk ve kişisel potansiyelin tanınmasıyla ilgili yardımcı olma konusunda motive edici bir güç olabilir.

VAROLUŞ TEORİSİNİN ELE ALDIĞI KONULAR

Daha önce de belirtildiği gibi, varoluşçu psikoterapi uygulanan bir teknik değildir, dünya görüşüne ve bakış açısına varoluşsal olarak açık olma durumuyla ilgilidir. Bu açıklıktan dolayı, hiçbir teknik, danışanların kendine has özelliklerini, benzersizliklerini ele alamaz.

Genel olarak, varoluşçu klinisyenler, tekniklerin eksikliğini problemli olarak görmezler çünkü çoğu tekniklerin insan doğasını ve ihtiyaçlarını aşırı derecede basitleştirdiğine inanırlar.

Bununla birlikte, sistematik bir teori yaklaşımının olmaması, varoluşçu psikoterapinin etkinliği üzerine deneysel olarak desteklenen verilerin eksikliğine yol açmıştır. Norcross, deneysel olarak desteklenen sonuç verilerinin yetersiz olmasının, teorinin kendisinin marjinalleşmesine katkıda bulunduğunu belirtmektedir (Norcross, 1987). Eleştiriler, araştırmaya rağmen, terapide en önemli ve en olumlu sonuca sahip olan terapötik ilişki olduğunu tutarlı bir şekilde gösterdiğini ortaya çıkarmıştır (Beutler, Crago, & Arizmendi, 1986; Hubble, Duncan, & Miller, 1999; Lambert & Barley, 2001).

Varoluşçu psikoterapi, psikopatolojiye odaklanmaz çünkü tanı, danışan-klinisyen ilişkisinde güç farkı yaratabilecek bir engel olarak algılanmaktadır. Belirtiler, danışanın dünyası ve deneyimi bağlamında, danışan için anlamını görme açısından çerçevelenmiştir. Nevrotik kaygı belirtileri psikopatolojiye yol açabilse de ciddi akıl sağlığı kaygıları meseleleri, uyarlamalı bir bakış açısıyla çerçevelenmekte ve yaşamın varoluşsal temalarından kaçınmaya bağlanmaktadır.

Psikoterapiye yönelik insancıl perspektifler içeren ortak bir varoluşsal ilke, danışanın farkındalığını ve değişimi kolaylaştırmada danışan-klinik uzman ilişkisinin önemidir. Varoluşçu psikologlar arasında yapılan bir klinik uygulamada, Norcross (1987), katılımcıların, ilişki geliştirici davranışlarını gösteren bir ölçekte en yüksek ortalama puanlara sahip olduğunu bulmuştur. Norcross, "Psikolojik testlerden kaçınma, yapıyı açık olarak gösterme, benzersizliğin ve özgünlüğün yanı sıra seçim ve sorumlulukların getirdiği yüklerle örtüşmektedir." demektedir (s. 61). Aslında varoluşçu klinisyenler, varoluşçu temaları varoluşçu psikoterapi pratiğine dolaylı olarak çevirirler; bunun merkezinde varoluşçu bir klinisyenin, terapötik ilişkiyi nasıl gördüğü yer almaktadır. Yalom (2002), örneğin, kendisini "gezgin" olarak tanımlar ve bunu "onlar" (etkilenen) ve "biz" (şifacılar) arasındaki ayrımı ortadan kaldıran bir terim olarak tanımlar (s. 8). Danışman-danışan ilişkisi, varoluşçu özgünlük temasını taşır ve danışmanın danışanla ilgili varoluşsal kaygılarla bağlantı kurmasını sağlayarak, danışanın dünya görüşünün gerçek anlamda anlaşılmasını kolaylaştırır. Bazı varoluşçu kaygıların işlenmesi zor olabileceğinden, bu kaygıları işlemek, varoluşçu klinisyenin özelliklerine ve terapötik ilişkinin gücüne bağlıdır.

Varoluşçu psikoterapi, uygulama olarak ana odaklıdır; hem kavramsal olarak, danışan değişimi anlamında, hem de sözel olarak şimdi, şimdiki zamanda yönlendirilir. Kavramsal olarak, geçmiş sadece şu anda ortaya çıkanla bağlantı kurar. Geçmişe odaklanmak, danışanı hâlihazırda dünyasını deneyimleme biçimlerinden uzaklaştırırken, aynı zamanda danışanın, şimdiki zamanda sorumluluk almasını engeller. Mecazi anlamda ise, varoluşçu uzmanlar, danışanın kendi benliği ile ilgili anlayış kazanması konusunda yardımcı olarak "şimdi ve burada" konusuna odaklanır.

Varoluşçu psikoterapi, varoluşçu temaların güncel ve kültürler arası geçerliliği olduğundan çok kültürlü danışanlarla çalışmak için oldukça uygundur. Corey (2001, Vontress'den alıntı yaparak, 1986), paylaşılan insan deneyimleri ve olasılıklarına odaklanıldığında, çok kültürlü danışanlarla çalışmada en yararlı yaklaşımın varoluşçu psikoterapi olduğunu belirtmektedir. Bireyselliğin altında yatan tema, varoluşçu psikoterapide bir sınırlama olarak görülmüştür, burada danışanın tercihi kendi kontrolü dışındaki faktörler tarafından kısıtlanabilir. Bununla birlikte, danışanları, kültürel yabancılaşma gibi dünya deneyimlerinin bütünlüğünü düşünmelerini sağlamak, danışanların kendileriyle ilgi görüşlerini genişletebilir ve önceden tasarlanmamış seçenekleri açabilir.

VAROLUŞÇU TEORİ VE YARATICI SANAT

Sanat Terapisine Bakış

Sanat terapisinin, terapötik bir model olarak kullanılması iyi bir yoldur (Kramer & Gerity, 2000; McNiff, 1981; Ulman & Dachinger, 1975). Sanat terapisinin temel dayanağı, kelimelerle ifade edilemeyen bazı duygusal durumların görüntülerle daha iyi şekilde ifade edilmesidir (Naumburg, 1966). Aslında, sanat, terapötik olarak nakledilmesi gerekenlerin sözcüklerle aktaramadığı veya iletemediği noktada hizmet eder.

Sanatın terapötik olarak kullanılması, bunun basit bir yaklaşım olarak ele alınması anlamına gelmez. Tarihsel olarak sanatın terapötik olarak kullanımına büyük katkı sağlayan sanatçılar, sembolik imgelerin gücünü ve bilinçaltı malzemelerin sanat yoluyla aktarılarak geri kazanıldığını uzun zamandır kabul etmişlerdir. Danışanlar, genellikle sanat yoluyla ortaya çıkan duygusal tepkilere hazırlıksız yakalanabilir ama klinisyen, bu tür deneyimlere hazırlıklı olmalıdır. Gantt (1979), terapötik nüansları açıkça anlamadan, sanat malzemelerini ayırım gözetmeksizin kullanma konusunda uyarıda bulunuyor çünkü bunu yapmak ya havanda su dövmek ya da "kendini riske atmak" ile sonuçlanabilir (s. 18). Buna ek olarak, Hammond ve Gantt (1998), gizlilik, dokümantasyon ve mülkiyetin dikkate alınması da dâhil olmak üzere, terapötik olarak sanat kullanımına özgü etik ve yasal hususlara dikkat çekmektedir.

Varoluşçu Temaların Tanımlanması

Varoluşçu teorisyenlerin sanat ve yaratıcı süreç hakkında yazması tesadüf değildir (Heidegger, 1971; May, 1994; Yalom, 1980). Sanatsal süreçler, insan deneyimi ile ilgili varoluşsal temaların kapsamı göz önüne alındığında, varoluşçu temaları keşfetmeye özellikle uygundur. Malchiodi (2003), Frankl'in yaratıcı süreç hakkındaki görüşlerini şöyle açıklıyor: "Yaratma cesareti" ve "yaratıcı süreç, benliğin ve insan varoluşunun ikilemlerinin bir ifadesidir" (s. 59). Ek olarak, varoluşçu psikoterapi pratiği içinde esnek olmanın önemi göz önünde bulundurulduğunda, sanatsal faaliyetlerin dâhil edilmesi, var olan temaları, reçetesiz bir tutumla ele almak için ek fırsatlar sağlar. Robbins (1987) tarafından belirtildiği gibi, "Tedavi öngörülebilir biçimde ortadan kaldırılamaz. Her zaman kalıntılar olacaktır. Bu kalıntılarla yapılabilecekler de yaratıcı terapistin görevidir." (s. 72). Sanatın varoluşsal bir çerçevede kullanılması, danışanın varoluşçu temalar konusundaki anlayışını geliştirebilir ve danışanın kendi dünyası ve deneyimleriyle ilgili bağlılık duygusunu arttırabilir.

Dışavurumcu Sanat Müdahaleleri

ANLAM BİRİKTİRME: VAROLUŞSAL YANSIMA OLARAK GÖLGE KUTUSU

Michele P. Mannion

Belirtiler: Depresyon (amaç, yön, motivasyon eksikliği), yas, fiziksel hastalık, motivasyonu eksikliği yaşayan danışanlar için uygundur.

Hedef: Danışanlara varoluşçu anlam temasında ilişki kurmalarına yardımcı olmak.

Yöntem: Sanat.

Uygunluk: Bu etkinlik, danışanların anlam ve anlam potansiyeli tanımlarının belirlenmesine yardımcı olmak için eylem odaklıdır ve özellikle yaşamlarının anlamını kabullenme veya tanımada zorluk çeken veya bağlantı hissi olmayan danışanlar için çok uygundur. Bu etkinlik, danışanın belirli varoluşsal anlam ve sorumluluk temalarını keşfetmesini sağlar.

Yaş Grubu/Evren: *Çocuklar/ergenler/yetişkinler; bireyler.*

Malzemeler: Karton 13-16 inç (*tamamlanmış bir kutu için*, 9-12 inç); trim (kutu kenarları için); tutkal tabancası (kutunun kenarlarını düzeltirken); Mod Podge (tutkal/parıltı aracı); boya (kartonu boyama); elişi/kolaj kâğıtları (boya ve trim yerine kartonu kaplamak için); tutkal ve/veya boya için çeşitli fırçalar; kâğıt mendil, kil, boya ve benzeri gibi sanat malzemeleri. Danışan küçük bulunan nesneleri, görüntüleri ve basılı materyalleri (alıntılar, şiirler vb.) sağlamalıdır.

Yönerge:

1. Seans öncesinde 9x12 inç karton kutu yapın: Kartonun her kenarına 2 inç çizgi çizin (bu her köşede kutular oluşturacaktır). Maskeleme bandı ile kutuyu bir araya getirin.
2. Danışanı anlam ve bağlantı kaynaklarını araştırıp tanımlamaya davet edin. Araştırma soruları şunlar olabilir: *"Hayatımda kim ve ne benim için*

önemli? Yaşamımda nasıl değişiklikler yaptım? Kendi hayatımda ve başkalarının hayatında nasıl farklılık oluşturabilirim? Sevgi, ilişki, oyun ve iş yoluyla nasıl anlamlar yaratabilirim? Yaşamımda nasıl yeni anlamlar oluşturabilirim?"

3. Danışana gölge kutu etkinliğinin amacını açıklayın; anlam kaynaklarını ve anlam olasılıklarını keşfetme. Danışan kutuyu yapıştırma ya da önceden yapılan kutuyu birleştirme (zaman kazanmak isterseniz) ile etkinliğe başlayabilir. Kutu hazırlandıktan sonra, danışanla anlamları kavramsallaştırma konusunda gölge kutunun nasıl kullanılabileceği konusunda tartışın (malzemeler, kullanılan renkler vb.).
4. Danışanı gölge kutu için malzemeler toplamakla görevlendirin. Bu malzemeler varoluşsal temalar araştırılmadan önce getirilmelidir. (Zaman kazanmak için: Daha önceden dergilerden kesilen çeşitli görüntüler genellikle işe yarar.)
5. Danışanın gölge kutu için seçtiği malzemeleri gözden geçirin. Bulunan nesnelerde eksikler var mı? Eğer varsa, danışan ile seans sırasında yaptığı sembolik resimler aracılığıyla eksik boşlukların duygu durumlarına nasıl çevrilebileceğini inceleyin. Örneğin, bir fotoğrafın olmaması, danışanın resim yapma ihtiyacına dönüşebilir.
6. Danışan ile gölge kutusunun bütünlüğünü keşfedin. Genelde danışan kutunun tamamlandığını içgüdüsel olarak bilir. Gölge kutusunun anlam temasıyla nasıl ilişkilendirildiğini tartışmak için danışanı cesaretlendirin.(Gölge kutu etkinliği genelde danışanın ihtiyacı kadar 3-5 seansta tamamlanabilir.)
7. Şu soruları kullanarak etkinliği sürdürün: *"Kutunun tasarımı senin kimliğini ne kadar yansıtıyor? Kutunun iç kısmı ve kutunun dışı nasıl iletişim kurar? Kutuda size anlamlı gelen ne, hangisi yaşamınıza aktarılabilir? Yaşamınızda anlam oluşturmak için sorumluluk almayı nasıl tanımlarsınız? Herhangi bir resmin yan yana gelmesi nasıl anlam ifade eder? Kutu aktivitesi hayatınızda herhangi bir boşluk tespit etti mi ve bunları nasıl doldurabilirsiniz?"*

DUYGU MANZARASI

Mardie Howe Rossi ve Karen L. Mackie

Belirtiler: Duyguları tanımlamak veya ifade etmekte zorlanan veya duygularının etkisi altında kalan danışanlar için uygundur. Ayrıca, kayıp ve travma yaşamış olan, aynı zamanda takılıp kalmış, geçiş hâlinde olan veya kişisel gelişim isteyenlerle de kullanılabilir. Danışanlar parmak boyası kullanma konusunda istekli olmalıdır. Bazı danışanlar ellerinde boya olmasından hoşlanmayabilir elbette; bu kişiler, fırça ya da pastel boya kullanabilir.

Hedefler: Deneyimi tam anlamıyla yaşamaya cesaretlendirme (May, 1969); deneyimi daha derinlemesine inceleme (Knill, Levine, & Levine, 2005); empati, olumlu tutum, özgünlük gibi yaygın tutumları da içerecek şekilde iyileşme ve kendini anlama alanları geliştirme (Rogers, 1993).

Yöntem: Sanat.

Uygunluk: Parmak boyama yoluyla duyguları tanımlamak ve ifade etmek, danışanların duygularına odaklanmalarına ve duygularının anlatmaya çalıştıklarını dinlemelerine izin verir. Duygulara ulaşma ve işleme varoluşçu ve dışavurumcu sanat terapötik çerçevesi içinde bireyin iyileşmesi ve kendini anlaması açısından önemlidir. Teorik uygulamalar da empati, koşulsuz olumlu saygı ve gerçeklik gibi ortak tutumları benimser (Rogers, 1993). Parmak boyama duyguların keşfedilmesi ve ifade edilmesi için kullanılabilir. Resim ya da çizim konusunda kendini rahat hissetmeyen danışanlar, sanatsal yaratım konusunda daha az baskı uyandırdığı için parmak boyamada daha rahat hissedebilirler.

Yaş Grubu/Evren: Çocuklar/ergenler, yetişkinler; bireyler/gruplar.

Malzemeler: Parmak boya (ana renkler ve siyah), büyük boy parmak boya kâğıdı ya da kuşe kâğıt ya da mukavva; boya için plastik tabak; renklerin karışmasını engellemek için ıslak mendil.

Yönerge: Etkinlik (45-60 dakika).

1. Duygu manzarasını danışanın tüm duygularının bir resmi olarak tanımlayın ve danışana manzarayı yaratmak, duygularını temsil etmek için renkleri kullanacaklarını belirtin. Renklerin, büyüklüğün, şeklin, dokunun ve tasarımın duygularını betimleyip farklılaştırabildiğini açıklayın.
2. Danışanlara resimlerini kendi duygularının eşsiz bir ifadesi hâline getirmesine izin verin ve resimlerinin sanatsal olması ya da tanınabilir bir şeye benzemesi gerekmediğini hatırlatın.
3. Resmin sessizlik içinde tamamlanmasını isteyin, bu sayede danışanlar kendi süreçlerinin farkında olacaktır. Çalışma boyunca duygu ve düşüncelerine önem vermelerini belirtin.
4. Resim çalışması için 45 dakika süre verin ve 40. dakikada son 5 dakika kaldığını hatırlatın.
5. Danışanları resimlerini işlemeye ve renklerden konuşarak duygularını sözlere dökmeye davet edin (örn., *"Ben sarıyım ve utanıyorum. Çok büyüyüm ve her zaman buradayım."*).
6. Danışanlardan; *"Deneyimlerini görünür kılmanın nasıl hissettirdiği, kendileri ile ilgili öğrendikleri bir şey olup olmadığı."* gibi sorularla deneyimi işlemelerini isteyin.

ÖZ FARKINDALIK EKSİKLİĞİNİN GİDERİLMESİ

Imelda N. Bratton ve Christopher P. Roseman

Belirtiler: Bu etkinlik, grup üyeleri son aşamaya geldiklerinde kullanıma uygundur çünkü bireylerin kişisel deneyimlerine ilişkin grup tartışması için bir fırsat sunmaktadır.

Hedefler: Grup üyelerine çizim yoluyla çok kültürlü konulara ilişkin tutum ve inançlarını yansıtma fırsatı vermek.

Yöntem: Resim.

Uygunluk: Bu etkinlik, Yalom ve Leszcz tarafından açıklanan üç varoluşsal kaygıyla ilgilidir (2005): Özgürlük, anlamsızlık ve yalnızlık. Özgürlük, dünya görüşlerinin yapısıyla ilişkilidir. İnsanoğlunun, başkalarıyla ilişkileri çerçevesinde kendini nasıl gördüğünü belirleme seçeneği vardır. Bu etkinlikte verilen ilk bilgide, katılımcılardan önce ön yargılarını yansıtması istenir. Bu, çeşitli çok kültürlü gruplara yönelttikleri ön yargılarının bir temsilini oluşturmaya fırsat verir. Katılımcılar, bu dünya görüşlerini sürdürmeye devam etmek isteyip istemediklerini belirleme seçeneğine sahiptir. Anlamsızlık, başkalarıyla ilişki kurma ve etkileşim eylemi olarak tanımlanır. Bu, katılımcıların önceki dünya görüşlerinden kendi güncel dünya görüşlerine kişisel yolculuklarını temsil etmelerini sağlayan ikinci aşamada incelenir. Yalnızlık/izolasyon, çok kültürlü bir dünyada başkalarıyla birlikte çalışabilme ve onlarla ilişki kurma yeteneğini ifade eder. Son çizim görevinde, katılımcılardan mevcut ön yargılarını temsil etmeleri istenir. Katılımcılar önceki dünya görüşlerini sürdürmeyi veya boşluğu kapatmayı ve başkalarıyla bağlantı kurmayı seçebilirler.

Yaş Grubu/Evren: Ergenler/yetişkinler; gruplar.

Malzemeler: Keçeli kalem, pastel boya ya da kuru boya; her grup üyesi için büyük boy kâğıt. Grup üyelerinin masada ya da sert bir zemin üzerinde resim yapması önerilir.

Uyarılar: Bu, bazı grup üyeleri için duygusal bir etkinlik olabilir. Gerektiğinde ilerleme süreci için ek zaman tanıyın.

Yönerge:

1. Etkinliğe giriş.

   a Grup üyelerini, çocuk, ergen veya genç bir yetişkin olarak sahip oldukları farklı kültürel gruplara karşı kendi ön yargılarını yansıtmaya davet edin.

   b. Danışanların deneyimlerini görselleştirmesi ve yansıtması için bir süre bekleyin.

   c. Grup üyelerinden bu kültürel gruplara karşı mevcut kültürel inanç ve ön yargılarını düşünmelerini isteyin.

   d. Yine grup üyelerinin kendi deneyimlerini görselleştirmeleri ve kendilerini yansıtabilmeleri için bir süre bekleyin.

   e. Grubu, gerçekleştirecekleri aktivitenin, sadece görselleştirdikleri yansımalar ile ilgili olduğu konusunda bilgilendirin. (Bu noktada bazı grup üyeleri deneyimlerini sözlü olarak anlatmak isterse, işleme sürecinin sonuna kadar beklemelerini isteyin. Gruba bu sürecin öz yansıtmayı hedeflediğini ve işleme ve paylaşımın sonda yaplacağını hatırlatın.)

2. Etkinlik.

   a. Danışanlardan geçmişte farklı kültürel gruplar hakkındaki tutumlarını, ön yargılarını ve inançlarını (gruba katılmadan önce ya da belirli deneyimlerden önce) temsil eden bir resim çizmek için kâğıdın sağ tarafını kullanmalarını isteyin.

   b. Danışanlardan, kendilerini şimdiki zamanda nasıl gördüklerine dair bir çizim yapmak için kâğıdın sol tarafını kullanmasını isteyin.

   c. Danışanlardan iki çizim arasında önceki inanç sisteminden şimdiki kişisel inanç sistemlerine yolculuklarını temsil eden bir köprü yapmalarını isteyin. Köprünün, çok kültürlü konular hakkında daha fazla bilgi sahibi olurken karşılaştıkları sürecin bir sembolü olmasını isteyin. Grup üyelerine çizimlerini göstermeleri için yeterli zaman tanıyın ve kendi öz temsillerini diledikleri gibi yaratmaları için teşvik edin. Odak, çizimden ziyade etkinlik sürecindedir.

3. İşleme soruları. Grup üyeleri hazır olduğunda, grup büyüklüğüne bağlı olarak çizimlerini küçük gruplar hâlinde veya tüm grupla paylaşmalarına fırsat verin. Danışanın süreç içinde yardımcı olması için şu soruları kullanın: *"Etkinlik sırasında sizde yankı uyandıran ne oldu? Sağ taraftaki çizim ile sol taraftaki çizim arasındaki en belirgin farklar nelerdi? Farklılar kar-*

şısındaki tepkilerin neler? Resmine baktığında neler hissediyorsun? Kendini köprünün neresine yerleştiriyorsun? Yolculuğunu tamamladın mı yoksa hâlâ köprünün üzerinde misin? Köprüyü geçmene yardımcı olan belirli olayları anlatabilir misin? Farklı olmasını istediğin bir şey var mı? Bugünkü etkinlikten neler öğrendin?"

MÜZİKAL KONUŞMALAR

Anna Warzecha ve Katarzyna Uzar

Belirtiler: Bu müdahale, grup tekniklerine yeni olan ve bir gruba katılma konusunda yardıma ihtiyaç duyan bireyler için uygundur. Özellikle başkalarıyla ilişkilerde, kendini keşfetme ve iletişim için uygundur.

Hedefler: Bir gruba kendiliğinden uyum, genişlemiş öz bilinç, geri bildirim verme ve alma, çok boyutlu kişisel gelişime olanak sağlayan alınan bilgilerin içselleştirilmesi ve kendi sınırlamalarının üstesinden gelme yeteneği.

Yöntem: Müzik.

Uygunluk: Etkinliğin amacı, bir kişinin başkalarının kendisini algılamasıyla bağlantılı zihinsel kalıp yargılar gibi kendi korkularının üstesinden gelerek sonuç olarak ortaya koymasını sağlamaktır. Bu etkinliğin en önemli odak noktası, kişinin gerçek görüşünü ortaya çıkarmaktır. Mekanizması, kişinin kendi başına, genellikle kabul edilmeyen, eylem ve hislerin diğer kişiye atfetmesine dayanır. Müzik enstrümanı kullanmak, mesafeyi arttırmak ve gerçek öz portreyi sunmak için olanak sağlar. Ayrıca geniş bir geri bildirim yelpazesi sağlar

Anlam kazandırmak için, her katılımcı kendi görüşünü ve kararını ifade etme şansına sahip olurken, bilgiyi alan kişi kendini düşünme, düşünme şeklini gözden geçirme, kendi deneyimlerini analiz etme, kendini geliştirmeyi destekleyen bilgiyi içselleştirme ve kendisiyle ilgili klişeleri kırma olanağına sahiptir.

Yaş Grubu/Evren: Ergenler/yetişkinler; gruplar.

Malzemeler: Orff Enstrüman seti gibi basit perküsyon aletleri.

Yönerge:

1. Her katılımcı tarafından saygı gören ve şu noktaları içeren grup sözleşmesi geliştirin: Grup gizliliği, güven duygusunu sağlamak; yargılama konusu, diğer katılımcıların ifadelerini, sözlerini ve duygularını yargılamama; hitap biçimleri, doğrudan ya da resmî; cep telefonları, seans boyunca sessiz ko-

numda tutmak ve benzeri. Sorular sorarak grup üyelerinin anlaşmayı tartışmasını sağlayın: *"Anlaşmayı onaylamak katılımımı arttırır mı? Güven duygum arttı mı? Anlaşma açık olmam ve gruptaki diğer kişilere güvenmem konusunda etkili mi? Bana gülünmemesi, başkaları tarafından yargılanmamam veya hoş olmayan geri bildirim almama bilincim daha fazla kabul görmemi sağlıyor mu?"*

2. Grup üyelerinden bir enstrüman seçmesini isteyin. Şu sorularla seçimlerini ileyin: *"Hangi enstrümanı seçtim? Enstrüman seçimimle kişiliğim arasında nasıl bir bağ var? Bir şekilde beni anlatıyor mu? Enstrüman seçimim saklı duygularımı ve ihtiyaçlarımı ifade ediyor mu?"*
3. Enstrüman seçimin ardından her grup üyesi bir gösteri hazırlar. Grup üyeleri teker teker planlı müzikal gösterilerini sergiler. Grup içindeki eşsiz varlıklarını; kim olduklarını ve nasıl olduklarını göstermek için kendi çalışmalarını sergilerler. Üyeleri, şu soruları sorarak deneyimi işlemeye davet edin: *"Sunum için zamanı nasıl kullandım? Sunu süresi uzun muydu(kendimi tam anlamıyla ifade etmek, gerçek beni göstermek istiyorum) yoksa kıs mı (kendi sunumumla diğerlerini sıkmak istemiyorum)? Seçilen enstrümanın sesi nasıldı- yankılı mı yoksa sessiz mi? Ses diğer enstrümanlarla karşılaştırıldığında nasıl? Enstrüman hangi malzemeden yapılmış (ahşap mı metal mi)? Bir şekilde beni yansıtıyor mu? Eserimin melodisi yapılandırılmış mı, planlı mı yoksa spontan bir şekilde mi çalıyorum? Çalışmam dinamik mi yoksa sakin mi?"*

   Terapist bu özellikleri tanımlamaya yardımcı olabilir ancak üyelerin çalışmalarını tanımlamaya, sözelleştirmeye ve anlam vermeye çalışmaları önemlidir. Tüm grup üyeleri geri bildirimlerini paylaşabilir. Sunumların ardından, katılımcılar birbirleriyle konuşmaya başlayabilir.
4. Bir sonraki etkinlik, rastgele eşleştirilen iki üye arasındaki diyalogdur. Burada önemli olan kişinin kendini diğer kişiyle uyumlu tutmasıdır. En önemlisi, çalma tarzı burada yorumlanır. Çift hâlinde çalarken, bir kişi kendi ritmi veya melodisini kaybedebilir. Bu etkinlik sırasında bir üyenin egosunun gücü (birlikte çalarken hız, nabız ve ses korunmalıdır) gözlemlenebilir. Başka bir kişiyle müzik çalmak, danışanların kimin hâkim olduğunu ve kimin diğer kişiye itaat ettiğini bulmasına izin verir (bir zaman sonra, bir kişi başlangıçta melodiler farklı olsa da ortağıyla aynı melodiyi çalmaya başlar). İşleme soruları şunlar olabilir: *"Çalma biçimim bana yardımcı mı oluyor yoksa rahatsız mı ediyor? Kendi ritm ve melodi mi kaybediyor muyum? Partnerime göre eşit mi yoksa daha az ya da daha fazla mı önemliyim?*

Hep aynı şekilde mi çalıyorum, partnerimi duymak için melodimi azaltıyor muyum ya da beni bastırdığı için daha sesli mi çalıyorum?

5. Grupla (toplum) ilişki kurabilmek için bir sonraki adım bir orkestradır. Tüm grup üyeleri, birleşik bir grup veya orkestra oluşturmak ve karşılıklı olarak oluşturulmuş bir müzik parçasını çalar. Tartışma soruları şöyle olabilir: *"Orkestradaki rolüm ne kadar önemli? Bütünün bir parçası gibi hissediyor muyum? Bir bölüm çalıyor muyum(örn. Üçgen zil) ya da başkalarında da olan bir enstrümanım mı var (örn., zil)? Orkestrada duyuluyor muyum? Bir orkestrada çaldığım için daha iyi hissediyor muyum? Orkestra üyesi olduğumda ve şef olduğumda hangi duygular uyanıyor? Grubun arkasında doğaçlama şansı buldum mu? Böyle bir mücadeleye katıldım mı?"*

KEÇE PANOLARLA ÇERÇEVELENDİRME

Kristin I. Douglas

Belirtiler: Bu etkinlik, zor ve acı veren deneyimleri yeniden yapılandırmada zorluk çeken danışanlar için uygundur.

Hedefler: Seçtikleri bir duruma odaklanma biçimlerinin, deneyimlerinden elde edilen anlamlara nasıl katkıda bulunduğu konusunda danışan bilincini artırmak.

Yöntem: Resim.

Uygunluk: Bu yaratıcı yaklaşımın amacı, danışanların zor ve acı verici deneyimlere farklı bir açıdan bakmalarına yardımcı olmaktır. Frankl (2000), bu koşulların ne denli ağır olabileceğine bakılmaksızın her koşulda tavırlarımızı seçebileceğimize inanıyordu. Acı çekmenin ne kadar önemli olduğuna bakılmaksızın, çevremizdeki dünyayı nasıl göreceğimizi seçme kapasitesine sahip olduğumuzun altını çiziyordu.

Yaş Grubu/Evren: Ergenler/yetişkinler; gruplar/bireyler/çiftler.

Malzemeler ve Hazırlık: Kuru boya, kâğıt ve sanatsal çalışmaları ya da fotoğrafları çerçevelendirmek için kullanılan çeşitli keçe panolar (örn., farklı renkler, ölçüler, dokular); danışanın kullanması için çizimler ya da danışanın getirdiği çizim/fotoğraflar.

Yönerge:

1. Seansta uygun bir zamanlama yaparak, seçimin ve hesap verebilirliğin varoluşçu sorunlarını tartışarak, üzerinde odaklanmayı seçtiğimiz şeyin, deneyimlerimizden elde ettiğimiz anlamlara katkıda bulunduğunu vurgulayın. Danışandan, keşfetmesi için belirli bir sanat eseri seçmesini isteyin.
2. Fotoğrafı veya resmi bir örnek olarak kullanarak (duvarınızda ya da danışanın getirdiği), farklı keçeleri alın ve bunları resme yerleştirin. Farklı keçeler kullanıldığında, danışanlara resimde kendileri için atılması gerekenin ne olduğunu sorun. 4-5 keçe kullanın. Farklı keçelerin resme kattıklarını tartışın.

3. Bu etkinliği, danışanın deneyimleri için bir metafor olarak kullanarak, sorular sorun: *"Bakış açılarınız ve görüşleriniz şu andaki zorluklarınızı anlamlandırmanızı ya da çerçevelendirmenizi nasıl zorlaştırıyor?"*
4. Danışandan, büyüme için olası hedefleri tartışmasını isteyin ve danışanı, yeni bir bakış açısının büyümeyi nasıl kolaylaştıracağına dair bir örnek oluşturmaya davet edin.
5. Danışandan keçe ve kalem kullanarak bir kâğıda çerçeve çizmesini isteyin. Yeni oluşturulan çerçeve içine yeni hedefe ulaşmak için gerekli adımlardan birini çizmesini ya da anlatmasını isteyin.
6. Danışandan, ilkini kapsayan başka bir çerçeve çizmesini isteyin ve bu değişikliklerin diğer değişiklikleri nasıl etkileyeceğini açıklayın (böylece yeni bakış açıları yaratmaya yardım edilir). Bu, seçilen keçenin büyüklüğüne göre tekrar edilebilir.
7. Her bir eylemin/deneyimin yeni bir perspektiften nasıl yeniden gözden geçirilebileceği ile yeni bakış açılarını ve perspektifleri işleyin.

REFERANSLAR

Bauman, S., & Waldo, M. (1998). Existential theory and mental health counseling: If it were a snake, it would have bitten! *Journal of Mental Health Counseling, 20*, 13-27.

Beutler, L. E., Crago, M., & Arizmendi, T. G. (1986). Research on therapist variables in psychotherapy. In S. L. Garfield & A. E. Bergin (Eds.), *Handbook of psychotherapy and behavior change* (3rd ed., pp. 257-310). New York: Wiley.

Binswanger, L. (1957). *Being-in-the-world*. London: Souvenir Press.

Bugental, J. F. T. (1965). *The search for authenticity*. New York: Holt, Rinehart and Winston, Inc.

Corey, G. (2001). *Theory and practice of counseling and psychotherapy* (6. Baskı). Stamford, CT: Brooks/Cole.

Frankl, V. E. (1959). *Man's search for meaning*. Boston: Beacon Press.

Frankl, V. E. (2000). *Man's search for meaning*. (4. baskı). Boston: Beacon Press.

Gantt, L. (1979). The other side of art therapy. *National Association of Private Psychiatric Hospitals, 11*(2), 14-19.

Hammond, L. C., & Gantt, L. (1998). Using art in counseling: Ethical considerations. *Journal of Counseling and Development, 76*, 271-276.

Heidegger, M. (1971). *Poetry, language, thought*. New York: Harper Collins.

Hubble, M. A., Duncan, B. L., & Miller, S. D. (1999). *The heart and soul of change: What works in therapy*. Washington, DC: American Psychological Association.

Kitano, M. K., & LeVine, E. S. (1987). Existential theory: Guidelines for practice in child therapy. *Psychotherapy: Theory, Research, Practice, Training, 24*(3), 404-413.

Knill, P. J., Levine, E. G., & Levine, S. K. (2005). *Principles and practice of expressive arts therapy: Toward a therapeutic aesthetics*. London: Jessica Kingsley.

Kramer, E., & Gerity, L. A. (2000). *Art as therapy: Collected papers*. London: Jessica Kingsley Publishers.

Lambert, M. J., & Barley, D. E. (2001). Research summary on the therapeutic relationship and psychotherapy outcome. *Psychotherapy: Theory, Research, Practice, Training*, *38*(4), 357-361.

Malchiodi, C. A. (2003). Humanistic approaches. In C. A. Malchiodi (Ed.), *Handbook of art therapy* (ss. 58-71). New York: The Guilford Press.

May, R. (1958). Contributions of existential psychotherapy. In R. May, E. Angel, & H. F. Ellenberger (Eds.), *Existence: A new dimension in psychiatry and psychology* (ss37-91). New York: Basic Books.

May, R. (1969). *Love and will*. New York: W.W. Norton & Co.

May, R. (1991). *The cry for myth*. New York: W. W. Norton & Co.

May, R. (1994). *The courage to create*. New York: W. W. Norton & Co.

McNiff, S. (1981). *The arts and psychotherapy*. Springfield, IL: Charles C. Thomas.

Mishlove, J. (1995). Rollo May: The human dilemma. In *Thinking allowed: Conversations on the leading edge of knowledge and discovery* (ss. 117-123). Tulsa, OK: Council Oak Books.

Naumburg, M. (1966). *Dynamically oriented art therapy: Its principles and practices*.
New York: Grune & Stratton.

Norcross, J. C. (1987). A rational and empirical analysis of existential psychotherapy. *Journal of Humanistic Psychology*, 27(1), 41-68.

Robbins, A. (1987). *The artist as therapist*. New York: Human Sciences Press.

Rogers, N. (1993). *The creative connection: Expressive arts as healing*. Palo Alto, CA: Science and Behavior Books, Inc.

Ulman, E., & Dachinger, P. (Eds.). (1975). *Art therapy in theory and practice*. New York: Schocken Books.

Vontress, C. E. (1986). Existential anxiety: Implications for counseling. *Journal of Mental Health Counseling*, *8*, 100-109.

Yalom, I. D. (1980). *Existential psychotherapy*. New York: Basic Books.

Yalom, I. D. (2002). *The gift of therapy*. New York: HarperCollins Publishers.

Yalom, I., & Leszcz, M. (2005). *The theory and practice of group psychotherapy* (5. baskı). New York: Basic Books.

7

Feminist Teori

Heather Trepal ve Thelma Duffey

Feminist teori, genellikle danışmanların kendilerini, danışanlarını, danışanlarının endişelerini ve dünyayı gördükleri bir yaklaşım veya mercek olarak tanımlanmaktadır. Bu mercek sayesinde, toplumsal cinsiyet rollerine, bağlılık, güç ve ayrıcalık sorunlarına ve savunma rollerine dikkat edilmektedir. Bu yaklaşımın doğasında kişisel güç kullanımı yatmaktadır. Bu bölüm, feminist teorinin gelişimini ve temel kavramlarını tartışarak, dışavurumcu sanat tekniklerinin feminist terapi bağlamında nasıl kullanılabileceğini göstermektedir.

FEMİNİST TEORİNİN TARİHÎ GELİŞİMİ VE TEMELLERİ

Feminizmin Gelişimi

Birçok geleneksel teori gibi, feminist teori de tarihsel bağlamın ürünüdür. Feminizmin, dalgalar hâlinde meydana geldiği ve her dalganın yeni ve daha geniş bir etki alanı oluşturduğu belirtilmiştir (Bruns & Trimble, 2001). Örneğin, başlangıç dalgası oy hakkı hareketine dayanıyordu çünkü bu kadınların oy hakkını güvenceye almakla ilişkiliydi. 1960'lar ve 1970'ler arasındaki ikinci dalgada, kadınlar sistemik kavramlardaki eşitsizliklere meydan okuyordu. Her iki dalga da tüm kadınlar üzerinde etkili olmasına rağmen, ilk hareketler eğitimli, orta sınıf beyaz kadınların çabalarının sonucudur.

Alternatif olarak, üçüncü dalga günümüzde geçerli tanımı destekler ve kapsamı daha geniştir. Funderburk ve Fukuyama (2001), modern feminizmi "insanların eşit değerde olduğu inancı ve toplumsal cinsiyete dayalı bir hiyerarşiyi devam ettiren ataerkil toplumsal yapıların yeniden gözden geçirilmesi ve daha adaletli sistemlere dönüştürülmesi" olarak tanımlamaktadır (s. 4). Bu tanım, erkeklerin yanı sıra kadınlara ve tüm ırklardan, sınıflardan, kültürlerden ve cinsel yönelimlerden insanlara yönelik modern feminist kapsamını içermektedir. Bu yaklaşımın temel ilkesi olan kişisel güç, "kişisel ve/veya dışsal değişimi etkilemek için kişisel ve çevresel kaynaklara erişim yeteneği" olarak kavramsallaştırılır (Worell & Remer, 2003, s. 78).

Danışmanlıkta Feminist Teorinin Gelişimi

Anna Freud, gelişimsel düşünmeye odaklandığından, psikolojik danışmanlık mesleğinde feminist oryantasyonda öncü bir lider olarak gösterildi. Babası Sigmund Freud'un teorisine ve yaklaşımına doğrudan karşı çıkan, çalışma yöntemleri kurdu (Seligman & Reichenberg, 2010). Sigmund Freud, erkekleri analiz ederek kadınlarla çalıştığı ve kadınların patolojisine katkıda bulunduğu için eleştiriliyordu. Bu nedenle, öncü, özellikle kadın teorisyenler (örn., Karen Deutsch, Karen Horney), feminist yaklaşımın, yalnızca bir erkek perspektifinden türetilen psikolojik teorilere karşı gelen bir gelişimsel yaklaşım olarak kurulmasına katkıda bulunmuştur (örn., Sigmund Freud, Alfred Adler; Seligman & Reichenberg). Yakın zamanda öne çıkan feminist yazarlar ve danışmanlık alanındaki teorisyenler arasında Jean Baker Miller, Carol Gilligan ve Irene Stiver yer alıyor.

Feminist Teori ve Geleneksel Psikolojik Danışma Kuramları Arasındaki Farklılıklar

Feminist teori ile geleneksel danışma kuramları arasındaki farklar üç katmanlıdır. Birincisi, feminist teori bir "teori" olarak kavramsallaştırılsa da aynı zamanda danışmanların kavramsallaştırıp danışanlarla çalışabileceği bir felsefe ya da teorik bir mercek olarak da kullanılmaktadır. İkincisi, birçok geleneksel teori, Gestalt terapisinde "boş sandalye tekniğinin" kullanımı gibi teoriye özgü bir dizi teknikle uygulanmaktadır. Feminist teoride, yazılı birkaç teknik vardır. Bununla birlikte, feminist teori, cinsiyet rollerinin (yani toplumsal cinsiyet rol analizleri) yanı sıra savunuculuk ve kişisel ya da politik güce artan ilginin incelenmesi ile ilişkilidir.

Daha da önemlisi, geleneksel teoriler psikolojik sağlığın kökenini ve bireyin içindeki sıkıntıyı ortaya koyarken, feminist teori, sosyopolitik güçlerin sorumlu olduğunu iddia eder; böylece etkileşimci bir yaklaşım ortaya çıkar (Worell & Remer, 2003). Bu ayrım çok önemlidir. Birçok geleneksel danışma kuramı, danışanların bireysel olarak düşüncelerini ve davranışlarını sorgulamaları ve değiştirmeleri gerektiğini iddia etse de feminist teorisyenler tam tersini öne sürmektedir. Bu yaklaşıma göre, toplumun olumlu yararları olmasına rağmen, baskıcı ve sınırlayıcı olabilen kurumları ve sosyal yaşamları da yaratmış, bu baskıcı sosyal etkiler daha sonra bu sınırlayıcı yapılardan etkilenen bireyler tarafından içselleştirilebilmektedir (Worell & Remer). Bu etkiler, marjinal gruplarda yer alan kişiler için daha karmaşık olabilir.

FEMİNİST TEORİNİN TEMEL KAVRAMLARI

Cinsiyet Rolleri

Cinsiyet terimleri (biyolojik olarak erkek mi dişi mi yoksa erdişi mi) ve *cinsiyet* (erkek ve kadınlarla ilişkili davranışların toplumsal yapıları) sıklıkla danışmanlık ve araştırmada eş anlamlıdır (Gilbert & Scher, 1999). Bununla birlikte, feminist yaklaşımlarda, biyolojik cinsiyete olan ilgi, geleneksel toplumsal cinsiyet rolünün toplumsallaşmasının olumlu ve sınırlayıcı etkileri kadar önemli değildir.

Cinsiyet rolleri ve sosyalleşme feminist teoride önemli bir rol oynamaktadır. Danışanın dünyasını feminist bir mercekle incelemek genellikle sosyalleşmeye ve özellikle de danışanın hayatındaki toplumsal cinsiyet rolünün toplumsallaşmasına dikkat çekmektedir. Örneğin, evde kalan bir baba olan ve kaygı ya da depresyon belirtileri yaşayan bir erkek danışan, yaşamını cinsiyet rolüne göre incelemeye teşvik edilebilir. Aile yapısı, toplumsal ve çevresel faktörlerin ve diğer ilgili konuların mevcut durumu üzerindeki etkilerini değerlendirebilir. Feminist bir bakış açısıyla çalışan bir danışman, danışanı, özellikle inançlarının ve deneyimlerinin çatışma içinde olabileceği alanlarda, toplumsal cinsiyet rolünün zorlandığı konuları incelemeye teşvik edebilir.

Cinsiyet Rolleri Analizi

İsralei ve Santor (2000), toplumsal cinsiyet rol analizini, bireylerin kültürel olarak belirlenmiş toplumsal cinsiyet normlarına uymak için sosyalleşmesinin yollarını inceleyen bir yöntem olarak tanımlamıştır. Bu analiz aynı zamanda toplumsal cinsiyet rolünün toplumsallaştırılmasının hayatları etkilediği sayısız yolu da göz önünde bulundurmaktadır. Örneğin, geleneksel Batı toplumunda, kadınlar genellikle görünümlerine göre yargılanmalarına ya da kazanılmamış güce sahip olduklarına inanmak için sosyalleşir. Cinsiyet rolü analizi kullanan bir danışman, kadınlarla ve dış görünümleriyle ilgili mesajları incelemek için bir kadın danışanla birlikte çalışabilir ve dış görünüşüyle ilgili hem olumlu hem de sınırlayıcı olan içsel mesajları keşfedebilir. Görünüşümüzle ilgili bu mesajların kendimiz hakkında hissettiklerimizi, başkalarıyla ilişkilere güvenme ve yatırım yapma becerimizi ve başkalarıyla ilişkide hissettiğimiz kişisel güç düzeyini etkileyebileceği göz önüne alındığında bu özellikle dikkat çekicidir.

Güç

Feminist teoride güç meselesi çok önemlidir. Brown'a (2006) göre "Feminist terapi, uygulayıcılarının, güç ve güçsüzlüğün sıkıntıların kökeni olduğu konusunda karmaşık ve incelikli bir şekilde düşünmelerini gerektirir." (s. 17). Feminist bir yaklaşımda, toplum destekleyici gruplar olarak görülebilir - bazı gruplara diğerlerinden daha fazla güç veya statü verilir. Zenginlik, heteroseksizm ve gençlik gibi bazı değişkenler daha fazla güç taşımak için algılanabilir ve bu hiyerarşi baskıcı sosyal kurum ve yapılar yaratabilir. Tam tersine, yoksulluk, eşcinsellik, yaşlılık, engellilik ve kültür gibi diğer değişkenler, daha az güç sahibi olmak olarak görülebilir. Danışmanlıkta feminist bir yaklaşım, danışanın hayatındaki iktidar rolünün incelenmesini içerir.

Baskı ve Marjinalleşme Sorunları (Çoklu Kimlik Kesişimleri)

Güçsüzlük, baskı ve marjinalleşme sorunlarına yol açabilir. Brown (2006), bu konuda şöyle demektedir "Feminist terapistler, kişisellik hakkında konuştuğunda, insanların yaşamlarındaki güç ve güçsüzlük deneyimlerinden, sıkıntı, esneklik ve işlev bozukluğu yaratmak için dünyaya getirdiğimiz bedenler ve biyolojik maddelerle etkileşim içinde yaşadıkları deneyimlerden, yaratmasından söz etmektedir." (s.17). Feminist danışmanlar, bireylerin çoklu kimliklerin kesişiminde yaşadığını iddia ederler. Örneğin, bir danışman kadın, lezbiyen, anne, orta sınıf ABD vatandaşı, Afrikalı, Amerikalı ve üniversite eğitimli olabilir. Bu kimliklerin ve kolektif durumlarının her biri, danışmanın toplumda güç veya imtiyaz sahibi olabileceği ve potansiyel olarak bir ezici olabileceği ve daha az güç veya ayrıcalık sağladığı ve baskı ya da sınırlı işlevsellik yaşadığı durumlar ortaya çıkarır. Örneğin, çalışan bir anne olduğu için danışana okulda başka ebeveynlerin arasında güç veya statü verilebilir. Ancak lezbiyen kimliği ortaya çıktığında, diğerleri bir zamanlar kendisiyle yapılan aynı konuşmalara ve kaynaklara erişimini reddedebilir.

Danışmanlık ve Psikoterapide Hiyerarşilerle Çalışmak

Feminist teoride, güç meselesi ile ilgili bir başka önemli faktör de danışman ve danışan arasındaki hiyerarşik ilişkidir. Feminist teoride, hiyerarşiyi kapsayan konular danışmanlık ilişkisi içinde ortaya çıkar. Teori, bir "uzman-danışan" ilişkisinde var olan gücü hesaba katar ve bu bakış açısında çalışan danışmanlar bu meselelere katkıda bulunur. Örneğin, feminist danışmanların, terapötik ilişkideki güç farkını azaltmak için kendini açma yöntemi kullanmaları muhtemeldir (Banks, 2006). Danışmanın kendini açmaktaki hedefi, kendi ihtiyaçlarını karşılamak değil, danışmanlık ilişkisi içindeki güç veya hiyerarşiyi azaltmaktır. Feminist terapi ilişkiler üzerinde durmaktadır.

Hem güç, hem de hiyerarşiye yönelik bir başka önemli zorluk da feminist yaklaşımın geleneksel tanıları yeniden düzenlenmesi ya da yeniden yapılandırılmasıdır. Örneğin, bir feminist danışman, yeme bozukluklarının geleneksel teşhisine meydan okuyabilir ve danışanın sorunlarını, toplumsal beklentilere yanıt olarak veya beden görüntüsü için, dengesiz sosyal normlarla başa çıkma yolu olarak yeniden canlandırır. Bu nedenle, danışman psikolojik sağlığı incelemek için geleneksel yollara karşı çıkıyor. Feminist danışmanlar, psikolojik sıkıntının temelinde toplumun ve baskıcı kurumların ve bu temel yapıların içselleştirilmesinin etkili olduğunu inancını destekler (Remer, 2008).

Savunma

Feminist bir yönelimi benimseyen danışmanlar, toplumsal değişime, özellikle de "iktidar" kültürünü destekleyen ataerkil sistemlerin ortadan kaldırılmasına yol açan değişimlere odaklanırlar. Aslına bakılırsa, bu danışmanlar iş birlikli ve ilişkisel modelden yararlanırlar (Jordan, 2001). Feminist modeller genellikle baskıcı yapılara meydan okumaktadır (Worell & Remer, 2003). Feminist danışmanlar geleneksel olarak danışanlarının kendi kişisel meselelerini siyaset ve baskıya karşı mücadele etmeye yönlendirmektedir. Bu pozisyon, kişisel değişimin politik savunuculukta gerçekleşebileceğini göstermektedir. Brown'un (2006) da belirttiği gibi, "Feminist uygulama, sadece bir avuç terapi alanından biri olmaya devam etmektedir, bu noktada terapistlerin, uygulama politikalarının ve toplumsal cinsiyet, iktidar ve toplumsal konum politikalarının, hepimizin yaşamları ve çalışmaları üzerindeki etkisinin merkezî olarak kabul edilmesi çağrısında bulunuyoruz." (s. 17).

FEMİNİST TEORİNİN ELE ALDIĞI KONULAR

Teknik veya Araç Yerine Felsefe

Felsefi temelli olduğu için, feminist teori psikolojik danışmanlıkta diğer teorik yaklaşımları tamamlayabilir. Feminist teori ile diğer yaklaşımlar ve teknikler arasındaki bu etkileşim, araştırma literatüründe de dikkat çekmeye başlamıştır (Chandler, Worell, & Johnson, 2000; Herlihy & McCollum, 2003; Olson, 2001; Worell, 2001).

Araştırma Temeli ve Etkisi

Feminist terapide cinsiyet sorunları, güç ve bağlam üzerine odaklanma, danışanların ortaya koyduğu birçok yaygın endişeyi tamamlamaktadır. Daha önemlisi, Chandler ve arkadaşları (2000), ölçülebilir davranışsal sonuçları destekleyen mevcut kanıta dayalı iklime karşılık olarak feminist danışmanların genellikle ölçülebilen ancak öz saygı ve güçlendirme gibi genel işleyiş için önemli olan konuları ele aldığını belirtmektedir. Feminist yaklaşımlar üzerine yapılan araştırmalar yeme bozuklukları (Olson, 2001) ve savunuculuk temelli programların tedavisini içermektedir (Worell, 2001). Bununla birlikte, feminist teori için potansiyel bir sınırlama, farklı danışan kaygıları üzerindeki etkililiğini destekleyen daha fazla sonuç araştırmasına duyulan ihtiyaçtır. Yaklaşımın felsefi ilkelerinin bir kısmı, uygulaması (Herlihy & McCollum, 2003) ve araştırması zor olduğu için eleştirilmiştir. Feminist danışmanlık ve kanıta dayalı uygulama arasındaki güçlü ilişkiyi destekleyen bir eleştiri için okuyucuların Brown'ı (2006) incelemesi önerilmektedir.

DIŞAVURUMCU SANAT VE FEMİNİST TEORİ

Dışavurumcu Sanatın ve Feminist Teorinin Temel Kavramı Olarak Esneklik

Esneklik, hem feminist teorinin hem de dışavurumcu sanatın danışmanlıkta kullanılmasının temel kavramıdır. Feminist teoriyi temel alan danışmanlar, standart ilkeler veya standart bir şablon üzerinde uygulamadan ziyade, danışan bağlamında o anda neyin meydana geldiğine bağlı olarak danışan ve toplumsal meseleleri seçici olarak ele alırlar. Benzer şekilde, dışavurumcu danışma tekniklerini kullanan danışmanlar da esnek olma, deney yapma ve her bir danışanın kendine özgü endişelerine en uygun yaklaşımı seçme konusunda özgürdür. Bir danışanın yaratıcılığını teşvik etmek, genel danışan gelişimini desteklemek adına çok şey yapabilir.

Deneysel teknikleri kullanan danışmanlar, daha geleneksel meslektaşlarıyla aynı etik standartlara sahiptir. Gladding (2005) ve Jacobs (1994), danışmanların çalışmalarında yaratıcı sanat tekniklerini etkin bir şekilde kullanabilecekleri sayısız yolu açıklamaktadır. Duffey (2005a) ve Duffey, Haberstroh ve Trepal (2009), yaratıcılık ve yenilikçi pratiğin sorumlu bir şekilde kullanıldığında danışanın ilerlemesini ve ilişkisel gelişimini nasıl destekleyebileceğini anlatmaktadır. Danışmanlar danışanlarla çalışırken yenilikçi stratejiler kullanma konusunda teşvik edilseler de onların deneyim ve eğitimlerinin sınırları konusunda dikkatli olmalıdırlar ve yaratıcı danışmanlık tekniklerini çalışmalarında etkili bir şekilde nasıl kullanacaklarını dikkatli bir şekilde değerlendirmelidirler (Gladding).

Dışavurumcu Sanatla Çoklu Kimliklerin Keşfi

Feminist bir perspektiften hareket eden esnek ve bilgilendirilmiş danışmanlar ek olarak, bir bireyin birden fazla kimliği feminist teoride merkez olarak ele almaktadır. Kimlik bileşenlerine odaklanma, hem kendimizi hem de yaşam deneyimlerimizi incelemek için bize yer açması bakımından dışavurumcu sanat perspektifini tamamlamaktadır. Bir arada, feminist teori ve dışavurumcu sanat yaklaşımları, yaratıcılığı ve genişletilmiş dünya görüşünün gelişimini kolaylaştırmaktadır.

ÖZET

Feminist teori, danışmanların ve danışanların hem bireysel yaşamlarında hem de psikolojik danışma ilişkilerinde toplumsal cinsiyet, iktidar ve ayrıcalık konularını incelemeye teşvik edildiği bir danışmanlık yaklaşımıdır. Danışmanlık odağı ilişkiseldir ve danışanı güçlendirmek için danışman-danışan hiyerarşisini azaltmayı hedefler. Kişisel savunma ve güçlendirme üzerinde durulur.

Dışavurumcu Sanat Müdahaleleri

MÜZİKAL KRONOLOJİ VE ORTAYA ÇIKAN YAŞAM ŞARKISI

Thelma Duffey ve Heather Trepal

Belirtiler: Yas ve kayıp, yaşam değerlendirmesi ve ilişki sorunları.

Hedefler: Danışanların kendileri ve başkaları hakkındaki inançlarına erişmelerine ve bunları tanımlamalarına yardımcı olmak; danışanların, deneyimlerini etkileyen ve yaşamlarını daha geniş sosyal koşullar bağlamında değerlendiren hafifletici faktörleri anlamalarına yardımcı olmak; danışanların, güçsüz algılara ve yaşam senaryolarına yol açan deneyimleri belirleyip işleyebilecekleri bir forum sağlamak; danışanların bu algıların ve ilişkisel örüntülerin mevcut ilişkiler üzerindeki etkilerini tanımasına yardımcı olmak ve bilinçli bir şekilde seçilmiş ve güçlendirilmiş müzik yoluyla, danışanların güçsüzlük algılarını yıkmaya ve hayatlarını yeniden düzenlemelerine destek olmak.

Yöntem: Müzik.

Uygunluk: Feminist teori, toplumsal mesajların kendimiz ve başkaları hakkındaki algılarımızı nasıl şekillendirdiğini ve daha fazla büyümeyi teşvik edici algıların savunuculuğunu tartışmamıza neden olur. Bu müdahale, Becvar ve Becvar'ın (1996) ve White ve Epston'un (1990, 1992), danışanın baskın bir algının kültürel olarak onaylanmış olmasına rağmen alternatif bir algı yaratabileceğini göstermektedir. Feminist bir perspektiften bakıldığında, danışanların şimdi doğru olarak algıladıkları mesajları yeniden gözden geçirmeleri önemli olabilir. Danışanlar, toplumsal etkilerin algılarını nasıl etkilediğini ve daha iyi olanı desteklemeyen durumları sürdürmeye nasıl yardımcı olduğunu düşünmeye teşvik edilir. Hodas (1994), aynı zamanda, danışanların kişisel iradelerini destekleyerek hayatlarını yeniden düzenlemelerine yardımcı olacak yollar önermektedir. Bunu, danışan ve terapist arasında *terapötik bir paylaşım ritüeli* olarak ifade eder. Bu, feminist teori ve ilişki odağı ile tutarlıdır. Ek olarak, feminist bir teori perspektifinden bakıldığında, danışanlar algılarına dair sosyopolitik etkileri göz önünde bulundurmaktadırlar ve aşağılayıcı ifadeleri ve ilişkisel algılarını yeniden gözden geçirirler. Bu müdahale bu süreci desteklemek için kullanılabilir.

Langer (1951), "insan duygularının biçimlerinin, müzik biçimleriyle, dil biçimlerinden daha uyumlu olması nedeniyle, müziğin, duyguların doğasını, dilin yakalayamayacağı bir ayrıntı ve gerçekle ortaya koyabileceğini" söyler. (s. 199). Diğer araştırmacılar, müziğin yaşam deneyimlerini anlamayı sağlayan bir alan sağladığını da belirtmektedir (Hays, 2005; Hays & Minichiello, 2005; Karras, 1987; Kenny, 1999). Bu anlamda, bu müdahale önemli yaşam olaylarını çevreleyen duygulara erişmek için tasarlanmıştır (Duffey, 2005b; Duffey, Lumadue, & Woods, 2001). Kronoloji süreci, danışanlara anlamlı yaşam deneyimlerini tanımlamaları ve hayatlarını nasıl etkileyebilecekleri konusunda kabul görmemiş algıları keşfetmeleri için yardımcı olmak amacıyla kullanılır. Müzikal kronoloji, danışanlara duyguları ve deneyimleriyle bağlantı kurmaları için yardımcı olmak için kullanılır; aynı zamanda, yeniden yapılandırma sürecine girerken kültür, cinsiyet, güç, ayrıcalık ve diğer göze çarpan faktörleri, dikkate alan daha geniş bir bakış açısını göz önünde bulundurulur (Duffey ve ark., 2001). Bu süreç, deneyimlerin yeniden deneyimleme ve onlara verdiğimiz anlamları kolaylaştıran müzikal bir albüm görevi görür (Bortnick, 2005; Duffey, 2005b; Duffey ve ark., 2001).

Yaş Grubu/Evren: Ergenler/yetişkinler; gruplar/bireyler.

Malzemeler ve Hazırlık: Kâğıt, yazı araçları ve müzik kayıtlarına erişim; şarkı sözleri ve kayıt yazılımı gereklidir. Bu etkinlik şu varsayımları temel alır: (a) Müzik, bazı erkek ve kadınların yaşam deneyimleriyle bağlantı kurmaları için yaygın bir araçtır; (b) müzik ve şarkı sözleri, danışanların başkalarına göre kendilerine yönelik algılarına katkıda bulunabilir; bu algılar çoğunlukla toplumsal normlar, medya ve diğer sosyal etkenlerden etkilenir; (c) eğer algılarımız güçsüzleştirmeye ve desteksiz düşüncelere ve duygulara yol açıyorsa, zorlu hayat deneyimlerimizden olabilir ve (d) müzik, kendi öz algılarımızı şekillendirebileceğimiz, koruyabileceğimiz veya değiştirebileceğimiz bir araçtır.

Yönerge: Müzikal kronoloji dört aşamalı bir süreçtir. Bu çalışmanın temeli, danışanların olumsuz ve utanç verici mesajları içselleştirdiği ve genellikle bu mesajları kendileri hakkındaki gerçekler olarak kabul ettiği bir anlayıştır. Aktarılan bağlam göz önüne alındığında bu mesajların yeniden gözden geçirilmesi, bu çalışmanın ayrılmaz bir parçasıdır.

Aşama 1: Danışman ve danışan, hatıraları tekrar gözden geçirmek ve otobiyografik albüm geliştirmek için müzik kullanmak için anlaşır.

Aşama 2: Danışanlar, kendileri için önemli olan veya onlara önemli yaşam olaylarını hatırlatan şarkıları belirler. Şarkıların bir listesini ve şarkı sözlerini bir araya getirirler ve bunları kronolojik olarak düzenlerler. Sürecin bu kısmı, danışanların deneyimlerini zihinsel olarak düzenlemelerine yardımcı olmak için tasarlanmıştır. Danışanlar genellikle, deneyimlerini ve beklentilerini renklendiren ve deneyimleriyle ilgili bilgi veren dil ve mesajlarla ilgili kalıpları keşfetmeleri karşısında şaşırırlar. Danışanlar ve danışmanlar CD veya ses bandı derler.

Aşama 3: Birlikte müzik çalarlar ve danışanın düşüncelerini, anılarını ve bağlantılarını tartışırlar. Bu, tarihsel olayların yeniden gözden geçirilmesine yol açar.

Aşama 4: Danışan ve danışman, danışanın herhangi bir güçsüz algıya ilişkin farkındalığını arttırmak ve alternatif bakış açıları yaratmak için iş birliği hâlinde çalışır. Danışanlar mevcut inançlarını, değerlerini ve kanılarını temsil eden bir şarkı bulur ve çalar. Sonunda, danışanlar geleceğe dair umutlarını temsil eden bir şarkı bulur ve çalar. Bunu yaparken, danışanlar kişisel gücü ve güçlendirici bir perspektifi temsil eden bir şarkı seçerler. Bir insanın dünyadaki işlevini teşvik edebilecek veya engelleyebilecek toplumsal mesajlar göz önüne alındığında, bu şarkı, öz şefkat ve toplumsal bağlamların yaşamlarımız üzerindeki etkisinin anlaşılmasıyla gelebilecek zorlukların ve zaferin bir hatırlatıcısı olarak seçilmiştir.

TERAPÖTİK TOPLULUK DAVUL ÇEMBERİ

Flossie Ierardi

Belirtiler: Bu müdahale, grup gelişiminde farklı grup gelişim aşamalarında bir topluluk duygusu oluşturmak için kullanılabilir.

Hedef: Güvenlik duygusunu güçlendirmek ve gruba aidiyeti arttırmak.

Yöntem: Müzik.

Uygunluk: Bath (2008), editörlerin feminist temelli danışmanlık ile uyumlu olduğuna inandığı güvenlik, bağlantılar ve duyguların ifadesi de dâhil olmak üzere travma ile bilgilendirilmiş, bakıma yönelik üç yönlü bir yaklaşımı ele almaktadır. Terapötik bir çevrede bulunan davul çemberi, katılımcıların ritmik tepkileri değerli katkılar olarak kabul edilirse güvenli bir yer olarak algılanabilir. Topluluk oluşturma ve aidiyet duygusu, davul çemberinin deneyimlerinin bilinen sonuçlarıdır ve müzik, sözel olmayan ifadelere ve iletişime izin veren unsurlar içerir. Terapötik topluluk davul çemberi travma ile mücadelede gerekli olan terapötik ilişkinin yerine geçmese de travma ile bilgilendirilmiş bakımla uyumlu bir ortamı yansıtabilir. Bloom (2000), sosyal olarak güvenli ortamlarda iş birliği ve yaratıcı ifadenin önemini belirlediğinde, travma ile bilgilendirilen bakımın üç bileşenini birleştirmektedir.

Perry (2006), travmanın nörogelişim üzerindeki etkisini tartışır ve ritmik stimülasyon dâhil olmak üzere planlı duyusal deneyimlerin, dürtü kontrolünü iyileştirmek ve değişimi etkilemek için beyin sapı sistemlerini yeniden düzenlemeye veya yeniden yerleştirmeye yardımcı olmada başarılı olduğunu belirtmektedir (örn., daha sakin bir durum).

Yaş Grubu/Evren: Yaşça büyük ergenler/yetişkinler; gruplar.

Malzemeler: Müzik eğitimi gerektirmeyen davullar ve perküsyon enstrümanları (marakas, zil ve diğer dünya müziği enstrümanları); büyük ve küçük perküsyon enstrümanlarının farklı kombinasyonu, ifade ve müzikal rollerin maksimum esnekliğini sağlar.

Aşağıda yer alan yönerge kılavuz olarak tasarlanmıştır ve kolaylaştırıcının grubun yapısına, ihtiyacına ilişkin gözlemine dayanarak ayarlanacaktır, katılımcıların bu etkinlikle ilgili deneyim kazandıkça yönerge ihtiyacı da azalacaktır. Bu etkinlik, bir müzik terapisti tarafından grup terapisinde uygulanan klinik doğaçlama yöntemleri ve tekniklerinin yerini tutmaz.

Yönerge: Sandalyeler, merkezde enstrümanlar olacak şekilde bir daire şeklinde düzenlenmelidir, böylece katılımcılar çalmaya başladıktan sonra enstrümanları istedikleri gibi değiştirebilirler. Katılımcılar, seçim yapmadan önce çeşitli enstrümanlar ile deney yapmaya davet edilebilir. Topluluk, dürtüsel davranışları olan kişilerden oluşuyorsa, kolaylaştırıcı tüm enstrümantasyona daha az seçenek ve daha az erişim sağlamayı da seçebilir.

1. Karşılama ve deneyim tanıtımı. Davul çemberini, kendini ifade etme ve etkileşim için güvenli bir ortam olarak tanıtın. Katılımcılara, davul çemberi deneyimi içinde "doğru" veya "yanlış" olmadığını hatırlatın. Enstrümanlara saygı, birbirini dinleme, grup sesiyle harmanlama çabaları gibi grup normları önerebilirsiniz. Deneyim grup için veya bir katılımcı için yeniyse, katılımcılarla grup normları hakkında kısa bir konuşma yapabilirsiniz. Grup üyelerini, kökenlerini not alacakları enstrümanlara yönlendirin ve her bir aletin, ne kadar büyük veya küçük olursa olsun, genel ses ve doku anlamında benzersiz bir ton kalitesi katacağına dikkat edin (verilen sürede çalınan enstrüman sayısı).
2. Her grup üyesini davul çemberinin amacı ile ilgili bir açıklama yapmaya davet edin (örn., gelecek oturum için kişisel hedef, varsa, hafta sonu özeti veya onaylama).
3. Ritmik odak ve kelime bilgisi. Bu aşamanın amaçları katılımcıları ritmik deneyime yönlendirmek ve müzikal taklit veya eko ile bir çağrı-cevap deneyiminin kullanılması yoluyla, davul çemberindeki aletler üzerinde bir ifade ile ilgili kelime bilgisi oluşturmaktır.

   Bu aşama bazen doğaçlama ritimler ile devam eden bir desene duraklamadan geçiş yapar.

   Taklit rit,m kalıpları için bazı temel örnekler şunlardır:

   - "Ça ça" sesiyle ilişkili ritim genellikle iyi bir başlangıçtır. Kolaylaştırıcı aşağıdaki kalıbı tanıyabilir (bk. Tablo 7.1).

Tablo 7.1

1	2	Cha	Cha	Cha

Bu örnek, üçü iki eşit parçaya bölünmüş dört müzik atımı içerir. Grup, kolaylaştırıcıdan hemen sonra örneği çalar. Bir temel veya istikrar hissi yaratmak için bunu ve müteakip ritimleri tekrarlamayı seçebilirsiniz.

- Aşağıdaki ritim biraz daha karmaşıktır ve örneği anlamada yardımcı olabilecek bir kelime şarkısı içerir (aksanlı ya da daha güçlü notalar koyu renklidir; bk. Tablo 7.2).

Tablo 7.2

1	+	2	+	3	4
SWEET	PO	**TA**	TO	**FRENCH**	**FRIES**

- Taklit için üçüncü bir örnek, yine bir kelime şarkısı içeren aşağıdaki rock tarzındaki popüler ritim olabilir (bk. Tablo 7.3).

Tablo 7.3

1	+	2	3	1	4
PUMP	KIN	**PIE**	**PUMP**	KIN	**PIE**

Kelime şarkıları, deneyimsiz grup üyelerinin ritim kalıplarını öğrenmesine yardımcı olur. Daha küçük gruplar hâlinde, her grup üyesinin tekrar eden ritmlerle adını söyleyip çalmasını isteyin. Bu ritimler çok temel ve tanıdık olmasına rağmen, bazı katılımcılar kalıpları doğru şekilde yeniden üretmekte zorlanabilirler. Bu aşama, daha sonraki oturumda kullanılacak müdahalelerin belirlenmesine yardımcı olur. Grup paylaşılan bir vuruşu sürdüremezse, sadece taklit görev için vokal seslerini kullanmayı ve daha az ritmik doğruluk gerektiren davul çemberi aktivitelerine devam etmek isteyebilirsiniz.

4. Müzikal toplanma ve dışavurumcu müzikal unsurların tanıtımı. Gruba ve deneyime bağlı olarak, bu müzikal giriş, bir kayıtla veya bağımsız olarak çeşitli yollarla uygulanabilir. Bu bölümün amacı ritmik ifade ve etkileşim için güvenli ve samimi bir ortam sağlamaktır.

- Kayıt için, yazar temel bir dört vuruş hissi önermektedir, tıpkı *The Art and Heart of Drum Circles'da* yer alan Parça 1 gibi (Stevens, 2003). Bu parça temel ama enerjik ve davetkardır. Kişisel çalışma için iyi bir modeldir. Katılımcılar, ilk başta, kayıt işlemini duyarken yumuşak bir şekilde çalmaya teşvik edilebilir. Bir noktada, kayıt duyulmayacak ve hatta gereksiz hâle gelecektir. Tüm oyuncuları bir arada tutmaya yardımcı olmak için temel atışı (1-2-3-4) inek çıngırağı gibi yüksek bir alette çalmak isteyebilirsiniz.

- Grup üyelerinin temel vuruşlar devam eden kalıpları çalabildiğini belirlediğinizde, ses ve doku gibi müziksel ögelerin kullanımı yoluyla genişletilmiş ifade ipuçları vermeye başlayın. Grup, sesi artırmak ve sesi azaltmak için bir kişinin kollarını kaldırması gibi kolaylaştırıcı ipuçlarını takip etmeye alışabilir.

- Grubun bir kısmının çalmayı bırakması ya da daha yumuşak çalması için ipuçlarıyla dokusal farklılıklar elde edilebilirken, çemberin bir bölümü ya da marakas gibi bir enstrüman türü daha yüksek sesle çalmak için bir işaret alır ve böylece vurgulanır. Ek açıklama ve örnekler için bk. Hull (1998) ve Kalani (2004).

5. Genişletilmiş ifade ve etkileşim. Şimdiye kadar, davul çemberi katılımcıların müzikal tepkilerini kabul ederek güven sağlamıştır. Grup üyeleri nabız, müzik dinamiği veya ses yoluyla veya sadece sesin sessizliğe karşı eş zamanlı ifadesi yoluyla müzikal senkronizasyon deneyimi ile başkalarıyla olan bağlantıların farkında olabilirler. Etkileşim, önceki deneyimlerdeki ritmik senkronizasyona katılma yetenekleri ile kanıtlandığı gibi grubun ihtiyaç duyduğu müzikal yapının derecesine bağlı olarak çeşitli seçenekler aracılığıyla daha fazla vurgulanabilir. Tüm seçeneklerle, tanıdık bir tarzda bir açılış ritim örneği başlatmanız veya desteklemeniz önerilir. Buna ek olarak Stevens (2003) yayınında bulunan CD'nin 2. parçası temel 4 vuruş şekline örnektir. Bu yeni ölçüde, tekrar tekrar ve basit modellere vurgu yaparak bu yeni ritmi kullanıp gruba kısa bir ısınma verin.
   a. Daha fazla yapı. Ses ve dokusal değişiklikler için ipuçları ile devam edin. En yapılandırılmış yaklaşımda, grubun, uygun dışavurumcu repertuvarı geliştirmesi gerekebileceğinden, sürekli talimatlara ihtiyacı olabilir. Duygusal müzikal unsurların sözel olmayan deneyimleri, sizden gelen ipuçlarıyla daha fazla ifade üretecektir.
   b. Ölçülü yapı. Grup büyüklüğüne bağlı olarak, katılımcıların oturumun bu aşamasının yürütülmesiyle ilgili sözlü önerilerde bulunacakları bir yaklaşım kullanabilirsiniz. Grup üyeleri şu ana kadar edindikleri deneyimler temel alarak hangi kişi veya enstrüman tipinin başlayacağına, ses seviyesine, hızın nasıl olacağına ve sonuna kadar nasıl ilerleyeceğine karar verebilirler. Talimatlar, tüm katılımcılar tarafından görülebilecek bir şekilde tahtaya yazılır. Doğaçlama seçenekleri olmasına rağmen, bu yaklaşım, grubu, gelecek deneyimler için etkileyici seçeneklerinin görsel bir temsilini oluşturmak üzere birlikte çalışmaya teşvik eder.
   c. Daha az yapı. Temel bir ritmik modelle başlayın veya bir grup üyesini bunu yapmaya teşvik edin. Bu deneyimi tanıtmak için, grup üyelerini bir veya daha fazla katılımcının ritimlerinin farkına varmaya ve kişinin

ritmini eşleştirerek ya da benzer ritimlerle etkileşim kurarak karşılık vermeleri için teşvik edebilirsiniz. Katılımcılar ayrıca, çeşitli ifadeler eklemek, grubu dinlemek için kısa süreler çalmayı durdurmak ve dokusal değişikliklere katkıda bulunmak için kendi seslerini bağımsız olarak değiştirmeye teşvik edilebilir.

6. Sözlü kapanışa geçiş olarak destekleyici müzik deneyimi. Dışavurumcu deneyi bitirmek ve sözlü kapamaya geçilmesi için tehdit edici olmayan bir araç olarak ritme dönün. Bir vokal melodiyi kullanmak, bu noktada müzikal yapıyı dâhil etmede etkili olabilir, bunlar temel alışılmış melodiler veya diğer kültürlerden gelen çağrı ve yanıt tarzında şarkılar olabilir. Ritmik bir çizgiye eklenebilecek karmaşık olmayan şarkılara aşina olun. Melodiyi kullanmak, davul çemberinin aletlerine eşlik edici bir rol vererek, dışavurumcu ritmik deneyimi içermesine yardımcı olur. Eğer kolaylaştırıcı melodiyi kullanmak istemezse, yapının uygulanması için başka bir olasılık da oturumu açan ritmik çağrı-cevap tarzı ya da taklit/"eko"ya dönmektir. Bu seçim, daha durağan bir özetleme veya oturumun önceki temasına dönme deneyimini verecektir.

   Müzikal olarak, bu seans, bir giriş (ritmik kelime bilgisi oluşturmada olduğu gibi), tema (müzikal toplama), tema gelişimi (artmış müzikal anlatım), tekrarlama (önceki ritimlere ve temalara dönüş) ve koda (sonraki tartışılan kapanışın sözel ifadesinde olduğu gibi) içeren bir müzikal kompozisyonla karşılaştırılabilir.

7. Sözlü kapanış ifadesi. Terapötik topluluk davul çemberi travmanın daha derin hatıralarını ortaya çıkarmaya ve keşfetmeye yönelik olmamasına rağmen, çeşitli duygu durumlarıyla müzikal (örn., sözel olmayan) algıların ilişkilendirilmesi, katılımcıların duygularını mesafeli ve nesnel olarak güvenli bir şekilde tanımlamalarına izin verebilir. Grup üyelerinden açılış bildirimlerini yansıtmaları ve oturumu kapatmak için davul çalma deneyimi hakkında kısa bir özet ifade veya kelime eklemelerini isteyin. Gruba ve ortama bağlı olarak, kapanış sözlü yönergesi, tecrübe, benliğin olumlanması ya da öz ve akranlar için bir cesaretlendirme ifadesi olarak olumlu bir ifade olabilir. Ritmik senkronizyonun zor olduğu gruplar için öneriler aşağıda yer almaktadır:

- Ritim kalıplarını görsel ve vokal ipuçlarıyla eşleştirmek, tek başına ritim kalıplarından daha etkili olabilir.
- Ritmik senkronizasyon mümkün olmadığında, kolaylaştırıcı daha önce tartışılan Ölçülü yapı müdahalede anlatılan gibi bir yaklaşım kullanabilir. Birkaç talimatın görsel bir "skorunu" ve net jestsel ipuçlarını kullanarak, kolaylaştırıcı, grubun ses, doku ve tını gibi müzik unsurları (birbirine benzeyen tonlardaki enstrümanlar) içinde bir bağlanma hissi elde etmesine yardımcı olabilir.
- Grup, fırtına veya yoğun bir kesişme gibi ekstra bir ilişkinin müzikal versiyonunu oluşturabilir.
- Herkesin yüksek sesle ve hızlı çaldığı, gürültülü bir etki yaratan, ara sıra grubun bir bütün olmasını sağlayabilir. Grup alt bölümlerinde olduğu gibi, sesteki artışlar ve azalmalar için kolay ve eğlenceli ipuçları verebilirsiniz (Kalani, 2004)

Not: Tipik gelişim öyküsü olan yetişkinler, müzik eğitimine sahip olup olmadıklarına bakılmaksızın vuruşları senkronize edebilirler. Bu, beyin travması, psikiyatrik bozukluklar ve bazı durumlarda yeni bir deneyim hakkında oluşan endişe ile kesintiye uğrayabilir ancak bir grubun ritmik senkronize olma duygusu elde edememesi oldukça nadirdir. Yazarın kayda değer bir tecrübesi de ciddi fiziksel engelli bir grup yetişkinle gerçekleşmiştir. Genel seste temel vuruş eksikliğine rağmen, etkileşimli ifade ve bağlantı için motivasyonları, davul çemberinin başarısında çok önemli bir faktör olmuştur.

KADIN NAKIŞ İŞLEME KASNAĞI

Rachel Payne

Belirtiler: Beden imgesi, bastırılmış yaratıcılık, yeme bozuklukları, yas, yalnızlık, düşük benlik saygısı, depresyon, stres, büyük yaşam geçişleri, kopukluk duyguları, feminist kimlik gelişimi, etnik veya ırksal kimlik gelişimi ve zedelenmiş aile bağları.

Hedef: Kadınların, geçmişlerindeki kadınlar ile bağlantı kurmasını ve kendileri ve gelecekte etraflarında olacak kadınlarla yeni bir bağ oluşturmak için öznel tarih bilgisini araştırmak.

Yöntem: Görsel sanatlar.

Uygunluk: Bu özel el işi etkinliği, kadınların tarihî el emeği eserlerini yansıtır ve geçmişimizin kültürel bağlamını anlamak için kadınları atalarının mirasına bağlamanın bir aracı olarak hizmet eder (Sebba, 1979). Eş zamanlı olarak, her bir kadının mevcut sosyokültürel bağlamla ilişkisinde kaymayı kolaylaştırabilecek bir öz kimlik sembolü yaratmasını sağlar. Bu etkinlik, grup ortamında kadın katılımcılar arasında bağlanma duygusunu veya "karşılıklı empati"yi kolaylaştırmak için tercih edilen bir feminist yaklaşımdır (Miller & Stiver, 1997, s. 29). İletişim için bu çerçeveyle eşleştirilen, her kadının içsel bilgi yolunun araştırılmasıdır (Belenky, Clinchy, Goldberger, & Tarule, 1986). Katılımcılar, geçmiş ya da güncel kültürel şekillendirmenin sıkıntısının ötesinde var olan dişi atalarıyla bağlantı kurmaya davet edilir. Hedef, ataların bozulmamış bakış açılarını bulmak, danışanla benzer zorlukları yaşayan bir kadının yardımıyla iyileşebileceği umuduyla geçmişini yeniden canlandırmaktır.

Kadın nakış çemberinde sağlanan feminist yaklaşımla, danışanlara çoklu cinsiyet ve kendini tanıma alanlarını keşfetmelerine yardımcı olur. Bunlar kadınlara yönelik anlamların toplumsal inşasını; kadın olmanın yolları, toplumun kadınlar hakkında "gerçekleri" yaratmasından önce farklı olabilirdi; bir kadının kendi gerçekliğini yaratabileceği yolları; kadınlar arasında kadın tarafından bağlantıların güçlendirildiği yolları; bedenlerinin bilme aracı olabileceği fikri; kendi kişisel yaratıcılıklarını çevreleyen inançlar; yaratıcılık beden, cinsiyet rolleri hakkında içselleştirilmiş kararlar; mülkiyet ve kadın nesillerinin yaratıcılığın ve kadınlığın ifadesi olarak kullandığı el sanatlarıyla gurur duyma ve kadın akrabalarının daha yeni nesillerinin yaraları.

Yaş Grubu/Evren: (Kadın) Çocuklar/ergenler/yetişkinler; gruplar/bireyler.

Malzemeler ve Hazırlık: 20 cm nakış kasnağı ve her kadın için beyaz, bej veya siyah renkte 1 metre opak, yapışmaz kumaş (yün, kadife, ağır pamuk, keten); çeşitli renklerde nakış ipi; nakış iğneleri; makas; ince kurdelalar; küçük boncuklar ve boncuklar (isteğe bağlı).

Yönerge:

1. Etkinliğe, grupların dişi ataları için yaşamın nasıl olabileceğine dair bir tartışma ile başlayın. Danışanların mevcut sosyokültürel etkileri tanımlamasına yardımcı olun.
2. Gruba, geçmişte yaşayan kadınların birçoğunun yaratıcı bir çıkış yeri olarak kullandıkları, evlerini dekore ettikleri, zorlu zamanlarını anmalarını ya da vaftiz ya da düğün gibi önemli bir törenin varlığını işaretleyebildikleri bir etkinlikte bulunacaklarını açıklayın (Sebba, 1979). Kendilerinin de ait oldukları kadın türünün gizli kalitesini gösteren bir tür otoportre oluşturacaklar. Bu etkinliğin doğru ya da yanlış bir yolu olmadığını paylaşın. Katılımcılara materyalleri istedikleri sırada kullanabilecekleri ve grubun bilgi havuzunu genişletmek için öğrendiklerini birbirleriyle paylaşabilecekleri konusunda açıklama yapın. Beceri düzeyleri, sürecin kalitesini belirlemeyecek. Dikişler karmaşık, düz veya basit olabilir.
3. Her kadına bir kasnak, kare kumaş ve iğne verin. Kalan malzemeleri grubun ortasına yerleştirin. Üstteki vidayı gevşeterek ve dış ve iç halkaları ayırarak kumaşı kasnağa gerdirin. Malzemeyi iç çember üzerinde ortalayın ve malzemenin çekili olduğu şekilde dışa doğru kaydırın. Sabitlemek için vidayı sıkın.
4. Grubun yönlendirilmiş bir görüntü oluşturacağını açıklayın. Oturacakları ya da yaslanacakları bir yer bulup çemberlerini almalarını isteyin.
5. Bu görselleştirmede grubu yönlendirin: (Danışmanlara verilen talimatlar italiktir ve grupla paylaşılmamalıdır. Aşağıdaki metin bir örnek olarak tasarlanmıştır ve grubunuzun özel ihtiyaçlarına uyacak şekilde değiştirilebilir. Daha iyi bir etki için, yavaş bir tempo ile rahat bir sesle konuşun.) Hikâyelerin ve görüntülerin iç dünyasını keşfetmeye hazırlanırken, seçtiğiniz noktaya yerleşmenize izin verin. *(Herkes yerleşene dek bir süre bekleyin.)* Vücudunuzun her bir hücresinin, sizden önce var olan ataların çizgisi tarafından yaratıldığını hatırlayarak, bu görselleştirmeye vücudunuz gevşe-

yerek başlasın. Dikkatinizle nefesinizle birlikte dinlenmeye davet edin. Vücudunuzun içinde ve dışında nasıl hareket ettiğine dikkat edin. Nefes alırken yükselişe ve soluk verme işlemine dikkat edin. *(Kendiniz de nefes alıp verin, böylece grupla bağlantılı olabilirsiniz.)*

6. Dikkat edin, kalbinizin göğsünüzdeki hareketine, *(duraklama)* ve nefesin orada yarattığı hafif sallanma hissine dikkat edin. Belki de sanki kalbiniz göğsünüzün ortasında sallanıyor *(duraklama)* ileri geri nazik ve dinlendirici bir ritim içinde olduğu gibi hissedilir *(duraklama)*. Bu kuşaklardır sevdiklerini yatıştırmak için kullanılan bir tür ritimdir. Belki de vücudunuzun geçmişte bir süre bu şekilde yatıştırıldığına dair küçük bir işaret vardır ve bu eski davetle bir kez daha rahatlayabilirsiniz.

Daha derin ve daha derin bir rahatlama durumuna girdiğinizde, yüreğinizin birbirinin mevcudiyeti ve düşünceleri ile yatıştırılmış olan sevdiklerinize ulaşmasına izin verin, belki de kendi annenizi veya babanızı ve onlara bakanları hatırlatıyorsunuz. Zihninizin bildiğiniz ya da hikâyelerini duyduğunuz aile bireyleriyle sürüklenmesine izin verin. Sevdiklerinizin çizgisini unutulmak üzere olan aile üyelerine sürükleyin. Sonra, daha da sürüklenmek, kalbinizin atalarınızın geniş çaplı saçakları ile bağlantı kurmasını sağlar. Orada, uzak geçmişte, kendinizi ailenizin varoluşunun sınırına oturtun. Ve yavaş yavaş dönerek, bugünü, bugünün geçmişini, zamana ve gelecek nesillere bakın. Bunlar senin insanların. Sen de onlardan birisin. İsterseniz, etrafınızda toplanın, varlığınızın dokusu etrafında dönen büyük bir kasnak gibi toplanın.

İşte şimdi o zamanlar arasındaki bu özel yerde, aile çemberinizden bir kadının, zamanın içinde kaybolmuş veya seyreltilmiş bir kadın olmanızla ilgili sizinle paylaşımda bulunması için bir talepte bulunun. Size kadınlığın özünü anlatmak için burada. Onu bu bilgelikle size hediye etmeye davet edin. Bir kelime ya da hikâye, bir görüntü ya da sembol biçiminde gelebilir ya da belki de bir duygu ya da içsel bir bilgi olarak görünebilir. Bu bilge kadınla birlikte gezmek, onu dinlemek ve bağlanmak için birkaç dakikanızı ayırın.

(Gruba etkileşimlerini gerçekleştirmesi için birkaç dakika izin verin). Ziyaretinizi bilge kadınlarla sona erdirmeye hazırlanırken, hayatındaki rolü için ona teşekkür etmeyi düşünebilirsiniz. Ayrıca, mesajınızı kendinizden aldığınız gibi, daha büyük bir çemberin kadın ve erkeği olan tüm ataları da araştırmaya istekli olduğunuz bilgelik ile tanıklık etmiş ve belki de iyileşmiş olabilir. Bugün hepiniz için yeni bir gün.

Şimdi, odaya geri dönmek için kendinizi hazırlamaya başlayın. Aldığınız bilgeliği beraberinizde getirin. Göğsünüzün içinde atan kalbinize, nefese ve odadaki seslere bir kez daha dikkat edin. Hazır olduğunuzda, gözlerinizi açabilirsiniz.

(Herkes gözlerini açar) Şimdi, kasnağınızın bugün sizi tanıyan ve destekleyen bu aile çemberini temsil etmesine izin verin. Size verilen ipliği kullanarak, aldığınız hediyeye dikişlerle bir ipucu oluşturun. Bir sembol, bir kelime, bir otoportre veya kendi yarattığınız herhangi bir şey olabilir.

7. Kadınlar ipi inceltmeye başladıkça, altı ipliğin bazen iğnenin gözünden daha kolay geçmesini sağlamak için ikiye üç bölüme ayrıldıklarını paylaşın. Çalışırken, uzak geçmişe demir atmış bir iplik gibi ellerini çizmeyi hayal edebilirler. İpi çektikçe, son dönem mirasındaki yaralı kadınların soyunu akıllarına getirebilirler; sanki kadınlığın yeni gerçekleşmiş realizasyonlarını kendileri ve günümüze taşıyacakmış gibi. Eş zamanlı olarak, geleceğe uzanarak, onların mirasının tadına varacak olan kadınlara sunabilirler. Bu şekilde, üç iplik, geçmişin, şimdinin ve geleceğin sembolik olarak bir araya getirilmesini sağlar.
8. Diktikçe, her kadının kendi gerçekleştirdiği bilgi ve deneyimleri için elde ettiği farkındalığı paylaşması ve grupla empati kurmaları için teşvik edilir.
9. Her kadının kendi görüntüsüne bağlı olarak, grubun çalışma zamanı değişebilir. Grup, bir dahaki sefere karşılaştıklarında bitirmeye ya da tamamlamak için eve götürmeye karar verebilir. Katılımcıları çalışmalarının niyetini anlatmaya davet edin ve bitmiş parçaları daha sonra paylaşmak için geri getirmelerini söyleyin. Önerilen tartışma ve sorular arasında şunlar yer almaktadır: "*Sembolün senin için anlamı nedir? Sembolün anlattığı hikâye nedir? Bu sembol, şu anda var olan toplumda kendinle ilgili kadınlık algını nasıl değiştirebilir? Etkinlik sırasında gözlemlediğiniz veya deneyimlediğiniz empati örnekleri nelerdir? Böyle bir deneyimi başka kadınlarla paylaşmak nasıl bir duygu? Hikâyelerinizdeki ortak konular nelerdir?*"
10. Semboller veya otoportreler tamamlandıktan sonra, çerçevelenebilir, bir yastık ya da rozet hâline getirilebilir ya da fazla malzemenin sıkı çekildiği, kesildiği ve arkaya tutkalla tutturulmuş olduğu kasnak içinde bırakılabilir.

Şekil 7.1 ve 7.2 nakış kasnağı örneklerini göstermektedir.

Şekil 7.1 "Hayat Ağaçları" başlıklı öz yeterliliğe odaklanan kadın nakış kasnağı.

Şekil 7.2 "Zarafet Bahçesi" olarak adlandırılan yenilenmeye odaklanan kadın nakış kasnağı.

DEĞİŞTİRİLEN KİTAPLAR VE DEĞİŞTİRİLMİŞ YAŞAMLAR

Katrina Cook

Belirtiler: Uygun konular arasında fiziksel istismar, cinsel istismar, sözlü taciz, düşük benlik saygısı, depresyon, yeme bozuklukları veya büyük yaşam geçişleri sayılabilir ancak bunlarla sınırlı değildir. Bir dizi seansta en iyi biçimde tamamlanır.

Hedef: Bu etkinliğin amacı, öz farkındalığı kolaylaştırmak ve danışanların güçlendirilmesini teşvik etmektir.

Yöntem: Resim.

Uygunluk: Feminist kimlik gelişiminin (Downing & Roush, 1985) gömülü-dışavurum, sentez ya da aktif bağlılık aşamalarındaki danışanlar bu müdahaleden faydalanabilir. Danışanlar kendileri hakkında yeni düşünce ve düşünme biçimleri geliştirdikçe, değişmiş kitaplar yeni gerçekleşme ve kendilerini anlamalarını temsil edebilirler. Değiştirilmiş kitaplara aşina değilseniz, açıklama ve örnekler için referanslarda listelenen Web sitesini inceleyin.

Yaş Grubu/Evren: Ergenler/yetişkinler; grup/bireysel.

Malzemeler ve Hazırlık: Herhangi bir durumdaki eski kitaplar ve kalıplaşmış cinsiyet rollerini tanımlayanlar özellikle yararlıdır. Ayrıca, tutkal, makas, işaretleyiciler, boya kalemleri, renkli kalemler, boya, boya fırçaları, mürekkep pulları, mürekkep pedleri, eski dergiler, ambalaj kâğıdı ve iki boyutlu veya üç boyutlu diğer dekoratif araçlar da gereklidir. İdeal olan, danışanların fotoğraflar, çizimler, şiirler, nesneler veya diğer hatıralar gibi içermek istedikleri kişisel eşyaları sağlamasıdır. Temel olarak, pek çok şey değiştirilmiş kitaplarla gider ve bitmiş ürün orijinal kitaba hiç benzemez.

Yönerge:

1. Danışanlardan yaşamları hakkında düşünmelerini ve büyük yaşam geçişleri, kendi algılarındaki değişiklikleri ya da ilişkileri değiştirmeleri gibi endişelerini sunmalarını isteyin.

2. Danışanlarınızla bazı fotoğrafları ya da değiştirilmiş kitap örnekleri paylaşın ve danışanlardan, kitapların değiştirilmesi yoluyla hayatlarının bir yönünü nasıl gösterebileceklerini düşünmelerini isteyin.
3. Bir kitap seçtikten sonra, danışanları istedikleri şekilde kitabı değiştirmeye davet edin. Sayfaları birbirine yapıştırmak, gölge kutuları veya gizli bölümler yapmak, kitap veya zarf içeren zarflar eklemek veya sayfaları dikmek örnek olabilir. Danışana bir sınır olmadığını ve son ürünün bir kitaba benzemesine gerek olmadığını tekrar belirtin.
4. Danışanlara kitaplarını yeniden oluştururken yardımcı olun ve onlara kullandıkları ögelerin anlamlarını veya kitaplarına ekledikleri iletileri sorun
5. Tüm danışanlar kitaplarını tamamladıktan sonra, her danışan değiştirilen kitabın ona ne ifade ettiğini açıklar.
6. Süreç tartışmasını kolaylaştıracak sorular şunlar olabilir: "*Değiştirilen kitabının adı nedir ve bu isim sana ne ifade ediyor? Kitabının seninle ilgili ilettiği mesaj nedir?* (Kitaba eklenen nesne) *senin için ne anlam ifade ediyor ve bunu ekleme sebeplerin nelerdi? Senin* (kitabı değiştiriken sayfaları yapıştırdığını, kestiğini vb.) *görüyorum. Bu değişiklik senin için ne ifade ediyor?*" Diğer grup üyelerine sorun: "*Bu kitabı gördüğünüzdeki tepkiniz ne oldu? Ne gözlemliyorsunuz? En çok dikkatinizi çeken ne oldu?*"

Şekil 7.3 ve 7.4, iki değiştirilmiş kitap örneği sunmaktadır.

Şekil 7.3 Ay'dan Mesajlar.

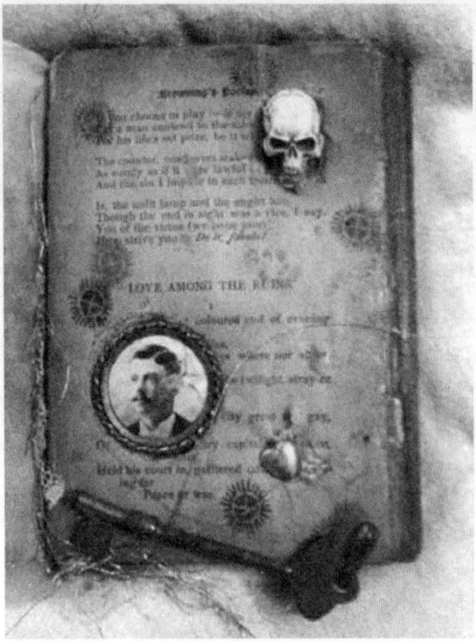

Şekil 7.4 Yıkıntılar Arasında Aşk.

REFERANSLAR

Banks, A. (2006). Relational therapy for trauma. *Journal of Trauma Practice*, *5*(1), 25-47.

Bath, H. (2008). The three pillars of trauma-informed care. *Reclaiming Children and Youth*, *17*(3), 17-21.

Becvar, D. S., & Becvar, R. J. (1996). *Family therapy: A systemic integration*. Boston: Allyn & Bacon.

Belenky, M. F., Clinchy, B. M., Goldberger, N. R., & Tarule, J. M. (1986). *Women's ways of knowing: The development of self, voice, and mind*. New York: Basic Books.

Bloom, S. L. (2000). Special issue: "The sanctuary model." *Therapeutic Communities: The International Journal for Therapeutic and Supportive Organizations*, *21*(2), 63-66.

Retrieved September 22, 2009, from http://www.sanctuaryweb.com/Documents/Sanctuary%20Special%20Issue%20TC/Special%20Edition%20-%20whole%20issue.pdf

Bortnick, B. (2005). Music and other arts activities in the lives of older adults. In B. K. Haight & F. Gibson (Eds.), *Burnside's working with older adults: Group process and techniques* (4. Baskı. ss. 205-222). Boston: Jones and Bartlett.

Brown, L. (2006). Still subversive after all these years: The relevance of feminist therapy in age of evidence-based practice. *Psychology of Women Quarterly*, *30*(1), 15-24.

Bruns, C. M., & Trimble, C. (2001). Rising tide: Taking our place as young feminist psychologists. *Women and Therapy*, 23(2), 19-36.

Chandler, R. K., Worell, J., & Johnson, D. M. (2000, August). Process and outcomes in psychotherapy with women. Joint task force final report. In J. Worell (Chair), *Feminist therapy: Is it just good therapy?* Amerikan Psikologlar Birliği yıllık toplantısında sunulmuştur, Washington, DC.

Downing, N. E., & Roush, K. L. (1985). From passive acceptance to active commitment: A model of feminist identity development for women. *The Counseling Psychologist, 13*(4), 695-709.

Duffey, T. (2005a). *Creative interventions in grief and loss therapy: When the music stops, a dream dies*. Binghamton, NY: Haworth.

Duffey, T. (2005b). A musical chronology and the emerging life song. *Journal of Creativity in Mental Health, 1*(1), 141-147.

Duffey, T., Haberstroh, S., & Trepal, H. (2009). A grounded theory of relational competencies and creativity in counseling: Beginning the dialogue. *Journal of Creativity in Mental Health, 4*, 89-112.

Duffey, T. H., Lumadue, C. A., & Woods, S. (2001). A musical chronology and the emerging life song. *The Family Journal: Counseling and Therapy for Couples and Families, 9*, 398-406.

Funderburk, J. R., & Fukuyama, M. A. (2001). Feminism, multiculturalism, and spirituality: Convergent and divergent forces in psychotherapy. *Women & Therapy, 24*, 1-18.

Gilbert, L. A., & Scher, M. (1999). Gender and sex in counseling and psychotherapy. Needham Heights, MA: Allyn & Bacon.

Gladding, S. T. (2005). *Counseling as an art: The creative arts in counseling* (3. baskı). Alexandria, VA: American Counseling Association.

Hays, T. (2005). Well-being in later life through music. *Australasian Journal of Ageing, 24*(1), 28-32.

Hays, T., & Minichiello, V. (2005). The meaning of music in the lives of older people: A qualitative study. *Psychology of Music, 33*(4), 437-451.

Herlihy, B., & McCollum, V. (2003). Feminist theories. In D. Capuzzi & D. R. Gross (Eds.), *Counseling and psychotherapy: Theories and interventions* (3. baskı ss.332-350). Upper Saddle River, NJ: Merrill Prentice Hall.

Hodas, G. R. (1994). Reversing narratives of failure through music and verse in therapy. *The Family Journal: Counseling and Therapy for Couples and Families, 2*, 199-207.

Hull, A. (1998). *Drum circle spirit: Facilitating human potential through rhythm*. Gilsum, NH: White Cliffs Media, Inc.

Israeli, A. L., & Santor, D. A. (2000). Reviewing effective components of feminist therapy. *Counseling Psychology Quarterly, 13*(3), 233-247.

Jacobs, E. E. (1994). *Impact therapy*. Odessa, FL: Psychological Assessment Resources.

Jordan, J. V. (2001). A relational-cultural model: Healing through mutual empathy. *Bulletin of the Menninger Clinic, 65*(1), 92-103.

Kalani. (2004). *Together in rhythm: A facilitator's guide to drum circle music*. Los Angeles: Alfred Publishing Co., Inc.

Karras, B. (Ed.). (1987). *"You bring out the music in me": Music in nursing homes*. Binghamton, NY: Haworth Press.

Kenny, C. (1999). Beyond this point there may be dragons: Developing general theory in music therapy. *Nordic Journal of Music Therapy, 8*(2), 127-136.

Langer, S. K. (1951). *Philosophy in a new key* (2. baskı). New York: New American Library.

Miller, J. B., & Stiver, I. P. (1997). *The healing connection: How women form relationships in therapy and in life*. Boston: Beacon Press.

Olson, M. E. (2001). Listening to the voices of anorexia: The researcher as an "outsiderwitness." *Journal of Feminist Family Therapy, 11*(4), 25-46.

Perry, B. D. (2006). Applying principles of neurodevelopment to clinical work with maltreated and traumatized children: The neurosequential model of therapeutics. In N.B. Webb (Ed.), *Working with traumatized youth in child welfare* (ss. 27-52). New York: Guilford Press

Remer, P. (2008). Feminist therapy. In J. Frew & M. D. Spiegler (Eds.), *Contemporary psychotherapies for a diverse world* (ss. 397-441). Boston: Lahaska Press.

Sebba, A. (1979). *Samplers: Five centuries of gentle craft*. New York: Thames and Hudson.

Seligman, L., & Reichenberg, L. W. (2010). Emerging approaches emphasizing emotions and sensations. In L. W. Seligman & L. W. Reichenberg (Eds.), *Theories of counseling and psychotherapy* (s. 219-240). Upper Saddle River, NJ: Pearson Education, Inc.

Stevens, C. (2003). *The art and heart of drum circles*. Milwaukee, WI: Hal Leonard Corporation

White, M., & Epston, D. (1990). *Narrative means to therapeutic ends*. New York: Norton.

White, M., & Epston, D. (1992). *Experience, contradictions, narrative, & imagination: Selected papers of David Epston & Michael White, 1989-1991*. Adelaide, Australia: Dulwich Centre Publications.

Worell, J. (2001). Feminist interventions: Accountability beyond symptom reduction. *Psychology of Women Quarterly*, 25, 335-343.

Worell, J., & Remer, P. (2003). *Feminist perspectives in therapy: Empowering diverse women* (2. Baskı). New York: Wiley.

8

Gestalt Teori

Brian J. Mistler

Bazıları Gestalt terapisi eğitimini *yaratıcılık lisansı* olarak adlandırmaktadır (Lobb & Amendt-Lyon, 2003). Pek çoğu için bu doğrudur. Tanıdığım Gestalt terapistlerinin neredeyse tamamı kendilerindeki ve danışanlarındaki yaratıcı dışavurumu desteklemektedir. Bu bölümü ve kitabın tamamını okuduktan sonra eğitim düzeyiniz ne olursa olsun kendinizi daha yaratıcı hissedeceksiniz. Elbette, yaratıcı sanat biçimleri kullanmak için Gestalt terapisti olmanız gerekmiyor ancak Gestalt teorik modelinin kendisinde dışavurumcu sanat müdahalelerini birleştirmek için doğal destek var gibi görünmektedir.

TARİHÎ GELİŞİM

Gestalt terapisi, terapötik müdahaleye fenomenolojik, varoluşsal ve davranışsal yaklaşımı birleştirirken, bütünü, terapist-danışan ilişkisini ve devam eden mevcudun farkındalığını vurgular. Başlangıçta Frederick (Fritz) Perls (1893-1970) ve 1940'lı yıllardan itibaren Laura Perls ve Paul Goodman (Perls, 1947, 1969b; Perls, Hefferline, & Goodman, 1951) tarafından geliştirilmiştir. Fritz Perls psikiyatri eğitimi aldı; Karen Horney ve Wilhelm Reich ile birlikte çalıştı. Gestalt terapisi üzerine yazılan ilk yazılar, birçok kişinin eğitimini aldığı Freudcu psikanalitik geleneğin etkisinde kalmıştır. Gestalt terimi, bu yaklaşımın diğer daha indirgemeci yaklaşımların tersine, bütüne, kalıplara, konfigürasyonlara veya gestalt odak alanından türetilmiştir. Bu terim ayrıca Gestalt terapisinin Gestalt psikologları (Kohler, 1992) tarafından araştırılan organizmaların eksik şeyleri tamamlamaya çalışacağını anlama, şekil-zemin (yani, ön plan, arka plan) değişimlerinin önemi ve algı ile ilgili anlam ve kişisel ve/veya sosyal yapı inşasının rolü gibi uygulama ilkelerine de gönderme yapmaktadır.

GESTALT TERAPİNİN TEMEL KAVRAMLARI

Gestalt terapisi akıl-vücut birliği üzerine Reichian bir bakış açısını alır ve bedensel gerginliğin ve sözel olmayan davranışların (Perls ve ark, 1951) önemine dikkat çeker, bu da onu özellikle etkileyici sanatlarla uyumlu hâle getirir. Gestalt tedavisinin merkez noktası, doğrudan deneyime, organizmaların dengeye doğru doğuştan hareketinde hümanistik inanca ve varoluşsal iletişime odaklanır; karşılıklılık ve içerme ile nitelendirilmiştir. Terapistin kişi olarak danışman ile iletişim kurma kabiliyeti, danışanın gelişimi için çok merkezî olduğundan, danışmanın bütün bir kişi olarak gelişimine büyük önem verilmektedir. Kendi "bitmemiş işi" üzerinde çalışan bir kişi, daha az reaktiftir, daha fazla hazırdır ve danışanın işini kolaylaştırmak için daha fazla enerjiye sahiptir, kendi sorunlarını ele almayan bir terapistten daha iyidir. Bu da dışavurumcu sanatın yalnızca danışan için değil aynı zamanda danışman için de önemini göstermektedir. Gestalt terapisi aynı zamanda, çok-değerli mantığı (yani, her ikisi veya zıddı) ya da alan teorisini (yani insanlar ve çevresi sürekli değişime bağlı bir sistemdir), süreç (örneğin, soyut yapılara ve kavramsallaştırmaya odaklanmak yerine, şu anda devam etmekte olan ve mevcut olan) benimseyen Doğu-Aristotelesçi felsefi yaklaşımla derin bir uyum içindedir ve paradoksal bir değişim teorisi ya da bir ideal olana doğru itmek yerine, kim olduğunun doğal Taocu "akışını" desteklemeyi içerir (Beisser, 2004; Mistler, 2009).

"Doğa iyileştirir." (Goodman & Stoehr, 1977) inancındaki Gestalt merkezli danışmanlar, genellikle danışanın var olan süreçlerinin farkındalığını ve endişe verici belirtilerin bile yaratıcılık ifadesi olarak anlaşılma biçimlerini geliştirmeyi beklemektedirler. Sıkıntı yaşayan birey süreçlerin derin deneyimsel farkındalığını kazanarak kendi yaratıcılığıyla yeniden bağlantı kurduğunda ve mevcut farkındalığı ile olan bağlantısına direnirse, yan etkiler (yani danışanın semptomları) ortadan kalkmaya başlar. Direnç kanalları olarak da adlandırılan altı ana temas biçimi vardır. Birey, birini ya da birkaçını birlikte yaşayabilir. İçe yansıtma, ölçüp tartmadan, olduğu gibi kabul etmesidir, bu nasıl olmamız, ne yapmamız gerektiği ve dünyayı nasıl görmemiz gerektiği konusunda başkalarının düşüncelerini pasif bir şekilde kabullenmedir. Dışa yansıtma ise içe yansıtmanın tersidir. Dışa yansıtmada çevreyi gerçekten baştan başlamasından sorumlu kılmak ya da sahip olduğu güçleri kendi çevresindeki bir başkasına ya da bir şeye atmak eğilimi vardır. Dışa yansıtan kişiyi "Ben" dili kullanması için teşvik etmek, genellikle reddedilen dışa yansımaları yeniden oluşturmakta yardımcı olabilir. İç içe geçme, birey, kendisi ve başkaları arasında sınır olmadığını hissettiğinde ortaya çıkar. İç içe geçme, genellikle yaygın olarak *psikosomatik problemlere* yol açar ve bu durumda olan danışanlar genellikle başkalarının kendilerine benzerliklerini talep eder ve farklılıklara tahammül etmezler. Kendine çevirme, bir kişinin kendisine yapılmasını istediği şeyleri başkasına ya da çevresine yapmasıdır. Bu, kişinin kendi içinde keskin bir şekilde çizilen bir sınırın oluşturulmasını içerir, bireyin kendini birbirine karşı savaşan iki bölüme ayırmasıdır. Dışavurumcu teknikler, bu bölümleri ayrıştırmaya ve bütünleşmeyi sağlamada özellikle yardımcı olabilir. Sapma, bireyler sağlıklı temas fırsatlarından kendini uzaklaştırdığında ortaya çıkar. Gözle temasından kaçınmak, aşırı kibar davranışlarda bulunmak ya da mevcut benlik dışındaki şeyler hakkında konuşmalar örnek olabilir. Son olarak, bencilik kişinin kendi iç süreçleriyle aşırı bir endişeli olma durumudur, öyle ki birey iletişim olasılıklarını görmez (Mistler, 2009; Van De Riet, Korb, & Gorrell, 1980).

Gestalt terapisi, bireyin sıkışıp kaldığı kalıplardan kurtularak kendi kendini yenilemesine, çevresiyle daha yaratıcı bir etkileşim -bireyin ihtiyaçlarına daha kaliteli temas ve tatmin sağlayan bir etkileşim- hâlinde olmasına yardımcı olmayı amaçlamaktadır. Klinik uzmanlar tarafından yönetilen çeşitli deneyler yoluyla, birey sağlıklı iletişim kurmasını engelleyen "henüz bitmemiş işlerini" tamamlamaları için fırsatlar sunan terapi sensı sırasında deneyimler yaşayabilir. Bu tür itirazlar ya da bloklar, bireyin temas kurma ve şu an içinde kalma becerisini engellediğinden, bir Gestaltçı hasta geçmişi yalnızca şu anda mevcut olan şeyi detaylandıracaktır. Ve önemli gestalt ya da bütünlük, temas kurmaya çalışırken ortaya çıkacağı için, şu andaki görünene dikkat, tamamlanma yoludur. Bu farkındalığı kolaylaştırmak için Gestalt terapisti, terapötik ilişki yoluyla destek sağlayarak, kaygıyla kalmak için gerekli olan nefes alışverişe ve şimdiki zamandan kaçmak için yapılan girişimlere katılarak, bireyin devam eden farkındalığını içinde bulunan ana yönlendirmeye çalışır.

ARAŞTIRMA TABANI VE FAYDALILIK

Gestalt terapisi, bireyler, çiftler ve aileler (Kempler, 1973) ve hatta narsisistik ve sınır dâhil olmak üzere kişilik bozuklukları gibi bir dizi sorun için etkili bir tedavi olabilir (Yontef, 1993). Çalışmalar ayrıca, çatışma çözümü ve depresyon gibi belirli konulardaki etkinliğini de göstermiştir (Strümpfel, 2004; Strümpfel & Goldman, 2002) ve ayrıca kazanımların uzun vadede sürdürülmesinde daha etkilidir (Ellison, Greenberg, Goldman, & Angus, 2009). Gözden geçirilen çalışmalar, Gestalt gibi yönlendirici deneysel yaklaşımların bilişsel davranışçı terapiden daha etkili olduğunu göstermiştir (BDT; Greenberg, Elliott, & Lietaer, 1994). Gestalt terapisi sürece odaklandığından, Gestalt yöntemi herhangi bir hasta grubuna kolayla uyarlanabilir ve uygulanabilir (Yontef & Jacobs, 2008). Ancak sözelleştirmede büyük zorluklar yaşayan danışanlar için terapist tarafından özel ayarlamalar gerektirebilir. Önemli bir biçimde, "Gestalt Terapi, uzman bireyler için öngörülen teknikleri içeren bir tarif kitabını savunmaz" (Yontef ve Jacobs, 2008, s.253) ancak terapistin her danışanla temasını sağlayan kişi olarak gelişmesini teşvik eder.

GESTALT TEKNİKLERİ VE DIŞAVURUMCU SANAT

Bir Gestalt terapisti, uygulamalarında bir dizi teknik kullanabilir. En önemlisi, her tekniğe, bir değerlendirme olarak değil, sonuç yelpazesine açık, danışana ve süreçlere saygılı deneysel tutumla yaklaşılmasıdır, bu nedenle, müdahaleler *deneyler* olarak adlandırılmaktadır. Pek çok teknik diğer yönelimlerle paylaşılmış olsa da teknikler için belirli temalar diyaloğu (klasik model olan boş sandalye tekniği), mevcut farkındalık, bitmemiş işi yeniden gözden geçirme, bedensel duyumlar ve abartılık ("aşikâr" olanın farkındalığına yardımcı olan) gibi Gestalt teorisinin kendi içinden doğdu.

Dışavurumcu sanat müdahaleleri, danışanın iç diyalogu aydınlatmasına yardımcı olmak, şu anda neler olup bittiğini daha iyi bilmesi, bitmemiş işi yeniden gözden geçirmesi ve hatta bedensel duygulara ses vermesi ve yaratıcı bir şekilde bir şeyleri abartmak gibi biçimlerde yaratıcı bir şekilde kullanılabilir. "Her bireyde olan yaratıcı biçimlendirici güç" ifadesi (Perls ve ark.,1951 s. 288) Gestalt terapinin ve yaşamın özünü oluşturmaktadır. Önemli olarak, iyi (tatmin edici) iletişim, kötü (tatmin edici olmayan) iletişim kadar yaratıcı olarak görülmemektedir (Korb, 2009). Gerçekten de yaratıcılık terimi genellikle kendi başına ayrı bir isim olarak bulunmaz ancak çoğu kez, yaratıcı uyum gibi sıfat biçimindeki terimlerle, deneyim alanının ayrılmaz bir parçası olarak görünür. Antonia Sichera (2003) şöyle demektedir: "Gestalt terapisinde yaratıcılık tanımlanmamıştır, alanla ilgili olarak, temasla ilgili olan her şeyin kendi içinde yaratıcı olduğu belirtilmiştir çünkü ilgili konulara yaratıcı katkı olmadan iletişim, deneyim ve ilişki yoktur." (s. 93). İfade terimi ile ilgili de benzer bir şey söylenebilir. Her hareket, anlamlıdır ama hepsi kasıtlı olarak değildir. Bütün ifadeler kendine ait ifadelere sahip değildir, pek çok ifade sahipli değildir ve kendisinden başka bir yerden gelen şeylerin ifadeleridir. Çoğunlukla, hayatın bir noktasında tam olarak işlenmeden çevreye -yutulan bütün ortama atıfta- bulunurlar. Bu, hakkında hiçbir şey bilmedikleri ancak ebeveynlerinden edindikleri politik ya da dinî bir inançla ilgili güçlü duyguları ifade eden çocuklarda görülür. İfade korunabilir de başkalarının ağzına, aslında gerçekte iletmedikleri kelimeleri koyduğumuz gibi yansıtılması da mümkündür.

Gestalt terapisinde kendini hissetme kavramı, çevreye karşı yaratıcı iletişimin devam eden sürecini ifade eder (Perls, Hefferline, & Goodman, 1994) ve birinin ihtiyaçlarını karşılamak, ortamda algılananlara karşılık olarak kendiliğinden ifade gerektirir. Gestalt perspektifinde, her ikisi de yaratıcı eylemler olduğu için algı ve ifade temelde farklı değildir. Yaratıcı ifade bir teknikten daha fazlasıdır; derin, bütünsel bir şekilde anlaşıldığı takdirde, sağlıkla neredeyse eş anlamlıdır. Korb (2009), "yaratıcılığın "sanat","sanatçılar" ya da herhangi bir toplum ya da disiplin tabakası olmadığını belirtiyor. Ne de bir başarıdır. Nihayetinde bilinçli, sorumlu ve proaktif bir şekilde kullanmayı öğrenip öğrenmediğimiz, bir doğuştan gelen hak ve varoluşsal bir değişmez olarak benimsenmelidir. Aktif kelime, farkındalıktır. Gestalt terapistinin temel rolü farkındalık için uygun ortam sağlamaktır (şimdi ve burada). Modelleyen ve destekleyen bir terapist dışavurumcu sanat müdahalelerinin uygulamalarına dâhil ederek böyle bir ortam yaratmanın temelini atarlar.

Dışavurumcu Sanat Müdahaleleri

"BOŞ AYICIK" TEKNİĞİ: YETİŞKİNLERDE KUKLA KULLANIMI

Brian J. Mistler

Belirtiler: Çatışma oluşturan ve seslendirilmesi gereken herhangi bir sorun.

Hedef: Danışanların iç çatışmalarını ve savunmalarını ifade etmelerine ve çalışmalarına yardımcı olmak.

Yöntem: Kukla ve drama.

Uygunluk: Gestalt terapisi, kavramsallaştırmalar ve tekniklerden çok kuramsal bir deneysellikle nitelendirilmiştir (Naranjo, 2000). Yine de Gestalt tedavisi yaklaşımı ile özellikle etkili ve tutarlı olan birkaç özel deneysel teknik geliştirilmiştir. Belki de bunların en simgesel olanı boş sandalye tekniğidir. Boş sandalyeleri kullanmak aslında Gestalt'ta diyalog olarak adlandırılan daha geniş tekniğin sadece bir uygulamasıdır (Mistler, 2009). Diyaloğun amacı, bireyin çatışan iki veya daha fazla parça hakkındaki farkındalığını arttırmaya yardımcı olmaktır. Yer tutucular olarak sandalyeler gibi haricî nesneleri kullanarak, birey sesleri daha iyi ayırabilir. Kişi, sandalyeden sandalyeye geçerek, alternatif olarak her sesle özdeşleşmeyi deneyebilir, reddedilen bir yansımayı özümseme fırsatını artırabilir veya yardımcı olmayan bir ifadeyi reddedebilir. Kuklalar çocuklarla oyun terapisinde sıklıkla kullanılmasına rağmen (Cassell ve Paul, 1967), üniversite öğrencileri ve hatta yaşlı yetişkinler için de büyük bir potansiyele sahiptir. Kuklaları kullanmak, doğal teatral eğilimi olanlar ve dışavurumcu olmayan bireyler için de yararlı olabilir. Gerçekten de kuklalar depresyon, kaygı, hatta travma ve müzmin keder dâhil olmak üzere birçok sorunda yardımcı olabilir (Bernier, 2005; Cassell & Paul, 1967). Bir kuklanın kullanılması ve hatta seçilmesi, hem yansıtmanın ilk gelişimini teşvik eder hem de bazı kişilerin diğer sandalyelerdeki hayali insanlarla konuşmak konusunda tereddüt duyan bireylerin hayal güçleriyle yeniden bağlantı kurmasına yardımcı olabilir.

Yaş Grubu/Evren: Ergenler/yetişkinler; gruplar/bireyler/çiftler.

Malzemeler: Çeşitli kuklalar. İdeal olarak, her danışanın seçim yapması için en az üç veya dört kukla olmalıdır. Ayılar ve diğer hayvanlardan, çeşitli cinsiyetten insanlara ve ten renklerinden oluşan seçenekler iyidir. Başlangıç koleksiyonu için, en az bir erkek ve bir dişi olması önemlidir. Bazılarının genç ve yaşlı, bazılarının "korkutucu" ya da "cana yakın" olması iyi olur. Hemen her türlü gerçek veya hayali yaratık işe yarayabilir. Mümkünse, kuklalar, kişinin kuklaların ağızlarının hareketlerini kontrol edebilmesi için uygun boyutlarda olmalıdır. Kuklanın dıştan bile olsa en azından kol ve bacaklarının hareket edebilmesi, bireylerin daha başlangıçta katılımına yardımcı olabilir. Her tür kukla -el yapımı çorap kuklalarından, küçük el bebeklerine ve daha profesyonel kuklalara kadar- işe yarayacaktır. Tam vücut kuklaları, kukla olarak kullanmanın yanı sıra danışanların yönlenebilmeleri için onları başka bir sandalyeye koymada çok yönlülük sunar.

Yönerge:

Ön Seçim: Etkinlik, kukla kullanma fikrini tanıttığınız anda başlar, en iyisi deneysel bir tutumla yaklaşılan bir öneridir. Bu noktada sorular sorarak danışanın farkındalığını bilincini geliştirmeye başlayabilirsiniz; örneğin, katılmak istemeyen bir kişiye:

Terapist: Seni durduran ne?
Danışan: Bu çok saçma.
Terapist: Bunu yaparsan aptal görüneceğini mi söylüyorsun?
Danışan: Evet. Ben yetişkin bir kadınım. Aptalca şeyler yapmamalıyım.
Terapist: Acaba içinde böyle aptalca davranmanı isteyen bir yönün var mı?
Danışan: Evet. Ama bu yönümün çok dışarı çıkmasına izin vermiyorum.
Terapist: Belki bu yönlerin birbiriyle konuşabilir…

Terapist'in Danışan Olmadan Kukla Kullanımı: Danışanın bu müdahaleye izin verip vermemesi çoğunlukla terapistin kendi tutumuyla ilgilidir. Danışan, sizin tedirgin olduğunuzu hissederse, katılım konusunda isteksiz olur. Bunun aksine etkinliğin değerini ortaya çıkarırsanız, danışan katılımı kabul edecektir. Elinize bir kukla alıp etkileşime başlayarak danışanın katılımını teşvik edebilirsiniz. Bu danışanın kendi kuklasını seçip, seslendirme konusundaki tedirginliğini azaltır. Bir kuklayı, kaygının iki tarafını -bir çeşit tedavi edici iyi polis-kötü polis- yansıtmak için kullanabilirsiniz. Örneğin, bu hafta bir damla alkole dokunmadığı için küfür eden bir danışanla ciddi bir görüşme başlatabilirsiniz, terapist tarafından seçilen bir kukla, inanmayan bir rol üstlenerek, *"Bologna!"* diyebilir. Klasik vantrolog gibi, kuklanın davranışı için özür dileyebilirsiniz ve mesajın iki önemli yönünü kullanarak iletişim kurarken danışanı destekleyebilirsiniz.

Seçim: Kukla seçiminde pek çok şey yapılabilir. Bununla birlikte, bunun bir *deney* olduğunu ve yansıtıcı bir test olmadığını hatırlamak önemlidir. Seçim analizlerini sözelleştirmekten kaçının. Kukla seçimi ile ilgili kendi yorumlarınızı açıkça belirtmekten ziyade, deneysel olarak araştırın. Danışandan, hayatındaki çeşitli kişileri temsil etmek için seçilen kuklalar arasında bir diyalog kurmasını isteyin; biri diğerine şu soruyu sorarak başlayabilir: "*Beni neden seçmedin?*"

Top Dog-Under Dog: Gestalt'teki klasik diyalog örneklerinden biri top dog, under dog olarak adlandırılır. Bu, benliğin bir kısmının diğer tarafa baskı yaptığı bir kalıbı tanımlar (bu, bir şekilde, karmaşıktır). Bir kişiden iki kukla seçmesini istediğinizde, biri "Kapa çeneni ve söylediğimi yap; bizim için en iyi olanı biliyorum." (top dog) ve diğeri; "O kadar da değerli olmadığımı öğrendim ama hâlâ duyulmak istiyorum." (under dog) diyebilir. Bu örneği fark etmek ve keşfetmek yardımcı olabilir. Sonuç, kişinin en iyi ilgisini çekecek, anlaşılacak ve takdir edilecek seslere izin vererek seslerden birini bir intikam olarak reddeden ya da ikisi arasında bir uzlaşmayı müzakere eden bir danışan olabilir

Mülkiyetin Önemi: Danışanı, geçmişte veya şimdiki zamanda önemli yer tutucularını temsil eden bir kukla ile konuşmaya davet edin. Ardından danışanı bu kişiyle konuşmaya davet edin (yani kuklayı alın ve onun için ya da ondan konuşun). Kişiyi "Ben" dilini kullanarak konuşmasını hatırlatarak duyguların sahipliği için teşvik edin; kişi kukla hakkında konuştuğunda ve aynı zamanda kişi aşağıdaki gibi ikinci veya üçüncü kişi dilini kullandığında yararlıdır:

Danışan: Bu konuda düşünmek istemiyorum, sıkıcı.

Terapist: Benim sıkıcı olduğumu söyleyebilir misin?

Danışan: Ben sıkıcıyım. Sıkılmak istemiyorum . . . ama öyleyim.

Terapist: Nasıl olmak istiyorsun?

Danışan: İyi ve her zaman mutlu olmak istiyorum!

Terapist: Bu arada senin istediğin gibi biri olduğunu düşünen bir kukla var mı?

Danışan: Evet, şu elbiseli olan. Her zaman mutlu olduğuna eminim.

Terapist: Tamam. Hadi onu al ve yaşamıyla ilgili bir şeyler öğrenelim.

Terapi ile Bütünleştirme: Kukladan her iki yönde geçiş yapmak zor olabilir ama olması gerekmiyor. Başladığınızda geçiş adımını "atlayarak" (veya en azından daha akıcı ve hızlı bir şekilde ilerlemesini) devam edebilirsiniz. Kuklaları bir kenara bırakıp bir sonraki müdahale ile devam edebilirsiniz. Ayrıca geçişi bir müdahale olarak da kullanabilirsiniz. Bu deneyi bitirmenin bir yolu da bireye şu an için bitmiş hissedip hissetmediğini sormaktır. Yoksa, tamamlanmış hissetmelerine yardımcı olmak için başka ne söylemek istediklerini sorun. Bu, bir süreliğine kuklaya elveda demeyi içerebilir. Yeterince ilgi göstermedikleri veya "çok kötü" davrandıkları bir kukladan özür dilemek isteyebilirler. Bu dürtüler daha fazla deneme için verimli bir kaynak hâline getirilebilir. Bir noktada, danışanı kukla olmaya teşvik etmek -özellikle de kuklanın içindeki eliyle konuşması, tüm vücuduyla belirli bir sesin konuşmasına izin vermesi- özellikle güçlü olabilir. Kuklaların daha geleneksel bir boş sandalye denemesine geçişi, bir kişinin farkındalığını daha bütüncül bir şekilde tamamlamasına yardımcı olabilir. Kuklalar bazı danışanlar için çok tehditkâr olduğundan, bu bazen bir kişinin diğer anlamlı tekniklerle ilgilenmesini ve daha istekli olmasını sağlayabilir.

DUYGU, DUYGU KALKANI

Allison L. Smith ve K. Hridaya Hall

Belirtiler: Özellikle kendi istikrarlılığı veya temelleri konusunda zayıf fikirleri olan bireyler ve çeşitli sorunlar için uygundur. Başkalarının duygularını üstlenmeye eğilimli olan veya başkalarının duygularına yüksek tepki gösterenler için de uygundur.

Hedef: Duyguların bedensel farkındalığını arttırmak, başkalarının duygularıyla yüzleşirken farkındalığı ve merkezîliği desteklemek.

Yöntem: Dans ve hareket.

Uygunluk: Bu dışavurumcu etkinliğin amacı, duygularla ilgili tıpkı bedende deneyimlendikleri gibi farkındalık oluşturmaktır. İkincil amaç, bireylerin sınırlarını ve başkalarının duygularından nasıl etkilendiklerini daha fazla fark etmelerini sağlamaktır. Bu dışavurumcu sanat etkinliği, Gestalt teorisi ile çok uyumludur (Perls, 1969a) çünkü nihai amaç, duyular, düşünceler ve duygular hakkında farkındalık yaratmak ve zihin ile beden arasındaki bağlantıyı anlamaktır. Bu etkinlik, bir danışmanın danışanı katılmaya davet ettiği bir Gestalt deneyi olarak görülebilir.

Yaş Grubu/Evren: Ergenler/yetişkinler; gruplar/bireysel/çift.

Malzemeler: Kâğıt ve tükenmez kalemler.

Yönerge: Etkinlik 45-60 dakikalık bir seansta gerçekleştirilecek şekilde tasarlanmıştır ve süresi bireyle mi yoksa bir grupla mı kullanıldığına bağlı olarak 20 ila 45 dakika arasında değişebilir.

1. Danışanla iki olumlu ve iki zorlu duyguyu içeren dört duygudan oluşan kelime listesi oluşturun (bu, zor seanslarda tanımladığınız duyguları içerebilir).
2. Bu dört kelimeyi kâğıtlara (her bir kâğıda bir tane) yazın ve odanın her köşesine (ya da başka bir şekilde tanımlanmış bir alana) bir duygu sözcüğü koyun.

3. Bir çiftle çalışıyorsanız, çift ilk kimin başlayacağına karar verir. Bir grupla çalışıyorsanız, danışanları önce eşleştirin ve ilk kimin çıkacağına onların karar vermesine izin verin. İlk gönüllü, girmek istediği köşeye ulaşana kadar alanda dolaşır. Birey köşeye girdikten sonra, o alanın hissiyatını tam olarak somutlaştırmalıdır (yani, hissediyormuş gibi hareket etmeli ve ilişkili pozisyonlar, duruşlar, yüz ifadeleri veya nefes alışkanlıkları varsaymalıdır). Partneri, köşe dışında kalarak görüntülenen duygulara tanıklık eder.
4. Danışanı odanın dört köşesini ziyaret etmeye ve köşeler arasındaki boşluklara biraz zaman ayırmaya teşvik edin.
5. Farklı duygular yaşarken, kendi vücudunda neler fark ettiğini danışanla kontrol edin. İşleme soruları şunlar olabilir: *"Bazı köşeleri ziyaret etmekte isteksiz miydin? Farklı köşelerde somutlaşmış deneyimle ilgili farklı olan neydi? Geçiş yapmak için ne yaptın? Aradaki boşluktaki duygu neydi?"*
6. Danışanın partneriyle, içinde bulunduğu duyguyu yansıtan kişinin yanındayken ne fark ettiğini kontrol edin. İşleme soruları şunlar olabilir: *"Diğer kişide görmenin zor olduğu belli duygular var mıydı? Başkaları senin etrafında duygusal olduğunda nasıl tepki verirsin? Çevrenizdeki ortam değiştiğinde kendi kendinize tutunmanıza yardımcı olacak hangi araçlar mevcuttur?"*

*Öğrenci danışmanlığı örneği: Danışman, sınıf öğrencileri ya da grup üyelerini eşleştirilir, bir kişi mekânın dışında durur ve diğeri duyguyu somutlaştırır. Önceki seanslarda danışanlarla deneyimlenen ya da danışanların tereddütle ifade ettiği duygular, köşeleri tanımlamak için kullanılır. Sözü edilen sürece ek olarak kullanılabilecek sorular şunlardır: *"Duygulara tepkiniz, danışanlarla çalışmanızı nasıl etkileyebilir? Yeterince korunurken, danışanlarımızla duygusal olarak yüklü bir alanda olmak için hangi kaynakları kullanabiliriz?"*

GÖLGE PARTİSİ

Allison L. Smith ve K. Hridaya Hall

Belirtiler: Bu etkinlik, bireylerin kendilerine olan yeterliliklerini arttırmak için tasarlanmıştır. Danışanların başkalarının görüşleriyle ilgili olarak neden bu kadar güçlü bir tepki gösterdiklerini anlamalarına yardımcı olacaktır. Başkalarının olumsuz yargı ve algılarına sıkışmış bireylerin hep aynı kilitli biçimde verdikleri cevapların farklılaşmasına yardımcı olur (örn., her zaman duygusal olarak meydan okuyan bireylerdeki tükenmişlik).

Hedef: Katılımcıların kendi özellikleri ve kişilikleriyle ilgili farkında olmadıkları, sahipsiz bıraktıkları yardımcı unsurlarını keşif ve entegre etmek.

Yöntem: Drama.

Uygunluk: Gölge kavramı Jung'un psikolojisine dayansa da bu gölge egzersizi Gestalt müdahalesi olarak iyi uyum göstermektedir. Gestalt terapisinin amaçlarından biri, danışanların, farkındalığı arttıkça ve çevrelerinde yeni yollarını deneyimleyerek rahatlamalarını desteklemektir (Perls ve ark., 1951). Polster (1999), danışanların ortamlarında stereotipik olarak tepki verdiklerinde sınırlı olduklarını da ekliyor. Bu dışavurumcu sanat etkinliğinin amacı, bireylerin başkalarının sahip olabileceği yargıları geri kazanarak ve kendilerine ait olmayan kısımları kucaklayarak daha iyi entegre olmalarına yardımcı olmaktır. Katılımcılar, başkalarında reddettikleri şeyleri somutlaştırdıkları ve oyunlu deneyler yoluyla klişeleşmiş kalıplardan uzaklaşma fırsatına sahip olduklarından, öz farkındalıklarını arttırırlar.

Yaş Grubu/Evren: Ergenler/yetişkinler; gruplar.

Malzemeler: Her katılımcı kendi kostümünden sorumludur. Bu, kişinin tercihine ve üstlenilen role göre (örneğin, yüksek yargısal veya eleştirel olarak gelen bir kişi bir mezuniyet elbisesi giyip bir tokmak getirebilir) bir aksesuarla veya daha ayrıntılı bir şekilde düzenli bir elbise gibi basit olabilir, bir narsist bir taç giymeyi tercih edebilir vb.).

Yönerge: Bu etkinlik için en az iki seans gereklidir. İlk olarak, kavramları tanıtmak, yansımayı davet etmek ve bireylerin gölgelerini nasıl şekillendirmek istediklerini düşünmelerine izin vermek için 50 dakikalık bir oturum yapılacaktır. Gölge partisi grubun büyüklüğüne bağlı olarak 45 ile 90 dakika arasında sürmektedir. Bu sürenin 10-15 dakikasında yapılandırılmamış etkileşimler, 15-30 dakikasında teorik tanıtımlar ve 15-20 dakikasında da *bilgilendirme* yapılmalıdır.

1. Bireylerden aşağıdaki soruları düşünmeleri istenir: *"Başkalarında hangi davranışları veya özellikleri rahatsız edici buluyorsunuz? Birinin senin hakkında söyleyebileceği en aşağılayıcı şey ne olurdu? En az sevdiğiniz kişiyi tanımlamak için kullanacağınız sıfatların bazıları nelerdir?* Ardından gölge kavramı tanıtılır: *"Gölge, kendimizin var olan ancak gizlemek ya da saklamak için uğraştığımız parçaların temsili olarak tanımlanır ve bu, başkalarında küçümseyici bulduğumuzda belirgin olabilir. Gölge bazen bir başkasına erken tepki meydana geldiğinde ortaya çıkar ve tüm ilişkili unsurların reddedilmesiyle sonuçlanır. Örneğin, bir çocuk, sözlü olarak saldırgan bir yetişkine şahit olunca, bilinçsizce ve geniş bir biçimde yalnızca saldırganlığı değil, güç ve atılganlık gibi potansiyel olarak yararlı ancak durumla ilişkili unsurları da reddeder. Sonuç olarak, kişi geri çekilebilir, pasif olabilir ve "talepkâr" iddialı olanları sert bir şekilde yargılayabilir.*
2. Bireyler, gölge kısımlarından birini belirlemede onlara yardımcı olmak için sorulan sorular üzerine düşünmeye davet edilir. Grup üyeleri, kolaylaştırıcıdan kendi gölgelerini belirlerken destek isteyebilir ancak gölge kimliklerini diğer grup üyelerinden gizli tutmaları istenir.
3. Grup üyeleri ve kolaylaştırıcılar, gölge kısımlarını somutlaştırmak için giyinirler ve bir sonraki grup çalışmasında gölge olarak davranırlar. (Yeni bir yerde buluşmak ya da bir şekilde sınıf veya grup alanını bir parti ortamı gibi düzenlemek yardımcı olur.)
4. 10-15 dakika boyunca, grup üyeleri gölgelerini temsil eder ve gölgelerinin yapacağı gibi grubun diğer üyeleriyle etkileşime girer.
5. Grup üyelerinden yarım daire şeklinde oturmaları istenir (hâlâ rollerini canlandırmaktadırlar, örn., narsistler kendilerine dikkat çekmesi için müdahale edebilir veya bir eleştirmen olay için düzenli olarak küçümseyebilir). Kolaylaştırıcı, her bireyi, kendisini tanıtması için bireysel olarak davet eder ve gölgeye birkaç soru sorar: *"Bir ismin var mı? Hakkında bilmemizi istediğin bir şey var mı? Bu parti hakkında ne düşünüyorsun? Sevdiğin ya da sevmediğin insanlar var mı?"*
6. Grup üyeleri daha sonra kişinin hangi gölgeyi oluşturduğunu tahmin etmeye ve oyuncudan onay veya açıklama almaya davet edilir. Tüm grup üyeleri tanıtılana kadar devam eder.

7. Üyeler, gölge rollerini, uygun gördükleri her türlü yoldan çekmeye ve deneyimi tartışmak için bir araya gelmeye davet edilirler. Süreç şu şekilde devam edebilir: "*Bu rolde olmak nasıl bir deneyimdi? Hangi duygular, düşünceler ortaya çıktı? Bu rolle başkalarıyla iletişim kurmak nasıldı? Başkalarının gölgelerinde kendinizden parça gördünüz mü? Bu gölgenin olumlu yönleri nelerdir? Size hizmet etmesi için çizilebilecek veya uyarlanabilecek gölge unsurları var mı?*"

TOPLANTI ODASI

Stephanie Helsel

Belirtiler: Bu etkinlik, kendi kendini yansıtma olanağı sağlar ve bu nedenle, danışanların daha eğlenceli veya sanatsal bir keşif biçimi kullanmaları için yararlı olacağı zaman kullanılabilir. Bu etkinlik, ortaokul öğrencileri, madde bağımlılığı, rehabilitasyon grupları ve kişisel gelişim grupları ile karar verme sonuçlarının incelenmesine yardımcı olmak ve daha önceden sahip olunmayan benlik yönlerini entegre etmek için kullanılmıştır. Bir grup ortamında, üyeler, birbirlerinin yaşamları ve mücadeleleri hakkında güven ve bilgi sahibi olmalıdırlar.

Hedef: Danışanların benliklerini oluşturan farklı yönlerini anlamalarını genişletmek ve derinleştirmek için, kutuplaşmayı kavramsallaştırmak ve çalışmak için bir temel sağlamak ve danışanların kararları nasıl aldıklarına dair farkındalıklarını arttırmak.

Yöntem: Psikodrama (grup) ya da resim (bireysel).

Uygunluk: Gestalt teorisinde, öncelikli hedef, danışanların farkındalık kazanmalarını sağlamak, yani "ne yaptığını, planladığını ve hissettiğini" hissetmektir (Harman, 1974, s. 180). Bu zorunludur, farkındalık olmadan, danışanlar davranışsal değişimin kendi terapötik hedeflerini nasıl etkilediklerine dair bir anlayışa sahip olmayacaklardır. Bir danışan, daha iddialı olmayı istemek gibi bir hedef belirttiğinde, kendini bu şekilde yapamazsa, genellikle kişinin bilincinin bütünü ile bütünlenmeyen bir parçası vardır. Gestalt terapist, benliğin pasif kısmı ile çalışmaktan ziyade, benliğin genişletilmiş bir anlayışına doğru çalışır; burada danışanda var olan zıtlıklar -ya da kutuplar- uygun olduğunda görülebilir ve ifade edilebilir. Bütünleşmenin devam eden bir süreç olduğu düşünülürse, benliğin kutupsal yönleri arasındaki diyaloğu ve iletişimi açmanın yollarını bulmak, tedavinin önemli bir odak noktasıdır.

Yaş Grubu/Evren: Ergenler/yetişkinler; gruplar/bireysel.

Malzemeler: Çizim kâğıdı ve çeşitli renklerde pastel boya, keçeli kalem, yağlı boya ya da renkli kuru boya.

Yönerge:

1. Seans, Gestalt zıtlıkları kavramının kısa bir özetini ve benliğin zıt yönlerini bütünleştirmenin yararlılığını ve eğer mümkünse, geçmiş tartışmalara ya da işlere dayanan bazı örnekleri gözden geçirerek başlar. *Yapabileceğimiz en yararlı şeylerden biri, yaptıklarımız ve nasıl yaptığımız konusunda bilinç kazanmaktır. Kendimizi ne zaman sabote ederiz? Kendimizi ne zaman sekteye uğratırız? Nasıl destekleyici kararlar verir, çatışmayı iyi yönetiriz ve hayatı kendimiz için nasıl daha zorlaştırırız?* Çoğu zaman, bu sorulara cevap *verebilmek için, kendimizin* tüm farklı yönleri hakkında bir fikre sahip olmalıyız. *Hepimizin farklı yönleri vardır ve bazen birbirlerinin zıttıdırlar. Bunlar zıtlıklar olarak adlandırılır. Örneğin, insanların erkeksi ve kadınsı yönü, saldırgan ve pasif yönü ve cesur ve ürkek yönü vardır. Farklı bağlamlarda farklı yönler ortaya çıkar. Bu etkinlik, mutlaka düşünmediğiniz veya çok fazla beğenmediğiniz yönlerinizi incelememize yardımcı olacaktır. En iyi çabalarınıza rağmen etkili olmadığınızı hissettiğiniz veya kendinizin dürtüsel veya yıkıcı kararlar aldığınızı düşündüğünüz bir durum hakkında düşünmenizi istiyorum. Nasıl ve ne yaptığınıza karar verme sürecini çözeceğiz, böylece tam olarak kimin seçimi yaptığını söyleyebiliriz.*
2. Benliğin bilinç dışı yönlerinin ne denli zahmetli olduğu veya başka türlü tatmin edici olmayan seçimlere ve davranışlara nasıl katkıda bulunabileceğine dair farkındalığı artırmaya yardımcı olabilecek bir deney önerin. Önerilen deneyi, tartışmak için yeterli zaman ile tam bir açıklama yapmaya özen gösterilmelidir.
3. Deney tanımlandıktan ve tam onay alındıktan sonra, sanat malzemelerini dağıtın veya bir beyaz tahtanın kullanımını düzenleyin.
4. Danışanları bir konferans odası tablosunu temsil eden büyük bir dikdörtgen çizmeye davet edin. Bu, "toplantı odası" ortamını yaratır.
5. Davranışlarını belirli bir durum veya bağlamda etkileyen tüm farklı yönlerini düşünmelerini isteyin. Yönetim kurulunun başında kim olduğuna karar vermeli ve masanın etrafında önemli bir önem taşıyan, benliğin farklı yönlerini temsil eden diğer karakterleri ayarlamalıdırlar. Her karaktere bir isim verilir (örn., Çocuk, Zalim, Babam vb.). Danışanlar, farklı karakterleri istedikleri kadar ayrıntıyla gösterebilirler. Danışanlar isterse bu konuya evde hazırlık yapabilir.
6. Bireysel düzeyde çalışırken, illüstrasyon daha sonra işlenebilir. Amaç, davranışın nasıl etkilendiğine ve kendisinin hangi yönlerinin uygunsuz kontrol altına alındığına veya göz ardı edildiğine dair daha fazla farkındalık geliştirmektir. Danışanın seçimleri ve gelecekteki kararları nasıl alabileceğini ele alın.

7. Grup seviyesinde çalışırken, grup ile toplantı salonunu keşfetmek isteyen bir gönüllü bulunur. Gönüllü, farklı grup üyelerinden farklı yönlerinin rollerini oynamalarını ister. Bu anda, tüm üyelerin katılım için tam rıza gösterdiğinden ve bu deneyimin bazen çok yoğun duygulara yol açabileceğini anladıklarından emin olmak önemlidir.
8. Gönüllü, diyaloğa giren karakterleri ortaya çıkarır, ortaya çıkan duyguları ifade eder ve gelişen spontane diyaloga cevap verir. Danışman, yönetmen rolünü üstlenir, eğer gönüllü zorlanırsa yardım eder veya grup üyelerini rol oynamalarına yönlendirir. Grup lideri aynı zamanda deneyin enerjisini ve zamanlamasını da yönetmelidir, böylece grup diyalogunun bitiminden önce olanları işlemek için yeterli fırsat yakalar. Bilgilendirme, grup seviyesinde gerçekleşir ve gönüllü tecrübesi hakkında ilk konuşan kişidir. Karar aşamasında gönüllü kişiye şu sorular sorulabilir: *"Bunu deneyimle neler konusunda farkındalık kazandınız? Karar aşamasında neler deneyimlediniz? Ne öğrendiniz? Benliğinizin güçlü ve zayıf yönleri neler oldu? Belirli bir bağlamda karar alma sırasında benliğinizin hangi yönünün yönlendirici olmasını istersiniz? Bunun olması için hangi değişiklikleri yapmanız gerekiyor? Diğerlerinden geri bildirim almak ister misiniz?"* Yanıt evetse, üyelerin yapıcı geri bildirim sağlamasına yardımcı olun. Diğer grup üyelerine şu sorular sorulabilir: *"Karar aşamasını izlemek (ya da katılmak) nasıldı? Hangisiyle ilgili olabilir? Sizin için güçlü olan neydi?* Gözlemciler için: *Katılımcılara hangi geri bildirimlerde bulunmak istersiniz? Bu deney, kendinize ait onaylanmamış yönlerinizi nasıl düşündürttü?"*
9. Bu noktadan sonra, benliğin özellikleri, bu alıştırma sırasında geliştirilen isimler kullanılarak ifade edilebilir. Danışanın kendi kutupları hakkında konuştuğunda kullanabileceği bir dil sağlayabilir ve danışmanın danışanın iç sürecini kavramsallaştırmasına yardımcı olabilir.

ÖDENMEMİŞ FATURALAR

Stephanie Helsel

Belirtiler: Üyelerde, karşılıklı destek verilmesini teşvik eden, bunun yanı sıra üyeleri, incitici veya manipülatif geçmiş davranışlarla hesaplaşmaya ihtiyaç duyan grup ortamlarında. Bu, buz kırma faaliyeti olarak kullanılmamalıdır, bunun yerine, birleşme sağlandıktan sonra, kişisel materyaller işlendikten sonra önerilmelidir ve üyeler, başkalarının mücadele ettiği ilişkisel sorunların, mevcut stresin ve utanç ya da suçluluk kaynaklarının farkında olmalıdır.

Hedef: Danışanların, geçmişte yaptıkları seçimlerden olumsuz davranış kalıplarına veya başkalarıyla ilişki kurma yollarına takılma duygularını araştırmak için sorumluluk almasına yardımcı olmak.

Yöntem: Psikodrama.

Uygunluk: Bu etkinlik, grup üyelerine geçmişteki eylemleri, seçimleri ve ilişkileri hakkında düşünmek için tehdit edici olmayan bir yol sağlar. Bir grup etkinliği olarak, geçmişle ilgili suçluluk, utanç ve diğer yıkıcı duygu ve davranışların şimdi yeniden deneyimlenmekte olduğu yolların anlayışını genişletmeye yardımcı olmak için grup üyelerinin gözlemleri ve sezgilerine dayanır. Bu etkinlik Gestalt varsayımını, çözümlenmemiş duyguların ya da sorunların ya da "bitmemiş işlerin" öz düzenleme sürecini engelleyebileceği varsayımını yansıtır (Perls, 1969c). İnsanlar geçmiş deneyimlerini çözümlediklerinde, geçmiş bağlamlarda yaşadıkları uyaranlara tepki olarak yaratılan tatmin edici olmayan ya da uyumsuz davranış kalıplarıyla sınırsız olan, şimdi-ve-burada oryantasyonundan esnek olabilir ve buna göre tepki gösterebilirler (Perls, 1973). Gestalt'ın yorumsuz bir yönelimi olduğundan, grup lideri grup üyelerini analiz etmekten kaçınmalı ve bunun yerine diğer üyelerin birbirlerini nasıl deneyimlediklerini paylaşmaları için teşvik etmelidir. Bu deney, çevre ile başa çıkmanın olası yollarının genişletilmiş bir repertuvarı sağlayabilecek bir davranış türü, fırsatı olarak görülmelidir.

Yaş Grubu/Evren: Yetişkinler; gruplar.

Malzemeler ve Hazırlık: Bu denemede "geçmiş tarihli" fatura çalışma sayfası kullanılır (bk. Şekil 8.1).

FATURA
Zamanı Geçmiş

Geçmiş İş (Bitmemiş İş)	**Borçlanılan Miktar (Yapılması gereken)**
Örnekler: *A: Aktif bağımlılık dönemlerinde kötü davranan annenin sorumluluğunu alma*	*Ondan para çaldığı için özür dileme, af dileme*
Olası eylem	Başka bir grup üyesiyle anne rolünü oynama *Boşanmada rol için kendini affetmek*
B: Boşanmanın her eki eşin eylemleri sonucu olduğunu görme	Kendini suçlamakla kendini affetmek arasında bir diyalog kurmak Eşin rolünü oynayan başka bir grup üyesiyle rol yapma
Olası eylem	
Ödeme planı (Bunu çözmek için ne yapacaksın?)	**Eylem planı (Bunu ne zaman yapacaksın? Nasıl yapacaksın?)**
A: Geçmişteki davranışım için annemle konuşacağım	Yarın akşam evine gidip bu konuları benimle konuşmasını isteyeceğim.
B: Boşanmayla ilgili kendimi suçlama biçimleri hakkında günlüğüme yazacağım	Boşanmanın benim suçum olmadığını yazılı olarak kendime hatırlatacağım. Bunu da güvenilir bir arkadaşımla konuşacağım.

FATURA
Zamanı Geçmiş

Borçlanılan Miktar (Yapılması gereken)	**Borçlanılan Miktar (Yapılması gereken)**
A:	
Olası Eylem	
B:	
Olası Eylem	
Ödeme planı (Bunu çözmek için ne yapacaksın?)	**Eylem planı (Bunu ne zaman yapacaksın? Nasıl yapacaksın?)**
A:	
B:	

Şekil 8.1 Ödenmemiş Faturalar Çalışma Kâğıdı. Telif hakkı, Stephanie Helsel, 2009.

Yönerge:

1. Bitmemiş iş kavramının Gestalt konseptine kısa bir genel bakış sunun (aşağıdaki metne bakınız) ve bazı örnekleri gözden geçirin. Üyelerin geçmiş yaşantılarını şimdiki hayatlarında nasıl yeniden deneyimledikleri konusunda farkındalık kazanmalarına yardımcı olabilecek bir denemeye katılmayı ve bunun bu tür sorunların çözümünde neden gerekli bir adım olduğunu anlatın. Önerilen deneyi tam olarak açıklamaya ve grup üyelerinin soru sormalarına, kişisel geçmişlerini gözden geçirmelerine ve önerilen aktiviteyi başka bir şekilde işleme koymalarına izin verin.

   Bitmemiş İş Metni

   Hepimizden aile üyelerimizin onayını almak ve toplumun iyi üyeleri olmak için belirli şekillerde davranmamız istenir. Kızgın olduğumuzda kardeşlerimize vurmamayı, sessiz olmayı ve okulda oturmayı, yaşlılara saygı duymayı, ödevlerimizi yapmayı öğrenmek zorundaydık. Bazen, yaşamak zorunda olduğumuzla beklentilerimiz tam olarak uyumlu değildir ve bu durum kendimizi bastırmak zorunda kalmamızla sonuçlanır. Örneğin, çocukların doğal coşkusu, genellikle yetişkinler için uygunsuz ya da sağlıklı davranış standartlarıyla çelişiyor olarak deneyimlenir. Bazen çok genç olduğumuzdan ya da karşımızdaki kişi yaşlı bir aile üyesi olduğundan başkaları ile hiçbir şekilde çözüme kavuşturamadığımız anlaşmazlıklarımız vardır, bu tür şeyleri ailelerimizle tartışmanın yolu yoktur. Bu türden öğrenilmiş davranışlar ve çözülmemiş çatışmalar bitmemiş işler olarak bilinir; bununla birlikte takıldığımız, endişe duyduğumuz ve hayatımızdan mutsuz hissettiğimiz zaman, bunlar bizim eylemlerimizden gelen bu köklere katılma ve geçmişteki ilişkilerde çözülmemiş bir iş olduğuna dair ipuçlarıdır. Gruplarla ilgili yararlı şeylerden biri, bu bitmemiş işlerin bir kısmının birbiriyle çalışmasına yardımcı olmaktır. Birbirimize davranışlarımızı anlamada, nasıl değişiklikler yapabileceğimiz konusunda yardımcı olabiliriz. Hepinizden, birbirimizi nasıl ve nerede yaşadığımızı ve geçmişimizde çözmemiz gereken şeyleri görmeye yardımcı olmak için bir deneyde bulunmayı düşünmenizi rica ediyorum. Hepiniz kabul ederseniz, sağınızda oturan kişiyi düşünmenizi isteyeceğim. Grupta kendileri hakkında neler paylaştıklarına, yaşamları ve geçmişleriyle ilgili bildiklerinize ve onları bu grupta nasıl deneyimlediğine göre, bitmemiş işleri olduğuna inandığınızı düşünün. Bazen başkalarının bizi nasıl gördüğünü ve kendimiz hakkında bize anlattıkları, bizimle ilgili fikir sahibi olduğunu görmek yardımcı olabilir. Özel bilgeliğinizi kullanarak, sağınızda oturan kişi için bazı fikirler kaydedebilir, daha sonra bunları inceleyebilirsiniz. Aldıkları fikirleri daha derinlemesine keşfetmek isteyen biri varsa, bunu nasıl yapabileceğimize dair bazı fikirlerim var...

2. Tüm üyelerden tam onay alındıktan sonra, tarihi geçmiş fatura çalışma tablolarını dağıtın ve üyelerin haklarına sahip olduklarını düşündükleri en az

bir parça bitmemiş işi yazmaları için üyeleri davet edin. Bu, doğru olmak zorunda değildir ancak grup üyelerinin, önceki grup tartışmasına ve kişisel bilgilerin paylaşılmasına dayanarak, birbirlerini nasıl algıladıklarının bir yansıması olmaya hizmet eder. On ila on beş dakika, üyelerin tek bir senaryosunu seçmeleri, çalışıp, yansıtmaları için yeterli bir zamandır.

3. Grup üyeleri, tamamlanmış geçmiş çalışma sayfalarını sağ taraflarındaki üyeye verir ve daha sonra kendilerine verilenleri paylaşmaları ve doğruluğunu yansıtmaları istenir. Üyeleri, diğerlerinin kendileriyle ilgili algılarını, ortak olabilecek bitmemiş işleri ve hayatlarında nasıl ortaya çıktığını tartışmaları için teşvik edin.
4. Bir gönüllü, "faturayı ödemeye" veya çalışma sayfasında listelenen faaliyetlerden birini yapmaya davet edilir. Amaç, ilgili kişi ile fiili faaliyette bulunma düşüncesiyle veya bir kişinin zorlukları ve çatışmaları için sorumluluk almanın ve bunlarla ilişkili duyguların keşfinin bir aracı olarak, danışanların daha rahat olmalarına yardımcı olmaktır. Örneğin, kararlardan biri, parasını çaldığı için ya da kötü davrandığı için bir aile üyesinden özür dilemeyi içerebilir.
5. Gerekirse grubun yardımıyla gönüllüden "faturayı ödemeye" yönelik bir yol geliştirmesini isteyin. Diğer grup üyelerinden sahneyi düzenleme, mobilyaları yeniden düzenleme, kişileri kabul etme ile canlandırmaya veya rol oynamaya yardım etmeleri istenir. Grup üyelerinin katılmaya tam rıza göstermelerini sağlayın ve onlara bu denemenin yoğun duygulara yol açabileceğini hatırlatın.
6. Siz yönetmen rolünü üstlenirken gönüllü eylemi gerçekleştirir. Diğer grup üyelerini, emin olmadıkları veya takılmadıklarında gönüllüleri bilgilendirmeleri, üyelerin rolleri üstlenmelerine yardımcı olmaları, kendi tasvirlerinde olabildiğince doğru olmaları, deneyi ve zamanlamayı yönetmeleri için teşvik etmeniz gerekebilir.
7. Deneme sona erdiğinde, deney sırasında ortaya çıkan düşünceleri, duyguları ve deneyimleri tartışmak için grup üyelerini davet edin. Canlandırmaya öncülük eden üyeler için önerilen süreç soruları şunları içerebilir: *"Farkındalık kazandığınız nedir? Canlandırma süresince neler deneyimlediniz? Ne öğrendiniz? Size tanıdık gelen ya da gelmeyen neler oldu? Diğerlerinden geri bildirim almak ister misiniz?"* Yanıt evet ise, üyelerin yapıcı geri bildirim sağlamasına yardımcı olun. Ödenmemiş faturayı veren üye için; *"Bitmemiş işi düşünmenizi sağlayan ne oldu? Grup üyelerini nasıl etkilediniz görebiliyor musunuz? Grup canlandırmaya katıldığında neler deneyimlediniz? Başka neleri ilişkilendirebilirsiniz?"* Diğer üyeler için; *"Bu*

canlandırmayı izlemek nasıldı? Neleri ilişkilendirebildiniz? Sizin için güçlü olan nedir? Katılımcılara hangi geri bildirimlerde bulunmak istersiniz? Bu deneyim kendi bitmemiş işleriniz hakkında ne düşünmenizi sağladı?"

8. Her bir üyeden geçmiş fatura çalışmalarının alt kısmını doldurmalarını ve "ödenmemiş faturaları" tek tek veya grup ile çözmek için beyin fırtınası yapmalarını isteyin. Eğer uygunsa, gönüllü ve diğer grup üyelerine, izin verilen davranış kalıplarını, geçmiş davranışları, kendiliğinden çözüme kavuşturmak için kendi eylem planlarını paylaşmalarını isteyin.

REFERANSLAR

Beisser, A. (2004). The paradoxical theory of change. *International Gestalt Journal*, *27*(2), 103-107.

Bernier, M. (2005). *Puppetry in education and therapy: Unlocking doors to the mind and heart*. Bloomington, IN: Authorhouse.

Cassell, S., & Paul, M. H. (1967). The role of puppet therapy on the emotional responses of children hospitalized for cardiac catheterization. *Journal of Pediatrics*, *71*(2), 233-239.

Ellison, J. A., Greenberg, L. S., Goldman, R. N., & Angus, L. (2009). Maintenance of gains following experiential therapies for depression. *Journal of Consulting and Clinical Psychology*, *77*(1), 103-112.

Goodman, P., & Stoehr, T. (1977). *Nature heals: The psychological essays of Paul Goodman*. New York: Free Life Editions.

Greenberg, L. S., Elliott, R., & Lietaer, G. (1994). Research on experiential psychotherapies. In A. E. Bergin & S. L. Garfield (Eds.), *Handbook of psychotherapy and behavior change* (4. bsk., ss. 509-539). New York: Wiley.

Harman, R. (1974). Goals of Gestalt therapy. *Professional Psychology*, *5*(2), 178-184.

Kempler, W. (1973). *Principles of Gestalt family therapy*. Costa Mesa, CA: Kempler Institute.

Kohler, W. (1992). *Gestalt psychology: An introduction to new concepts in modern psychology*. New York: Liveright.

Korb, M. P. (2009). *Creativity*. Retrieved August 20, 2009, from http://gestalt.onlinepsy.com/

Lobb, M. S., & Amendt-Lyon, N. (2003). *Creative license: The art of Gestalt therapy*. Vienna, Austria: Springer Verlag.

Mistler, B. J. (2009). Gestalt therapy. In B. Erford (Ed.), *American Counseling Association encyclopedia of counseling* (ss. 211-212). Alexandria, VA: The American Counseling Association.

Naranjo, C. (2000). *Gestalt therapy: The attitude and practice of an atheoretical experientialism* (2. bsk.). Williston, VT: Crown House Publishing.

Perls, F. S. (1947). *Ego, hunger and aggression*. London: Allen & Unwin.

Perls, F. S. (1969a). *Ego, hunger, and aggression: The beginning of Gestalt therapy*. New York: Random House.

Perls, F. S. (1969b). *Gestalt therapy verbatim*. Lafayette, CA.: Real People Press.

Perls, F. S. (1969c). *In and out of the garbage pail*. Lafayette, CA: Real People Press.

Perls, F. S. (1973). *The gestalt approach & eye witness to therapy*. Ben Lomond, CA: Science and Behavior Books.

Perls, F. S., Hefferline, R. F., & Goodman, P. (1951). *Gestalt therapy: Excitement and growth in the human personality*. New York: Julian Press.

Perls, F. S., Hefferline, R. F., & Goodman, P. (1994). *Gestalt therapy: excitement and growth in the human personality*. Gouldsboro, ME: Gestalt Journal Press.

Polster, M. (1999). Evolution and application. In E. Polster, M. Polster, & A. Roberts (Eds.), *From the radical center: The heart of Gestalt therapy: Selected writings of Erving and Miriam Polster* (ss. 96-115). Cambridge, MA: GIC Press.

Sichera, A. (2003). Therapy as an aesthetic issue: Creativity, dreams, and art in Gestalt therapy. *Creative License: The Art of Gestalt Therapy*, 93.

Strümpfel, U. (2004). Research on gestalt therapy. *International Gestalt Journal*, 27(1), 9-54.

Strümpfel, U., & Goldman, R. (2002). Contacting gestalt therapy. In D. J. Cain & J.

Seeman (Eds.), *Humanistic psychotherapies: Handbook of research and practice* (ss.189-219). Washington, DC: American Psychological Association.

Van De Riet, V., Korb, M. P., & Gorrell, J. J. (1980). *Gestalt therapy, an introduction*. New York: Pergamon Press.

Yontef, G. M. (1993). *Awareness, dialogue & process: Essays on Gestalt therapy*. Highland, New York: Gestalt Journal Press.

Yontef, G. M., & Jacobs, L. (2008). Gestalt therapy. In R. J. Corsini & D. Wedding (Eds.), *Current psychotherapies* (8. bsk., ss. 328-367). Celmond, CA: Brooks/ Cole-Thompson.

9

Birey Merkezli Terapi

Melissa Luke

Her ne kadar, psikolojik danışma ve psikoloji alanında yüzlerce farklı teorik yaklaşımın hâlihazırda kabul edildiği söylense de birey merkezli terapi, ana teorik sistemler arasındaki güçlü yerini sürdürmektedir (Corsini & Wedding, 2000; Prochaska & Norcross, 2003). Aslında, *Psychotherapy Networker* (Rogers, Minuchin, Satir, Bowen, & Gottman, 2007) (Rogers, Minuchin, Satir, Bowen ve Gottman, 2007), birey merkezli terapinin kurucusu Carl Rogers'ı son 25 yılın en etkili bireyi olarak seçti. Birey merkezli tedavinin odak noktasının, insan doğasının yapıcı, olumlu yönleri üzerinde, uzun ömürlülüğe katkıda bulunduğu tahmin edilmektedir (Corey, 2005). Kişi merkezli terapi, insanların; (a) doğası gereği güvenilir olduklarını, (b) kendi kendini anlamada büyük bir potansiyele sahip olduklarını ve (c) hakiki, kabul edici ve empatik bir ortama sahip olmaları durumunda güçlüklerini çözmek için kendi kendini yönetme kabiliyeti olduğunu kabul eder.

Sonuç olarak kişi merkezli terapinin kullanıcıları, klinik uzmanı, tanı koyma, tavsiye verme veya ikna etmenin yerine bu ortamı oluşturmayı merkez almaktadır. Bununla birlikte, Rogers'ın birey merkezli tedavinin tamamen anlaşılmış veya eklemlenmiş bir statik şema olduğuna asla inanmadığını da unutmamak gerekir (Cain & Seeman, 2002). Daha ziyade, Rogers (1986a), birey merkezli terapiyi, dinamik bir teoriden, araştırma ve uygulamaya dayalı sürekli gelişim geçiren bir uygulama olarak görmüştür.

TARİHÎ GELİŞMELER

Rogers'ın birey merkezli terapi içindeki çalışması dört ayrı aşama olarak düzenlenmiştir (Bozarth, Zimring, & Tausch, 2002). İlk aşamada sıcak, izin verici ve yönlendirici olmayan klinik uzmana odaklanmıştır (Rogers, 1942). Danışan üzerinde teknikler kullanmak yerine Rogers, danışanın düşüncelerini ve duygularını yansıtarak, öncelikle danışanın ifade ve öz farkındalığını arttırmanın klinisyenin sorumluluğunda olduğuna inanıyordu.

Çalışmasının ikinci aşamasında, Rogers, dikkatini danışanın fenomenolojik dünyasına verdi (Rogers, 1957). Klinik uzmanın doğru empatiyi kullanarak danışanın öznel deneyimini ve iç gerçekliğini keşfetmesinin önemini tartıştı.

Kariyerinin üçüncü aşamasında, Rogers (1961) terapötik ilişkiye odaklanmıştı, bu süre boyunca değişim için gerekli ve yeterli terapötik koşulları belirledi. Rogers, danışanın şimdiki deneyimini sürekli olarak sunma, duygusal ve bilişsel erişilebilirliği sürdürme ve koşulsuz olumlu koşullar sergileme yoluyla danışanın gerçekleştirme eğilimini kolaylaştırdığını bu dönemde belirtmiştir (Rogers, 1966).

Rogers'ın çalışmalarının dördüncü safhası, iyileşme ve gelişme için temel koşullarını betimlemesiyle, bunları danışmanlığın ötesinde eğitim ve savunuculuk ortamlarına genişletmesiyle belirlenmiştir. Rogers, klinisyenin, danışanlarıyla sorun çözmekten daha fazlasını yapma sorumluluğunun olduğuna inanıyordu (Rogers, 1977) ve bunun yerine, danışanlarına sorumluluğu geri döndüren bir süreci onayladı, böylece bireylerin gelecek zorluklarla yüzleşmek ve karşılık vermek için daha hazırlıklı olmaları gerekiyordu (Sharf, 2005). Rogers (1986a), bu süreci, klinik uzmanın, danışanın bilişsel, duyuşsal ve davranışsal varoluş biçimlerini nihayetinde genişletmek için bir değişim aracı olarak benliği yaratıcı kullanımı şeklinde tanımlamıştır.

UYGULAMALAR VE ARAŞTIRMA BULGULARI

Rogers'a göre, tüm bireyler kendini gerçekleştirme eğilimine sahiptir; "kendini gerçekleştirme, yerine getirme, özerklik, kendi kaderini tayin ve mükemmelliğe doğru çaba gösterme yönündeki bir süreç" (Corey, 2009, p. 169). Sonuç olarak, klinisyen uyumu, koşulsuz olumlu saygı ve doğru empatik anlayışın temel koşullarının, belirtiler veya teşhislerinden bağımsız olarak, tüm danışanlar için uygun ve faydalı bir yaklaşım oluşturduğuna inanıyordu. Bununla birlikte, Rogers, daha iyi bilgilendirmek ve birey merkezli teori ve pratiği iyileştirmek amacıyla birey merkezli hipotezleri test eden devamlı araştırmayı savundu. Sonuç olarak, birey merkezli terapi, duygudurum bozuklukları, kişilik bozuklukları, madde kötüye kullanımı, uyum ve kişiler arası zorluklar da dâhil olmak üzere çok çeşitli problemler sunan bireysel danışanlar, grup ve aileler ile geniş çapta araştırılmıştır (Bozarth, Zimring, & Tausch, 2002).

Rogers, herhangi bir düşünce veya yöntem okuluna katı bir şekilde bağlılıktan kaynaklanabilecek potansiyel zarar konusunda uyarmasına rağmen (Sharf, 2005), 60 yıllık araştırmalar, birey merkezli tedavinin etkinliğini desteklemektedir (Cain, 2002). Özellikle, Watson (2002) bu mevcut araştırmayı gözden geçirmiş ve empatinin danışan ilerlemesini gösteren en güçlü öngörü olduğu ve empatiyi olumsuz bir sonuçla ilişkilendiren tek bir çalışma olmadığı sonucuna vardı.

DIŞAVURUMCU SANAT PERSPEKTİFİ

Carl Rogers'ın kızı Natalie Rogers, dışavurumcu sanatla bütünleşik birey merkezli bir terapi uygulamasıyla anılmaktadır. 1984 yılında, babasıyla yıllarca sürdürdüğü iş birliği sonrasında, Rogers, Sonoma, California'da Birey Merkezli Dışavurumcu Terapi Enstitüsü'nü kurdu (http://www.nrogers.com/). Konuşma, birey merkezli terapide iletişim için birincil araç olmasına rağmen, müzik, hareket, çizim, resim, şiir, meditasyon ve imgeleme gibi sözsüz yöntemlerin tümü dışavurumcu sanatlar iletişim için potansiyel araç hâline gelebilir (Malchiodi, 2005). Bununla birlikte, her iki yaklaşım da yaratıcı ifadenin öz farkındalık ve anlayış süreçlerinin yanı sıra danışanın iyileşmesi ve gelişmesindeki rolünü kabul eder (deCarvalho, 1999; Rogers, 1993). Ek olarak, aşağıda yer alan bilgiler de dâhil olmak üzere birey merkezli terapi ve dışavurumcu sanatlar arasında başka birçok tutarlılık tespit edilmiştir (Malchiodi, 2005; McNiff, 2004; Rogers, 1993):

- Güvenli, besleyici ve yargısız bir ortam yaratmanın,
- Klinisyenin empati, açık, dürüst, uyumlu ve kabul eden anlayış gösteren derin bir dinleyici olma sorumluluğu,
- Danışanın tam potansiyeline ulaşmak için doğuştan gelen kapasitesine olan güven,
- Danışanların kişisel farkındalığı, anlayışı ve sezgisi, kişinin düşüncelerine, duygularına ve deneyimlerini daha derin ele almak suretiyle sağlanabilir,
- Sürecin ürün değil dönüşüm potansiyeli taşıdığını kabul etmek,
- Öz farkındalık eylem yoluyla kolaylaştırılabilir ve böylece bir eylem olarak yaratıcı ifade, danışanın var olma biçimini genişletebilir,
- Empati, danışanların kendilerini güçlendirmeleri, benzersiz kimliklerini ve potansiyellerini keşfetmeleri için bir fırsat sunar.

Özetle, dışavurumcu sanatların dâhil edilmesi, birey merkezli teori ilkelerini benimsemek için tamamlayıcı sözsüz araçlar sağlar.

Dışavurumcu Sanat Müdahaleleri

ŞİİR ŞİŞESİ POSTASI

Melissa Luke

Belirtiler: Klinik sunumlar ve problemlerde kullanım için uygundur ve danışanlara, kayıp deneyimleri, bağımlılık davranışlarıyla mücadele etme ve ailevi ya da diğer ilişkisel kaygılar gibi mücadele ettikleri, tartışılmayan ve çözülmeyen bireysel deneyimlerin yönlerini dile getirme konusunda etkili bir şekilde yardımcı olur. Danışanlar bu müdahaleye kolayca katıldığından ve deneyimlerinin klinisyen veya grupla paylaşmadıkları yönlerini açıkladıkları için müdahalenin sadece grup çalışma aşamasında ve terapötik sınırlar ve grup normları uygulandıktan sonra başlatılması önerilir.

Hedef: Danışanın kendi tecrübesini anlama ve ifade etme sürecine katılımını kolaylaştırmak.

Yöntem: Hayal gücü, müzik, şiir.

Uygunluk: Birey merkezli sanat terapistti Natalie Rogers'ın (1993) "yaratıcı bağlantı" tanımıyla uyumlu olan bu müdahale, bir dizi dışavurumcu sanat yöntemini birleştirmektedir. Carl Rogers (1942) tarafından savunulan izin verici ve kabul edici terapötik duruşun yaygınlaştırılmasıyla, danışanlar müdahaleye deneysel bir deneyim olarak katılmaya davet edilirler ve katılıp katılmamaya ve/veya basitçe gözlemlemeye karar vermekte özgürdürler (Malchiodi, 2005). Ek olarak, klinisyen, müdahaleye katılan danışanlar tarafından bir şey üretilip üretilmediğini değerlendirmekten kaçınır ve bunun yerine danışanları, süreçle ilgili öznel deneyimlerini dile getirmeye ve seslendirmeye teşvik eder (Rogers, 1957).

Yaş Grubu/Evren: Ergenler; grup/bireysel.

Malzemeler: Bu etkinlik için üç temel malzeme gereklidir: Kartpostallar, seçilmiş müzikler ve yazı malzemeleri. Öncelikli olarak, bu müdahale için çeşitli kartpostallar gereklidir ve bunlar hem olumlu hem de olumsuz çeşitli duygusal ve bilişsel tepkileri uyaran ve/veya bunlarla ilişkilendirilebilecek bir dizi görüntü sunmalıdır. Bir koleksiyon aşağıdakileri içermekle birlikte bunlarla sınırlı değildir: (a) İnsanların, yerlerin ve şeylerin renkli fotoğraf görüntülerinin yanı sıra siyah ve beyaz; (b) gerçekçi, izlenimci, kübist, modern, soyut ve gerçeküstü stilleri temsil eden resim, çizim, heykel ve litograf kopyaları; (c) ikonik işaret, etiket, marka ve grafiti kopyaları; (d) soyut ve kolayca tanımlanamayan görüntüler ve (e) hayvanların, mimarlığın, taşıtların, müzik aletlerinin ve yiyeceklerin birçok farklı resimsel örneği. Müzik seçimleri, çeşitli müzik formlarını, stillerini ve enstrümanların kullanımını temsil etmeli, ayrıca farklı kültür ve dönemlerden örnekler içermelidir. Klinisyen tarafından önceden seçilebilir ya da grup üyeleri tarafından seans sırasında belirlenir. Gerekli yazı malzemeleri arasında çeşitli tipte kalemler, renkli ve grafiti kalemler, jel ve keçeli uçlu kalemler, çeşitli ebatlarda çizgili kâğıt, renkli karton ve kâğıt mendil ve mümkünse bilgisayarlar bulunur.

Yönerge:

1. Grup üyelerini deneysel bir çalışmaya davet edin. Önceki bir şiir atışmasının video klibini göstermeyi de içerebilecek olan müdahalenin başlığını, amaçlarını ve süreçlerini açıklayın.
2. Grup üyelerine katılıp katılmayacağına karar vermekte özgür olduklarını, katılmamayı ve/veya gözlemlemeyi seçebileceklerini hatırlatın. Bireyler, alt gruplar ve bir bütün olarak grupla birlikte şu anda neler olup bittiğini anlayın ve seslendirin.
3. Grup üyelerine mevcut resimleri görmeleri için biraz zaman ayırmaya teşvik edin. Bu, daire şeklinde oturulması durumunda kartpostalları bir grup üyesinden diğerine dağıtmak, her grup üyesine birkaç tane dağıtmak ve istedikleri gibi değiş tokuş etmek veya kartpostalları bir masaya ya da zemine yerleştirmek ve üyelerin hepsini görmesi için tur şeklinde yapılabilir. Müdahalenin bu bölümünde, süreçlerini yansıtmak ve netleştirmek için grup üyelerinin deneyimine katılın. Grup üyeleri, müdahale sürecinin yanı sıra, resimlerle ilgili bazı tepkilerini ve kurdukları bağlantıları paylaşmaları da muhtemeldir.
4. Ardından grup üyelerinden birkaç kartpostal resmi seçmelerini isteyin. Her bir grup üyesinin istedikleri kriterlere göre seçimlerini yapabileceğini belirtin (örn., çekim, itme, çağrışım, rastgele).
5. Daha sonra seçilen kartpostallarla ilgili bir tartışma başlatın. Her grup üyesine, diğerlerinin sunduklarına tepki verme ve paylaşma fırsatı verin. Grup üyelerini deneyimlerinin duygusal, bilişsel, duyusal, ruhsal, davranışsal, fizyolojik veya deneysel yönlerine katılmaya teşvik edin.

6. Kartpostalların görsel görüntülerinin şiirsel iletişimin sözel biçimlerine genişletilebileceği bir dizi yol gösterin. Farklı örnekler gösterin, örneğin Salvador Dali resminin kartpostal görüntüsüne "kaygan, değişken, durgun zaman", James Dean'in kartpostal görüntüsüne "Çenesi bana güçlü ve sağlam bir babayı hatırlatıyor; gözleri amcanınki gibi, cezbedici ve uçarı. Traş kolonyasının kokusu burnuma geliyor." örneği verilebilir. Ayrıca, art deco bir binanın siyah beyaz kartpostal görüntüsünü sözlü bir metafora çeviren bir örnek verilebilir: "Açık havada parlar, sanki balo için giyinmiş gibi uzun boylu ve yalnız duruyor, yolculuğunu bekliyor."
7. Grup üyelerinden, kartpostallardaki görsel görüntüleri genişletebilecekleri farklı yollar denemelerini isteyin. Buna rağmen bireysel olarak çalışmaları için alan ve malzeme verilmiştir. Bu süre zarfında, her grup üyesinin yaratıcı sürecini cesaretlendirin, koşulsuz kabulü ve saygıyı yineleyin ve odada gezinirken empatik yansıtıcı ve gözlemsel ifadeler kullanın. Bu işlem sırasında müzik çalmayı seçebilirsiniz ancak bu zorunlu değildir.
8. Bu süreç boyunca grup üyelerini dikkatlice gözlemleyin ve grup üyelerini çeşitli kartpostal görüntüleriyle şiirsel bir "bütün" oluşturmaya davet etmeden önce ne kadar zamanın gerektiğini iyi değerlendirin. Grup üyelerine, bu oturumda veya bir sonraki oturumda, müdahalenin bu bölümüne nasıl devam edileceği konusunda seçim sunulabilir. Üçüncü bir seçenek olarak, grup üyeleri oturumu bu dışında çalışmayı seçebilir ve oluşturdukları bütünü bir sonraki grup toplantısına getirirler. Danışanların, üründen çok sürece yeniden odaklanmalarını sağlayın.
9. Grup üyeleri şiirsel bütünlüğü tamamladıktan sonra, çalışmasını şiir atışmasına benzer şekilde paylaşmak isteyen olup olmadığını sorun. Grup üyelerinin, deneyimlerini ve müdahaleye yönelik tepkilerini işlemelerine yardımcı olmak için, danışanlardan aşağıdaki gibi sorulara yanıt vermelerini isteyebilirsiniz: *"Şiir bedeninizin hangi noktasında hissettiniz? Kendinizle ilgili neler keşfettiniz? Diğer grup üyelerinin şiirlerindeki hangi görüntüler sizi etkiledi ve nasıl? Ne zaman geri dururdunuz ve nereden biliyorsun? "Hareket" ya da "dans" deneyiminiz nasıl olurdu? Kolektif grup dinamiğine hangi ses verilebilir? Yaratırken düşüncelerinizle ilgili neler dikkatinizi çekti? Sunarken? Dinlerken? Gözlemlerken?"*
10. Bu müdahaleyi bitirmek için, grup üyelerini, her grup üyesinin şiirine cevap olarak bir müzik seçimi (kasetler, CD'ler, ses dosyaları veya iTunes'dan) yapmaya teşvik edin. Danışanları, her grup üyesine sunulacak bir "hediye" topluyor gibi seçimler yapmaya teşvik edin.

ATIK MALZEMEDEN DUYGU HEYKELLERİ

Rachel Payne, Chloe Lancaster, Laura Heil ve Melina Pineda

Belirtiler: Bu danışmanlık seansı duyguların bütüncül olarak keşfedilmesi için uygundur.

Hedef: Duyguları tanımak ve farklı ifade yolları hakkında farkındalık kazanmak.

Yöntem: Resim.

Uygunluk: Bu etkinliğin amacı, danışanın duygularını tanımasını, keşfetmesini ve kabul etmesini sağlamaktır. Bu etkinlik grupta kullanıldığında, bireylerin eğlenceli ve yaratıcı bir çalışmada iş birliği içinde çalışmasını gerektirdiği için güven ve bağlılığın oluşmasına yardımcı olur. Rogers'a göre, tüm danışanlar güven, kendini kabul etme, anlama ve kişinin kendi iç deneyimlerinin keşfedilmesini teşvik eden bir atmosferde kolaylaştırılabilecek bir kendini gerçekleştirme kapasitesine sahiptir (Rogers,1957;1986b).

Yaş Grubu/Evren: Çocuklar/ergenler/yetişkinler; grup/bireysel.

Malzemeler: Atık malzemelerin ve sanat malzemelerinin eklektik karışımı -plastik şişeler, malzeme artıkları, yumurta kutuları, folyo, renkli kâğıt, bant, keçeli kalem, boru temizleyicileri- ve diğer parçalanmayan atık malzeme ve sanat malzemesi

Yönerge:

1. Farklı duygu türlerini tarışarak seansı başlatın. Danışanların görmezden geldiği veya kendi duygularına ve başkalarınınkilere (örneğin, bastırılmış duygular, sinirlenme, aşırı tepki gösterme vb.) kötü tepki gösterdiği zamanları keşfedin. Bu tartışma sırasında danışanları duygularını kişiselleştirmeye teşvik edin: Bu duyguyu tarif eden/temsil eden duygu, doku, ses, hayvan ne olurdu?

2. Kısa bir tartışmadan sonra, danışanlardan bir duygu kelimesi listesi oluşturmalarını isteyin. Danışanları, yaşamlarındaki son zamanlarda yaşadıkları ve önemli olan olayları düşünmeye yönlendirin ve onlardan iç deneyimlerini yeterince yakalayan duyguları bulmalarını isteyin. Kelime seçiminde yaratıcı olmalarını teşvik edin ve üzgün, kızgın, mutlu ve memnun gibi daha basit duygu sözcüklerinden kaçınmaya teşvik edin.
3. Danışanlar kelimeleri söylerken bir danışanın yapışkan not kâğıtlarına yazmasını isteyin. Duygular kaydedildikten sonra, not kâğıtları duygu kelimesinin görülemeyeceği bir şekilde katlanmalı ve bir kutuya konmalı.
4. Danışanlar birkaç duygu kelimesi söylediğinde, bir oyun oynayacaklarını söyleyin. Öncelikle grubu küçük takımlara ayırın ve her takımdan bir danışanın kutudan bir kâğıt çekmesini isteyin. Danışan seçtiği duygu sözcüğünü kendi ekip üyeleriyle paylaşacak ancak diğer takımlara söylemeyecektir.
5. Gruba, her ekibin, seçtiği duyguyu bir heykel yapmak üzere birlikte çalışacağını duyurun. Gruplara kendi gruplarının kelimesiyle ilgili diğerlerine açıklama yapmaması gerektiğinin önemini vurgulayın. Danışanlardan, dokunuş, doku ve şekil de dâhil olmak üzere, duygu sözcüklerini sessiz ve çok-boyutlu bir perspektiften yansıtmalarını isteyin. Bu yansıtıcı süreç, takımlar heykellerini oluştururken yardımcı olacaktır.
6. Atık malzeme yığınından malzeme seçmek için her gruba yaklaşık 1-2 dakika (zaman kısıtlamalarına bağlı olarak) verin. Mümkünse, materyalleri başka bir odaya koyun, böylece ekip üyeleri hangi malzemenin duygu kelimesini en iyi temsil edeceğini tartışabilirler. İdeal bir ortamda, gruplar heykellerini ayrı odalarda yaratırlar, böylece takımlar diğer takımların kimliklerini ortaya çıkarabilecek ipuçlarını duymazlar.
7. Ekiplere duygu heykellerini yapmaları için yaklaşık 15-20 dakika verin. Danışmanlar ekipleri hızlı ve sezgisel bir şekilde çalışmaya teşvik etmelidir. Yöergeyi açıkladıktan sonra, geri çekilerek ekiplerin yaratıcı sürece dâhil olmalarına izin verin. Görüşme saatinden yaklaşık 5 dakika önce, grupları heykellerini tamamlamaya başlamalarını belirtin ve ne kadar zaman kaldığını hatırlatın.
8. Heykeller tamamlandığında, tüm grup diğer takımların heykellerinin neyi temsil ettiğini tahmin etmeye çalışmak için toplanır. Danışanların tahminde bulunmadan önce, farklı ekiplere heykelleri inceleme talimatı verin. Tüm grup üyelerinin bütün heykelleri incelemeleri için zaman verin.
9. Her ekibe heykellerinin sembolize ettiği duygu kelimesini tahmin etmelerine yardımcı olmak için diğer grup üyeleri tarafından altı soru sorulmasına

izin verin. Danışanları, bir heykelin farklı unsurlarının bilinçli bir tahmin yapmada onlara nasıl yardımcı olabileceğini düşünmeye yönlendirin. Ayrıca heykellerle temsil edilen duygu kelimelerinin daha önce kaydedilen kelimelerle sınırlı olduğunu hatırlatın. Gerekli olursa, kâğıtlara yazılan kelimelerin üzerinden kısaca geçin.

10. Önerilen sorular şunlardır: "*Bu heykelin .... duyguyu temsil ettiğini gösteren temen özellik nedir?* (Danışan doğru kelimeyi tahmine ttiğinde sorulur). *Şekil, renk, malzeme duyguyu belirlemenize nasıl yardımcı oldu? Heykelin rahat ve rahatsız edici özellikleri nasıl farklılık gösterdi? Bugün burada yaratılan heykellere bu duyguları yaşadığınız deneyimlerle benzerlik gösteriyor mu? Öyleyse, nasıl? Kötü ve iyi duygular gerçekten var mı? Heykellerde kullanılan atıkların duygularımızı bazen nasıl tedavi ettiğimizi temsil ettiğini bilen var mı?*"

İMGE DUVARI

Tina R. Paone

Belirtiler: Bu müdahalede, benlik saygısı, benlik imajı veya beden imajı sorunlarında kullanılmak için uygun olabilir. Benlikle ilgili diğer endişe alanları da aktivitede değişiklik yapılarak ele alınabilir.

Hedef: Kendini engelleyen düşünceleri daha olumlu algılamalar ile tanımak ve bunlara karşılık vermek.

Yöntem: Resim ve hareket.

Uygunluk: Bu etkinlik ağırlıklı olarak danışan odaklı bir yaklaşımı kapsar ancak aynı zamanda bilişsel davranışçı/rasyonel duygusal davranış terapisi (RDDT) yaklaşımından izler de içermektedir. Başlangıçta, etkinlik tanımlandığı gibi, grup üyeleriyle birlikte, danışan merkezli olmaktansa, daha bilişsel davranışçı olarak kabul edilecek bir yönerge yaklaşımı vardır. Asıl etkinlik sırasında, grup üyeleri kendi kolajlarını oluştururken, kolaylaştırıcı oluşturma sürecinde görülenleri geri yansıtır. Böylece, kolaylaştırıcı katılımcılarla ilişki kurarken güvenli ve rahatlatıcı bir ortam yaratacaktır (Rogers, 1957).

Bu uyum oluşturma, kolaylaştırıcının, aktivitenin ardından ilk birkaç soru sorarak işlemeye başlaması ve grup üyelerinin, diğer üyelerin yanı sıra, kolaylaştırıcı ile de ilişki kurmaya devam ederken, kendi hızlarında yanıt vermelerini sağlamasıyla devam eder. İşleme aşaması, sorulan sorular ve grup üyeleri tarafından verilen cevaplarla yoğunluğa ulaştığında, kolaylaştırıcının amacı bilişsel davranışçı/RDDT yaklaşımına geçmektir. Grup üyeleri kalan soruları işlerken, cevaplarıyla daha hedefe yönelik olma eğilimindedirler. Kolaylaştırıcının yardımı ile, benlik algısı ile ilgili tuttukları kendini engelleyen düşünce ve davranışların daha fazla farkına varırlar. İşleme süresince, kendi benlik algıları etrafında imgelere, düşüncelere ve mevcut davranışlara yaklaşmak için yeni bir yol geliştirirler (Ellis, 2001).

Yaş Grubu/Evren: Okul çocukları/ergenler/yetişkinler; grup/bireysel.

Malzemeler: Çeşitli dergiler, elişi kâğıdı, kâğıt, yapıştırıcı ve makas.

Yönerge:

1. *Açılış*: Grup üyelerinden Amerika'daki güzellik ideallerinin, görünüşleri medyanın tanıttığı imajı yansıtan veya yansıtmayan bireylerle başa çıkma biçimlerini nasıl etkilediklerini hayal etmelerini isteyin. Ayrıca grup üyelerinden, medya tarafından oluşturulan ve sunulan ideallere dayanarak kendilerini nasıl gördüklerini incelemelerini isteyin. Grup üyeleri ile hem Amerika'da güzelliğin nasıl algılandığı fikrini hem de bununla ilişkili olarak kendilerini nasıl algıladıklarını tartışın. Grup üyeleri, aslında görüntü duvarı hâline gelen bir kolaj oluşturarak bu kavram hakkında görsel bir anlayış geliştirirler.
2. *Yönerge*: Grup üyelerinden çeşitli dergilerine bakmalarını ve Amerikan güzellik idealini yansıttığını düşündükleri kendi kişisel reklam veya fotoğraf kolajlarını oluşturmalarını isteyin. Kolajlarını gruba sunmalarını ve neden belirli reklamları veya fotoğrafları seçtiklerini açıklamalarını isteyin. Her grup üyesi kendi resmini sunduktan sonra, bir "resim duvarı" oluşturmak için her bir kolajı duvara bantlayın.
3. Danışanlardan odada dolaşarak görüntü duvarına tepki vermelerini isteyin. Bu duvara karşı gösterdikleri fiziksel ve duygusal tepkileri grupla tartışın.
4. *İşleme soruları*: Bu sorular şu şekilde olabilir ancak bunlarla sınırlı değildir: "*Bu etkinliğe karşı tepkilerin neler oldu? Medya ifadelerini izlemek nasıldı? Medyanın güzellik olarak gösterdiği şeyi incelemenizle ilgili ne gibi tepkileriniz var? Kendi kolajınızı oluşturmak ve paylaşmak nasıl bir duygu? Kendi kolajınızın bir bütünün parçası olduğunu görmek nasıl hissettirdi? Güzellikle ilgili bu fikirleri nereden edindiniz? Gerçek güzelliğin özelliklerini daha iyi anlamanıza yardımcı olmak için bu eleştirel bakışı ve bu bilinçaltı deneyimi nasıl yanınızda götürebilirsiniz? Bu grupta öğrendiklerinizi hayatınıza nasıl uygulayabilirsiniz?*"
5. *Uyarılar*: Bu etkinlik, potansiyel olarak güçlü olumlu ve olumsuz duygular uyandırma ihtimali olduğundan bazı üyeler için hassas sorunlara değinebilir. Tüm gruplar ve grup enerjileri farklıdır; bu nedenle grup üyelerinin önemli olduğunu düşündüğü konulara değinmesini sağlamak için işleme sırasında esnekliği korumak önemlidir.

FLORATERAPİ: BİR RÜYA BAHÇESİ

Kristi Perryman, Paul Blisard ve Angela L. Anderson

Belirtiler: Floraterapi, hastalık, ölüm ve boşanma gibi yas konularında çalışırken çok yararlıdır. Seanslar, giriş, çalışma ve sonlandırma etkinliklerini içerir. Kullanım alanları ayrıca hedef belirleme, aile araştırması, kontrol ve sınır konularında çalışmaktır.

Hedef: Danışanlara, kayıp karşısında kendi kendine büyüme ve gelişme çabalarında yardımcı olmak.

Yöntem: Sanat/floraterapi.

Uygunluk: Floraterapi, doğası gereği danışanların kendi iç dünyalarını keşfetmelerine ve geliştirmelerine odaklanmalarına yardımcı olan çok farklı bir yöntemdir. Floraterapi, çiçek tasarım etkinliklerinde taze bitki ve çiçek kullanımını içerir. Terapötik süreci teşvik etmek için taze çiçekler ve bitkilerin bir ortam olarak kullanılması, bu sürece dâhil olma, kendini açıklama ve ifade etmeyi destekler. Çiçekler ve bitkiler, Amerika'da uzun yıllardır terapötik araç olarak kullanılmaktadır. Aslında, bu iyileşme yönteminin ilk belgelenmiş vakaları, Bağımsızlık Bildirgesi'ni (Amerikan Bahçe Bitkileri Tedavisi Derneği) imzalayanlar arasında olan Dr. Benjamin Rush'ın eseridir. Psikiyatrik hasta grupları ile çalışırken, bireyleri, bitki yetiştirme ve koruma sürecinin yanı sıra, hastaları tedavisinin bir parçası olarak bir bahçede yürüyüş sürecine dâhil etmiştir. Floraterapi uygulaması, Natalie Rogers (1993), Samuel Gladding (1998) ve diğerleri gibi terapistler tarafından tanımlanan birey merkezli yapı içinde iyi bir uyum sağlar. Birey merkezli teknikler ve terapistle terapötik diyalog yoluyla işlenen etkileyici bir sanat tekniğidir.

Yaş Grubu/Evren: Çocuklar/ergenler/yetişkinler; grup/bireysel/klinik süpervizeler.

Malzemeler ve Hazırlık: Canlı çiçek ve bitkilerin yanı sıra vazo, halka, saksı ve benzeri eşyalar.

Yönerge: Bu çalışma, hem gerçekleşmemiş hedefleri ve düşleri gerçekleştirmek ve hedef belirlemek açısından geleceği sembolize eder. Üyelerin grup için kendi kişisel hedeflerini temsil eden bitkileri seçmelerine izin verilerek bir giriş etkinliği olarak kullanılabilir.

1. Çiçek tasarım süreci.

   Danışanlar tepside küçük bir bahçe oluşturmak için canlı çiçek kullanırlar. Danışan, katılımcılardan kendi hedeflerini ve düşlerini temsil eden bitkileri seçmelerini ister. Bazı temsil alanları örnekleri arasında kariyer özlemleri, ilişkiler, maneviyat ve tutkular bulunmaktadır.
2. Kolaylaştırıcının rolü.
   - **a.** Bahçesini tasarladıktan sonra, katılımcılardan grupla yarattıklarını ve genel bahçe ile bireysel bitki seçimlerinin onlar için neyi temsil ettiğini paylaşmalarını isteyin. Örneğin, bir grupta, kişi manevi yaşamını temsil etmek için bir çarkıfelek çiçeğini seçti. Başka bir kişi eşinin ölümünden sonra hiçbir şey için tutkusu olmadığını söyledi. Çarkıfelek çiçeğini gerçekleşmeyen arzusunu temsil etmek için seçti. Daha sonra:
   - **b.** Katılımcıları, canlı bir ortamla çalışma konusundaki deneyimlerini ve duygularını anlatmaya davet edin.
   - **c** Danışanlardan hedeflerine ve hayallerine yönelik çalışmaya devam etmelerini sağlamanın bir yolu olarak hayaller bahçesini eve götürmelerini isteyin.
   - **d.** Üyelerden, bahçelerini, hedeflerini/hayallerini nasıl beslediklerini ve nasıl geliştiklerini paylaşmalarını tartışmak için en son grup toplantısına geri getirmelerini isteyin.

AİLE BUKETİ

Kristi Perryman, Paul Blisard ve Angela L. Anderson

Belirtiler: Bu etkinlik, çözümlenmemiş sorunlar yaşayan bireyler için uygundur.

Hedef: Çözülmemiş aile kökeni konularının farkında olmak ve ifade etmek.

Yöntem: Sanat/floraterapi.

Uygunluk: Bu aktivitenin amacı, katılımcılara öz ailelerinin hatıralarını ve algılarını keşfetme fırsatı sunmaktır. Bu oldukça güçlü bir etkinliktir ve terapötik güven kurulduktan sonra uygulanmalıdır. Natalie Rogers'ın (1999) birey merkezli sanat ilkelerine göre "Dışavurumcu sanat bizi bilinçaltına götürür ve önceden bilinmeyen yönlerimizi ifade etmemize izin verir, böylece yeni bilgi ve farkındalığı ortaya çıkarır." (ss. 130-131).

Yaş Grubu/Evren: Çocuklar (9 ve daha büyük)/ergenler/yetişkinler; grup/bireysel.

Malzemeler ve Hazırlık: Büyük kil veya plastik tabak (saksı altı), çiçek köpüğü, yosun, deri yaprak, canlı çiçek (önceden hazırlanmış buketler satın alınıp bölünebilir), çubuk veya ince dallar; taşlar; silikon, silikon tabancası, makas.

Seansın başlangıcından önce, çiçek köpüğünü tabağa sıcak yapıştırarak tabakları hazırlayın Ve köpüğü yosunla kaplayın (yapışması için yosunu nemlendirin).

Yönerge:

1. Katılımcılara, ailelerinin her bir üyesini veya kendileri de dâhil olmak üzere aileleri olduğunu düşündükleri kişileri temsil etmesi için çiçek seçmelerini söyleyin.
2. Seçtikleri çiçekler/malzemelerden oluşan bir buket oluşturmalarını isteyin.
3. Üyelerden kendi yarattıklarını ve her bitkinin temsil ettiği kişiyi ve neden o çiçeği seçtiğini paylaşmasını ve isteyin.
4. İşleme konuları şu şekilde olabilir: "*Aile kökeninize bakınca nasıl hissediyorsunuz?*" Bitkilerin yerleştirilme biçime dikkat edin (hangi üyeler diğerlerine yakın ya da uzak duruyor; örn., "Senin annenin yanında durduğunu ve erkek kardeşininse babana daha yakın olduğunu görüyorum..."). Kolaylaştırıcı, aynı zamanda bukette kullanılan nesnelere de dikkat etmeli ve taşlar ve dallar gibi nesnelerin anlamlarını araştırmalıdır.

DANIŞAN AYNASI

Sheri Pickover

Belirtiler: Küçük çocuklarla oyun terapisinin bir parçası olarak, bu etkinlik etkili ilişkiler kurma, öz güveni, öz yeterliliği eksik olan çocuklar için ve benlik gelişimini desteklemek için oldukça etkilidir. Bunlar arasında sürekli yetişkinlerin onayını bekleyen ya da "Kötüyüm" "Aptalım" gibi ifadeleri sık kullanan çocuklar da yer almaktadır.

Hedef: Benlik gelişimi ve öz güven gelişimin arttırmak.

Yöntem: Resim.

Uygunluk: Bu etkinliğin amacı, danışanın kendine değer ve kişisel dünya görüşünü onaylayarak danışanın öz yeterlilik ve öz değer duygusunu arttırmaktır. Teorik olarak, bu müdahale, Rogers'ın koşulsuz olumlu saygı ve empatik doğrulama ilkelerinden ortaya çıkmıştır (Rogers, 1992).

Yaş Grubu/Evren: Çocuklar; bireysel.

Malzemeler: Keçeli kalem, kil, oyun hamuru, çeşitli kâğıtlar, kalıplar gibi çizim ya da resim malzemeleri.

Yönerge:

1. Yönlendirici olmayan bir yaklaşım kullanarak, danışana sanatsal yaratma fırsatı sunun. Danışan resim çalışması tercih ederse, danışanın eylemlerini yansıtarak başlayın (örn., *"Kille çalışmayı seçiyorsun!"*)
2. Aynı malzemeyi seçerek danışana şöyle bir soru sorun: *"Yaptığın şeyi sevdim, ben de seni taklit edebilir miyim?"* Danışan onay verirse, mümkün olduğunca danışanın çalışmasına benzer bir çalışma yapın. Aynı renkleri, şekilleri seçin. Sık sık, danışana doğru yapıp yapmadığınızı sorun.
3. Danışan, onay almaya veya resim hakkında karar vermenize izin vermeye başlarsa, şunları söyleyin: *"Yaptığın şeyi sevdim, yaptığın önemli, senin yaptığını yapmak istiyorum."*

   Gerekli durumlarda danışandan yönlendirme isteyin (örn., *"Sonra ne yapmalıyım?"*).

ÖZ FARKINDALIĞI DESTEKLEMEK İÇİN METAFOR KULLANIMI

Corie Schoeneberg, Nancy Forth ve Atsuko Seto

Belirtiler: Danışmanlar, bu müdahaleyi kullanmadan önce danışanın metaforu açıkça ifade edip edemediğini ve kendi yorumunu yapıp yapamayacağını göz önünde bulundurmalıdır. Kültürler arasılık ve farklılıklar dikkate alınmalıdır. Bazı danışanlar etkinliğin öznelliğinden ve gerekli olan soyut düşünceden rahatsız olabilirler.

Hedef: Gelişmiş öz farkındalık, kişisel deneyime yeni bakış açıları ve hedef belirleme.

Yöntem: Resim.

Uygunluk: Bu etkinliğin amacı, danışanın, iyileşme terapötik sürecini daha da kolaylaştırmak için kişisel bir deneyime dair yeni veya farklı bir düşünme yöntemi keşfetmesi veya kavramsallaştırmasını sağlamaktır. Bu etkinlik, danışanın kişisel tecrübesi ve bir resim arasında bir metafor yaratmasına, metaforun hayatı ile ilgili anlamlarını keşfetmesine (Hutchinson, 2007), kişisel gelişim ve ilerlemesinin arttırılmasına yardım eder (Freud, 1965; Jung, 1961). Hanna'ya göre (2007) bir metafor, "benzetmeyle başka bir koşulu temsil eden bir kelime veya cümledir" (s. 223). Metaforları terapötik bir müdahale olarak kullanmak, danışanın gerçekliği için bir çerçeve oluşturur (Alvarado & Cavazos, 2008; Hanna, 2007) ve danışana "içsel deneyimini" yakalayan görsel bir görüntü sunar (Chen ve Giblin, 2002). Metaforlar ayrıca danışana problemi veya durumuyla ilgili yeni bir bakış açısı sunarken güçlü bakış açıları ve terapötik işlemeye olanak sağlar. Ek olarak, danışanın bir metafora odaklanması, belirli bir deneyimi çevreleyen duygular ve bilişlere karşı psikolojik bir mesafe yaratır, böylece danışanın duygusal işlemede savunma ve kendini koruma engellerini ortadan kaldırabileceği güvenli bir ortam sunar.

Yaş Grubu/Evren: Ergenler/yetişkinler; grup/bireysel.

Malzemeler ve Hazırlık: Seanstan önce danışman, dergilerden, internetten, gazetelerden vb. çeşitli resim ve görüntüler toplamalı ve kesmelidir. Hem canlı hem cansız nesneleri içerebilir, bunlar arasında etkinlik yapan insanlar, hayvanlar, doğadan sahneler, basit nesneler veya kelimeler şeyler yer alabilir. Resimleri şapka ya da kase gibi, danışanın resimleri alabileceği bir kutuya yerleştirin. Ayrıca, seanslar arasında öz yansımayı teşvik etmek için danışanı seans sonunda resmini çekmesi için davet edebilirsiniz.

Yönerge:

1. Danışandan kutuya bakmadan rastgele bir resim çekmesini isteyin.
2. Danışan bir resim seçtikten sonra, danışandan kişisel deneyimi (veya kaygısını ortaya koyması) ile imaj arasında bir metafor oluşturmasını isteyin. Örneğin, danışman şöyle sorabilir: *"Bu görüntü şu anda neler yaşadığınızı ve bunun hakkında ne düşündüğünüzü ve hissettiğinizi nasıl tarif ediyor (ya da onunla konuşuyor)?"* Danışana yanıt vermeden önce düşünmesi ve soruyu işlemesi için zaman verin.
3. Danışan, metaforu söze dökmeye başladığında, danışanın metaforla bu bağlantıları hakkındaki duygularını yansıtın. Örneğin, danışan, kemik gömen bir köpek ve geçmişte yaşanan istismar deneyimi arasında bağlantı kurabilir. Danışanın "gömülü" sırrı ile ilgili savunmasızlık ve maruz kalma duygularının yanı sıra kendini koruma ve gizleme aciliyetini çevreleyen duyguları yansıtabilirsiniz. Danışan yansıma işlemini bitiriyor gibi göründüğünde, danışan ile resim arasında gözlemlediğiniz diğer bağlantıları açıklayabilirsiniz.
4. Danışan metafor işlemeyi tamamladığında, etkinliği bitirmek için aşağıdaki sorular sorulabilir: *"Bu etkinliği yapmak nasıldı? Bu etkinlikten ne edindin(ya da hangi anlamı çıkardın)? Bu resimle ne yapmayı planlıyorsun?"*
5. Gelecekteki çalışma, danışanın metaforu araştırmasından kaynaklanan hedef belirleme olabilir. Örneğin, gömülü kemik ile danışanın açıklanmayan istismarı arasındaki metaforda, danışman, aşağıdaki gibi sorularla metaforu genişleterek hedef belirlemeyi kolaylaştırabilir: *"Köpeğin kemiği ortaya çıkarması için yeterince güvende hissetmesi için ne olması gerekiyor? Kemiğin gömülmesinin artıları ve eksileri nelerdir? Köpek kemik ile yapmayı umuyor?"*

RENCİDE EDİCİ KELİMELERE KARŞI GÜÇ KAZANMA

Beth McCabe

Belirtiler: Danışanın bireysel olarak paylaştığı duygu ve düşünceler, danışman/terapist ve diğer grup üyeleriyle ilişkisine karşılıklı saygı gösterilerek değerlendirilmelidir. Güven, önce danışanla veya bir grup ortamında, paylaşımın savunmasızlığına açık olmaya gönüllü olmasını sağlayacak güvenli ve özenli bir ortamla oluşturulmalıdır. Paylaşımın sağladığı evrensellik, bireysel desteği artırabilir ve iyileşmeyi ilerletebilir.

Hedef: Kendini keşfetme; kişinin geçmiş deneyimlerinden kaynaklanan acı verici sözler ya da eylemlerle ilişkili duygularını/hislerini keşfetme, duygusal travmayı kabul etme ve içselleşme sürecinin kötü bir öz güvene yol açması; benlik saygısının azalamasıyla sonuçlanan duygusal travma ve içselleşme süreci; yeniden çerçeveleme yoluyla olumsuz duygu ve hislere karşı kişisel güçlenme olarak düşünülebilir.

Yöntem: Müzik ve dışavurumcu yazı.

Uygunluk: Bu etkinliğin amacı, danışanlara kişisel olarak acı veren deneyimlerle ilişkili olumsuz duyguları çözmelerinde yardımcı olmaktır. Bu, hikâyelerini güvenli bir şekilde anlatmalarını ve kişisel onay almalarını sağlamak için günlük tutma ile bağlantılı olarak müzik analizi ve yorumlaması kullanılarak gerçekleştirilir. Belirli bir şarkıyı dinleyerek, lirik analizi kişisel olarak saklanan, acı veren hatıraların görüntülerinin kilidini açmaya yardımcı olur; bu da duygularını güvenli, kontrollü bir terapötik ortamda serbest bırakır ve bireye danışman/terapist veya grup üyelerinin desteği yoluyla iyileşme fırsatı verir. Buna ek olarak, gelecekteki incitici sözler veya olaylara karşı sağlıklı savunma, başa çıkma mekanizmaları ve birinin ruhuna olumsuz etkileri için bir çerçeve oluşturur.

Yaş Grubu/Evren: Çocuklar/ergenler/yetişkinler; grup/bireysel.

Malzemeler ve Hazırlık: Christina Aguilera'nın *Stripped* albümü, CD çalar, "Beautiful" şarkısının sözleri kopyaları, günlük alıştırma kâğıtları, duygu tanımlama kâğıtları, kişisel onay kâğıtları.

Yönerge:

1. Müziğe kişisel duyguları ve deneyimleri yüzeye çıkarabileceğini açıklayarak seansa başlayın. Grup üyelerine, Christina Aguilera tarafından söylenen "Beautiful" şarkısının sözlerini sessizce dinlemelerini söyleyin.
2. Sözleri ve bu etkinlik için kullanılan aşağıdaki sözlü yorumu dağıtın: Christina Aguilera'nın gençken duygusal travma yaşadığı söylenmektedir ve kim olduğunu anlatmak yerine acısının üstesinden gelmek için Linda Perry (2002) tarafından yazılan ve bestelenen Beautiful şarkısını kaydetmiştir. Grup, bireyin duygularını, düşünceleri ve deneyimlerini yazmanın faydalı olabileceği konusunda bilgilendirilir. Bu başkalarının duygularını incitmek endişesi olmadan kendini ifade etmenin güvenli bir yolu olabilir. Bu müdahale kişinin kafasını temizlemeye yardımcı olabilir ve kişisel sezgilerle kişinin durumunu dikkate alarak daha olumlu bir bakış açısı sağlayabilir. Benim işimi -nelerden sorumlu olduğumu, "başkasının işi" onların sorumluluklarını- o açığa çıkarabilir ve ayırt edebilir. Seçileni veya kendi seçtikleri şarkıyı ve sözlerini dinlerken ilgili düşüncelerini ve duygularını günlüğe yazmalarını söyleyin.
3. Duygu/his çalışma kâğıdını dağıtın. Şarkı çalarken veya bireyler kendi kişisel şarkı sözlerini analiz ederken, grup üyelerinden, geçmişte bir kişinin sözleri veya eylemlerinden zarar gördüğü bir durumu bireysel olarak yansıtmasını veya düşünmesini isteyin.
4. Günlük çalışma kâğıdını dağıtın. Aşağıdaki soruları yansıtmalarını ve deneyimleriyle ilgili duygu ve düşüncelerini günlüğe kaydetmelerini isteyin. Dürüst ve paylaşımlarında açık olmalarının önemli olduğunu belirtin. Grup tartışmaları sırasında cevaplarını paylaşmaları teşvik edilmekle birlikte, hazır olmadıklarında mahremiyetlerine saygı gösterilecektir. Ek olarak, danışan, bireysel danışmanlık sırasında paylaşmayı tercih ettiği bir şey olduğunu belirtebilir veya danışman/terapist tarafından özel olarak okunmasını isteyebilir. Duygular/hisler sayfası, her bireyin kişisel deneyimlerine cevap olarak nasıl hissettiğini belirlemesini sağlayabilir.
5. Yanısıtıcı sorular şöyle olabilir: "*Geçmişinizden gelen hangi acı verici sözler veya eylemler sizi kendinizle ilgili iyi şeylere veya niteliklere şahit olmanızı veya bunlara inanmanızı engelledi? Geçmişinizden gelen hangi acı verici sözler veya eylemler sizi dış ve/veya iç güzelliğinizi görmenizi engelledi? Bu olumsuz deneyim size nasıl hissettirdi? Bu hisler güveninizi nasıl etkiledi? Bu duygular, başarmak istediğiniz davranışlarınızı veya hedeflerinizi*

nasıl etkiledi? Acıyı nasıl geçirdiniz? Hayatta kalma şekli olarak ne tür davranışlar ya da başa çıkma mekanizmaları kullandınız? Bu davranışlar olumlu muydu yoksa olumsuz mu? Hâlâ gerekli mi? Tepkilerinizden/seçiminizden nasıl öğrenir ve bir daha tekrarlanırsa gelecekte daha olumlu hâle getirmek için nasıl değiştirirsiniz? "Limonlarınızı limonataya" nasıl dönüştürebilirsiniz?"

6. Her grup üyesine, günlüklerini başka grup üyeleriyle paylaşma fırsatı verilir. Destekleyici ve önemseyen kişilere söylemenin rahatlatıcı olduğunu söyleyerek grup paylaşımını teşvik edin. Zor zamanlar geçirmelerine yardımcı olan diğer şarkıları ve müzikleri tartışın. Acının üstesinden gelmek için diğer stratejileri grup olarak beyin fırtınası yöntemiyle tartışın.
7. Olumlu doğrulama çalışma kâğıdını dağıtın. Danışanlardan kendileriyle ilgili kendi ifadelerini oluşturmalarını isteyin. Bunlar, her bir grup üyesinin hafta boyunca kendileri hakkındaki olumlu düşüncelerini artırmak için kullanacağı ifadelerdir. Grup ayrılmadan önce, her üye olumlu bir not bırakarak grupla olumlu ifadesini paylaşır.

Günlük Çalışma Kâğıdı

Müzik çalarken, geçmişte zarar verici sözlerin veya eylemlerin sizde acı verici ve duygusal travmalara neden olduğu bir durum düşünün. Aşağıdaki soruları düşünün:

- *Geçmişinizden gelen hangi acı verici sözler veya eylemler sizi kendinizle ilgili iyi şeylere veya niteliklere şahit olmanızı veya bunlara inanmanızı engelledi? Geçmişinizden gelen hangi acı verici sözler veya eylemler sizi dış ve/veya iç güzelliğinizi görmenizi engelledi?*
- *Bu olumsuz deneyim size nasıl hissettirdi?*
- *Bu hisler güveninizi nasıl etkiledi?*
- *Bu duygular, başarmak istediğiniz davranışlarınızı veya hedeflerinizi nasıl etkiledi?*
- *Acıyı nasıl geçirdiniz? Hayatta kalma şekli olarak ne tür davranışlar ya da başa çıkma mekanizmaları kullandınız?*
- *Bu davranışlar olumlu muydu yoksa olumsuz mu? Hâlâ gerekli mi?*
- *Tepkilerinizden/seçiminizden nasıl öğrenir ve bir daha tekrarlanırsa gelecekte daha olumlu hâle getirmek için nasıl değiştirirsiniz? "Limonlarınızı limonataya" nasıl dönüştürebilirsiniz?*

Olumlu İfadeler

Yönerge: Aşağıda yer alan "Ben" cümlelerini inceleyin (Livestrong.com websitesi). Güçlü yönlerinizi, niteliklerinizi, yeteneklerinizi ve yeterliliklerinizi düşünün. Bir sonraki seansa kadar kendinize tekrar edeceğiniz bir kendi kendine konuşma mesajı oluşturun. Bu, pozitif olmanıza ve kendiniz hakkında daha iyi hissetmenize yardımcı olacaktır. *Cümlenizi grupla paylaşmaya hazır olun*

Örnekler

- Ben iyi bir insanım... Ben güvenilirim.
- Ben yaratıcıyım... Ben açığım.
- Ben ilgiliyim . . . Ben cömertim.
- Ben sevgi doluyum . . . Ben cesurum.
- Ben zekiyim . . . Ben affediciyim.
- Ben güzelim . . . Ben neşeliyim.
- Ben yetkinim . . . Ben enerjiğim.

Kendi Olumlu İfadelerim:

Ben ------------------------ . . . Ben ------------------------.

KİŞİLİK ÇİFTLİĞİ

Jill Packman ve Ireon Dupree

Belirtiler: Bu etkinlik, genç grup üyelerine grup ortamında birbirlerinin benzersiz kişilik özelliklerini tanıtmak için kullanılabilir. Ek olarak, bu etkinlik grup üyelerinin davranışlarının grup dinamiğini nasıl etkilediğini düşünmelerini sağlar. Belirli insanların neden belli bir şekilde inandığını, davrandığını veya hissettiğini tartışmak için etkinlikler sırasında belirli aralıklarla gözden geçirilebilir. Ayrıca bu etkinlik, Çatışma çözümü öğrenirken çocukların etkileşime girmesi için güvenli bir yer sağlar.

Hedef Başkalarını tanıma; benzerlikler ve farklılıklar.

Yöntem: Sanat.

Uygunluk: Ruh sağlığı, çocukların öğrenmesinin ve genel sağlığının önemli bir bileşenidir. Bu nedenle, çocuklarda sosyal ve duygusal sağlığı, sağlıklı çocuk gelişiminin bir parçası olarak desteklemek ulusal bir öncelik olmalıdır. (ABD Halk Sağlığı Servisi, 2001, s. 5). Oyun terapisi ve aktivite terapisi, çocukların ve preadolesanların gelişim ihtiyaçlarına duyarlı müdahalelerdir. Bu etkinlik boyunca hümanistik ilkeler kullanılmaktadır.

Yaş Grubu/Evren: Çocuklar/ergenler/yetişkinler; grup/aileler.

Malzemeler: Kese kâğıdı, kalem, boya kalemi, el sanatları ve sanat malzemeleri.

Yönerge:

1. Farklılıklar ve benzerlikler üzerine bir tartışmayla seansa başlayın. Her özellik, avantajları açısından değerlendirilmeli ve tartışılmalıdır. Farklılıklar ve benzerliklerin sadece insanlarda değil, hayvanlarda da nasıl gerçekleştiğine odaklanmak için tartışmayı değiştirin. Hayvanlar dünyasındaki benzerlikler ve farklılıkları tartışın.
2. Grup üyelerinden kendi kişiliklerine en yakın gördükleri bir hayvanı düşünmelerini isteyin. Bu hayvanın belirli durumlarda nasıl davrandığını, na-

sıl göründüğünü, nasıl hissettiğini ve kendine nasıl baktığını düşünmelerini isteyin.

3. Grup üyelerini, kese kâğıdı ve resim malzemeleriyle bu hayvanı çizmeye, resmetmeye davet edin.
4. Grup üyelerinden kendilerini ve hayvan kişiyi gruba tanıtmasını isteyin.
5. Farklı hayvanların/grup üyelerinin farklı durumlarla nasıl başa çıkabileceği ve birbirleriyle nasıl etkileşime girebilecekleri hakkında bir tartışma açın. Tartışmayı destekleyecek olası sorular şöyle olabilir: "*Hayvanınızı nasıl seçtiniz? Hayvanınızın size benzeyen özelliği nedir? Benzemeyen özelliği? Hayvanınız farklı durumlara karşı nasıl tepki gösterir? (korku, öfke, mutluluk heyecan vb?)Hayvanınız kendini nasıl korur? Hayvanınızda bir şeyi değiştirebilecek olsanız neyi değiştirirdiniz? Hayvanınız bu grupta kimle iyi geçinir? Kiminle zorluk yaşar? Bu zorluklarla nasıl yüzleşir ve çözersiniz? Hayvanınız bu grupta en çok kime benziyor? Kimden farklı?*"

SİHİRLİ DEĞNEKLER

Jill Packman ve Ireon Dupree

Belirtiler: Bu aktivite, hedef belirleme niteliği nedeniyle bir dizi sorunla birlikte kullanılabilir. Ancak hedef belirleme gerçekleşirken, değneklerin yapım sürecinin de eşit derecede önemli olduğu hatırlanmalıdır.

Hedef: Değişim dürtüsü: birisine bir mucize gerçekleşmesi için "güç" verir.

Yöntem: Sanat.

Uygunluk: Bu etkinliğin amacı, değişim için bir sıçrama noktası sağlamaktır. Bu etkinlik sayesinde çocuklar nasıl farklı olmak istediklerini ve bu değişikliklerin nasıl olabileceğini ifade edebilirler. Bu etkinlik grup, aile ya da bireysel seanslarda kullanılabilir. Bu etkinlik, danışanların "sihir" durumlarını hayal etmelerine izin vererek bir durumun nasıl farklı olabileceğine dair bir fikir vermektedir. Etkinlik, danışanın somut hedefler koymasını kolaylaştırır ve danışanın bu amaç ve isteklerden haberdar olmasına yardımcı olur. Ancak insancıl bir bakış açısı ile tutarlı olmasından kaynaklı, sonuç amaç değildir. Bu etkinlik daha çok amaç farkındalığı sürecine odaklanmalıdır. Hümanistik felsefe, danışanlara birebir iletişim yoluyla kişisel bir seçim duygusu geliştirmek için kabul edilebilir, empatik bir ortamın sağlanması gerektiğini belirtir (Task Force for the Development of Guidelines for the Provisions of Humanistic Psychosocial Services, 1997). Bu etkinliği kullanmanın gerekçesi, geleneksel konuşma terapisinin çocuklar için uygun olmadığı fikridir. Kendilerini sözlü olarak ifade edecek bilişsel gelişime sahip değillerdir. Çocuğun dili oyundur (Landreth, 1991).

Yaş Grubu/Evren: Çocuklar (9 ve daha büyük yaş)/ergenler/yetişkinler; grup/bireysel/aile.

Malzemeler ve hazırlık: Yaklaşık 18 inç uzunluğunda kesilmiş ahşap, mukavva kâğıdı, tutkal, parıltı, boru temizleyicileri, keçeli kalem, boya, makas, tüyler, taşlar, kâğıt mendil, ponpon, şerit ve boya kalemleri (mevcut herhangi bir sanat malzemesi işe yarar).

Yönerge:

1. Süper kahramanlar ve farklı kahramanların sihirli güçleri hakkında bir tartışma açın. Güçler, ne yapmayı istediğimizi ya da farklı insanların güçleriyle ne yapmaları gerektiği bakımından tartışılabilir. Bu noktada, gerekirse, danışanların süper güçler listesi hazırlamasını ve bunları nasıl kullanılabileceklerini geliştirmelerini sağlayabilirsiniz.
2. Danışanlardan sihirli güçleri olduğunu hayal etmelerini isteyin. Hangi güce sahip olurlardı? Bu güce sahip olduklarında dünya nasıl bir yer olurdu?
3. Danışanlara ahşapları ve resim malzemelerini verin. Kendi sihirli güçlerini yansıtan bir jeton yaratmalarını isteyin, ahşapları kullanmak zorunda değiller.
4. Danışanın belirli bir güç seçme konusundaki gerekçesini ve işleri nasıl farklılaştıracağını, nesneyi farklı yapmak için nasıl kullanacağını ve onların gücünü günlük yaşamda nasıl kullanabileceğini ele alan bir tartışma başlatın.
5. Keşfetmeyi sağlayabilecek şu sorular sorulabilir: "*Gücünüzü nasıl seçtiniz? Bu güce sahip olmakla ilgili en çok hoşunuza giden şey nedir? Böyle bir gücünüz olsaydı neler farklı olurdu? Bu güücünüzle bir şey yapma imkânınız olsaydı ne yapardınız? Bunun gerçekleşmesi için bugünden itibaren atacağınız adımlar neler olabilir? Başkalarının hedeflerine, isteklerine ulaşması için nasıl yardım edebilirsiniz?*"

REFERANSLAR

Alvarado, V. I., & Cavazos, L. J. (2008). Allegories and symbols in counseling. *Journal of Creativity in Mental Health*, 2(3), 51-59.

American Horticultural Therapy Association. (n.d.). *The history and practice of horticultural therapy*. Alıntı 3 Ağustos, 2010, from http://www.ahta.org/content.cfm?id=history

Bozarth, J. D., Zimring, F. M., & Tausch, R. (2002). Client-centered therapy: The evolution of a revolution. In D. J. Cain & J. Seeman (Eds.), *Humanistic psychotherapies: Handbook of research and practice* (ss. 147-188). Washington, DC: American Psychological Association.

Chen, M., & Giblin, N. J. (2002). *Individual counseling: Skills and techniques*. Denver, CO: Love Publishing Company.

Cain, D. J. (2002). Defining characteristics, history, and evolution of humanistic psychotherapies: Handbook of research and practice. In D. J. Cain & J. Seeman (Eds.), *Humanistic psychotherapies: Handbook of research and practice* (ss. 3-54). Washington, DC: American Psychological Association.

Corey, G. (2009). *Theory and practice of counseling and psychotherapy* (8. bsk.). Belmont, CA: Brooks/Cole.

Corsini, R. J., & Wedding, D. (2000). *Current psychotherapies* (6. bsk.). New York: Wiley.

DeCarvalho, R. J. (1999). Otto Rank, the Rankian circle in Philadelphia, and the origins of Carl Rogers's person-centered psychotherapy. *History of Psychology*, 2(2), 132-148.

Ellis, A. (2001). Overcoming destructive beliefs, feelings, and behaviors: New directions for rational emotive behavior therapy. Amherst, NY: Prometheus Books.
Freud, S. (1965). *The interpretation of dreams*. New York: Avon Books.
Gladding, S. T. (1998). *Counseling as an art: The creative arts in counseling* (2nd ed.). Alexandria, VA: American Counseling Association. Hanna, S. M. (2007). *The practice of family therapy: Key elements across models* (4. bsk.). Belmont, CA: Thomson Brooks/Cole.
Hutchinson, D. (2007). *The essential counselor: Process, skills, and techniques*. Boston: Houghton Mifflin Company.
Jung, C. G. (1961). *Memories, dreams, reflections*. New York: Vintage Books.
Landreth, G. (1991). *Play therapy: The art of the relationship*. Muncie, IN: Accelerated Development Press.
Malchiodi, C. A. (2005). *Expressive therapies*. New York: Guilford Press.
McNiff, S. (2004). *Art heals: How creativity cures the soul*. Boston: Shambhala. Perry, L. (2002). Beautiful [Recorded by Christina Aguilera]. On *Stripped* [CD]. New York: RCA Records.
Prochaska, J.O., & Norcross, J. C. (2003). *Systems of psychotherapy: A transtheoretical analysis* (5. bsk.). Belmont, CA: Wadsworth.
Rogers, C. R. (1942). *Counseling and psychotherapy: Newer concepts in practice*.
Boston: Houghton Mifflin.
Rogers, C. R. (1957). The necessary and sufficient conditions of therapeutic personality change. *Journal of Consulting Psychology*, *21*(2), 95-103.
Rogers, C. R. (1961). *On becoming a person: A therapist's view of psychotherapy*. Boston: Houghton Mifflin.
Rogers, C. R. (1966). Client-centered therapy. In S. Arieti (Ed.), *American handbook of psychiatry* (Cilt. 3, ss. 183-200). New York: Basic Books.
Rogers, C. R. (1977). *Carl Rogers on personal power*. New York: Delacorte Press.
Rogers, C. R. (1986a). Carl Rogers on the development of the person-centered approach. *Person-Centered Review*, *1*(3), 257-259.
Rogers, C. R. (1986b). Client-centered therapy. In I. L. Kutash & A. Wolf (Eds.), *Psychotherapist's casebook* (pp. 197-208). San Francisco: Jossey-Bass.
Rogers, C. R. (1992). The processes of therapy. 1940. *Journal of Consulting and Clinical Psychology*, *60*(2), 163-164.
Rogers, C. R., Minuchin, S., Satir, V., Bowen, M., & Gottman, J. (2007). The top 10: The most influential therapists of the past quarter-century. *Psychotherapy Networker*, *31*(2), 24-68.
Rogers, N. (1993). *The creative connection: Expressive arts as healing*. Palo Alto, CA: Science and Behavior Books.
Rogers, N. (n.d.). Alıntı 15 Nisan, 2009, Natalie Rogers'ın kişisel web sayfası: http://www.nrogers.com/
Sharf, R. S. (2004). *Theories of psychotherapy and counseling: Concepts and cases* (3.bsk.). Pacific Grove, CA: Brooks/Cole.
Task Force for the Development of Guidelines for the Provision of Humanistic Psychosocial
Services. (1997). Guidelines for the provision of humanistic psychosocial services. *The Humanistic Psychologist*, 24, 64-107.
Watson, J. C. (2002). Re-visioning empathy. In D. J. Cain (Ed.), *Humanistic psychotherapies: Handbook of research and practice* (ss. 445-471). Washington, DC: American Psychological Association.

10

Öyküsel Yaklaşımlar

Shawn Patrick

Bu bölüm, öyküsel terapinin kökenleri ve günümüzdeki uygulamalara ilerlemesi hakkında kısa bir tartışma sunacaktır. Bu tartışmada, Michael White ve David Epston'un bulduğu yaklaşımın yaratıcı yönleri vurgulanacaktır. White'ın çocuklarla ve ailelerle yaptığı ilk çalışma, anlatı ilkelerinin bir zamanlar "imkânsız" problemler olarak algılanan konularda irade duygusu kazanmalarına nasıl yardımcı olduğunu göstermiştir. Bu erken dönem çalışmalar, "hikâye metaforunun" gelişmesine ve ailelerin bu hikâyelere girerek yeni anlamlar, sonuçlar ve eylemler yaratmalarını sağlayan beceriler elde etmelerini sağlamaktadır.

ÖYKÜSEL TERAPİNİN TEMEL KAVRAMLARI

Öyküsel terapi uygulayıcıları, bireylerin hikâyeleri anlatıp yeniden canlandırarak hikâyelere anlam kazandırdıklarını savunmaktadırlar (Combs & Freedman, 2004). Hikâyenin yeniden anlatılmasında, kişi, egemen hikâyeyle uyumlu hâle gelir. Baskın hikâyede bireylerin "sıkışıp kalması" hikâye metaforunda yer almaktadır (White & Epston, 1990). Senaryo ya da anlatı, kendilerini ve başkalarını, dar ve sabit bir şekilde ilişkilendirmek üzere konumlandırır. İnsanın nasıl yaşayacağına dair ince bir hikâye olur. Kendini bu ince anlatıya göre tanımlamak, farklı olasılıklar veya sonuçlar için bir sınırlama yaratır. Danışan "Depresyondayım." ya da "Cinsel istismar mağduruyum." diyebilir. Bu, bir kişinin kendi hikâyesinin ortaya çıkması sorunuyla nasıl uyumlu hâle geldiği iddiasındadır. Problemi veya probleme doygun hikâyeyi baskıcı olarak tecrübe eder ve genellikle problemin "kendisinin" olduğu sonucuna varır.

Dışsallaştırma, problemin kişinin dışına çekecek şekilde yeniden tanımlandığı süreçtir (White & Epston, 1990). Daha önceki örneğe bakarak, "Depresyondayım." diyerek sorunu belirten kişi, sorunun kimliğin merkezi hâline geldiğini gösterir. Dışsallaştırma yoluyla (örneğin, "Depresyon yaşamıma girdi."), sorun, kişinin sorunu yeni deneyimlemesine ve hatta ortadan kaldırma yollarını açabilecek bir kimlik oluşturmasına izin verecek şekilde yeniden yazılır.

Sorunu kişinin dışında adlandırmak, bu süreçte yalnızca ilk adımdır (White & Epston, 1990). Sorun bir kez isimlendirildiğinde, kişi problemin yaşamı üzerindeki etkisini ve kendisinin problem üzerindeki etkisini inceleyebilir. Dekonstrüksiyon olarak adlandırılan dışsallaştırılmış problemin bu yeni tartışması, danışanların bu problemle ilgili olarak bir tavır almalarını sağlar. Örneğin, bir kişi, depresyondan çıkmak isteyip istemediğine karar verebilir veya depresyonun tüm kararlarında etkili olması yerine, kişinin depresyonun hangi alanlarda kontrol altına alınabileceğine dair karar verebileceği sonucuna ulaşabilir.

Bu duruşları geliştirmek, danışanın hayata yaklaşımı hakkında karar alma yeteneğini vurgulayan iş birlikli bir süreçtir. Probleme doygun hikâyeler çoğu zaman bu anlamda bireyleri yoksun bıraktığından ve problemi değiştirme çabalarını baltaladığı için dışsallaştırma ve dekonstrüksiyon, danışanların daha önce fark edilmeyen alternatifler için daha zengin ve daha gelişmiş hikâyeler sağladığı için iradelerini yeniden kazanmalarını kolaylaştırır.. Bu alternatifler veya benzersiz sonuçlar, sorunun şartlara egemen olmadığı ve bu sorunun etkilerinin üstesinden gelebilecek kişinin durumlarını göstermektedir.

Olumlu olayların ve güçlü yanların da tıpkı problemler veya algılanan zayıflıklar gibi dışsallaştırılabileceğini unutmamak gerekir. Kişinin pozitif gelişimi üzerindeki etkisi, kişinin sahip olduğu kaynak türlerini ve yeteneklerini vurgulayan güçlerini keşfetmesi olabilir. Dahası, bu olumlu alanlarla gelişmeye devam etmek isteyen ya da geliştirmeyi sürdürmek isteyenlerin duruşunu tanımlayabilmek eylem sürecine olan bağlılığını güçlendirebilir veya mevcut bir planı güçlendirebilir. Bazen "proje" veya "tercih edilen hikâye" olarak adlandırılan bu başarı alanları da dışsallaştırılmış sorunla karşılaştırılabilir (White, 2007). Başka bir deyişle, danışanlar hangi tür eylemlerin veya fikirlerin sorunun devam etmesine katkıda bulunduğunu ve tercih edilen öyküye katkıda bulunan bu eylemleri inceleyebilirler.

Öyküsel yaklaşımlar, sadece bir kişiyle görüşme yaparken bile kullanıldığında, ilişkilerin ve deneyimlerin sistemik doğasını vurgulamaktadır. Bu nedenle, öyküsel yaklaşımlar, aynı zamanda insanları daha büyük topluluklara bağlamanın yanı sıra kişi üzerindeki sosyal ve kültürel etkileri hakkında yorumlara da davet etmektedir. Bazı açılardan, bu bağlamsal vurgu, insanları probleme doygun hikâyelerin izole etme eğiliminden uzaklaştırmaya çalıştığı için anlatı terapisinin en güçlü yönlerinden biridir. Belgeleme uygulamaları ve ilgi topluluklarının geliştirilmesi, insanları benzer sorunlar yaşayan başkalarıyla bağlamaya çalışan iki geniş tekniktir. Belgeleme, mektup yazma, sertifika oluşturma veya danışanların soruna karşı koyma yollarını belirlemek için kullanabileceği diğer ifadeleri üretmeyi içermektedir.

Bazı durumlarda, danışanlar başarılarını göstermek veya destek sunmak için bu belgeleri başkalarıyla paylaşabilir. Bu belgelerin paylaşımı, benzer bir şey yaşamış olan diğer kişilerin ve şimdi yardım isteyen kişinin başarısı ile ilgilenenlerin yer aldığı bir topluluk yaratılmasına yol açabilir. Bu topluluklar destek için toplantı yapan, yazı yoluyla iletişim kuran kişilerden oluşabilir veya basitçe mecazi olabilir. Örneğin, danışandan başarısını destekleyecek insanları düşünmesi istenebilir, bu insanlar artık hayatta olmayabilir ancak yine de bireyin güç alabileceği bir topluluk oluşturabilir.

TEORİNİN ELE ALDIĞI SORUNLAR

Bu fikirleri kullanarak, ailelerin ve bireylerin yaşadığı çeşitli durumlara ve endişelere öyküsel yaklaşımlar uygulanmıştır. Bu yaklaşımları açıklayan en eski çalışmalardan bazıları, enkopreziye yönelik dışsallaştırma kullanmayı da içermektedir (White, 1984). Bir zamanlar yetersiz ebeveynlikle ortaya çıkan bir durum olduğu düşünüldüğünde, White (1984) sorunu aileyi yenmeye çalışan bir dış figür (yani, "Sneaky Poo") olarak tanımlayarak ebeveynlerin ve çocukların problemin çabalarına karşı koyabilecekleri yolları belirlemelerine ve savaşı kazanmalarına izin vermiştir. Bu yaklaşımlar, bir zamanlar düşük başarı oranlarına sahip olduğu düşünülen bir alanda büyük başarı göstermiştir (Silver, Williams, Worthington, & Phillips, 1998). Öyküsel yaklaşımlar, o zamandan beri yeme bozuklukları, travma ve zorluk deneyimleri ve ilişki çatışmaları gibi alanlarda başarılı olmaktadır.

Öyküsel yaklaşımların etkinliği üzerine araştırmalar yeni fakat yavaş gelişen bir alandır (Brimhall, Gardner, & Henline, 2003). James-O'Connor, Meakes, Pickering ve Schuman (1997), öyküsel yöntemlerin ailelere cazip gelmesi için destek bulmuştur. Öyküsel görüşme tarzı, insanların sorunu nasıl etkilediğini veya sorunların olumsuz etkilerine daha önce nasıl direnç gösterdiklerini incelemeyi içerdiğinden, bu yaklaşımlar gücü ve kendi kendini yaratmayı vurgulama eğilimindedir. Bireyler, yeni veya farklı bilgi, varlık veya davranış tarzı oluşturmak için aktif olarak çalıştıkları yolları belirleyebilir ve böylece kişisel iradeyi vurgulayabilir. Bu yaklaşımı deneyimleyen aileler, kendi problemleri üzerinde "uzman" olarak görülmelerinden duydukları memnuniyeti bildirmiş ve güç temelli yaklaşımı tedavinin en yararlı yönlerinden biri olarak belirtmişlerdir (St. James-O'Connor ve ark.).

Öyküsel yaklaşımlar geleneksel olmayan danışmanlık ortamlarında da kullanılabilir. Öyküsel yaklaşımlar, terapötik mektup yazma ve belgeleme uygulamalarını içerdiğinden, oturumlar farklı zaman dilimlerinde birbirinden ayrılabilir. Bu nedenle, öyküsel temelli uygulamalar, haftalık toplantı yapma imkânı bulunamayan veya yalıtılmış topluluklarda yaşayan danışanlar için uygun olabilir.

ÖYKÜSEL YAKLAŞIMLAR VE DIŞAVURUMCU SANAT

Terapide dışavurumcu sanat uygulamaları, insanların yaşamlarındaki olaylar etrafında anlam yaratmalarına yardımcı olmak için sanat, müzik, drama, hareket ya da hikâye anlatımı gibi aktif yöntemleri kullanmaya çalışır (Allen ve Kreb, 2007). Bu tür yöntemleri kullanan bireyler, öykülerinin bu medya aracılığıyla gelişmesine izin verir ve süreç, kişisel olarak dönüştürücü olabilecek öykünün yeniden yorumlanmasına ve genişletilmesiyle devam eder. Dahası, dışavurumcu sanat, resmin paylaşılması, dansın sahnelenmesi veya hikâye anlatımı gibi yaratımın nihai "performansını" içermektedir. Bu performans aynı zamanda bireyi izolasyondan izleyiciyle bağlantıya kadar taşır.

Öyküsel terapötik yaklaşımlar, etkileyici sanatlarla son derecede uyumludur. Anlatı, bireylerin hikâyeli yaşamlara öncülük ettiği ve bu hikâyeleri yaratma konusunda sürekli ve aktif bir süreç içinde oldukları fikrine dayanmaktadır (White, 2007). İlgi toplulukları oluşturmak için belgeleme işlemlerinin kullanılması, dışavurumcu sanatın topluluk oluşturma konusundaki vurgusunu da yansıtmaktadır. Belgelerin ve/veya terapötik mektupların yaratılması ve paylaşılması, danışanın problem-doygun hikâye yerine tercih ettiği ve okuyucunun değişime tanık olduğu yeni hikâyelerin bir ifadesi hâline gelir.

Dışavurumcu sanat ayrıca hikâye anlatımının kişisel kimliği, değeri ve geleneği ifade eden doğrulayıcı bir süreç olduğunu da iddia etmektedir (Allen ve Kreb, 2007). Örneğin, bu bölümde yer alan bizim bildirimiz etkinliğinde, çiftlerden çift olarak kimliklerini yansıtan bir bildiri yazmaları istenir. Bu bildirinin, çiftin istikrar ve büyüme konusundaki ihtiyaçları açısından en merkezî olan şeyin temelini oluşturması amaçlanmıştır. Bunu belge biçimine sokarak, çift bu sorunu açıkça paylaşma, problemin hâkim olduğu yaşama karşı olma konusunda kime bağlı olduklarını belirten yeni bir tavır sergileme şansına sahip olmaktadır. Bu nedenle, bu süreç dışavurumcu sanatın hedefi, çiftlere, çift olma durumları etrafında anlam üreten aktif bir yöntem sunma hedefiyle paraleldir.

Dışavurumcu Sanat Müdahaleleri

BİZİM BİLDİRİMİZ

John Beckenbach

Belirtiler: Çatışmanın ilişkinin kalitesini etkilediği çiftlerde ve ilişki geliştirme deneyimlerinde yararlıdır.

Hedef: İlişkisel bağlılığı sağlamada çiftlere yardım etmek ve belgeleme aracılığıyla ilişkisel kaliteyi artırmak.

Yöntem: Dışavurumcu yazı.

Uygunluk: Sells, Beckenbach ve Patrick (2009), öyküsel kavramların bütünleşmesini de içeren çiftler çatışması uzlaşma modelini geliştirdi. Bu, dışsallaştırma, belgeleme/yazı ve yeniden şekillendirme fikirlerini içermektedir (White ve Epston, 1990). Bizim bildirimiz özellikle bu kavramlara dayanan bir uygulamadır. Dışsallaştırma ilkeleri ve uygulamalarının desteğiyle, bizim bildirimiz ilişkisel bir hikâyeyi yeniden düzenlemeyi teşvik etmektedir. Bu yeniden şekillendirme, belgeleme/yazı ile şekillendirilmektedir.

Yaş Grubu/Evren: Yetişkinler; çiftler.

Malzemeler: Kâğıt ve yazı gereçleri; büyük boy poster kâğıdı, kelime işleme yazılımı/yazıcı ve benzeri araçlar uygundur; belgeyi sergilemek için bir fotoğraf çerçevesi ya da başka araçlar bu süreçte kullanılabilir.

Yönerge:

1. Çiftten müşterek olarak bizim bildirimiz etkinliğin hazırlamasını isteyin. Bizim ifademiz etkinliğinin geliştirilmesinde yardımcı olacak soru örnekleri çiftlere verilir. Bunlar şu şekilde olabilir: *"Büyük bir "biz" olduğunu gözlemlediğiniz çiftleri düşünün. Her çift ilişkilerinin yapısını oluşturmak için ne yapmıştı? Büyükbabalarınızdan ve ebeveynlerinizden ilişkisel ortaklığınıza hangi "biz" imajını taşıyorsunuz? Bunların mevcut ilişkisel or-*

taklığınızı nasıl etkilediğini görüyorsunuz? Eşinizin ilişkisel ortaklığının veya şu anki ilişkinizde yansıttığını gördüğünüz evlilik geleneği yönleri nelerdir? "Ben"in "biz" olması için ne gibi fedakârlıklar yapmanız gerekecek? Bu sizin için ne kadar zor olacak? "Biz", "sen ve ben"in şu andaki durumundan nasıl farklı olacak? Bunun başarılı olması için gerekli gerçek hayattaki tutum ve bakış açısı değişiklikleri ne olacak? Başarılı bir ilişkisel ortaklıklar/evlilikler yaratan çiftlerin bunu sağlamak için neler yaptığını düşünüyorsunuz? Daha önce cevaplanmış soruları ve sahip olabileceğiniz diğer sezgi kaynaklarını yansıtarak, ilişkiniz için önceliklerini, değerlerini ve umutlarını yansıtan ilişkisel bir ortaklık/evlilik amaçlı bir bildiri oluşturun." Bu sorular, bu yazılı bildirinin hazırlanmasında yardımcı olabilir ancak bir tarif veya ayrıntılar içermeyi hedeflemez. Sorular, kullanılacakları bağlamda değiştirilebilir, eklemeler yapılabilir veya silinebilir.

2. Çifti, bizim bildirimiz açıklamalarını oluştururken, istediği sayıda fikir üzerinde düşünmeye teşvik edin. Çift bildiriyi seansta ya da seans dışında ele alabilir.
3. Tamamlandıktan sonra, çiftler dokümanı danışman, grup veya kullanıldığı diğer format ile paylaşırlar.
4. Çiftleri, belgeyi nasıl sunmak istediklerini düşünmeye veya bizim bildirimiz açıklamalarını anlatmaya teşvik edin. Bu, bildiriyi çerçevelemeyi ve evlerinde belirgin bir yerde ve/veya aileleri ve arkadaşlarıyla birlikte kamuya açık bir şekilde göstermeyi içerebilir. Bu süreç öyküsel gelenekte yeni bir "biz" hikâyesi oluşturmak için önemli bir işleve sahiptir. Yeniden düzenlemeyi belgeleyerek, yenilenen taahhütle ilişkide yeni bir hikâye oluşturulabilir. Aşağıda bir örnek yer almaktadır:

Olduğumuz ve yaptığımız her şeyde önce Tanrı'nın Krallığını aramayı taahhüt edeceğiz. Evimiz, ailenin, dostların ve misafirlerin neşe, rahatlık, huzur ve mutluluk bulduğu bir yer olacak. Evimizde yemeyi, okumayı ve yapmayı seçtiğimiz konularda bilgece davranacağız. Kendi yeteneklerimizi geliştirirken bir başkasını sevmeyi öğreneceğiz. Yaşamımızdaki hedeflere ulaşmak için inisiyatif kullanacağız. Duruma göre hareket etmek yerine fırsatlar olarak hareket edeceğiz. Kendimizi her zaman bağımlılık yapıcı ve yıkıcı alışkanlıklardan uzak tutmaya çalışacağız. Bizi eski etiketlerden ve sınırlardan kurtaracak alışkanlıklar geliştireceğiz ve yeteneklerimizi ve seçeneklerimizi genişleteceğiz. Para efendimiz değil, hizmetçimiz olacak. İsteklerimiz ihtiyaçlarımız ve araçlarımıza tabi olacak. Hayatımızın her günü Tanrıya itaat etmeyi seçeceğiz.

İmza,
David ve Sabrina

BİRLİKTE OLUŞTURULAN ÖYKÜLER

Katrina Cook ve Varunee Faii Sangganjanavanich

Belirtiler: Grupla psikolojik danışmada ele alınabilecek durumların çoğunda bu müdahale kullanılabilir. Var olan kaygılar arasında düşük benlik saygısı, depresyon, büyük yaşam geçişleri, problem çözme, stres ve sosyal becerilerin geliştirilmesi yer alır. Bu etkinlik ayrıca grup bağını geliştirmek için kullanılabilir.

Hedef: Danışanların kendi yaşam hikâyelerini yeniden değerlendirebilmeleri ve yeniden yorumlamaları için sosyal diyaloğu ve kolektif bir ortamı kolaylaştırmak.

Yöntem: Yazı.

Uygunluk: Öyküsel terapi, bireylerin kendi yaşamları ile ilgili öykü oluşturmasına odaklanır. Genellikle, hikâye oluşturan bireyler yalnızca hikâyeyi destekleyen olayları görür ve diğer seçenekleri veya alternatifleri inceleme fırsatını yok sayarlar. Bu etkinlik, danışanların kendi hikâyeleri için diğer olasılıklardan haberdar olmalarını sağlarken, hikâyelerini yeniden oluşturmalarına izin verir (Monk, 1997).

Yaş Grubu/Evren: Büyük çocuklar/ergenler/yetişkinler; gruplar.

Malzemeler ve Hazırlık: Bu müdahale için gerekli olan malzemeler, her grup üyesi için kalem ve birkaç kâğıttır. Tükenmez kalemler yazı yazarken daha az sürtünme oluşturduğu ve kişini daha hızlı yazmasını sağladığı için kurşun kalemlere göre daha fazla tercih edilir. Bir masa veya kucak masası gibi düz bir yazı yüzeyine de ihtiyaç duyulacaktır.

Yönerge:

1. Her grup üyesinden, önceki hafta boyunca uğraştığı bir sorunu tanımlamasını isteyin. Ancak sorunlar hakkında bir tartışma başlatmayın.
2. Bunun yerine, danışanlardan bu sorunu tanımlayan ve tepkilerini gösteren bir hikâye yazmalarını isteyin. İstenmeyen açıklamaları önlemek için grubun geri kalanıyla yazdıklarını paylaşacaklarını söyleyin.

3. 6 dakikalık yazma süresinden sonra, her grup üyesinin öyküsünü sağındaki kişiye iletmesini isteyin. Bazı danışanlar henüz bitirmediklerini söyleyerek buna karşı çıkabilir. Öykünün tamamlanması gerekmediğini söyleyin. Her grup üyesi yanındaki kişinin kâğıdını alırken, ona önceki kişinin ne yazdığını okumasını ve daha sonra hikâyeye kendi bakış açısıyla devam etmesini söyleyin. 6 dakikalık yazma süresinden sonra grup üyelerinden şimdi sahip oldukları kâğıtları sağındaki kişiye geçirmelerini ve bu kâğıda yazmaya devam etmelerini isteyin. Bu, her yazı orijinal yazara geri dönene kadar devam edecektir. Bununla birlikte, hâlâ bir başkasıyla ilgili yazıları bitirmeden önce bir tur daha döndürmek isterseniz hikâye yazmadan önce makaleleri geçirmelerini isteyin, böylece bir sonraki kişi almadan hikâye tamamlanmaz.
4. Herkes kendi hikâyesini geri aldığında, onlardan diğerlerinin yazdıklarını okumalarını ve ardından başlattıkları hikâyeyi tamamlamalarını isteyin. Bu aşamada herkese kendi hikâyesini tamamlaması için yeterli süre verin.
5. Ardından, her bir yazardan birlikte oluşturulan hikâyeyi yüksek sesle okumalarını ve diğer grup üyelerinden gelen farklı bakış açıları ve tepkileri incelemelerini isteyin.
6. Her hikâyede ortaya çıkan alternatif bakış açıları ve diğer insanların elinde hikâyelerinin değişmesi konusunda onları en çok şaşırtan şey hakkında bir tartışma yapmayı kolaylaştırın Tartışma, farklı insanların aynı problemi farklı bir bakış açısıyla nasıl gördüklerine, bir kişiye nasıl anlaşılmaz gibi görünen bir problemin diğerine kolay göründüğü ve alternatif hikâyelerin uygulanabilirliği üzerinde odaklanabilir.

BENİM METAFORUM

Allison L. Smith ve K. Hridaya Hall

Belirtiler: Öz güven, stres, endişe veya depresyon gibi durumlarda kullanılabilir ancak bunlarla sınırlı değildir

Hedef: Danışan değişikliğini kolaylaştırmak için kaygılarını dışsallaştırmaları için bir yol sağlamak.

Yöntem: Görsel sanat ve metafor.

Uygunluk: Öyküsel terapiye göre (White & Epston, 1990) gerçeklik, özneldir ve bireysel olarak inşa edilir. Anlam, deneyimlerin öyküler hâlinde yapılandırılmasıyla elde edilir ve bu öykülerin yeniden anlatılması ve yeniden canlandırılması danışan değişiminin merkezinde yer alır (Legowski ve Brownlee, 2001; White & Epston). Bu dışavurumcu etkinliğin amacı, öyküsel müdahale dışsallaştırmasını kullanmaktır, böylece danışanlar danışmanlık bağlamında kendi kaygılarını açıklayabilir, yeniden çerçeveleyebilir ve çözebilirler. Danışanlar, metafor kullanımıyla sadece endişelerini açıklamakla kalmayarak, aynı zamanda bu endişelerini resmederler. Var olan sorunla ilgili bir metafor oluşturmak için sanat malzemelerini kullanan danışanlar, kendi mücadeleleri anlam kazanır, yeniden tasarlar ve sorunlarını çözerler. Aslında metafor oluşturmak, danışan değişiminin daha somut ve merkezî olmasını sağlar.

Yaş Grubu/Evren: Ergenler/yetişkinler; grup/bireysel.

Malzemeler: Kâğıt; pastel, kuru boya gibi çizim malzemeleri ve kil veya oyun hamuru; kolaj malzemeleri, dergiler, makaslar, yapıştırıcılar ve danışan ile danışmanın metafor oluşturmak için gerekli gördüğü diğer tüm sanat malzemeleri.

Yönerge:

1. Danışana tekrar deneyimleyip yeniden yaşayabilmemiz için deneyimlerimizi öykülere göre dönüştürme yapılandırma konusunu tanıtın.

2. Danışanı, danışmanlığa gelmesine neden olan sorununu tanımlamak için bir metafor kullanmaya teşvik edin. Gerekli olursa bir metafor örneği verin. Örneğin, danışan boşanmanın ardından yeni bir başlangıç yapmaya hazırsa, şöyle bir metafor uygun olabilir: *"Ben bir yılanım; eski derimi değiştirmeye hazırım."*
3. Sanat malzemelerini kullanarak metafor oluşturun. Örneğin, danışan derisi değiştiren bir yılan oluşturmak için kil kullanır.
4. Danışmanlık ilişkisi boyunca bu metaforu kullanın, böylece danışanlar endişelerini açıklayabilir, yeniden düzenleyebilir ve çözebilir. Örneğin, danışman yılanı ofisinde tutup ona gönderme yapabilir, gerektiğinde değiştirebilir.

RENK KESİTLERİ

Ileana Lane

Belirtiler: Bir olayın neden olduğu üzüntü, başka bir kişiye karşı duyulan öfke, stres, depresyon, bir olay karşısında karışık duygular, akran arabuluculuğu, kızgınlık duyguları yaşayan danışanlar için uygundur.

Hedef: Danışan çelişkili ya da üzücü duygular yaşarken hangi konulara odaklanabileceğini ve ağırlık verebileceğini netleştirmek için faydalıdır.

Yöntem: Resim.

Uygunluk: Bu etkinlik, danışanların eş, aile üyesi ile etkinlik veya başka bir durumla ilgili yaşadıkları sorunları hakkındaki hikâyelerini anlatmalarına izin verin. Bu strateji, danışanların mevcut sorunlarını "ölçerek" endişelerini bir perspektife koymalarına yardımcı olur. Danışanlar bazen zorluklarla karşı karşıya kalabileceklerini hissedebilir, bu etkinlik danışanların karşılaştıkları sorunları anlamalarına, yorumlamalarına ve seslendirmelerine yardımcı olurlar. Bu etkinlik, David Epston ve Michael White'ın fikirleri ile uyumludur; danışman, danışanın hayatında var olan sorunu adlandırması ve sorunla ilgili dekonstrüksiyon yaparak daha zengin bir hikâye oluşturma sürecinde danışmanla iş birliği yapar.

Yaş Grubu/Evren: Çocuklar (6 yaş ve üstü)/ergenler; grup/bireysel.

Malzemeler: Keçeli kalemler, boya kalemleri, boyalar veya ıstampa vb.; kâğıt tabak, kâğıt, beyaz elişi kâğıdı veya afiş kâğıdı; kurşun kalem ya da tükenmez kalem.

Yönerge

1. Danışanı, kendisi ile ilgili bir olay ya da kişi (örneğin, akran arabuluculuk veya stres düzeyi) arasında sorun olabilecek farklı şeylerin bir listesini yazmaya davet edin.
2. Danışandan keçeli kalem, boya kalemleri, yağlı boya, ıstampa veya seçilen herhangi bir renk kaynağını kullanarak sorunlar için renk belirlemesini isteyin.

3. Danışandan seçtiği kâğıdı kullanarak sorunların listesini belirlemesini ve onlara bir renk bölümü vermesini isteyin
4. Tüm sorunlara bir renk verildikten sonra, danışan ile etkinlik ya da kişi arasında daha büyük sorunların neler olabileceğini görselleştirmek için sanat eserini kullanın. Bu, danışanın asıl sorun yerine odaklanabileceği diğer sorunları netleştirmesine ve / veya özetlemesine yardımcı olacaktır.
5. Bu etkinliğin bir uzantısı olarak danışanların fraksiyonları görsel olarak değil fiziksel olarak karşılaştırması için kesmesini sağlamaktır.

İşleme soruları şu şekilde olabilir: "*Tüm sorunlarınızı bu kâğıda aktarabilseydiniz, bu neye benzerdi?*" Kendini açıklama, böyle hissettiğiniz ve belki de duygularınızın görünenden daha fazla olması için sebepleriniz olduğunu gördüğünüz zamanlara dair örnekler verdiğinizde yardımcı olabilir

YAKİMA ZAMAN TOPU (GELENEKSEL AMERİKAN YERLİLERİNDEN UYARLANMIŞTIR)

Nan J. Giblin

Belirtiler: Bu teknik, insanların birbirlerini yeni tanımaya başladığı grup çalışmalarında çok faydalı olacaktır. Grupta anlatılan hikâyeler derinleştikçe, gruptaki güven seviyesi de artacaktır. Danışmanın, hikâye anlatımında nesnel bir gerçek olmadığını anlaması gereklidir. Aynı zaman topuyla, bir kadın hikâyesini birkaç farklı yolla anlatabilir. Burada önemli olan nokta her kadının kendi hikâyesine sahip olması ve istediği gibi değiştirebilmesidir.

Hedef: Kişisel anlatıları görsel olarak canlandırır, dinleme ve kişisel açıklama becerilerini geliştirir, katılımcıların kültürel duyarlılığını artırır.

Yöntem: Resim.

Uygunluk: Kızılderili halkı, tarihsel olarak birisinin hikâyesini anlatmanın önemini kabul etmiştir. Aynı şekilde, kişisel bir anlatının inşası anlatı terapisinin temelini oluşturmaktadır (Monk, Winslade, Crocket, & Epson, 1997;White, 2007). Yakama Yerli Amerikan geleneğinde, zaman boncuğu bir kadının yaşamındaki olayların sanatsal bir ifadesidir. Ek olarak, kişisel bir hikâyeyi hatırlama ve anlatma yolu sağlar. Eski günlerde ve belki bugün bile, bir Yakama kadını, evlendiğinde zaman topu başlar. Evliliği temsil eden bir boncuk, uzun bir kenevir parçasına veya diğer doğal liflere bağlanırdı. Çocuğun doğması veya sevilen birinin ölümü gibi önemli olaylar için başka boncuklar da eklenirdi. Kenevirden dokunmuş boncuklar görsel bir kişisel anlatı hâline gelmiştir.

Yakama kadınları zaman boncuklarını, hikâyelerini kabiledeki diğer kadınlarla paylaşmak için kullanırlardı. Genellikle uzun kış akşamları, kadınlar boncuk ve kenevir toplar aracılığıyla hikâyelerini anlatıyorlar ateşin etrafında otururlardı. Bu zaman topları o kadar önemliydi ki, bir kadın öldüğünde, zaman topu onunla birlikte gömülürdü. Yakima zaman topunun temsili Washington DC'deki Amerikan yerlileri Müzesi'nde bulunabilir.

Bu tekniğin değeri, birinin hayat hikâyesini anlatabilmesinin önemini vurgulayan öyküsel terapi kullanılmasıyla açıklanabilir. Topluluğun önemi de hikâye anlatımı eyleminde gizlidir.

Yaş Grubu/Evren: Yetişkinler (özellikle orta yaş ve üstü); grup/biresysel.

Malzemeler: Doğal tel, jüt veya keten; farklı şekillerde, boyutlarda boncuklar; Yakama yerlileri broşürü.

Yönerge:

1. Grup lideri, Yakima zaman topu yapma geleneksel uygulamasının altındaki hikâyeyi ve anlamını anlatır.
2. Grup üyeleri kendi öykülerini anlatmanın önemini tartışır.
3. Grup üyeleri, kişi başına yaklaşık 6-10 cm uzunluğunda ip ve boncuk seçerler. Not: Gruplar, kâğıttan veya piyasada satılan başka bir üründen kendi boncuklarını yapmayı seçebilirler.
4. Grup üyeleri boncukları iplerine bağlar. Her boncuk hayatlarında bir olayı veya duyguyu temsil eder.
5. Boncukları tutan ipten bir top yapılır.
6. Grup üyeleri sırayla toplarını açıp her bir boncuğun temsil ettiği olayları paylaşır.
7. Grup üyeleri bazı boncuklarla ilgili bilgi vermemeyi seçebilir.
8. Aynı tip boncukların anlamı kişiden kişiye değişebilir.
9. Grup üyeleri bu etkinlikle ilgili görüşlerini paylaşır.
10. İşlemleme danışman değil danışanın yorumlarına odaklanmalıdır. Şu sorular sorulabilir: "*Boncuklarınızı ve ipinizi nasıl seçtiniz? Zaman topunuza nasıl başladınız? Farklı boncuklar hangi olayları sembolize ediyor? En favori boncuğunuz hangisidir? Bu boncuğunuz neyi temsil ediyor? Seçtiğiniz renkler sizin için ne ifade ediyor? Çocukken buna başlamış olsaydınız, bugünkünden ne kadar farklı olurdu? Bu etkinlik sizde hangi duyguları ortaya çıkardı?*"
11. Etkinlik, sevdiğiniz birinin yapacağı gibi bir zaman topu yapmak veya özgün bir zaman topu için kendinize ait boncuklar yaparak değişebilir. Bu deneyimle ilgili günlük tutmak faydalı olabilir.

CHEROKEE SU KABAĞI BOYAMA (MARION, KENTUCKY'DEN MOMFEATHER ERICKSON'UN ÖĞRETTİĞİ GİBİ)

Nan J. Giblin

Belirtiler: Bu teknik danışmanlıkta herhangi bir grupla ya da bireysel danışmanlıkta kullanılabilir. Bireylerin yaşamlarındaki büyük olayları anlatabilecekleri tehditkar olmayan bir yoldur.

Hedef: Yaşam öykülerinin görsel ifadesi ve paylaşımı; başkalarının yaşam öykülerini dinleme ve saygı gösterme (bir grup ortamında ise).

Yöntem: Resim.

Uygunluk: Öyküsel terapi (White, 2007), bireyin kendi öyküsünü anlatmasının önemini vurgular. Öyküleme aracılığıyla, bireyler kendi yaşam deneyimlerini evrensel yaşam temalarına koyarken kendi yaşamlarını anlamlandırabilmektedirler. Anlatı terapinin ardındaki teori, birinin hayat hikâyesini temsil etmenin ve korumanın görsel bir yolu olan Cherokee su kabağı resim uygulamasıyla tutarlıdır. Grup çalışmalarında, yaşam öyküleri paylaşılabilir. Grup üyeleri, katılımcıların deneyimine ve geçmişlerine saygı gösterir. Bu teknik, yüzlerce yıl önce Cherokee halkı tarafından başlatılmıştır.

Cherokee yaşlılarından ve geleneksel bir öğretmen olan Momfeather Erickson'a (kişisel iletişim, 22 Şubat 2009) göre, bir çocuk doğduğunda, annesi, o çocuk için bir hediye olarak bir kabak resmetmeye başlamaktadır. İlk olarak, anne su kabaklarının dibine bir merkez ve denge sembolü çizerdi. Ardından çocuğun yaşamında her büyük olay anne tarafından su kabağına resmedilirdi. Çocuk 18 yaşına gelip evden ayrılmaya hazır olduğunda ise annesi bir veda hediyesi olarak bu su kabağını hediye ederdi. Bu resimsel su kabağı günlükleri genç yetişkinlere hayatlarının hikâyelerini hatırlama ve anlatmalarında yardımcı olurdu. Su kabağı Cherokee'de hazır ve bolca bulunduğundan kullanılırdı. Doğal bir malzeme olduğundan halka tanıdık geliyordu ve genç yetişkinlerin yaşamları boyunca yanlarında taşımaları için bir ev duygusu taşıyordu. Yapımında doğal boyalar kullanılıyordu.

Yaş Grubu/Evren: Çocuklar/ergenler/yetişkinler; grup/bireysel.

Malzemeler: Temiz büyük su kabakları (her danışan için bir tane); farklı renklerde keçeli kalem (Sharpie keçeli kalemleri).

Yönerge:

1. Su kabaklarını bir masaya koyun ve danışanlardan bir tane seçmelerini isteyin.
2. Cherokee su kabağı resmî tarihini tanıtın ve Cherokee halkı hakkında istediğiniz herhangi bir hikâye veya ek bilgi verin. Katılımcıların, sürece ve diğer grup üyelerinin öykülerine saygı duymayı gerektiren geleneksel bir sanat tarzı olduğunu vurgulayın.
3. Danışanlardan "merkez" oluşturması için su kabaklarının dibine bir şeyler çizmelerini isteyin. Cherokee halkı, şifa çemberinde olduğu gibi kişisel olarak merkezde olmanın önemine inanmaktadır. Diğer semboller kabak üzerine yerleştirilmeden önce merkezde bulunmayı sembolik olarak göstermek gelenekseldir.
4. Danışanlardan, yaşamlarındaki önemli olayları temsil eden sembolleri/temsilleri çizmelerini isteyin.
5. Su kabağı üzerinde çalışma tamamlandığında ise her danışan kendi hikâyesini resmettiği gibi anlatır. Katılımcılar konuyla ilgili istedikleri kadar bilgi verir. Grup içinde güven duygusunu sağlamak önemlidir. Su kabakları üzerine yapılan resimlerle ilgili herhangi bir yorum yapılmaz. Dinlemek ve saygı göstermek temeldir.
6. Grup üyeleri etkinlikle ilgili düşüncelerini paylaşırlar. İşlemleme soruları şöyle olabilir: "*Su kabağınızı nasıl seçtiniz? Su kabağının merkezini nasıl belirlediniz? Planladınız mı? Su kabağını resmederken planladınız mı yoksa çok fazla planlama yapmadan mı çizdiniz? Su kabağınıza baktığınızda söylemek istediği tam olarak gösteriyor mu? Dönüşümden mutlu oldunuz mu? Seçtiğiniz renklerin sizin için anlamı nedir? Su kabağı üzerinde alan kaldı mı? Su kabağınıza nasıl bir isim verirdiniz?*"

Olası Değişiklikler: Su kabağı için tahta parçaları, ağaç kabuğu veya diğer doğal malzemeler de kullanabilirsiniz. Kabağın alt kısmında küçük bir dairesel delik keserek, bir giriş kapısı ekleyerek dışarıya yerleştirilebilecek bir yemlik ekleyerek bitmiş su kabuğunu bir kuş evine dönüştürün ve kuşların içeri girmeden önce konabilecekleri küçük bir tünek yapın. Öykünüzü resmetmeden önce su kabağını bir bazla boyayın.

Momfeather Erickson ve Yaşayan Köy projesi ile ilgili http://www.manataka.org/page1562.html adresinden bilgi edinebilirsiniz ya da http://www.amishgourds.com adresinden su kabağı satın alabilirsiniz.

ÇOK KATMANLI ZAMAN ÇİZELGESİ

Sheri Pickover

Belirtiler: Yaşamlarında kronik depresyon yaşayan ve olumsuz anlatı temalarına değinen danışanlar. Bu etkinlik, terapi süresince birkaç seansta uygulanabilir.

Hedef: Öz farkındalığı ve kişisel güçleri arttırmak.

Yöntem: Resim.

Uygunluk: Bu etkinliğin amacı bireyin kendi kişisel hikâyesini yeniden anlatmasını sağlayarak öz yeterliliğini ve kendine değer verme duygusunu arttırmaktır. Bu etkinlikte teorik olarak, danışanın istisnaları, güçleri ve kişisel hedefleri bulmasına destek sağlamak için çözüm odaklı tedavi modeli kullanılmaktadır.

Yaş Grubu/Evren: Ergenler/yetişkinler; grup/bireysel.

Malzemeler: Kasap kâğıdı ve pastel boya, tükenmez kalem ve keçeli kalem gibi çeşitli çizim malzemeleri.

Yönerge:

1. Büyük bir kasap blok kâğıdını keserek ve kâğıdı ikiye katlayarak ya da kâğıdın ortasına bir çizgi çizip bölerek başlayın.
2. Danışandan kâğıdın alt kısmında bir zaman çizelgesi oluşturmasını isteyin. Danışanı, doğumdan başlayarak seçtiği önemli noktaları vurgulamaya teşvik edin. Danışan, resim, kelime ya da her iki çalışma biçimini de kullanarak olayları belgeleyebilir. Danışan başlangıçta dirençli gösterirse ve/veya zorluk yaşarsa danışana destek olun. Müdahalenin bu kısmında, danışan kendi öyküsünü zaman çizelgesini oluştururken danışman yansıtıcı geri bildirim sağlamalıdır.
3. Danışan zaman çizelgesini tamamladığında, danışanın öyküsüne göre zaman çizelgesinin üst yarısının nasıl kullanılacağını danışman belirler. Aşağıda zaman çizelgesini katmanlara ayırma ile ilgili bir liste yer almaktadır:

Seçenek 1: Öykünün duygusal bir temsilini isteyin. Bu seçeneği, ruh hâlindeki olumlu ve olumsuz değişiklikleri göstermek için anlatının görsel temsilinden yararlanan danışanlar için kullanabilirsiniz.

1. Danışandan, zaman çizelgesindeki her bir nokta ile ilgili duyguları kâğıdın üst kısmına çizmesini isteyin. Danışan duygularını spontan olarak çizmekte zorluk yaşarsa, yüz ve hava durumu gibi ifadeler kullanarak çizim yapmasını önerin.
2. Danışan üst kısmı tamamladığında (bu birkaç seans sürebilir) danışanın duygusal metaforunu kullanarak yaşamın akışını gösterin. Bu süreç genellikle danışanın değişimi görselleştirmesine ve mevcut stres etkeni ile baş etmesine izin verir çünkü danışanın artık başa çıkmasının görsel bir temsili vardır.

Seçenek 2: Öyküyü yeniden anlatmak için, istisnayı bulma özelliğini kullanın. Bu seçeneği, özgün öyküsünde yalnızca olumsuz yönleri tanımlayan danışanlar için kullanılabilir. Burada amaç, kronik olumsuz bakış açısını değiştirmek için, başarılı ilişkileri ya da başarılı ilişki örneklerini tanımlaması için danışanlara yardım etmektir.

1. Kâğıdı açın ve danışandan yaşamının olumlu yönlerini belirlemesini isteyin. Bu konuya örnek: *"Ayakkabılarınızı bağlamayı kim öğretti? Bisiklete binmeyi kim öğretti? Doğum günü pastası aldığınız bir zamanı hatırlıyor musunuz? Size top fırlatmayı kimin öğrettiğini hatırlıyor musun?"*
2. Danışan olumlu ilişkileri ya da olayları tanımladığında, seçenek 1'de olduğu gibi zaman çizelgesindeki tüm olaylarla ilgili duygularını tanımlamasını isteyin.

Seçenek 3: Danışan zaman çizelgesinin her iki kısmını da tamamladığında kâğıdı ters çevirin ve bu tarafı da ikiye bölün.

1. Danışandan kâğıdın alt kısmına gelecek 5 yılı gösteren bir zaman çizelgesi oluşturmasını isteyin. Danışan desteğe ihtiyaç duyarsa; *"Nasıl bir araba kullanacaksın? Nasıl bir işin olacak? Evliliğin nasıl olacak?"* gibi sorularla geleceğini görselleştirebilmesi için yönlendirilmiş imgelem tekniğini kullanın.
2. Kâğıdın üst yarısına ise hayallerini, düşlerini, umutlarıyla ilgili duyguları anlatmalarını isteyin.
3. Başa çıkma ile ilgili devam eden tartışmalar için zaman çizelgesinin her iki tarafını kullanın ve danışanın öz yeterliliğini arttırmak için danışanın metaforlarını kullanın.

DANIŞANLARLA ÖYKÜSEL KUM TEPSİSİ

Adele Logan O'Keefe ve Kathleen Levingston

Belirtiler: Gelişme ve iyileşme sürecinde oyun ve deneyimlerini canlandırmaktan fayda sağlayacak danışanlar için uygundur, özellikle konuşma terapisinin zorlayıcı ya da durgun olduğu durumlarda kullanılabilir

Hedef: Kişisel anlatıların dokunsal olarak yeniden yaratılmasıyla duygu ve düşüncelerin keşfi.

Yöntem: Kum tepsisi.

Uygunluk: Kum terapisinin amacı, danışanların duygusal ve psikolojik iyileşmesini ve büyümesini kolaylaştırmak için somut bir araç sağlamaktır. Kum tepsisi terapisi, deneyimlerini dışa vurmanın ve onları temsil edebilecek nesnelerle güvenli, kapalı bir etkileşimde işlemenin bir yolu olarak travma, keder, kayıp, cinsel veya duygusal istismar, öfke, depresyon veya anksiyete yaşayan danışanlar için uygundur. Ek olarak, bu teknik, büyük ölçüde düşünce modellerine bağlı olma eğiliminde olan danışanlar için faydalıdır çünkü ögeler veya figürler, yeni bir bakış açısı, yeni düşünceler, anılar veya kişisel deneyimleri akla getirerek yeni bir bakış açısı geliştirebilir. Bu tekniği yorumlayıcı bir şekilde kullanan uzmanlar, uygun bir şekilde eğitilmeli ve bu tekniği danışanlarla birlikte kullanmadan önce kendi tepsilerini tamamlamış olmalıdır.

Yaş Grubu/Evren: Çocuklar/ergenler/yetişkinler; çiftler/aileler/bireysel.

Malzemeler: Saf kumla 30 X 20 X 3 plastik ya da ahşap kum tepsisini doldurun (tepsinin tabanı ve yanları su ya da gökyüzünü temsil etmesi için mavi olmalıdır); her iki cinsiyette, hayvan, bitki örtüsü, binalar, peyzaj, taşıtlar, barikatlar, doğal çakıl taşları, çubuklar, taşlar, çeşitli rolleri temsil eden insanlar ve yaşam boyunca aşamaları ve deneyimleri temsil edebilen tıbbi, dinî, eğitimsel veya yaşam olayını temsil eden nesneler gibi sosyal olarak sembolik anlamı olan figürler.

Yönerge:

1. Tepsiyi boş olarak göz hizasına yerleştirin. Benzer ögeleri kategorilere ayırarak ve danışanın açıkça görmesine ve erişmesine olanak tanıyan temiz ve çekici bir sunumda yayarak minyatürleri ve figürleri düzenleyin.

2. Danışana tepsiyi ve figürleri anlatın. Danışanın tüm malzemeyi keşfetmesi için zaman verin.
3. Danışana süreci anlatın. Danışana şöyle anlatın: "*Bu tepsi senin dünyanı yansıtabilir. Etrafınıza bakarken, sizinle konuşan bazı ögeleri bulun ve bu ögelerle kumda bir sahne oluşturun. İhtiyacınıza göre az ya da çok malzeme kullanabilirsiniz.*" Belirli bir kayıp ya da travmatik deneyimle mücadele eden bir danışana şu yönergeyi verebilirsiniz: "*Tepsiyi ikiye bölün. Bir yarıda olaydan önceki diğer tarafta ise olaydan sonraki dünyanızı yansıtın. Örneğin, bir yarısı savaşa hazırlanmadan öncesini, diğer yarısı ise savaştan sonraki bir hayat sahnesi olabilir.*" Danışan tepsiyi yaratırken, danışman sessizce alanı gözlemler. Danışana tepsiyi tamamlaması için kalan zamanı hatırlatın (5 ya da 10 dakika önceden).
4. Danışan çalışmayı tamamladığında, danışanla birlikte kum tepsisini keşfedin. Çalışmanın bu kısmı, danışmanın kum tepsisi işleme felsefesiyle bağlantılıdır. Kum tepsisinin gücüne, danışanın kum tepsisi ile bağlantısına dikkat etmek önemlidir; bu nedenle, danışan düşüncelerini ve duygularını paylaşmaya istekli değilse veya paylaşamıyorsa, bu kabul edilebilir ve uygundur. Bununla birlikte danışman kum tepsisini işlemeyi seçerse, daha fazla psikolojik ve katartik hareketi destekleyecek yansıtma, ifade ve sorular şöyle olabilir: "*Tepsinin adı nedir? Kum tepsisinde neler olduğunu anlatın. Kum tepisindeki karakterleri anlatın. Öyküyü (ana karakter ya da deneyimle ilgili ifade açısından) değiştirebilecek olsanız nasıl değiştirirdiniz?*"
5. Kum tepsisi seansının kapanışında, kum tepsisini ve figürleri olduğu yerde bırakın. Danışan kum tepsisini temizlemesi gerektiğini ya da nesneleri eski yerlerine koyması gerektiğini söylerse, buna gerek olmadığını ve tepsiyle ilgileneceğinizi belirtin. Danışanın tepsisini bozulmuş görmesi üzücü ya da yıkıcı olabilir!

Kum tepsisinin fotoğrafını çekin ya da resmini çizin ve danışan için süreçleri not alın. Daha ayrıntılı ve geniş bilgi için aşağıda belirtilen kitapları okumanızı öneririz:

Boik, B. L., & Goodwin, E. A. (2000). *Sandtray therapy: A step-by-step manual for psychotherapists of diverse orientations*. New York: W. W. Norton & Co.

Homeyer, L. E., & Sweeney, D. S. (1998). *Sandtray: A practical manual*. Canyon Lake, TX: Lindan Press.

Turner, B. (2005). *The handbook of sandplay therapy*. Cloverdale, CA: Temenos Press.

REFERANSLAR

Allen, R., & Kreb, N. (2007). *Dramatic psychological storytelling: Using the expressive arts and psychotheatrics*. New York: Palgrave MacMillan.

Brimhall, A. S., Gardner, B. C., & Henline, B. H. (2003). Enhancing narrative couple therapy process with an enactment scaffolding. *Contemporary Family Therapy: An International Journal*, *25*(4), 391-414.

Combs, G., & Freedman, J. (2004). A poststructuralist approach to narrative work. In L.Â€ E. Angus & J. McLeod (Eds.), *The Handbook of narrative and psychotherapy: Practice, theory, and research* (ss. 137-155). Thousand Oaks, CA: Sage.

Legowski, T., & Brownlee, K. (2001). Working with metaphor in narrative therapy. *Journal of Family Psychotherapy*, *12*(1), 19-28.

Monk, G. (1997). How narrative therapy works. In G. Monk, J. Winslade, K. Crocket, & D. Epston (Eds.), *Narrative therapy in practice: The archaeology of hope* (pp. 3-31). San Francisco: Jossey-Bass.

Monk, G., Winslade, J., Crocket, K., Epson, D. (Eds.) (1997). *Narrative therapy in practice: The archaeology of hope*. San Francisco: Jossey-Bass.

Sells, J., Beckenbach, J., & Patrick, S. (2009). Pain and defense vs. grace and justice: A model of relational conflict and restoration. *The Family Journal*, *17*(3), 203-212.

Silver, E., Williams, A., Worthington, F., & Phillips, N. (1998). Family therapy and soiling: An audit of externalizing and other approaches. *Journal of Family Therapy*, *20*, 413-422.

St. James-O'Connor, T., Meakes, E., Pickering, M., & Schuman, M. (1997). On the right track: Client experience of narrative therapy. *Contemporary Family Therapy: An International Journal*, *19*, 479-495.

White, M. (1984). Pseudo-encopresis: From avalanche to victory, from vicious to virtuous cycles. *Family Systems Medicine*, *2*(2), 150-160.

White, M. (2007). *Maps of narrative practice*. New York: W. W. Norton.

White, M., & Epston, D. (1990). *Narrative means to therapeutic ends*. New York: W. W. Norton & Company.

11

Dışavurumcu Sanatlarda Bütüncül Teori

Sally S. Atkins, Keith M. Davis ve Lauren E. Atkins

Psikolojik danışma ve psikoterapide bütüncül yaklaşımlar, çeşitli teorik sistemlerin dikkatli, düşünceli ve sistematik fikir ve yöntem seçimlerini içerir. Bu süreç, danışmanın felsefesi ve becerilerine ve danışanın farklı ihtiyaçlarına uygun bir danışmanlık yaklaşımı oluşturmak için farklı teorik yönelimlerin kavramlarını analiz etmesini ve sentezlemesini içerir. Psikolojik danışma alanı olgunlaştıkça, etkinliğini artırmak ve çeşitli topluluklarla çalışmanın en uygun yollarını bulmak için ideolojik engelleri aşma eğilimi de artmıştır. Psikolojik danışma alanında hem teorik hem de pratik bütünleşme hareketi, 1980'lerden bu yana danışmanlık alanında hızla gelişmiştir (Brooks-Harris, 2008). Danışmanlık ve psikoterapideki güncel ana metinler tipik olarak bütünleştirici teori ile ilgili bir bölüm içermektedir. Bütüncül eğilimi, insan deneyiminin karmaşıklığını açıklamak veya farklı kişisel, ailevi ve kültürel bağlamlarda insanların farklı sorunlarını ele almak için tek bir teorinin yeterli olmadığı gerçeğine dayanmaktadır (Corey, 2001).

Her ne kadar sanat temelli yaklaşımlar başlangıçta müzik, drama ya da dans gibi belirli bir yöntemde uzmanlık etrafında gelişmiş olsa da sanat danışmanlığı bağlamında kullanılmasındaki mevcut ana eğilim ikisinin veya daha fazlasının sanat biçimini birlikte kullanmaktır (Gladding, 2005). Disiplinler arası ya da intermodal dışavurumcu sanat terapisi, olumlu değişimin kolaylaştırılması için sanatların herhangi birinin ya da tamamının terapötik bir bağlamda birlikte kullanarak sanatsal bütünleşmesidir. Birbirinden diğerine dikkatli bir şekilde geçiş yapan, birbiriyle ilişkili sanat modellerinin karmaşık uygulaması, tüm sanatların temel duyusal birbiriyle bağlantılılığına dayanmaktadır. Sanat yapımı süreci hem kişisel bir araştırma şekli hem de terapötik değişim için bir araç olarak görülmektedir. Bütüncül dışavurumcu sanat uygulaması yalnızca danışmanlık ve psikolojik teori değil, aynı zamanda sanatsal disiplinlerden ve bazı durumlarda felsefi ve antropolojik teorilerden de faydalanmaktadır. (Knill, Levine, E., & Levine, S, 2005). Bu nedenle, dışavurumcu sanatın danışmanlık ve terapi alanındaki uygulamaları, bütüncül teorik bakış açısı ile uyumludur.

BÜTÜNCÜL DIŞAVURUMCU SANAT TERAPİSİNİN TARİHÎ TEMELLERİ

Bütüncül sanat uygulamaları çok eski tarihlere dayanmaktadır. Dünyanın her yerinde yerli kültürler, sanatı hâlâ yaşam ve şifa açısından bir arada kullanmaktadırlar. Ancak Batılı psikolojik danışma ve psikoterapi uygulamalarında dışavurumcu sanat uygulamaları nispeten yeni bir olgudur. 1981 yılında, Shaun McNiff, sanatın terapi olarak disiplinler arası bir yaklaşım olarak kanıta dayalı kullanılmasını açıkça ifade ettiği ve çığır açan bir çalışma olan *The Arts and Psychotherapy* adlı eserini yayınladı. Bu yaklaşım 1970'lerde Lesley Üniversitesi'nin Arts and Human Development Enstitüsü/Sanat ve İnsan Gelişimi Enstitüsü'nden aralarında McNiff, Paolo Knill, Norma Canner, Elizabeth McKim ve diğerlerinin de bulunduğu bir grup sanatçı/akademisyen tarafından geliştirilmiştir. Bu disiplinler arası yaklaşım, herhangi bir sanat formunda çalışmanın zorunlu olarak başka formları içerdiğini ve birden fazla sanatsal forma yönelik amaçlı bütünleşmenin çok çeşitli terapötik olanaklar sunabileceğini kabul ederek sanatın intermodal yapısını vurgulamaktadır.

Sanatla terapötik olarak çalışmak, bu tür mesleklerin tümü arasında artan bir ilgi görmektedir. Danışmanlık mesleği içerisinde, Sam Gladding'in (2005) *Counseling as an Art: The Creative Arts in Counseling* adlı çalışmasında sanat temelli terapiler ve sanatın iyileştirme gücü konusunda danışmanlarda farkındalık yaratmada önemli olmuştur. Sanatın danışmanlıkta kullanılmasında bir diğer önemli adım, Amerikan Danışmanlık Derneği'nin bir bölümü olarak Danışmanlıkta Yaratıcılık Derneği'nin oluşturulması ve *Journal of Creativity in Mental Health* dergisinin çıkarılması olmuştur.

TEMEL KAVRAMLAR

Dışavurumcu sanatın psikolojik danışma ve terapide bütüncül bir şekilde kullanılması, yeni bir yaklaşım olarak henüz başlangıç aşamasındadır ve şu anda tek bir teorik çerçeve mevcut değildir. Bütüncül bir yaklaşıma ulaşmak için, danışmanların altta yatan teorik yaklaşımlara katılmadan da farklı yaklaşımlardan teknikler seçerek teknik eklektizm yolunu sık olarak kullanmaktadır. Temel akıl sağlığı literatüründe, dışavurumcu terapiler genellikle sanat araçlarının ve sözsüz yöntemlerin kullanımı, yaratıcı ifadeye vurgu ve eylem yönelimi gibi uygulama ortaklıklarıyla tanımlanmaktadır (Wiener, 1999; Wiener ve Oxford, 2003).

Danışmanlıkta ifade sanatlarının kullanımı çoğu zaman metodoloji temelli olsa da sanat temelli çalışmaların etkililiği için gerekçe, farklı teorik yaklaşımlarla tutarlıdır. Örneğin, Jungcu kültürler arası arketipler, efsaneler ve kolektif bilinçaltındaki sembolik kavramlar, yaratıcılık ve hayal gücü yoluyla erişilebilen, en dışavurumcu sanat eserlerinin önemli yönleridir. Hümanist ve varoluşsal psikoterapilerden, her bireyin doğuştan gelen, yaratıcı ve olumlu bir çaba gösterme kapasitesi konsepti sanat temelli çalışmalarla çok tutarlıdır. Dışavurumcu sanat çalışmasının temeli, her insanın iyileşme ve refahı artırmak için aktifleştirilebilecek ve beslenebilecek yaratıcı kapasiteye sahip olduğu fikridir. Gelecekte, tekniklerin sadece bir araya getirilmesinin ötesinde tutarlı bir teorik çerçeve üretmeyi amaçlayan daha derinlemesine bir teorik bütünleşme, bu alandaki bütüncül uygulamaları belirleyecektir.

TEORİ İLE ELE ALINAN SORUNLAR

Dışavurumcu sanatın terapötik kullanımı, geniş bir arenada yolunu bulmaktadır. Ruh sağlığı eğitim, hemşirelik ve ilgili alanların literatüründe, dışavurumcu sanatların her yaştan hem gruplarla hem de bireylerle ve çeşitli psikolojik ve tıbbi konularda çalışmakta etkili olduğunu ortaya koymaktadır. Dışavurumcu sanat, sadece sözsüz iletişime dayanmasa da duyusal temelli deneyime erişme ve hayal gücünü kullanma kapasitesi açısından benzersiz terapötik olanaklar sunar. Sanatla çalışmak, sözlü dili sınırlı olan danışanların kendini ifade etmesi için fırsatlar sunabilir.

Dışavurumcu sanatın, bilinç düzeyinde zihnin psikolojik savunmasını atlama kapasitesi, çeşitli problemleri ortaya çıkarmak ve ele almak için güçlü bir yöntem hâline getirmektedir. Bununla birlikte, potansiyeli nedeniyle, bu yöntemler, dikkatli bir şekilde ve gelişim aşamasına, kişilik yapısına ve danışanın kişiler arası dinamiklerine de dikkat ederek kullanılmalıdır. Dışavurumcu sanat terapistleri, güvenli bir ortam oluşturmada ve sanat deneyimlerine uygun şekilde giriş çıkışlarda özellikle dikkatli olmalıdırlar.

BÜTÜNCÜL TEORİ VE DIŞAVURUMCU SANAT

Sanatın gücünü danışmanlık sürecine dâhil etmek, terapötik çalışmalar için zengin olanaklar sunar. Intermodal veya disiplinler arası dışavurumcu sanat kullanılması, pratik ve teknik açıdan mutlaka bütüncüldür.Bütüncül teorinin bu yönlerine daha fazla dikkat edilmesi, sanatta intermodal çalışmalar için teorik bir temel oluşturarak, temeli olmayan eklektik bir uygulama aracı olmaktan daha fazlasını sağlayacaktır. Aşağıdaki ifadeler, ortaya çıkan literatürden kendi fikir sentezimizi ve danışmanlıkta ifade sanatlarını kullanma pratiği için temel olduğunu düşündüğümüz kavramların iç içe geçmiş hâlini temsil etmektedir:

1. Yaratıcılık temel bir insani etkinliktir (May, 1975; Levine, 1992).
2. Tüm insanlar yaratıcıdır ve yaratıcı bir evrende bulunmaktadır (Atkins & Williams, 2007).
3. Danışmanlık merkezlerinde dışavurumcu sanat yaratıcı süreçte değişim aracı olarak birincil sıradadır (Atkins & Williams, 2007; Rogers, 1993).
4. Sanatta yaratıcılık, insanlara duygu ve deneyimlerini biçimlendirme ve yansıtma imkânı sunar (Knill ve ark., 2005; McNiff, 1992).
5. Sanat, duyusal deneyimlerde ortak temelleri sayesinde içsel olarak ilişkilidir (Knill, 1994).
6. Sanatı disiplinler arası bir şekilde kullanmak, özellikle deneyimler farklı sanat formlarının niteliklerine ve zorluklarına dikkat edilerek tasarlandığında terapötik değişim olasılığını artırabilir (Atkins & Williams, 2007; Knill et al., 2005; McNiff, 1992).
7. Dışavurumcu sanat terapisinde, güzellik kavramının biçimsel estetik ile ilgisi yoktur ancak sanatsal süreç ve ürünün özgünlüğü ve bütünlüğü ile ilgilidir.
8. Hayal gücü, iyileşme ve büyüme için güçlü bir kaynak olabilir (Atkins & Williams, 2007; Knill, 1994; McNiff, 1992).
9. Sanat, iç ve dış kaynaklara erişim, duyguları ifade etme, seçimler yapma, soru ve olasılıkları keşfetme, ilişkiler kurma, anlamları zenginleştirme ve derinleştirme, problemlerden uzaklaşma ve onlara yansıtma, benliğin farklı bölümlerini kucaklamak gibi konularda danışmanlıkta çeşitli şekillerde kullanılabilir (Atkins & Williams, 2007).
10. Terapist ve danışan arasındaki kişiler arası ilişki, sanat temelli terapötik çalışma da dâhil, terapötik çalışmanın temelidir (Atkins & Williams, 2007; Rogers, 1993).
11. Sanat yapmak için yer sağlamada terapötik varlığın kapasitesini geliştirmek için dışavurumcu sanat terapisti, benliği merkeze alma ve temel oluşturmak için günlük bir uygulama geliştirmelidir (Atkins & Williams, 2007).

Bütüncül teori uygulamada, devam eden ve ortaya çıkan bir süreçtir. İnsan varlığının doğası, yaşamda sorunlara neden olan şeylerin ve değişimin nasıl gerçekleşeceğinin dikkatlice yansıması gerekir. Dışavurumcu sanatı danışmanlıkta kullanmak için bütüncül teori uygulamak, sanatın gücü ve sanatın insan deneyimindeki rolü hakkında ek bir yansıma gerektirir.

Dışavurumcu Sanat Müdahaleleri

HAYVAN ŞİFASI/GÜÇ KALKANLARI

Keith M. Davis

Belirtiler: Bu etkinlik; öfke yönetimi, zorbalık, keder/kayıp, yeme bozuklukları, öz güven, aile içi şiddet ve fiziksel/cinsel taciz gibi zorluklarla karşı karşıya kalan çocuklar ve ergenler için kullanılmaktadır. Ayrıca ekoterapi dersinin bir parçası olarak danışmanlık öğrencilerine, insanlar, hayvanlar ve doğal çevre arasındaki ilişkilerin iyileştirici bağlantılarını vurgulamak için kullanılmıştır.

Hedef: Öğrencilerin/danışanların, kelimeler yetersiz kaldığında hayat tecrübesi ve durumun anlam kazandığını ifade etmeleri için güvenli bir yol sağlamak; özellikle kendilerini tamamen sözlü olarak ifade edecek kelime ve bilişsel gelişim düzeyinde olmayan küçük çocuklarda özellikle yararlıdır.

Yöntem: Intermodal dışavurumcu sanat.

Uygunluk: Bu müdahale intermodal dışavurumcu sanatı ekoterapi unsurlarıyla ve hem bireysel hem de grup danışmanlığı bağlamında hem hümanist hem de varoluşsal teorilerle bütünleştiren bir örnektir (Davis & Atkins, 2004;Davis & Atkins, basında). Intermodal dışavurumcu sanat açısından hayvan şifası ve/veya güç kalkanları görsel sanatı, yazma ve hikâye anlatıcılığını birleştirir. Ekoterapinin özelliklerini birleştirmeyi tercih ederseniz, kalkanın yapımı için malzemeler doğal çevreden (örn., Ağaç dalları, ağaç kabuğu, çubuklar, bitkiler, taşlar ve kayalar) toplanarak insanlar, hayvanlar arasındaki bağlantılar ve ilişkiler vurgulanarak toplanabilir. Kalkan yapımının amacı, bireyin kendi iyileşmesinin özelliklerini ve bazı hayvanlarla olan bağlantılarımız aracılığıyla mecazi olarak gösterilen güçlü yönleri vurgulamak olduğundan, etkinlik, hümanist ve varoluşsal teorilerle uyumludur. Özellikle, hümanist teori, gerçek ilişkinin gücünü ve iyileşmesini vurgulamaktadır. Bir kişinin evcil hayvanı, kalkan yapımının odağı hâline gelirse, evcil hayvanların genellikle yargılamadan sevildiğinden koşulsuz olarak olumlu sayılabilecek unsurlar birleştirilebilir. Kalkan yapımı, kişinin yaşam tecrübesi ve durumdan bir anlam çıkarmaya çalışmasına yardımcı olur. Dolayısıyla, bu etkinliğin eylemi varoluşsaldır.

Yaş Grubu/Evren: Çocuklar/ergenler; grup/bireysel.

Malzemeler: Mukavva kâğıdı, boya kalemleri, keçeli kalemler; özellikle vahşi yaşamla ilgili eski dergiler ve tüyler, deri şeritler, renkli kâğıt mendil, kurdeleler ve iplik gibi diğer kolaj malzemeleri; makas, delgeç, tutkal, tel ve zımba ve bir ekoterapi yaklaşımı kullanıldığında, öğrenciler/danışanlar çevreden doğal unsurlar toplayabilir (örneğin; ağaç dalları, ağaç kabuğu, çubuklar, bitkiler, taşlar, kayalar).

Yönerge:

1. Malzemeler bir masa ve/veya çalışma alanına yerleştirilir.
2. Grupla uyum ve empati kurmaya yardımcı olmak için, bir hayvan şifası/güç kalkanı oluşturmayı da seçebilirsiniz. Bu, özellikle etkinlik için bir "şablona" ihtiyaç duyan çocuklarla ve ergenlerle çalışmak için faydalıdır.
3. Her katılımcı mukavva kâğıdı kullanarak, kalkanın temel şekline ve boyutuna (örneğin, daire, kare, dikdörtgen) karar verir ve uygun olacak şekilde makasla keser.
4. Dergilerden hayvanlar ve/veya vahşi yaşam resimlerinin kesilir.
5. Resimler kalkana yapıştırılır, zımbalanır veya bağlanır.
6. Sicim, iplik, tüy veya hayvan resimlerini bağlamak için delik delinebilir.
7. Doğal ögeler de (örneğin, ağaç dalları, ağaç kabuğu, çubuklar, bitkiler, taşlar, kayalar) kullanılabilir.
8. Etkinlik sessizce veya soft bir müzik eşliğinde yapılabilir. Malzemelerle yardım ederek ve destek önererek "sanat koçu" olarak hareket edebilirsiniz.
9. Etkinliğin tamamlanması için 45 dakika bekleyin ve eğer zaman yeterse, bireysel ve/veya grubun sözlü veya küçük bir yazılı paragraf, cümle veya kelimelerle hayvan şifası/güç kalkanı sürecini ve ürünü anlatmasını isteyin. (Not: Okul ortamında, faaliyetin işlenmesi için bir takip toplantısı veya bir dizi toplantı yapılması gerekebilir.)
10. İşleme, hayvan şifası/kuvvet kalkanının kişinin kendi güçlü yönlerini nasıl temsil ettiğini içerebilir (örn., *"İnsan kendi içinde kalkan için seçilen hayvanlarda hangi yönlerinin temsil edildiğini görüyor?"*).

Çeşitli Öneriler: Bu etkinlik, bireyin ve/veya grubun gelişim düzeyine bağlı olarak değişebilir. Küçük çocuklar için açık talimatlar ve bazı modellemeler (değerler empoze etmeden) gerekebilir. Kalkan, doğal malzemeler kullanılarak yapılacaksa, bu malzemelerin dış ortamda toplanması için ek zaman bırakılmalıdır. Bu etkinlik hem grup ortamında hem de bireyselde kullanılabilir. Ek olarak, bu etkinliği bir devlet okulu ortamında çocuklarla ve/veya ergenlerle kullanıyorsanız, dinî terim gibi algılanmasını dikkate alarak şifa terimini kullanmak yerine sadece hayvan gücü kalkanı olarak adlandırmak en iyisi olacaktır. Her zamanki gibi, çocuklarla ve ergenlerle ayrı ayrı veya gruplar hâlinde çalışırken, ebeveynin iznini veya desteğini almak en iyisidir.

MÜZİKTEN ESİNLENEN ŞİİRSEL PAYLAŞIM

Keith M. Davis

Belirtiler: Bu etkinlik, grup ortamlarında, akran zorbalığına maruz kalmış ergen gruplarında,evlilik ve ilişki danışmanlığında, süpervizyon ve danışmanlık eğitimlerinde güven, empati ve uyumu geliştirmek ve kişisel paylaşımı desteklemek için kullanılabilir.

Hedef: Güven, empati ve ilişkiyi geliştirmek.

Yöntem: Intermodal dışavurumcu sanat.

Uygunluk: Bu müdahale, intermodal dışavurumcu sanatı, grupla psikolojik danışma ve/veya grupla psikolojik danışma süpervizyonu bağlamında insancıl ve varoluşsal teorilerle bütünleştiren bir örnektir. Intermodal dışavurumcu sanat, müzik, şiir yazma ve görsel sanatlar oluşturma, küçük bir grup ortamında paylaşım ile birleştirilir. Bu etkinlik aynı zamanda hümanistik ve varoluşçu teorilerle de uyumludur. Güven ve empati, danışmanlıkta hümanistik yaklaşımın iki önemli yapı taşıdır. Bir müdahale olarak, bu etkinlik, grup üyelerinin enstrümantal müzikal kompozisyon kliplerinden türetilen kelimelerle paylaşılan şiirsel yazının paylaşması yoluyla birbirlerine güvenip empati kurmalarını sağlar. Grup üyeleri şiirsel yazılarını müzikle oluştururken, varoluşsal bir anlam oluşturma sürecine dâhil olurlar.

Yaş Grubu/Evren: Ergenler/yetişkinler; grup/çift.

Malzemeler: CD çalar; çeşitli enstrümantal müzik CD'leri (örn., sözsüz müzikler); mukavva kâğıdı, pastel boya, kuru boya ve/veya keçeli kalem.

Yönerge:

1. Malzemeleri bir masa ya da çalışma alanına yerleştirin.
2. Her grup üyesine bir parça kâğıt ve yazı yazmaları için bir kalem verin.
3. Seçilen CD'den 1 dakikalık enstrümantal müzik parçası dinletin (örn.; eklektik müzik parçaları farklı duygu/düşünceleri ortaya çıkarabilir).

4. Her grup üyesinden (ya da evlilik ve ilişki sorunları için kullanılıyorsa çiften) müziğin uyandırdığı tek kelimelik bir duygu ya da düşünce yazmasını isteyin. Müzik parçalarının sonunda bireylerde duygu ve düşünce kelime listeleri oluşacaktır.
5. Her grup üyesinden kendi kelime listesini diğer grup üyesiyle değiştirmesini isteyin (örn., bu, birçok üyenin kendi listesine duygusal bağları olabileceğinden güvene vurgu yapılan yerdir).
6. Her grup üyesi başka bir grup üyesinin listesini aldıktan sonra, diğer grup üyesinin listesinden mümkün olduğunca fazla kelime kullanarak bir şiir yazmalarını isteyin. Şiirsel kompozisyon için listede olmayan kelimeler de kullanılabilir (örn., bağlaçlar, isimler, zamirler).
7. Grup üyeleri, mukavva kâğıdı ve renkli kalemler ve/veya keçeli kalemlerle, özgün "Etiket" kartı oluşturur.
8. Her grup üyesi, diğer grup üyesinin listesindeki kelimelerle oluşturduğu şiiri ve "kartı" tamamladığında, kelime listesinin ilk sahibine verir.
9. Her grup üyesi, bir başkası tarafından kendi listesinden oluşturulan şiiri sesli olarak okur (örn., bu, grup ortamında yüksek sesle okunan ilk şiirdir).
10. Tüm şiirler okunduktan sonra grupla bu deneyimi işleyin.
11. Bu etkinlik için yaklaşık 90 dakika ayırın.

Çeşitli Öneriler: Bu etkinlikte, enstrümantal müzik kullanılması önerilmektedir, sözleri olan müzikler katılımcıların kelime seçimlerini etkileyebilir. Ergenlerle çalışırken lirik müzik kullanılabilir ve ergenlerden kendi seçtikleri parçaları getirmeleri istenebilir. Bu etkinlik güven, empati ve bağ kurma sorunları yaşayan gruplarda başarılı bir şekilde kullanılabilir. Katılımcılar, duygusal olarak kendi kelimelerine bağlıdırlar ve kendi kelime listesini şiirsel bir çalışma için bir başkasıyla paylaşmak bu tür sorunların üstesinden gelmelerine yardımcı olur.

BEDENİ İSİMLENDİRME VE KABUL ETME

Lauren E. Atkins

Belirtiler: Bu etkinlik, beden görüntüsü ile ilgili sorunlar ve öz farkındalığı desteklemeye yardımcı olur. Beden farkındalığı ve hareket deneyimi, hem bir müdahale hem de bir iyileşme aracı olarak faydalıdır.

Hedef: Öz saygı ve grup bağını oluşturmak.

Yöntem: Intermodal dışavurumcu sanat.

Uygunluk: Bu müdahale kişisel yansıtma ve topluluk paylaşımı ile birlikte hareket/dans ve görsel sanatın sanatsal yöntemlerinin kullanıldığı intermodal transfer örneğidir.

Yaş Grubu/Evren: Kız çocuklar/ergenler; grup/bireysel.

Malzemeler: Müzik çalar (IPOD ya da CD'ye kaydedilmiş müzik ya da canlı müzik uygundur); sabit ritim sağlayabilen herhangi bir müzikal eşlik ve/veya kaliteli bir ton oluşturmak için gerekli atmosferi deneyimleyerek oluşturun; keçeli kalem ve/veya pastel boyalar; büyük ve küçük kâğıtlar.

Uyarı: Hareket/dans bazı danışanlar için ürkütücü ve hassas olabilir bu nedenle danışmanın güven duygusu oluşturması önemlidir.

Yönerge:

1. Başlama: Büyük bir parça kâğıdın etrafında halka oluşturun. Bu bireylerin birbirine aşina olmaya başladıkları andır. Çemberin etrafında dönerken herkes ismini ve yaşamında sevdiği bir şeyi söyler (örn., renk, evcil hayvan, aile vb.).
2. Soru sorma: "*Bedeniniz şu anda nasıl hissediyor?*" Danışanlar, dairenin ortasındaki kâğıda yazı yazar, mevcut beden deneyiminin kolektif ve sözsüz bir paylaşımı yaratılarak cevap verilir.
3. Çemberin etrafında tekrar dönülür. Her bireyden, bedensel olarak rahat hissettiren bir hareket yapması istenir, bir yanıt olarak diğer katılımcılar da

hareketi öğrenir. Grup hareketi çember etrafında tekrarlar, sürdürülebilir bir hareket deneyimi oluşturmak için arkasında diğer hareketler gelir. Bu çalışma ritmik uyaranların da (müzik arka planda zaten çalmıyorsa) eklendiği müzik eşliğinde yapılabilir.

4. Soruyu yine sorma: *"Bedeniniz şimdi nasıl hissediyor?"* Bu yanıtlar hem sözlü olarak verilir ve ortak kâğıda yazılır. Daha sonra, kâğıt, kolektif bir bağlamda bireysel beden deneyimini, hareket yoluyla değişme olasılığın ile birlikte tutar.
5. Danışanlar daha sonra kişisel bir alan bulmak için ayrılırlar. Danışanların kendilerini rahat hissettikleri bir pozisyon bulmalarını, gözlerini kapatmalarını ve nefes alışverişlerine odaklanmalarını isteyin. Ardından şu sorularla, kişisel hareket deneyimiyle ilgili danışanları yönlendirin (bu süreçte danışanlardan gözlerini kapalı tutmalarını isteyin): *"Sabah uyandığınızda bedeniniz nasıl hareket eder/tepki verir? Mutlu/memnun hissettiğinizde nasıl hareket edersiniz? Kızgın olduğunuzda nasıl hareket edersiniz? Üzgün olduğunuzda nasıl hareket edersiniz? Heyecanlandığınızda nasıl hareket edersiniz? Bedeninizin bugün, şu anda hissettiği gibi hareket etmesine izin verin."* (Yumuşak atmosferik müzik, dinlendirici bir işitsel ortam sağlayarak süreci destekleyebilir.)
6. Her danışanın, yaşadığı deneyimi görselleştirmek üzere kâğıt ve boya kalemi almasını isteyin. Deneyimin görsel manifestosunu oluşturmak için kelime ya da görseller kullanabilir.
7. Danışanların final çemberi oluşturmaları için bir araya gelmelerini isteyin ve görüntüleri gösterirler ve mevcut deneyimlerini sözlü olarak ve ortak kâğıt üzerinde tanımlamak için yeni kelime öbekleri veya kelimeler eklerler. Grubun son kez bir araya gelmesiyle halka kapanır ve süreç tamamlanır.

Yorum: Bu etkinlik, farklı türde kişisel sorunların, mücadelelerin ve zaferlerin araştırılmasını destekleyen bir yapı sağlamaktadır. Çalışan nüfus için gerekli gördüğünüzde soruları uyarlayın ve değiştirin. Daha önce verilen sorular, bir hareket deneyimi içinde ele alınacak genel kavramlar olarak ifade edilmiştir. Derinlemesine beden farkındalığı, sağlıklı beden imajı ve benlik duygusu oluşturmak için değerlidir. Bu özellikle toplumdaki karmaşık kültürel imgeler, beklentiler ve mitleri yönlendirdikleri için genç kadınlar için önemlidir. Bu etkinlik, genç kadınlarla bu tür sorunlarla ilgili diyaloga başlamak için güvenli bir alan yaratabilir.

BENLİK KUTUSU

Sally S. Atkins

Belirtiler: Bu etkinlik, grup içinde bağlılığı ve anlamlı kişisel paylaşımları desteklemektedir. Kaygı ve depresyon yaşayan kişilerde, öfke yönetimi sorunları olan ergenlerde, hapsedilen ergenlerde ve yetişkinlerde, kanser hastalarında, gelişimsel yetersizliği olan danışanlarla, aile içi şiddet mağdurlarıyla ve eğitim ve denetimde lisansüstü öğrencileriyle birlikte kullanılmaktadır. Özellikle kimlik, öz algı ve/veya ilişki sorunları yaşayan kişiler için uygundur. Danışanların benliğin farklı yönlerini görmelerine ve değer vermelerine ve kendilerini başkalarına açmanın değerli olacağı her durumda faydalıdır.

Hedef: Bireyin içsel yönlerini tam kabul etmesi.

Yöntem: Intermodal dışavurumcu sanat.

Uygunluk: Bu müdahale, farklı sanatsal yöntemleri, görsel sanat yapımı ve kişisel paylaşım ile birlikte küçük bir grup ortamında yazma yöntemini kullanan intermodal dışavurumcu sanat örneğidir. Basit kolaj yapımı, düşük yetenekli, yüksek hassasiyetli sanat yapımına bir örnektir. Bu etkinlik danışanların öfkelenmesine neden olmayacak kadar kolay ancak sofistike ve karmaşık kişisel konuları yansıtacak kadar duyarlı bir etkinliktir. Benliğin farklı kısımlarına erişmek, kucaklamak ve paylaşmak için yapılan bir etkinliktir.

Yaş Grubu/Evren: Çocuklar/ergenler; grup/bireysel.

Malzemeler: Ayakkabı kutusu, hediye kutusu, şapka kutusu gibi çeşitli şekil ve boyutta kutular; kutu bulunamazsa kese kâğıtları da kullanılabilir; eski dergiler ve kâğıt peçete, tüy, keçe, kurdele, ip gibi diğer kolaj malzemeleri; makas ve yapıştırıcı.

Yönerge:

1. Malzemeleri bir masa ya da çalışma alanına yerleştirin.
2. Danışman ve danışan nefes almak, esnemek, bedensel olarak merkezde oldukları hissetmek için birkaç dakika çalışır.
3. Sözlü kontrol yapın. Grup ortamında kısa bir giriş ve deneyimle ilgili beklentiyi anlatmak şeklinde yapılabilir.

4. Danışanlara malzemeleri gösterin ve etkinliği anlatın: "*Bu çalışma, kendimizle ilgili düşüncelerimizi ve duygularımızı sanatsal bir şekilde ifade edebimemiz için tasarlanmıştır.*"
5. Yönerge: "*Kendi kutunuzu" oluşturmanız için 45 dakikanız var. Malzemeleri incelemek için vakit ayırın. İlginizi çeken renkleri, şekilleri ve resimlere bakın. Sizi dıştan temsil ettiğini düşündüğünüz görüntülerle kutunun dışını süsleyin. Ayrıca içsel dünyanızı da düşünün. İç benliğinizi yansıttığını düşündüğünüz görüntüleri kutunun içine atın. Çalışmanızın niyetiniz ve sürprizlerin etkileşimi olmasına izin verin. Sürprizlere, planlamadığınız hâlde olan şeylere özellikle dikkat edin.*"
6. Etkinlik sessiz bir ortamda ya da hafif bir müzikle yapılabilir. Burada ihtiyaç hâlinde destek veren bir sanat koçu olacaksınız.
7. Belirlenen zamanın bitmesine 10 dakika kala hatırlatma yapın. Sanat çalışmasının sonunda katılımcılardan alanı ve malzemeleri temizlemelerini isteyin.
8. Danışanları kutularıyla birlikte çembere davet edin, sanat deneyimiyle ilgili yazmalarını isteyin, kendileri hakkında yeni öğrendikleri, farkındalık kazandıkları deneyim sürecini ve yaratılan ürünü düşünmelerini isteyin. Ayrıca, kutuyu oluştururken iç ve dış kaynaklar da dâhil hangi kaynakları kullandıklarını düşünmelerini isteyin.
9. Herkes kendi kutusunu gruba gösterir ve deneyimle ilgili paylaşımda bulunur. Grup üyelerini, kendilerini ve diğerlerini yargılamamaları gerektiği konusunda uyarın.
10. Son turda, her bir grup üyesinden bu deneyimle elde ettiği ve yanında götürmek istediği bir şeyi paylaşmasını isteyin.

Çeşitli Öneriler: Devam eden bir grupsa, üyelerden, kendi kutularının çemberde paylaşımına tanıklık etmek için seçtikleri bir resmi (örneğin, şarkı, hareket, görsel sanat, şiir) hazırlaması istenebilir. Bu çalışma ayrıca bireysel danışanlarda da kullanılabilir. Çalışma 1,5 saatlik seansta yapılabilir ya da ev çalışması olarak verilebilir.

REFERANSLAR

Atkins, S. S., & Williams, L. D. (2007). *Sourcebook in expressive arts therapy*. Boone, NC: Parkway

Brooks-Harris, J. E. (2008). *Integrative multitheoretical psychotherapy*. Boston: HoughtonMifflin.

Corey, G. (2001). *The art of integrative counseling*. Pacific Grove, CA: Brooks/Cole.

Davis, K. M., & Atkins, S. S. (2004). Teaching a course in ecotherapy: We went to thewoods. *Journal of Humanistic Counseling, Education and Development*, *43*, 211-218.

Davis, K. M., & Atkins, S. S. (in press). Ecotherapy: Tribalism in the mountains andforest. *Journal of Creativity in Mental Health*.

Gladding, S. T. (2005). *Counseling as an art: The creative arts in counseling* (3.bsk.).Alexandria, VA: American Counseling Association.

Knill, P. J. (1994). Multiplicity as a tradition: Theories for interdisciplinary artstherapies—An overview. *The Arts in Psychotherapy*, *21*(5), 319-328.

Knill, P. J., Levine, E. G., & Levine, S. K. (2005). *Principles and practice of expressivearts therapy: Toward a therapeutic aesthetics*. London: Jessica Kingsley.

Levine, S. K. (1992). *Poiesis: The language of psychology and the speech of the soul*.London: Jessica Kingsley.

May, R. (1975). *The courage to create*. New York: Bantam Books.

McNiff, S. (1981). *The arts and psychotherapy*. Springfield, IL: Charles C. Thomas.

McNiff, S. (1992). *Art as medicine: Creating a therapy of the imagination*. Boston:Shambhala.

Rogers, N. (1993). *The creative connection: Expressive arts as healing*. Palo Alto, CA:Science and Behavior Books.

Wiener, D. J. (Ed.). (1999). *Beyond talk therapy: Using movement and expressive techniquesin clinical practice*. Washington, DC: American Psychological Association.

Wiener, D. J., & Oxford, L. K. (Eds.). (2003). *Action therapy with families and groups:Using creative arts improvisation in clinical practice*. Washington, DC: American Psychological Association.

12

Klinik Süpervizyon

Montserrat Casado-Kehoe ve Kathy Ybañez

Bernard ve Goodyear (2009), *süper* ve *vizyon* kelimelerinden oluşan süpervizyonu tanımlamaktadır ve yine de geleneksel süpervizyonun çoğu bu vizyonu göstermemektedir. Çoğu durumda, konuşma terapisinin devamıdır, olayı görmek yerine kelimelerle anlatıldığı, bilişsel bir odaklanmadır. Dışavurumcu sanatın ve yaratıcılığın süpervizyonla bütünleştirilmesi, süpervizyon sırasında görselleri deneyimleme ve görme ve "vizyonu" geliştirme fırsatı sunar. Buradaki düşünce, sembollerin veya resimlerin, süpervizyonda bir sezgisellik sağlayarak kişinin içsel ve dışsal gerçeklik algısını (Lahad, 2000) yansıtmada destekleyici olmaktadır. Süpervizyon, danışmanın daha yetkin ve etkili bir danışman olmak için yeni davranışları keşfedebileceği güvenli bir yerdir. Geleneksel süpervizyon, vaka kavramsallaştırmasına odaklanırken, dışavurumcu sanat müdahalelerinin kullanımı, süpervizyon alan kişilerin kendini keşfetmesi, bunun vakayı nasıl etkilediğini görmesini ya da vaka ile ilgili farklı bir bakış açısı kazanmasını sağlar. Dışavurumcu sanat kullanımı, süpervizyon alan kişinin ihtiyacı olan ve deneyimlemesi gereken terapötik yeterliliğinin gelişmesine ve iletişimin artmasını sağlar.

TEORİ

Bu bölüm, Gestalt ve deneyimsel öğrenme yaklaşımının süpervizyonda bütünleştirilmesini ele almaktadır. Gestalt teorisi, 1950'li yılların başlarında Frtiz ve Laura Pearls tarafından geliştirilen bir yaklaşımdır (Corey, 2009; Neukrug,

2007). Oyun terapisinde, Violet Oaklander (1988, 2007), Gestalt yaklaşımını çocuklar, ergenler ve ailelerle oyunların kullanımıyla başarıyla bütünleştirmiştir. Hoyt ve Goulding (1989), Gestalt psikoterapinin süpervizyonla bütünleştirilmesini genişletmiştir.

Gestalt terapisi, insanların, geçmişi yorumlamak yerine kendilerini algılama, hissetme ve hareket etmelerine izin vererek öz farkındalıklarını arttırdığında değişme kabiliyetine sahip olduğunu varsaymaktadır (Yontef, 1993). "Burada ve şimdi" içinde faaliyet gösteren birey bitmemiş bir işle çalışarak farkındalığını arttırır. Yaşamın farklı noktalarında, birey "sıkışıp kalabilir" ve danışana farkındalık kazandıran nevrotik davranışları ifade etmeye başlayabilir (Neukrug, 2007). Hedef, geçmişten uzaklaşarak tam olarak farkında olmak ve canlı olmaktır. Şu an odaklanarak, süreç, terapist ve danışanın kendilerini deneyimlemelerine izin verdiği ve nihayetinde bu deneyimler hakkında diyaloga girdiği bir ilişki vardır. Yaşanmakta olanın iletişim kurmasına rağmen, amaç danışanın ne yaptığını, nasıl yaptığını ve kendini nasıl değiştirebileceğini, öz değer kazandığını fark etmesini sağlamaktır (Corey, 2009; Yontef). Terapide kişisel sorumluluk kazanma konusuna güçlü bir vurgu vardır. Terapist, bireyin yansıtmanın farkındalığını kazanmasına yardımcı olmak için duygularını vurgular ve tüm bölümleri için sorumluluk alır. Farkındalık egzersizi, 'Ben' ifadeleri, düşleri canlandırma ve yansıtmayı canlandırma gibi çeşitli teknikleri kullanılabilir (Neukrug).

TARİHÎ GELİŞMELER

Birey merkezli terapide olduğu gibi, Gestalt da bireyin benlik farkındalığı geliştirdiğinde değişimin güçleneceğini varsaymaktadır. İnsanın potansiyeline, sağlık ve büyümeye karşı doğuştan gelen yeteneklere inanan, pozitivist bir teoridir (Ruiz, 2009). Psikanalizin aksine, Gestalt, yorumlamak yerine bireylerin benliğin tüm bölümlerini deneyimlemelerine ve ilgili, kabul edici ve yargılayıcı olmayan bir ilişki kurmalarına izin verir. Birey, kendini diğeriyle kıyaslayarak deneyimler ve birinin diğerini nasıl deneyimlediği, bireyin kendini nasıl algıladığı ile ilgilidir (Yontef, 1993). Terapide, birey kendisiyle ve başkalarıyla nasıl iletişim kuracağını öğrenir. Freud, terapide geçmişi vurgularken, Fritz Perls bireyin bugün, burada ve şu an bitmemiş bir iş hakkında ne hissettiğine önem vermiştir. (Neukrug, 2007). Böylece, Gestalt yaklaşımı, bireyin günümüze odaklanmasına yardımcı olur çünkü geçmiş bitmiş ve gelecek ise henüz gelmemiştir. Bireyin deneyimlediği, farkındalık geliştirdiği ve deneyimle ilgili sezgi sahibi olduğu an şimdidir.

TEMEL İLKELER

Gestalt terapinin önemli bir bileşeni de ilişkidir; ben-sen deneyimi (Oaklander, 2007). Terapist, danışanla spontane ve gerçekçi bir şekilde karşılıklı ilişki kurar. Bu ilişkide, terapist danışanın benlik farkındalığı için bir model oluşturur ve danışanı özgün olması ve duygularını ifade etmesi konusunda cesaretlendirir. İletişim, danışanın anı nasıl deneyimlediği ve nasıl işlediğidir (Kaplan, Kaplan, & Serok, 1985). İletişim, duyguları, bedeni ve aklı tam anlamıyla katabilme becerisidir. Direnç terapötik sürecin ve kendini korumanın bir parçasıdır. Terapötik ilişki derinleştikçe direnç de azalacaktır. Danışanın deneyimine yardımcı olmak için, odak duyularda ve bedendedir. Birey duyularını katıp, bedensel hislerinin farkına vardığında, kendini tanımlar ve dünya ile iletişim kurar (Oaklander, 1988). Terapistin rolü ayrıca, seçimlerini yapabilmesi, kontrol deneyimi yaşaması, kendini yansıtması, sınırlar koyabilmesi, güç ve kontrol deneyimi yaşaması, saldırgan enerjisini ifade edebilmesi için danışanın benliğini güçlendirmektir (Oaklander, 2007). Bu danışanın kendine güvenmeyi öğrendiği ve deneyimlediği bir süreçtir.

SÜPERVİZYONDA GESTALT YAKLAŞIMI

Süpervizyonun çeşitli amaçları vardır: (a) Bireyin vakayı ustaca ve işleme açısından anlamasına yardımcı olmak; (b) bireye, vakayı nasıl etkilediği ile ilgili farkındalık kazanmasında yardımcı olmak; (c) bireyin, terapist ve danışan arasındaki dinamiklerle ilgili bir anlayış geliştirmesini sağlamak; (d) kullanılan müdahaleleri değerlendirmek; (e) teoriyi daha derinlemesine anlamak ve (f) bireyi güçlendirmek. Çok amaçlı süpervizyonun niteliği göz önüne alındığında, süpervizörün ele almayı seçebileceği alanlardan bazıları aşağıdaki olabilir: (a) Danışanın kişilik işleyişi; (b)süpervizyon alan kişinin kişilik işleyişi; (c) süpervizyon alan kişi-danışan ilişkisi; (d) süpervizör ve süpervizyon alan kişi arasındaki ilişki; (e) teori gelişimi; (f) değişimle ilgili sorunlar; (g) tanı ve tedavi planı ve (h) etik, uzmanlık ve yönetimle ilgili konular (Resnick & Estrup, 2000).

Gestalt terapi ve süpervizyon modeli; bütünsellik, fenomenoloji ve güçlü bir iletişimsel süpervizyon ilişkisine odaklanmaktadır. Bu nedenle vurgu, süpervizyon alan kişinin burada ve şimdi yaşadığı benlik farkındalığı ve olayı nasıl etkilediği ile ilgili ben-sen ilişkisine dayanmaktadır. Bu ilişki; mevcudiyet, doğruluk, açık iletişim ve katılımla belirlenmektedir (Pack, 2009). İçgörü ve farkındalık süpervizyon deneyiminin bir parçası olmasına rağmen, onu eşsiz ve terapötik yapan şey hem süpervizörün hem de süpervizyon alan kişinin birbirlerini onurlandırdığı diyalog ilişkisidir (Resnick ve Estrup, 2000). Bakım standartlarının rehberliğinde süpervizör güvenli uygulama sağlar ve danışanın ihtiyaçlarının karşılandığını gözlemler (Pack, 2009). Bu nedenle, ilişkinin kalitesi, süpervizyon alan kişinin klinik ve kişisel olarak gelişmesine yardımcı olmak en önemli noktadır. Bu diyalog ilişkisinde, süpervizörün rolü destekleyici, kabul edici, empatik, ilişkisel ve zorlayıcı olmaktır (Corey, 2009). Süpervizyonda, süpervizörle danışan arasındaki iletişim sınırı ve süpervizör ile süpervizyon alan kişi arasındaki iletişim sınırı incelenmektedir. Bu dinamikleri araştırırken, süpervizyon alan kişi farkındalık kazanır ve daha yaratıcı hâle gelir (Pack, 2009). Süpervizyonda, süpervizör, süpervizyon alan kişinin teşhislerini, tedavi planını ve belirli konulardaki psikoeğitimini değerlendirmeye odaklanabilir. Bununla birlikte, belki de en önemli unsurlar, süpervizyon alan kişinin terapide benlik kullanımını tanımlamasına yardımcı olmak ve klinik ve kişisel büyümeyi kolaylaştıran bir süreci yönlendirmeyi öğretmektir (Harman ve Tarleton, 1983).

Süpervizyonda, Gestalt yaklaşımı, eş-gidiş ya da temaslı işleyişi destekleyen deneyimsel süreçleri vurgular (Kaplan ve ark, 1985). Bu nedenle, Gestalt süpervizyonu, süpervizyon alan kişiyi, danışanlar ile esnek olmanın bir yolu olarak yeni müdahaleler denemeye teşvik eden süreç odaklı bir modeldir. Bu süreçte, süpervizör, süpervizyon alan kişinin, yansıtma, geriye yansıtma ve olayı engelleyebilecek birleşme gibi rahatsızlıkların sınırlarına bakmasına yardımcı olur (Harman ve Tarleton, 1983). Rol yapma (danışanı canlandırma) veya nesneler (süpervizör ve danışanı temsil etme) gibi dışavurumcu müdahalelerin kullanımı, burada ve şu anda farkındalığını artırarak, durum hakkında farklı bir bakış açısı sağlamaya yardımcı olabilir. Ek faydalar, dışavurumcu sanat müdahalelerinin kullanımının öğrenme deneyimini geliştirebileceği, süpervizyon alan kişinin teori kullanımına öz farkındalık ve netlik sağlayabileceği ve klinik becerilerin kullanımını kolaylaştırabileceği olarak sayılabilir (Bratton, Ceballos ve Sheely, 2008). Süpervizyon bağlamında nihai amaç, süpervizyon alan kişinin kendisi, danışan ve şu andaki ilişki hakkında nasıl hissettiğini deneyimlemesine, düzenlemesine ve ifade etmesine yardımcı olurken, aynı zamanda kendi iç rehberliğini geliştirmesine ve klinik yeterlilik kazanmasına yardımcı olmaktır.

DIŞAVURUMCU SANAT MÜDAHALELERİ

Dışavurumcu sanat müdahaleleri, vakanın anlaşılmasını ve danışmanın mesleki gelişimini kolaylaştırabilir. Sağ beyin odaklı, deneysel faaliyetler, kendini ifade etme ve çeşitli duyguları deneyimleme fırsatı sunar. Güven ve yapı sağlamanın yanı sıra, bazen kendi klinik çalışmalarına bakarken hissettiklerini denetleyerek kaygıyı azaltmaktadır. Süpervizör, süpervizyon sırasında danışan merkezli konulara, terapist merkezli konulara ya da işleme merkezli sorulara odaklanmayı seçebilir (Lahad, 2000).

Dışavurumcu Sanat Perspektifi

Dışavurumcu sanatın etkinliği ile ilgili literatürde, danışma sürecinde danışanlarla birlikte çalışmak fazlaca yer almaktadır (Gladding, 2005; Malchiodi, 2003). Bu, süpervizyon alanında da beklenebilir ancak kullanımını gösteren veya araştıran çok da yeterli olmayan literatür klinik gözlemler, vaka örnekleri ve uygulamalarla ilgilidir (Malchiodi, 2005). Bu eksikliğin nedeni nedir? Süpervizörlerin, süpervizyon alan kişilerle sanat çalışmalar yapma konusundaki tereddütü olabilir mi? Dışavurumcu sanatın süpervizyonda yer almasını engelleyen şeye ışık tutmak için, Lahad (2000) bu soruları sormaktadır: "Hayal gücü konusunda neden kafamız bu kadar karışık? Matıklı olmayan düşüncelerimizi, dolaylı algılarımızı, imgeleri, içsel resimleri, metaforları ve etraflıca düşünme söz konusu olduğunda neden bu kadar savunmacı ve mahcubuz?" (ss. 12-13). Süpervizyonda, süpervizörlerin yaratıcı ifade eksikliği de dâhil olmak üzere kendi aldıkları süpervizyon doğrultusunda davrandıkları görülmüştür.

Lahad (2000), özellikle de hayal gücünü içeren, beynin sağ yarım küresinin kullanımının, düşünce ve mantığı işleyen sol yarım küreye daha sık odaklanan süpervizyon ile kolayca bir arada olabileceğini ileri sürmektedir. Bir süpervizör ve süpervizyon alan kişinin çalışmasında var olan paralel süreçler göz önüne alındığında, danışmanların ve danışanların çalışmalarıyla karşılaştırıldığında, birçok yazar tarafından dışavurumcu sanatın klinik süpervizyonda kullanılmasının, süpervizyon alan kişilerin kişisel farkındalıklarına yardımcı olduğu ileri sürülmektedir; bunların terapide danışanların kişisel farkındalıklarını sağladığı bilinmektedir (Gladding, 2005; Lahad; Oaklander, 2007). Bratton ve ark. (2008), bu konuda şunları belirtmektedir: "Süpervizyon alan kişilerle dışavurumcu sanatın kullanımı, öz farkındalığı geliştirdiği, danışanı kavramsallaştırmasını sağladığı, araştırmayı teşvik ettiği ve süpervizyon alan kişilerin teorik çerçeveyi anlamasını sağladığı ve klinik becerilerin gelişmesini desteklediğinden süpervizyon deneyimini güçlendirmektedir." (ss. 211-212).

Dışavurumcu sanatın sözlü terapi/süpervizyon yaklaşımlarında sözü edilmeyen belirgin özellikleri vardır: Kendini ifade etme, aktif katılım, hayal gücü, beden-zihin uyumu (Malchiodi,2005). Lahad (2000), beynin sağ yarım küresinin, bir denetimcinin kişisel gelişimini ve mesleki gelişimini eleştiren kendini ifade etmesini ya da kişisel farkındalığını kolaylaştırabilen duygulara, düşüncelere, yaratıcılığa ve deneyimlere erişiminde etkili olduğunu belirtmektedir. "Yaratıcı ve oyun içeren süpervizyona aktif katılım süpervizyon alan kişinin terapötik kimlik kazanmasını, kendi içsel süpervizörünün gelişmesini, kişisel özerklik algısını başarmasını ve terapist olarak güçlü olmasını destekler." (Stewart & Echterling, 2008, s. 283). Klinik ortamlarda hayal gücünün kullanımı, alternatif danışan işleme ve süreç anlayışı edinmesini ve danışanlarla klinik çalışmalarda daha yaratıcı yaklaşımlar denemek konusunda özgürleşmeyi sağlar. Malchiodi (2005), sanat çalışmalarıyla desteklenen beden-zihin iletişiminin sağlıkla ilişkili olduğunu ve Ulusal Sağlık Enstitüsü'nün zihin-beden müdahalelerinde sanat terapisi bölümü ile bunun kanıtlandığını belirtmektedir. Sanatın, stresi hafifleten bir rahatlama tepkisi ya da stresi hafifleten ruh hâlini değiştirici bir etki ortaya çıkardığı anlaşılmış olup, süpervizyon sırasında danışanlara danışmanlık hizmetleri sağlama konusundaki yeterliliklerini artırmak için süpervizyon alan kişilere yardımcı olduğu bilinmektedir.

Süpervizör, klinik süpervizyonda danışan merkezli konular, terapist merkezli konular veya süreç merkezli konular üzerine odaklamayı seçebilir (Lahad, 2000). Süpervizyon seansında mevcut olan ihtiyaca bağlı olarak, dışavurumcu sanat müdahaleleri, danışanın süpervizyon için sunduğu durumun, devam eden kişisel gelişim ve bir danışman veya süpervizyon alan kişinin profesyonel gelişimi veya süpervizyon ilişkisinin anlaşılmasını kolaylaştırabilir. Çoğu zaman, süpervizyon alan kişi, danışanla yaptığı çalışmada "sıkıştığını" hissettiğini bildirdiğinde, mevcut konuya başka bir açıdan bakılamaması çıkmazı körüklemektedir. Dışavurumcu sanat müdahaleleri "olaylara farklı bir şekilde bakmayı, süpervizyon alan kişinin kaynaklarına güvenmesini sağlar; bu yolla da yeni bir kontrol duygusu deneyimlerler" (Lahad, s. 15).

Sağ beynin odaklanmasını sağlayan deneysel etkinlikler, süpervizyon alan kişinin kendini ifade etmesini ve danışanlarla yaşadıkları çeşitli duyguları deneyimlemelerini sağlar. Güvenli bir yapı sağlarken, süpervizyon alan kişilerin kendi klinik çalışmalarıyla ilgili zaman zaman hissettikleri kaygının azalmasını sağlar. Sözel dil ya da öyküsel bir anlatıma dayanmayan alternatif ifade yöntemleri kullanmanın faydası, süpervizyon alan kişilerin düşüncelerini, duygularını ya da danışmanlıkta var olan problemleri ifade etmelerini kolaylaştırır. Malchiodi (1998), dışavurumcu sanat etkinliklerinin doğasını, "öz güveni sağlayabileceğini, risk almayı ve denemeyi teşvik edebileceğini, yeni beceriler öğretebileceğini ve hayatı zenginleştirebileceğini" belirtmekte ve "... Bireyin kendi elleriyle bir şeyler yapabilmesi ve eşsiz bir şey yapabileceğinin farkına varmasının inkâr edilemez terapötik faydaları vardır." demektedir (s. 14). Bu güçlü deneyimler, süpervizyon alan kişilerin yeni ve karmaşık danışan problemleriyle çalışmayı öğrenme gelişimleri açısından yararlıdır.

Danışan ve süpervizör arasındaki ilişki, başlangıçta, süpervizyonda kullanılacak sorumlulukların, beklentilerin ve dışavurumcu sanat müdahalelerinin tartışılmasını içermesi gereken bir konudur. Bu, "gerçek bir karşılaşma, diyalog, yorumlayıcı olmaktan ziyade deneysel olan yaratıcı bir süreç olan" çalışma ilişkisi kurma sürecine başlamanıza yardımcı olacaktır." "Danışan ve süpervizör karşılıklı araştırma ve öğrenme sürecine katılmaktadır." (Resnick & Estrup, 2000, s.130). Doğası gereği tamamen hiyerarşik olmak yerine iş birlikçi olan bir süpervizyon ilişkisi, sorunlarının başarılı bir şekilde çözülmesini teşvik edebilir. Fall ve Sutton (2004), süpervizörün, çatışmayı tanıma, isimlendirme, her iki kişinin de duygularını ve düşüncelerini ifade etmekte özgür hissedeceği şekilde işleme konusunda model olduğuna dikkat çekmekte ve süperviyonda Gestalt yaklaşımının "sorumlu, dürüst, doğrudan ve özgün" olduğunu gösteren fenomenolojik bir deneyime dikkat çekmektedir (Malchiodi, 2003, p. 63).

DIŞAVURUMCU SANAT MÜDAHALELERİNİN SINIRLARI

Her yaklaşımda olduğu gibi, süpervizyonda da dışavurumcu sanat kullanımının sınırları vardır. Malchiodi (2003), yazısında, dışavurumcu sanatın yetişkinler, çocuklar, ergenler, aileler, çiftler ve gruplardan oluşan klinik ve klinik olmayan danışan popülasyonlarına ne kadar yararlı olduğunu gösteren bölümler ayırmıştır. Malchiodi (2005), süpervizyon alan kişilerin dışavurumcu sanatın her danışan için uygun olmayabileceği konusunda dikkatli olmaları gerektiğini belirtmektedir. Yaratıcı bir şey ortaya koyamayacağına inanan, kendileriyle ilgili paylaşımlarda bulunmak konusunda tereddüt yaşayan ya da daha az aktif katılım gerektiren bir katılımcı rolü bekleyen danışanlar bu tür çalışmalar için uygun olmayabilir. Süpervizyon alan kişileri, süpervizyon sırasında tereddüt göstermeleri beklenmese de daha önceden sanat eğitimi alan kişiler, aşağıda belirtilen etkinliklerde olduğu gibi, sanatsal çalışma yerine sürece odaklanan etkinliklerde zorluk yaşayabilirler. Aynı şekilde, dışavurumcu sanat yöntemleri konusunda ek bir eğitim almamış olan kişiler, uygun kullanımı ve danışanlarla işleme sürecini iyice anlamadan dışavurumcu sanat tekniklerinin kullanımı konusunda dikkatli olmaları konusunda uyarılmaktadırlar.

SÜPERVİZYONDA DIŞAVURUMCU SANAT MÜDAHALELERİ

Süpervizörler, ayrıntılı bir şekilde anlatılmış dışavurumcu sanat teknikleri bulabilir ancak süpervizyonda kullanımları, yalnızca belirli bir faaliyetin sunumuna veya yönüne değil aynı zamanda süpervizörün o etkinliği süpervizyon alan kişiyle işlemesine de bağlıdır. Bratton ve ark. (2008), süpervizyonda dışavurumcu sanat etkinliklerin kullanımı için süpervizyon alan kişinin etkinlikle ilgili paylaşılacak olan şeylerin kontrol edilmesi seviyesine göre değişiklik gösteren bir rehber önermektedir:

> Seviye 1: Süpervizör, süpervizyon alan kişiyi yarattıklarını anlatmaya/paylaşmaya teşvik eder:
> "Bana (sahne ya da çizim) yaratımını anlatın."
> Seviye 2: Supervizör süreç/yaratım konusundaki gözlemlerini geçici olarak paylaşır:
> "Pegasus ve perinin birbirine çok bağlı göründüğünü fark ettim; ikisinin de kanatları var ve biraz üzgün görünüyorlar."
> Seviye 3: Süpervizör, süpervizyon alan kişinin yarattığı metafora girmeye davet eder:
> "Peri (danışan) olduğunuzu hayal edin ve pegasusa (süpervize) ihtiyacınız olan şeyi anlatın."
> Seviye 4: Süpervizör, süpervizyon alan kişinin metaforu kişiselleştirmesini ister:
> "Pegasusla ilgili anlattıklarını düşündüğünde kendinizi algılama biçiminle uyan bir şey görüyor musunuz?" (s. 217).

Süpervizyon ilişkisinin gücü ile birlikte gelişimsel beceri düzeyi ve süpervizyon alan kişinin hazır bulunuşluğunu, süpervizyon ilişkisinin gücü ile değerlendirilmesi, kullanılan dışavurumcu sanat etkinliği ile hangi işlem seviyesini desteklediğini belirlemesine olanak sağlayacaktır.

Dışavurumcu terapileri kapsayan müdahalelerin geniş kapsamlı doğası göz önüne alındığında, bu bölüm bir Gestalt perspektifinden denetlenirken kullanılabilecek dört spesifik dışavurumcu sanat müdahalesi üzerine odaklanacaktır: çizim kullanımı, kil kullanımı, deneysel rol yapma ve nesnelerin kullanımı. Her müdahale, bireysel süpervizyon odağından grup süpervizyon odağına uyarlanabilir.

ÇİZİM KULLANIMI

Çizimler, süpervizyon alan kişilerin iletişimini destekler ve bazen dile getirilmesi zor olan şeylerin görselleştirilmesini sağlar. Örneğin, sanat çalışması, danışanlarıyla olan çalışmalarında endişe, yön ve hedefleri yönetmelerine yardımcı olan şeyin veya danışanın nasıl çözümler bulmaya başladığının bir resmini sunabilir. Malchiodi (2005), bir iyileşme ve kendini anlama ve davranış değişikliği oluşturmanın bir yolu olarak sanat kullanımı deneyimine değinmektedir. Bazı zamanlar, süpervizör çizimleri, süpervizyon sırasında süpervizyon alan kişiden duygularını temsil etmesi için çizimlerden yararlanabilir (Fall & Sutton, 2004). Bu, süpervizyonda paylaşılan mesajın aydınlatılmasına yardım eder ve çözülme sürecini ya da bir sonraki adımda danışan sorununu ele alma sürecini hızlandırır. Lahad (2000), süpervizörden danışanın hayatındaki ilişkileri renk kullanarak şekiller ve çizgiler çizerek temsil etmesinin istendiği bir renk, şekil ve çizgi etkinliği sunmaktadır. Bu etkinliğin işleme süreci süpervizyon alan kişinin, tabloda belirtilen fikirlere göre her bir kişinin seçtiği rengin açıklamalarını verdiği "renk şemasını" doldurmasını içerir: "Önce bağ, tempo, ağırlık, hayvan, mevsim, giyinme ve sahne" (s.27) ile birlikte her bir rengin danışan ve ailesiyle çalışmasını nasıl etkilediğini keşfetme.

Haber (1996), ayrıca bize sanat kullanımının gözlem arcını değiştirdiğini ve farklı bakış açıları sağladığını hatırlatır. Gladding (2005), çizimlerinin kullanım örneklerinde danışanın sorunun aşılmaz hâle gelmekten, yönetilebilirliğe kadar algısının değişmesine yardımcı olacak iki unsura dikkat çeker. Bir süpervizör, güçlü yönlerini ve davranışlarınıda ifade ederek ruh sağlığını da değerlendirir. Lahad (2000) ayrıca bir süpervizyon seansında çizimlerin üç aşamasını, önce danışanın mevcut sorunlarını, diğeri sorunların çözüldüğü, nihayetinde neyin gerçekleştiği yani çözüm hâlinin resmini değerlendirir.

Fall ve Sutton (2004), süpervizyon alan kişinin geliştirici bir şekilde değerlendirilmesi, destekleyici kapasitesine hizmet etmekten yönetim kapasitesine dek süpervizörün önemli işlevlerini yerine getirmesi açısından sanat kullanımını tanımlamaktadır. Süpervizyon alan kişiden kendisini profesyonel bir danışman olarak nerede gördüklerini belirten bir resim çizmesi istenir. Bu bölümün sonunda yer verilen Yaşam Köprüsü (Casado-Kehoe, 2006) etkinliğinde bu tür bir mesleki ilerleme ve gelişim etkinliğini ilerleme örneği olarak ışık tutmaktadır. Diğer yönergeler, süpervizyon alan kişiden en iyi ve en kötü süpervizyon deneyimlerini çizmesini istemek ve kendisinin şu anki pozisyonuna ulaşmasına yardım eden ve aynı zamanda yardım ettiği kişilerin kimler olduğunu gösteren "Yardım Eli" çizmesini istemektir (Stewart ve Schterling, 2008).

KİL KULLANIMI

Kil, dışavurumcu sanat müdahalelerinde en sık kullanılan malzemelerden biridir. Gladding (2005), kullanım zorluğu ve dağınıklığı nedeniyle kil kullanımının sık olmadığını belirtmektedir. Yıllar içinde, oyun hamuru ve model kumunu kile benzer bir şekilde kullanımını anlatan Brattan ve ark. (2008)'da görüldüğü gibi kile benzeyen malzemelerle yapılmış etkinlikler ortaya çıktı. Bu sanatsal aracın dönüşümü, süpervizyon alan kişinin duyusal deneyim ve duyguların katartik ifadesi aracılığıyla süpervizyon alan kişinin yaratıcı ifadesine izin verir. Süpervizyon alan kişi kaygılıysa, kil kullanımı kaygıyı azaltabilir ve sezgisini geliştirebilir. Süpervizyon alan kişi, son ürün kil elinde olduğu için güçlü hisseder; kil tamamen kendi kontrolleri altındadır (Gladding, 2005). Süpervizyonda kil, gelişim sürecini, destekleyici semboller yaratmak için kullanılabilir ve süpervizyon alan kişiye düşüncelerini, duygularını, beklentilerini ve ihtiyaçlarını sembolik olarak ifade etmesine yardımcı olur.

Oyun terapisi eğitimi süpervizyonunda, Bratton ve ark. (2008), süpervizyon alan kişilerin kille kendilerini temsil eden bir yaratık ya da hayvan yarattıkları bir etkinlik anlatmaktadır. Etkinlik tamamlandığında süpervizör, süpervizyon alan kişilere şu soruları sorarak işleme sürecine geçer: "Hayvanınızın başarılı olduğu şey nedir? Hayvanınız ne tür şeyler yapmaktan hoşlanır? Ne yapmayı isterdi? Yaratığınızın ihtiyacı olan şey nedir? Yaratığınızı ihtiyacı olan şeyden alıkoyan nedir? (Bratton ve ark., s.219). İhtiyaçlarla ilgili sonradan gerçekleştirilen tartışma, süpervizyon alan kişinin önce verdiği yanıtlarla yönlendirilir.

Süpervizörlerin kil kullanımıyla ilgili yapabilecekleri sınırsızdır. Heykel yapımı ile ilgili ek etkinlik örnekleri arasında süpervizyon alan kişinin kendini nasıl bir danışman olarak gördüğü, danışanlarla ilgili endişeli olduğu kısmı, süpervizyon alan kişi ve danışan arasında hissedilen duvar ve süpervizyon alan kişinin aile dinamiklerini keşfetmesi için çalıştığı aileyi temsil eden bir aile oluşturması olarak sayılabilir (Malchiodi, 2005).

ROL OYNAMA

Rol oynama kullanımı, yeni davranışları test etme, hem danışanın hem de süpervizyon alan kişinin saklı yönlerini keşfetme imkânı sağlar. Gladding (2005), drama kullanımının iletişime ve bireylerin yaşamda oynadıkları rollere odaklanmaya yardım ettiğine dikkat çekmektedir. Rol yaparken, süpervizyon alan kişi, olayla ilgili neler olup bittiğinin yanı sıra danışanla nasıl izlenim yarattığı hakkında farkındalık kazanır. Aynı zamanda, drama tekniklerini kullanırken, danışman, seans sırasında ve sonrasında deneyimlediği farklı duyguların daha fazla farkına varır. Harman ve Tarleton (1983), danışmanlık ilişkilerinde sınır rahatsızlıklarını ve süpervizyon alan kişinin danışanıyla ne kadar benzer olduğunu gördüğünde yaşadığı yetersizlik duygusunu ya da süpervizyon alan kişinin söze dökmediği genelde olumsuz duygular taşımasını ele almaktadır. Bu durumda Perl'ün boş sandalye tekniğini kullanarak rol oynamak bu durumları ve duyguları ortaya çıkarır, danışmanlık sırasında yaşananların dürüst bir şekilde ortaya çıkmasına ve süpervizyon alan kişiyle sonrasında ele alınacak konulara yardımcı olur

Melnick ve Fall (2008), Perls'in Gestalt tekniklerine odaklandığını, özellikle de süpervizyon alan kişinin farkındalığı arttırmak amacıyla o süpervizyon anında bir şeyi denemesinin istendiği yaratıcı deneyleri hatırlatmaktadır. Grup süpervizyonu, danışmanın rol oynamasına yalnızca süpervizörün tepki vermesine izin vermez, böylelikle "Grup terapist... hastasını canlandırdığında sıkılıyorsa terapistin kendisinin de (belki bilinçsizce) hastadan sıkıldığı neredeyse kesindir."

(Mintz, 1983, s. 20). Dahası, süpervizyon alan kişiden danışanı canlandırmasını istemekle daha derinlemesine sunuma ve anlayışa izin verir, danışmanın danışana karşı gerçekten ne hissettiğini ortaya çıkarır, danışanın duygularını vurgular ve terapist "hastanın, henüz kendisinin tam olarak çözemediği bir güvensizlik ya da acı noktasına dokunduğunu" fark edebilir (Mintz, s. 23). Sonrasında, Mintz, bir çıkmazın çözümü olarak yeni davranışların denenmesine fırsat vermektedir ve danışanların bu tür bir rol oynama deneyimi yaşayan danışmanlara genellikle olumlu yanıt verdiğini belirtmektedir.

Rol oynama tekniğindeki çeşitlemeler ayrıca, danışmanın danışandan bir arkadaşıyla terapi ve ilerleyişi hakkında konuşmasını istemesi ve danışanın danışmanlıkta dile getirilmeyen duygularını canlandırmasını da içerebilir (Mintz, 1983). Stewart ve Echterling (2008), takım rol oynama olarak adlandırılan etkinlikle, süpervizyonda rol oynamanın eğlenceli doğasını vurgulamaktadır. Gruplarda bulunan ilişkilerin tedavi edici doğası ve gücüne dayanarak, süpervizyon alan kişinin rol yapma konusunda yardıma ihtiyacı olduğunda, "atlayarak" birbirlerine yardım etmeleri istenir. Süpervizyon alan kişiler yalnızca danışmanlıktaki olumlu sonuçları değil aynı zamanda en çok korktukları durumları da canlandırmaları konusunda cesaretlendirilir, böylece seansta karşılaşmadan önce tepkiler üzerinde çalışmış olurlar.

NESNELERİN KULLANIMI

Nesneler ya da minyatürler, süpervizyon sürecinde kolaylıkla kullanılabilir, vakaların kavramsallaştırılması, danışman gelişimi tartışması ya da danışanlarla müdahale planlaması konularında alternatif bir işlev görür. Düğme, taş, misket, toka, deniz kabuğu, boncuk gibi küçük nesneler, çeşitli etnik grupları, kültürleri temsil eden minyatürler, hayvanlar, madeni paralar ya da bulunabilen diğer küçük nesneler bu yaklaşımda kullanılabilir. Stewart ve Echterling (2008), süpervizyon ilişkisinde değerli nitelikleri tartışmak içim nesnelerin kullanımını önermektedir. Süpervizyon alan kişiden bir nesne seçmesi ve nesnenin temsili nitelikleri hakkında konuşması istenir.

Lahad (2000), ayrıca, danışanların ilişkilerini ve aile dinamiklerini anlamaya yardımcı olmak için, nesnelerle temsil edilen çeşitli aile üyelerini dâhil ederek vakaları kavramsallaştırmak için nesneler kullanmayı önermektedir. Metaforik sembol olarak işlev gören nesneler danışan ve ailesi ile ilgili daha derin anlamlar taşıyabilir. Süpervizör, süpervizyon alan kişiden danışanın terapist algısını temsil eden bir nesne seçmesini ya da yerleştirmesini isteyebilir. Haber (1996) bu metaforik nesnelerin aynı zamanda danışman-danışan ilişkisinin farklı yönlerini de temsil edebileceğini belirtmektedir. Ayrıca, Lahad, küçük nesnelerin kullanımına ve *spektrogram* olarak da adlandırılan bir hikâyeyi temsil eden konumlarına işaret etmektedir. Spektrogramda küçük nesnelerin kullanımı verilen bir durumda çeşitli bireyleri, grup yapılarını ya da bakış açılarını ortaya koyar. Nesnelerle çalışan kişiden, nesnelerin yerleştirilmesinden ve hareketinden bir resim elde edilebilecek şekilde nesneleri hareket ettirmesi, durum hakkında farkındalık ve yeni bakış açıları kazanması istenir. Süpervizyon alan kişiden, başkalarının bakış açısını yansıtmaları da istenebilir, nesneleri o kişinin verilen durumu nasıl görebileceğine göre hareket ettirir.

Dışavurumcu Sanat Müdahaleleri

YAŞAM KÖPRÜSÜ

Montserrat Casado-Kehoe ve Kathy Ybañez

Belirtiler: Bu etkinlik, süpervizyon alan kişilerin mesleki yaşamındaki başarıları ve hedefleri hakkında neler hissettiğini ve bu süreçte onlara neyin yardımcı olduğunu keşfetmek istediğiniz süpervizyon seansları için uygundur.

Hedef: Kişisel farkındalığı arttırmak, başarıları ve başa çıkma mekanizmalarını belirlemek, duyguları keşfetmek ve öz güvenini geliştirmek.

Yöntem: Resim.

Uygunluk: Bu etkinliğin amacı, süpervizyon alan kişinin başarıları tanımasına ve başa çıkma kaynakları ve kendisi ve meslek yaşamına ilişkin duyguları keşfetmesine yardımcı olmaktır. Bu etkinlik, süpervizyonda tek tek, günlük olarak veya grup ortamında kullanılabilir. Bu etkinlik, danışanın köprüde nerede olduğunu ve nereye hareket ettiğini görmesine izin vermeye odaklanan başka bir faaliyet olan "Köprü Çizimi"nden esinlenmiştir (Hayes, 2006). Bununla birlikte, yaşam köprüsü (Casado-Kehoe, 2006), köprüyü süpervizyon alan kişinin nerede olduğunu, bu noktaya kadar ne başardığını (geçmiş ve şimdi) ve neyi başarmak istediğini (gelecek hedefler) görmek için metafor olarak görmektedir. Aynı zamanda, çizim aynı zamanda süpervizyon alan kişinin hayatın belirli bir noktasına gelmesine yardımcı olan kaynakları da tanımlar.

Bireysel olarak, süpervizyon alan kişinin başardıkları, duraklama ve kendini yansıtma ve öz saygı oluşturma konusunda farkındalık kazanmasına yardımcı olmak için kullanılabilir. Tek tek ya da grup ortamında, süpervizyon başlangıcında, grup farkındalığı ve bağlılık sürecini desteklemek, hedef oluşturmada destek olmak, öz güveni geliştirmede kullanılabilir. Ayrıca, süpervizyonun sonunda başarıyı kutlamak, güçlü yönlere odaklanmak ve öz güveni geliştirmek için kullanılabilir.

Sanat çalışması, duygular, düşünceler ve dünya görüşü ile ilgili sözel olmayan bir iletişim biçimidir (Malchiodi, 2005). Çizimler aynı zamanda süpervizyon alan kişilerin duygu işleme sürecini güçlendirir ve kişisel farkındalığı arttırır. Resim, özellikle çizim kullanımı şimdi ve burada noktasına odaklanan bir iletişim aracıdır. Gestalt terapi, ben-sen ilişkisini vurgulamaktadır, bu burada ve şimdi diyaloğu, farkındalığın artmasını sağlamanın bir yoludur (Pack, 2009). İdeal olarak, süpervizör, bu tür bir ilişki kurmak ister, böylece süpervizyon alan kişiler öğrenebilir, gelişebilir ve ilerleyebilir.

Yaşam köprüsü gibi yaratıcı müdahalelerin kullanılması, süpervizör ve süpervizyon alan kişi arasındaki özgün, ilgili ve kabul edici diyalog sürecini desteklemektedir. Gestalt terapi ve süpervizyonda, işleme sürecini kullanmak bireyin farkındalık kazanmasına, kendini ve diğerlerini anlamasına yardımcı olur (Harman & Tarleton, 1983). İşleme, çizim gelişimi ve öz anlayışı geliştirmeye destek olarak kullanma aşamasında en büyük kısmı oluşturmaktadır.

Yaş Grubu/Evren: Klinik süpervizyon alan kişiler; grup/bireysel/tek/üçlü.

Malzemeler: Beyaz ya da renkli kâğıt; renkli kuru boya, pastel boya, keçeli boya ya da yağlı boya. Rahatlama tepkisini desteklemek ve etkinliğe odaklanmayı sağlamak için rahatlatıcı müzikler kullanabilirsiniz.

Yönerge:

1. Süpervizyon alan kişiden bir köprü çizmesini isteyin. Bu kendi yaşamının köprüsüdür (profesyonel). Kişiden kendisini o anda köprünün hangi noktasında gördüğünü belirlemesini isteyin. Arkasında profesyonel olarak geçmişte tamamladığı şeyleri yansıtmasını isteyin. Ayrıca önünde kendisini bekleyen şeylere, profesyonel ya da kişisel hedeflerine de odaklanmasını isteyin. Kendisine destek veren, yardım eden ve bugüne getiren şeye dikkat etmesini söyleyin. Süpervizyon alan kişiye, köprü çizimi için süre verin. Çizim yaparken arka fonda müzik çalabilirsiniz.
2. Yaşam köprüsü çizimine bir isim vermesini isteyin (örn.; "Işığın yönlendirdiği.")
3. Süpervizyon alan kişi çizimini tamamladığında, çizimi şu sorularla işleyin: *"Bana çiziminizi anlatabilir misiniz? Bu yaşam köprüsünde hangi noktadasınız? Arkanızda ne var? Neleri başardınız? Profesyonel yaşamınızda sizi neler bekliyor? Hangi hedefleriniz var? Çizime baktığınızda hangi duygular uyanıyor? Kendinizle ilgili nasıl hissediyorsunuz? Bedeniniz nasıl tepki veriyor? Hangi duygular uyanıyor? Herhangi bir farkındalık? Çizimin size verdiği herhangi bir bilgelik kelimesi nedir?"*
4. İşleme sırasında var olan dinamikleri not edin. Süpervizyon alan kişi çiziminin anlamını paylaşırken paylaşılan şeyi yansıtın, süpervizyon alan kişinin öz saygısını desteklemek için güçlü yönler ve başarılarını vurgulayın.

Figures 12.1 and 12.2 show examples of the bridge of life.

Şekil 12.1 Yaşam Köprüsü Örneği No.1

Şekil 12.2 Yaşam Köprüsü Örneği No.2

ŞİİR YARATMA

Christine McNichols

Belirtiler: Süpervizörler, süpervizyon alan kişide net danışman kimliği görmediğinde, danışanın durumuyla ilgili empati eksikliği ya da danışmanlık ilişkisini etkileyecek öfke gördüğünde bu tekniği kullanabilir. Süpervizörler ayrıca yansıtmayı cesaretlendirmek, kişisel iyi oluşu desteklemek, süpervizyon alan kişinin olumsuz anlatılarını yeniden anlatmasına yardımcı olmak için bu müdahaleyi kullanabilir.

Hedef: Süpervizyon alan kişinin gelişimini desteklemek.

Yöntem: Yazı.

Uygunluk: Eğitim alan danışmanlar, danışman olarak kim olduklarını ve danışanlarını nasıl gördüklerini açıklar ve anlatır. Bu süreç genellikle süpervizör ve süpervizyon alan kişi arasında ki diyalog ve karşılıklı etkileşimle olur. Bu anlatıları düzeltmek ve yeniden anlatmak öyküsel süpervizyonun temel hedeflerindendir (Carlson & Erickson, 2001). Süpervizyon alan kişinin bir şiir oluşturmasını sağlamak, kişinin kendini danışman olarak nasıl gördüğü, danışanlarla ilgili görüşlerini, düşüncelerini ve duygularını yansıtmasına yardımcı olur. Bu yansıtıcı süreç, süpervizyon alan kişilerin farklı bakış açısı geliştirmelerine, olumsuz görüş ve düşüncelerini değiştirmelerine ve yeni anlamlar ve sezgisellik kazanmasına yardımcı olabilir.

Yaş Grubu/Evren: Klinik süpervizyon alan kişiler; grup/bireysel/tek/üçlü.

Malzemeler: Tükenmez kalem, kâğıt, fosforlu kalem.

Yönerge:

1. Malzemeleri süpervizyon alan kişiye dağıtın ve bir tahtaya odaklanmasını isteğiniz konu ile ilgili şu tür ifadeler yazın: *"Danışanımı ve yaşadığı durumu düşündüğümde … hissediyorum."* ya da *"Danışman olarak … biriyim."* ya da *"Danışmanlık seansı sırasında … olduğunda … hissederim."*

2. Süpervizyon alan kişilerin bu ifadeleri kullanarak cümleler yazması için 10-15 dakika verin. Açık bir şekilde yaşadıkları durumu yazmaları konusunda cesaretlendirin.
3. Tamamladıklarında, kalemlerini bırakıp fosforlu kalem almalarını isteyin.
4. Süpervizyon alan kişiler, kendileri için özel bir anlamı olan kelimeleri ya da ifadeleri işaretler.
5. Süpervizyon alan kişiler bu çalışmayı tamamladığında bir şiire dönüştürmelerini isteyin. Tüm kelimelerin kullanılmasına gerek yoktur. Kelimeleri ya da ifadeleri ayrı bir liste olarak hazırlamak ve ardından şiiri düzenlemelerini istemek faydalı olabilir.
6. Ardından kişiler grup içinde şiirlerini yüksek sesle okumalarını isteyin.
7. Şiir yazma ve paylaşma deneyimini işleyin ve kazanılan sezgileri araştırın. Tartışma soruları şu şekilde olabilir: "*Sizin için şiir yazma deneyimi nasıldı? Günlüğe ya da şiirde yazdıklarınız arasında sizi şaşırtan bir şey oldu mu? Olduysa nedir? Kendinizle ilgili ya da bu çalışmayı tamamlarken danışanınızla ilgili neler kavradınız? Bu kavrayışla kendinizi danışan olarak değerlendirmeniz ya da danışanla çalışma biçiminizi değerlendirmeniz konusunda ne gibi değişiklikler sağladı?*"

KOLAJ (VAKA) KAVRAMSALLAŞTIRMASI

Mardie Howe Rossi ve Karen L. Mackie

Belirtiler: Vaka kavramsallaştırma becerilerinin gelişimine katkı sağlamak isteyen süpervizörler için uygundur.

Hedef: Danışan sorunları ile ilgili yeni bir bakış açısı geliştirmek ve değişimi gerçekleştirmek için gerekli adımları ve müdahaleleri belirlemek.

Yöntem: Resim.

Uygunluk: Dışavurumcu sanat kullanımı, çok kültürlü ve bütünseldir ve bir süpervizyon yöntemi olarak gelecek vadedicidir (Lahad, 2000; Lett,1995; Levine & Levine, 1998; Neswald-McCalip, Sather, Strati, & Dineen, 2003). Öğrenciler, danışanlar ve fakülteler arasında farklılık, yaratıcı bir süpervizyon ve ihtiyaçları karşılayacak danışmanlık uygulamaları gerektirmektedir (Henderson & Gladding, 1998; Kim & Lyons, 2003). Danışmanlık süpervizyonunda dışavurumcu sanatlar da dâhil deneysel yöntemlere artan bir ihtiyaç vardır (Bratton ve ark., 2008; Grant, 2006). Dışavurumcu sanat terapisi, öz/diğer farkındalık gelişimi, yeni bakış açıları, iyileşme ve gelişmeyi desteklemektedir (Atkins & Williams, 2007; Knill, Levine, & Levine, 2005). Bu hedefler, danışmanlık süpervizyonuyla uyumludur.

Yaş Grubu/Evren: Klinik süpervizyon alan kişiler; grup/bireysel.

Malzemeler: Etnik ve ırksal farklılıkları, çeşitli yaş gruplarını ve konuları ele alan çeşitli dergiler, tüyler, renkli kâğıtlar, keçeli kalemler, yağlı boya, yapışkan not kâğıtları, kurdele, düğme, basılı malzemeler, fotoğraflar, alıntılar, makas, yapıştırıcı, büyük boy kâğıt ya da poster tahtaları.

Yönerge:

1. Süpervizyon alan kişiden, seansta odaklanmak istediği bir danışan vakası seçmesini isteyin.
2. Süpervizyon alan kişiden kâğıdı üçe katlamasını isteyin.
3. Kâğıdın ilk kısmına "Problem" yazar.

4. Süpervizyon alan kişiden danışan ve sorunları ile ilgili bir kolaj oluşturmasını isteyin. Danışanın düşüncelerini, davranışlarını anlatan, danışanın kültürel yapısı veya sorunları; geçmişi ve ilişkilerini anlatan kelimeler ve resimler kullanmasını önerin. Süpervizyon alan kişiden, danışanın kendisine anlattıkları, bundan ne algıladıkları, ne sezdikleri üzerine odaklanmalarını isteyin.
5. İlk kısmı tamamladıklarında, üçüncü kısma geçmelerini ve sayfanın üstüne "Çözüm" yazmalarını isteyin. Danışanın bakış açısından ve kendi bakış açılarından problemin çözümünü gösteren bir kolaj hazırlamasını isteyin.
6. Üçüncü bölüm bittiğinde süpervizyon alan kişiden kâğıdın üstüne "Hedefler ve Müdahaleler" yazmasını isteyin. Danışanın ilk kolajda yer alan "Problem" kısmından son kısımda yer alan "Çözüm" kısmına geçebilmesi için hangi müdahalelere ihtiyacı olduğunu düşünmesini isteyin. Danışanın davranışlarını, düşüncelerini, duyguları ve danışmanlık müdahalelerini de dâhil etmelerini isteyin.
7. Bütün bölümler tamamlandığında şu soruları her öğrenciye sorarak süreci işleyin: "*Bu çalışmaya katılmak nasıldı? Bu etkinliği faydalı buldunuz mu? Hangi yönleriyle? Danışanınızdan ve/veya danışanınızla çalışmak size bir şeyler öğretti mi? Danışanınızla çalışma sürecinde size yardımcı olabilecek neler edindiniz? Kendinizle ilgili ne öğrendiniz? Bu danışanınız için de yararlı olur mu?*" Bu sorular, süpervizyon seansının ardından yansıtıcı yazma şeklinde de yanıtlanabilir.

SESİMİ BULMAK

Allison L. Smith ve K. Hridaya Hall

Belirtiler: Etkinlik, danışanlarla çalışma konusunda endişe yaşayan veya yeni süpervizyon geri bildirimi veya becerilerini uygulamada görünüşte engellenmiş veya immobilize edilmiş danışman stajyerleri veya süpervizörler için tasarlanmıştır. Ayrıca, düşünmek yerine daha aktif bir değişim aşamasına geçiş yapmak isteyen süpervizyon stajyerleri için yararlı olabilir (örn., daha fazla karşı karşıya gelme becerisi kullanmak istediğini belirten ama eyleme geçmekte sıkıntı yaşayan bireyler için uygundur).

Hedef: Zorlayıcı bir danışan ya da sorunla çalışırken güven kazanmak.

Yöntem: Drama.

Uygunluk: Bu dışavurumcu sanat müdahalesinin amacı, danışmanlık stajyerlerine, danışanlarıyla yaptıkları işlerle ilgili endişelerini azaltmada ve danışanla birlikte olmanın yeni yollarını denemektir. Etkinlik bunu, kişinin sıkışıp kalmasına ya da felç olmasına neden olabilecek çelişkili seslerin canlandırılması yoluyla gerçekleştirir. Bu Hall ve Siddra Stone'un (1989) danışmanlık stajyerleri ile birlikte yaptığı etkileyici bir çalışma olan "ses diyaloğu"nun bir uygulamasıdır

- Etkinlik, stereotip örneklerden ziyade yaratıcı bir şekilde çevreye uyum sağlamayı gerektirdiğinde Gestalt terapisine uygundur (Polster, 1999).
- Daha fazla bütünlük ve bütünleşme sağlamak için Şimdi ve burada canlandırması ve danışmanla denemeler için kullanıldığından Gestalt teorisine uyum sağlamaktadır (Polster & Polster, 1973; Yontef, 1993).
- Son olarak da etkinlik, bireyin sıkışıp kalmak duyusundan kurtularak daha fazla farkındalık, iletişim ve deneysellik geliştirmesini sağladığı için Gestalt teorisine uygundur (Perls, Hefferline, & Goodman, 1951).

Yaş Grubu/Evren: Klinik süpervizyon alan kişiler; grup/bireysel.

Malzemeler: Etkinlik sırasında yeniden düzenlenmesi kolay olabilecek oturma yerleri.

Yönerge:

1. Bir diyalog kullanılarak keşfedilebilecek bir sorunun mevcut olduğu açıkça görülüyorsa, süpervizör konuyu süpervizyon alan kişiyle araştırır. Bu konuda yardımcı olabilecek sorular şöyle olabilir: "*Danışanlarla daha doğrudan olma arzunuza geri dönmeye devam ediyoruz gibi görünüyor ancak bu gerçekleşmiyor, sizce nasıl bir yol alıyor? Bu kişiyle çalışmanızda sıkışıp kalmış gibi görünüyorsunuz. Bir yandan bu danışanla çalışırken çok fazla şey denerken diğer yandan da bunların başarısız olduğuna inanmışssınız? Bu kişiyle çalışmanızda kendinize neler söylüyorsunuz?*"
2. Süpervizyon alan kişiyi bu tereddütü/sıkışıp kalma durumu ile ilgili deneysel bir çalışmaya katılmaya davet edin.
3. Süpervizyon alan kişiyle normalde dünyaya gösterdiği yüzünü temsil ettiği merkezî bir sandalyede başlayın (Stone'un çalışmasında bu *farkında olan ego durumu*'dur).
4. Buradan süpervizyon alan kişiden, klinik çalışmasında kullandığı baskın ses tonunu kullanmasını isteyin (belki mükemmeliyetçi, yargılayıcı, korkmuş bir çocuk, eleştirel).
5. Süpervizyon alan kişiden sandalyesinin yönünü hafif bir şekilde değiştirmesini, gözlerini kapatmasını, içsel olarak o sesten ve sadece o sesten kendisiyle uyum içinde olmasını, somutlaşması veya hareket etmesini isteyin.
6. Tam olarak role girdiğinde gözlerini açmasını ve bu sesle konuşma yapmasını isteyin. Sorular sorun ve yansıtmada bulunun ve duyduklarını özetleyin. Sorabileceğiniz sorular şunlar olabilir: *(Süpervizyon alan kişinin adı) hayatındaki rolünüzü (süpervizyon alan kişi 3. tekil kişi olur ve ses ayrı bir kimlik olur) ve isminizi söyler misiniz? (Süpervizyon alan kişinin) yaşamıyla ilginiz nedir? (Süpervizyon alan kişin) sizi rahatsız ettiği ya da korkuttuğu şeyler var mı? Nasıl davranıyorsunuz ya da istediğiniz şeyleri bilmesini nasıl sağlıyorsunuz? Danışmanlığı hakkında ne düşünüyorsunuz? Sınıfta/grupta/süpervizyonda olma biçimini, danışmanlık yaklaşımını nasıl etkiliyorsunuz? Sizden duymasını istediğiniz bir şey var mı? (Süpervizyon alan kişinin) dinlediği ama sizin hoşlanmadığınız başka bir oyuncu/ses var mı?*"
7. Bu sesten duyduklarınızı, bu sesin isteklerini ve ihtiyaçlarını özetleyin ve sese teşekkür edin ve süpervizyon alan kişiden sandalyesini merkeze getirmesini ve normal hâline dönmesini isteyin. Süpervizyon alan kişiye sesten duyduklarınızı özetleyin.

8. Süpervizyon alan kişiden bu sesin zıddını hayal etmesini isteyin. Kişi hazır olduğunda, sandalyesinin yeni bir yöne doğru çekmesini ve gözlerini kapatarak bu sesle iletişim kurmasını isteyin. Kişi bu sesle bütünleştiğinde, gözlerini açarak bu sesin bakış açısıyla konuşmasını isteyin.
9. Bu sesin danışanlarla olan çalışmasını nasıl etkilediğinden emin olarak 6. ve 7. Adımları uygulayın
10. Kişi eski yerine dönemeye davet edin ve ardından iki sesin karşısına ya da yanınıza oturmasını isteyin. Süpervizyon alan kişiden deneyimlediği iki zıt enerjiye odaklanmasını ve seslerin söylediklerini özetlemesini isteyin.

Yönlendirme soruları şunlar olabilir: "*Burada oturunca fark ettiğin şey nedir? Farklı bakış açılarını duymak sizin için nasıldı? Birinin diğerinin tahtını elinden almaya çalıştığı durumlar oldu mu? Bu konuda nasıl hissediyorsunuz? Bunlardan herhangi biri süpervizyonda burada benimle ya da danışanlarınızla olan çalışmanızla yapması gereken nedir? Burada öğrendiklerinle danışanlarınızla nasıl ilerleyeceğinizi düşünüyorsunuz?*"

SÜPERVİZYONDA KUM TEPSİSİ KULLANMA

Kristi Perryman ve Angela L. Anderson

Deniz Havasında Nefes Alma—Giriş: Danışmanlar için süpervizyon süreci, sahilde güzel bir yürüyüş yapmak yerine yoğun saatteki trafiğe takılmak gibi stresli ve endişe dolu hissettirebilir. Süpervizyonda kum tepsisi (kum oyunu) kullanmak, süpervizörün ve süpervizyon alan kişinin sürece odaklanması ve gelişimi için faydalı olabilir. Bu bölümde yer alan teknikler, süpervizyon seansının yapılandırılmasına yardımcı olur, böylece her iki danışman gelişim yolculuklarında metaforik olarak deniz havasını "soludukları" için eğlenceli ama anlamlı bir sürece katılmaya davet edilir.

Ayakkabıları Çıkarmak—Gerekçe: Çağdaş kum oyunu teknikleri, ilk olarak 1920'lerde Londra'da dünya tekniğini geliştiren Margaret Lowenfeld'in (1979) çalışmalarına dayanan bir danışmanlık yöntemi olarak geliştirilmiştir. Lowenfeld, çocukların duygularını kelimelerle ifade edemediklerini fark ederek çocuktan duygularını anlatmak yerine göstermesini istemiştir. Lowenfeld, oyunun değerine odaklandığı için, dünya tekniğinin bir model olarak geliştirerek çocuklarla deneyimlemiştir.

Şu anki anlayışımızın büyük kısmı, *kum oyunu* terimini kullanan, İsviçreli Jungcu bir analist olan Dora Kalff'in (1980/2003) çabaları sonucunda kazanılmıştır. Kalff ve diğerleri, yetişkinlerin de kum oyununun sembolik temsiline iyi yanıt verdiğini ve "aynı gelişimsel süreçlerin çocuklarda olduğu gibi gerçekleştiğini, bu da kum oyununun bilinçaltının oldukça ilkel bir seviyede işlediğini gösterdiğini" belirtmiştir (Weinrib, 1983, s. 8). Lowenfeld ve Kalff da içsel ve dışsal ifadelere sembolik anlamlar vermekle ilgilenmişlerdir. Özellikle Kalff, kum oyununun çalışma potansiyeline dayanarak geliştirilen çeşitli uygulama ve yöntemlerin gelişimine temel oluşturduğunu söylemiştir (Armstrong, 2008; Carey, 1999; Oaklander, 1988; Turner, 2005).

Danışman Gelişimi ve Süpervizyon: Danışman-stajyer denetimi, didaktik öğretime, teknik becerilere, stajyerin kişisel farkındalığına, danışanın daha fazla anlaşılmasına ve/veya süpervizyon ve danışmanlık ilişkilerinin sürecine odaklanabilir. Bunların tamamı süpervizyonun önemli ögeleridir (Bernard & Goodyear, 2004; Campbell, 2000; Falender & Shafranske, 2004). Keller'a (2008) göre, "Danışman gelişimi kendini keşfetme, kişisel sorunlarda farkındalık ve danışmanlık ilişkisini etkileyecek sorunlar ve danışmanlık becerilerinin gelişimini etkiliyen bir süreçtir." (s. 14). Gelişimsel modeller (Stoltenberg, McNeill ve Crethar, 1994), danışman olma sürecinin, süpervizyon alan kişi klinik deneyim ve süpervizyon aracılığıyla bilgi ve becerilerini geliştirdiği için danışmanın deneyime dayalı sürekli gelişimini sağlayan bir süreçtedir. Danışman-stajyerlerin, süpervizyon konusundaki ihtiyaçları, katılımcının bilgi, beceri ve farkındalığı geliştikçe değişmektedir. Bernard'ın (1997) ayrımcılık modelinde, süpervizyonun bileşenleri arasında süreç ve müdahale becerileri (terapötik tepkiler), kavramsallaştırma becerileri (bilgi) ve kişiselleştirme becerileri (farkındalık ve kişisel gelişim) yer almaktadır. Bernard, süpervizörlerin süpervizyon ilişkisi aracılıyla farklı rolleri olduğunu öne sürmektedir. Thompson (2004), aynı zamanda danışman gelişiminin karmaşıklığını ele almaktadır. Yani, danışmanın hazırbulunuşluğunu sağlarken önce farklı yetkinlik aşamalarında ve sonra güven arasında geçiş sağlar. Aşama I'de (bağımlılık), eğitim alan danışman oldukça motivedir ancak temel danışmanlık becerilerinden yoksundur. Bu aşamada, eğitim alan danışmanlar, yetkin bir danışman olabilmek için gerekli becerilere sahip olmadıkları konusunda kaygılıdır. Aşama II'de (deneme ve türbülans), eğitim alan danışman, danışmanlık mesleğine bakış açısını bilişsel bir çerçeveden deneysel bir sürece geçirme konusunda kaygı deneyimi yaşar. Bu kaygıyı azaltmak için, danışamanlar süpervizörlerinin uzmanlıklarına güvenirler. Eğitim alan danışman, birçok kişiler arası ve kişiler arası deneyime katılarak, aşamanın sonuna doğru, danışman rollerini üstlenmeye başlayacaktır. Aşama III'te (gelişme), eğitim alan danışman, derin bir danışmanlık becerisi ve teori bilgisine sahiptir ve danışman etkinliğini arttırmak için çaba göstermektedir.

Kum oyunu sürecinde danışman stajyerin gelişimsel düzeyine bağlı olarak tüm bu alanlara erişilmektedir. Bazıları, süpervizörler kadar çok sayıda süpervizyon modelinin bulunduğunu öne sürmektedir (Campbell, 2000; Falender & Shafranske, 2004). Süpervizörlerin, süpervizyon modellerinde uygun eğitimi aldıklarını ve bu tekniklerin uygulanabileceği tutarlı bir yaklaşıma bağlı kaldıklarını varsayıyoruz. Bu bölümde, danışman-stajyerin gelişen ve kendini gerçekleştiren bir varlık olduğunu ve danışman-stajyer farkındalığının, danışmanlık sürecinin kolaylaştırılmasında kilit bir bileşen olduğunu düşünüyoruz. Stajyerler ilerledikçe, karmaşıklıktan daha didaktik, beceri temelli bir odaklamadan psikolojik danışma becerilerinin uygulanması ve terapötik çalışmalarda benlik (danışman) kullanımına ilişkin daha derin bir bilgi birikimine geçiş olacağını da düşünüyoruz.

Her ne kadar profesyonel danışmanlık literatüründe süpervizyonda dışavurumcu tekniklerin kullanımı, seyrek olmakla birlikte kum oyunu, yapılan sınırlı sayıda çalışmada süpervizyonda etkili bir yöntem olarak önerilmektedir (Markos, Coker, & Jones, 2006/2007; Markos & Hyatt, 1999). Bu bölümde, deneyimsel öğrenmeye katılarak modelleme, paralel işleme ve farkındalığın arttırılmasının öneminin altını çiziyoruz. Süpervizyonda sürece odaklanmak, süpervizörün otoritesinin ve danışmanın kişisel farkındalığını artıracak, bu da daha sağlıklı etkileşimlere yol açacak ve sonuçta üçlü sistemdeki en önemli kişiye -danışana- fayda sağlayacaktır.

Eğitim düzeyinde, süpervizyon alan kişiler edindikleri akademik bilgileri danışanlar için gerçek süreçlere uygularken süpervizyon stratejileri buna göre gelişim gösterir. Dışavurumcu ve yaratıcı sanatlar tehdit edici olmadığından, süpervizyon sürecinini derinleşmesine doğru doğal bir geçiş sağlar. "Öğrenciler, kendilerine güvenli bir ortamda ifade özgürlüğü için fırsat tanınması durumunda pratik deneyimlerinde başarılı olacaklardır" (Markos ve ark., 2006/2007, s. 6). Bununla birlikte, dikkat çekici bir nokta da dışavurumcu tekniklerin de hemen anlaşılmayan bir şekilde son derece güçlü olduğudur. Bu süreç genellikle bilinçaltına girerek alttaki duyguların somut bir şekilde ortaya çıkmasına izin verir. Bir kez maruz kalındığında, süpervizör gelişim sürecinde yardımcı olur. Midwives of Consciousness: Supervising Sandplay and Expressive Art Therapists, adlı bölümde Morena (2008) şunları yazımıştır: "Profesyonel mentorluk ya da süpervizyon, terapistlerin akademik bilgileri somut olaylara uygulamayı öğrendikleri bir yoldur. Destekleyici bir ilişki kurmayı, bilgi paylaşımını ve etkili müdahale ve iletişim modeli olmayı içeren karmaşık bir süreçtir." (s. 191).

Süpervizyon yöntemi olarak kum oyunu kullanmanın bir diğer faydası da danışman adaylarına kendi danışmanlık stratejisi olarak kum oyununun tanıtılmasıdır. Dışavurumcu sanatları kullanırken, öğrencilerin, danışanla kullanmadan önce yansıtıcı süreci deneyimlemeleri önemlidir. Kum tepsisinde kendi deneyimleriyle, danışman adayları kendi dışa yansıtma ve içe yansıtma süreçleriyle ilgili farkındalık kazanır ve daha derin terapötik ilişki deneyimini öğrenir. Süpervizörlerle koşulsuz olumlu bir ortam içinde oluştuğu için adayları kendi danışman çalışmalarının uygulanabilirliğini görürler.

Kumda Ayak İzleri: Süpervizyonda Kum Tepsisi Kullanımı:

Genel Kılavuz:

1. Süpervizörler, adayın gelişimsel düzeyi ve yönergelerin buna göre uyarlanması konusunda dikkatli olmalıdır.
2. İçi yumuşak kum dolu temiz bir tepsiyle başlayın. Figürler konusuna göre dizilmeli ve erişimi kolay olmalıdır.

3. Süpervizörler, tepsiye ve içindeki nesnelere dokunmadan önce izin almalıdır.
4. Devam eden süreçte, diğer dışavurumcu tekniklerde olduğu gibi kum oyununun da gücünü göz ardı etmeyin. Süpervizyon alan, kişilerde bazıları kolayca görülmeyecek önemli temalara ve büyüme kanallarına girer. Süpervizörler bu süreç için ortam oluştururken bunun farkında olmalı ve danışmanlık alan kişinin günlük tutma ve benzeri çalışmalar aracılığıyla süpervizyonun ötesinde keşifler yapmasını sağlamalıdır.
5. Kum tepsisi, kişiye dağınık bir hâlde verilmemelidir. Temizlemek onların görevi değildir!

Giriş Aşaması (Birey Merkezli):

1. Süpervizör için seçim noktaları.
   a. Belirli bir danışan seansı.
   b. Belirlenen süpervizyon konusu veya danışman-stajyerin gelişme sınırı:
      i. Belirli danışanlarla tekrar eden konular ya da engeller,
      ii. Tanınmayan karşı transfer,
      iii. Kaygı ya da direnç.
2. Rahatlama ya da merkezleme egzersizi ile başlayın.
3. Danışman adayını, tüm danışman durumlarını, terapötik çıkmazları, konuları ya da kişisel gelişim sınırlarını temsil eden nesneler seçmesini isteyin (süpervizör işleme sürecinde bahsettiği onular hatırlatılabilir). Kolaylaştırıcının dili ve tepkileri tarafsız olmalıdır. "İstediğiniz gibi" ifadelerden kaçının.
4. Aday danışman rehberlik isterse, yeniden odaklanmasını sağlayacak şekilde tarafsız yönlendirici olmayan bir yanıt verin.
5. Süpervizyon alan kişi nesneleri kum tepsisine yerleştirirken sessiz olun ve kendi özgür ve korunaklı alanında çalışmasına izin verecek şekilde dikkatli olun. Süpervizyon alan kişi sıraya, yerleşime, kendisinin ve süpervizörün süreçle ilgili tepkilerine dikkat eder.
6. Tepsi tamamlandığında, süpervizör işlemeye başlayabilir.

Çalışma Aşaması (Birey Odaklı ve Gestalt):

1. Süpervizörün görevi güvenli çalışma ortamı sağlamaktır. Etiketleme, yorum ve direnç konusunda rehberlik gösterir. Birey odaklı çalışmaya izin verir.
2. İlk önce, danışman adayına tepsiyle ilgili görüşlerini sorun.

3. Duraksadığında ya da süpervizör ile iletişim kurduğunda tepsinin istediği gibi olup olmadığını sorun.
4. Tanımlamalarını, ifadelerini ve duygularını yansıtın.
5. Kumda olanlar ve hissettikleri ile ilgili bir öykü anlatmasını isteyin.
   a. Kendisinin de öyküde olup olmadığını sorun eğer yoksa kendini temsil eden bir öge eklemesini isteyin.
   b. Danışmanlık alan kişi orada olmayan bir kişi (süpervizör vb.) ya da bir şeyden söz ediyorsa o kişiyi ya da nesneyi kumda temsil edecek bir öge eklemesini isteyin.
   c. Öyküyü canlandırırken her figürün rolüne girmesini isteyin. Bu aşamada bütün nesnelerin (hayvanlar, diğer nesneler; örn., "*Merdivenler ne söylüyor?*") Nesneler gibi konuşmak konusunda dirençle karşılaşırsanız "*Eğer konuşabilselerdi, ne derlerdi?*" şeklinde sorular sorabilirsiniz.
6. Uyuşmayan ifadeleri keşfedin.
7. Süpervizör güven ve uygun zamanlama olduğunu hissettiğinde şöyle sorular sorabilir: "*Bu duygulara ... ifadelere benzer bir şey var mı? Şimdi baktığınızda ne hissediyorsunuz?*" İzin alarak tepsiyi farklı açılara doğru çevirin ve bir farkındalık oluştuğunu hissettiğinizde ya da kum tepsisinde bir figürün bakış açısını gördüğünüzde "*Buradan nasıl görünüyor?*" diye sorun.

Doruk Noktası Aşaması (Birey Odaklı):

1. Danışman adayları, ilişkileri tanımladıkça ve karşı transferlerinin farkına vardıkça kumda nesnelerin yerleriyle ilgili rahatsızlık sinyalleri vermeye başlar. Süpervizörler, gerektiği gibi görünmesi konusunda değişiklik yapabileceklerini belirtmelidir. Bu genellikle güçlü bir andır ve danışman adayı derin bir nefes alarak sanki süpervizör orada değilmiş gibi nesnelerle derin bir çalışma yapabilir. Değişim ve akıcılık, süpervizyon alan kişiye kontrol duygusu kazanmasında yardım etmek önemlidir. *Özgür* ve *korunaklı alanı* sürdürmek için birey odaklı becerileri kullanmayı ve araya girmeden süreci yansıtmayı unutmayın.
   a. Süpervizyon alan kişinin öyküyü birinci tekil kişi kullanarak yeniden anlatmasını isteyin.
   b. Hızını ve dikkatini takip ederek öyküyü sahiplenmesi ve değişikler konusunda cesaretlendirmek önemlidir.
   c. Uygunsa yine tepsiye dönün.

2. Güçlü süpervizyon seanslarında, süpervizör öyküde temsil edilebilir ya da bazen kum tepsisinin dışında kalabilir. Bu, paralel süreci modelleme ve triadik ilişkinin tüm yönlerini ele alma açısından danışan çalışmasını ve danışan adayı gelişimiyle ilgili olduğundan süpervizyon ilişkisinin gestalt açısından ele alınmasına fırsatı verir.
3. O anda kum tepsisi ile ilgili ne hissettiğini sorun.
4. Tepsinin fotoğrafını çekin ve süpervizyon alan kişiye en anlamlı gelen açıyı sorun.
5. Süpervizyon alan kişiyi çalışmaya devam etmesi konusunda cesaretlendirir ve süreci işlemeye devam etmesi ya da bireysel olarak ya da diğer seanslarda işlemeye devam etmesi konusunda izin verin.
6. Tepsiyi boşaltmadan önce süpervziyon alan kişinin odadan çıkmasına izin verin.

Danışman adayları yeni bakış açıları ve farkındalıklarını işlerken zirveye ulaşabilir. Bir sonraki danışan seansında hemen ve derin bir etkisi olsa da entegrasyona devam ettiklerinde birkaç hafta bekleyebilir. Süpervizörler, gelişimsel olarak uygun olan bu sürecin farkında olmalıdır ve süpervizyon alan kişinin öğrenmesini düzenlemek için alternatif yöntemler önerebilirler.

Etik: Deniz Yaşamına Dikkat Etmek ve Denizanasından uzak durmak: Süpervizörler, uygulama profesyonel rehberlerine bağlı kalmalıdır (Danışmanlık İçin *ACA Code of Ethics* ve danışman süpervizyonu için *ACE Code of Ethics).* The International Society for Sandplay Therapy (ISST), terapi için kendi rehber ilkelerini yayınlayarak, terapistlerin üç etik kural etrafında yönlendirir: Devlet düzenlemeleri, profesyonel etik ve Sandplay Therapists of America (Hegeman, 2008). Kum oyunu ve diğer ifade tekniklerini süpervizyonda kullanmak için bazı özel etik hususları vurgularız.

Eğitim: Her zaman olduğu gibi süpervizörler ve danışmanlar eğitimini almadıkları teknikleri kullanmaktan kaçınmalıdır. Kum oyunu kullanımıyla ilgili çeşitli mesleki konferanslar ve ticari firmalar olsa da Hegeman'a (2008) göre, 2006 yılı International Society for Sandplay Therapy (ISST) kayıtlarında sertifikalı 100 Amerikalı uzman olduğunu biliyoruz. Süpervizörler, yeterli eğitimi almalı ve gerekli durumlarda danışmanlık almalıdır. Ek olarak, etkili kum oyunu süpervizörleri belirsizliklere karşı yüksek toleransa sahip olmalı, adayların kendini gerçekleştirme kapasitelerine derin bir güven duymalı ve güçlü klinik ve süpervizyon becerisine ve eğitime sahip olmalıdır.

"Kumda Benlik" Değerlendirmesi: Diğer dışavurumcu yöntemlerde olduğu gibi kum tepsisi de katılımcının benliğinin bir uzantısını temsil eder ve süpervizyon alan kişinin kendine duyduğu saygı ve ilgiliyle orantılı değerlendirilmelidir. Süpervizör için, danışman adayının kum oyunundaki nesneleri nasıl belirlediği her zaman açık değildir, bu nedenle kişiye sormadan dokunmaları veya katılmaları uygun değildir.

Görüntüleri Göstermek: Fotoğraflar ve kum oyunu tanımları terapi vaka notları gibi tutulmalıdır. Kum oyunu süpervizyonuyla ilgili görüntüleri izin almadan kullanmak ya da göstermek uygun değildir.

Sınırlar/Karşılıklı İlişki Değerlendirmesi: Kendi kişisel gelişimlerinin kıyısında olan süpervizyon alan kişilerle çalışırken sınırlar kolayca bulanıklaşır. Genellikle, süpervizyon alan kişiyi engelleyen aynı farkındalık, kişisel danışmanlık istediğinde ele alınması gereken bir konudur. Süpervizörler, sömürücü bir ikili ilişki için bu potansiyeli izlemeli ve kişisel danışmanlık sunmaya çalışmamalıdır. "Bu uyarı, amaç kişisel farkındalığı arttığında özellikle önemlidir." (Newsome, Henderson, & Veach, 2005, s. 154).

Direnç: Danışman-stajyerler çeşitli nedenlerden dolayı denetimde direnç gösterirler: yargılanma korkusu, içselleştirilmiş beklentiler, korkutma, başarısızlık korkusu ve kendilerine ve kendi doğuştan gelen süreçlerine güvenmenin başka nedenler. Kum oyunu, tehdit edici olmadığından ve koruyucu olduğundan direnci ele almak konusunda mükemmel bir yöntem olsa da (benliğin içsel süreçleri yerine kumda yer alan şeyler hakkında konuşmak daha kolaydır), süpervizörler, güven gelişinceye kadar, direnç gösteren adayların kum oyunuyla kendilerini ifade edebilmeleri konusunda zamanlamayı göz önünde bulundurmalıdır.

Öz Farkındalık Sürecini Hızlandırma: Dışavurumcu teknikler, öz farkındalık sürecini hızlandırır ve bu nedenle, danışan ile ilgili süpervizyon süreci ile danışman stajyerin kişisel süreci arasındaki sınırlarda bulanıklaşabilir. Bu potansiyel, yansıtıcı ve dışavurumcu tekniklerle artar (Perryman, Blisard, & Cantrell, 2009). Süpervizörler kendi sınırları ve süpervizyon sürecinin kısıtlamaları konusunda dikkatli olmalıdır.

Farklı Evren: Kum oyununa dâhil olan nesnelerin seçiminden bireysel süpervizyon alan kişiler için kültürel imge kadar farklı gruplar ile ilgili birkaç husus vardır. Süpervizör seçilen figürlerle ilgili dikkatli olmalıdır, öyle ki bunlar ırk/etnik köken, din, engellik, cinsiyet gibi çok farklı kültürel konuları temsil etmektedirler. Süpervizörler sınırlı ve genellikle sıradan figürlerin (örn., uygunsuz giyinmiş yerli Amerikan figürleri) farkında olmalıdır. Çok kültürlü figürlerin farklı temsillerini öneriyoruz. Kum oyunu konuları kültürel anlamları temel alarak farklı yorumlanabilir ve bunlar süpervizyon alan kişiyle netliğe kavuşturulmalıdır. Raflara dizilim ise tekerlekli sandalye kullanan ya da başka fiziksel engelleri olan bireyler için uygun olmalıdır.

Kontraendikasyon: Tüm öğrenciler, kum oyunu süpervizyonu için uygun değildir. Bu nedenler zamanlama önemlidir; süpervizörler kum oyununa geçmeden önce güven gelişiminin önemli olduğunu unutmamalıdır. Danışmanlık kimliği gelişiminin henüz başında olan ya da yeterince olgunlaşmamış adaylar anlamlı bir kum oyunu deneyimini yeterince derin düzeyde yaşayamayabilir. Ayrıca duyusal kapasiteleri kırılgan olan öğrenciler için işleme zorlayıcı olabilir. Bu tür durumlarda, figürlerin ve hatta yöntemlerin sayısını sınırlamak tavsiye edilebilir. Bu adaylara diğer süpervizyon stratejilerinin uygulanması daha iyi olabilir.

Bazı danışman adayları, direnişleri genellikle derin yetersizliklere veya işlemin kontrolünü kaybetme korkusuna dayandığı için sürece çok dirençli olabilir (Boik ve Goodwin, 2000). Bazıları için bu, büyümekte olan dünyadaki çocuğun rolünün tekrarıdır ve korku tepkilerini tetikler. Bu kişilerin süpervizöre güvenini geliştirip kumdan zemine girebilmeleri durumunda, değişiklik yapma yeteneği ele alınabilir, bu da belirli bir iyileşme veya katartik sürece yol açar.

Anlamlı Süpervizyon: Süpervizörler faaliyeti hazırlamalı ve aktivite ve süreç için bolca zaman ayırmalıdır. Kum oyunu kişisel olarak ilgi çekici olabileceğinden ve süpervizyon alan kişinin sürecine derinden girebildiğinden, danışman adayının çalışmadan çıkması ve günlük faaliyetlerine tekrar katılmadan önce yeterince işleyebilmesi için yeterli zaman bırakılmalıdır.

Kumda Ayak İzleri—Sonuç: Danışman adaylarının süpervizörleri sadece danışmanların gelecek yaşamlarını ve gelişimlerini etkilemekle kalmaz, aynı zamanda bir gün hizmet verecekleri tüm danışanları da etkileyebilirler. Bu dalgalanma etkisi, süpervizörlere yaratıcı olmaları ve hem kendilerinin hem de süpervizyonlarının gelişme sürecini derinleştirme yollarını keşfetmeleri için ilham vermelidir. Bu bölüm, süpervizyonun yapılandırılması için bir model ortaya koymaktadır, böylece her iki katılımcı da artan öz farkındalıkla ortaya çıkarak işlemeye daha açık hâle gelecektir. Danışman geliştirme sahiline doğru yolculuğumuza devam ederken, kumdaki ayak izlerinin genellikle ayırt edilemez olduğunu not ediyoruz: Danışanın, danışman adayının ve süpervizörün. Hepimiz insanlık dalgalarını birlikte deneyimliyoruz, herhangi birimizin büyümesi hepimizi etkiliyor ve bütün, gerçekten parçalarının toplamından daha büyüktür.

BİR RESİM VE BİNLERCE KELİME: DANIŞMANLIK TEORİSİ ÖĞRENCİ MANDALA KOLAJI

Angela L. Anderson ve Kristi Perryman

Belirtiler: Bu dönem boyunca yapılacak olan etkinlik, danışmanlık öğrencilerinin kurs boyunca sunulan teorileri tam olarak anlamalarına yardımcı olmak için tasarlanmıştır.

Hedef: Öğrencileri, çeşitli kuramsal danışmanlık kavramlarına dâhil etmek ve öğrencilerin kendi gelişen kişisel teorilerini görsel olarak temsil etmelerini sağlamak.

Yöntem: Resim.

Uygunluk: Psikolojik danışma teorilerini öğretmedeki en büyük zorluklardan biri, öğrencilere materyalle kişisel ve uygulamalı bir şekilde ilişki kurmalarında yardımcı olmaktır. Öğrencilere, terapötik süreç hakkındaki gerçeklerin "tüketicilikten"nden daha fazla olması ve onları eleştirel, diyalog, keşif, öz farkındalık ve son olarak da kendi danışmanlık sisteminin geliştirilmesinde aktif bir süreçle uygulamaları öğretilmelidir. Mevcut literatür, giderek daha fazla çoğulcu bir dünyada terapinin gelişiminde daha bütüncül bir yaklaşımı vurgulamaktadır (Downing, 2004; Lampropoulos, 2000; Wilber, 2000). Parrot'un (1993), öğrencilere "kuramsallaştırma becerisi" öğretilmesi gerektiği iddiası, öğrencinin bütüncül bir yaklaşım geliştirmesinde eleştirel düşünme ve ifade becerilerinin kullanılmasını destekleyecektir. Yazarlar bilgiyi deneyimsel bir şekilde sunmak ve öğrencilere görsel ve sanatsal süreçlerle anlamlarını keşfetme fırsatı vermekle ilgilenmektedir. Robbins (1994), şöyle belitmektedir, "Görüntü psişenin birçok seviyesini bir araya getirir ve herhangi bir sözlü yorumdan daha doğru ve karmaşık bir biliş ifadesi gerçekleştirebilir." (s. 41).

Yaş Grubu/Evren: Staj gören danışmanlar; gruplar/bireysel.

Malzemeler: Afiş veya çizim kâğıdı (18 × 24 inç); çeşitli dergiler; kalem, boya kalemi, yağlı pastel boya. Her grup için mandala veya teorisi için, kâğıda büyük bir daire çizin ve her öğrencinin görüntüye katkıda bulunabilmesi için duvara asın.

Yönerge:

1. Teoriyle ilgili gerekli okumaları tamamladıktan sonra öğrencilerden bir teoriyle ilgili bakış açılarını yansıtan ya da teori ve kavramlarıyla ilgili kişisel notlarını ya da belirli yönlerini ortaya koyan küçük bir görüntü (dergi, küçük resim, fotoğraf vb.) getirmelerini ve sınıflandırmalarını isteyin.
2. Ders sırasında, her bir öğrenciye getirdiği resmi grup resmi oluşturmak için büyük poster mandalaya yapıştırarak teoriyle bağlantısını anlatmasını isteyin.
3. Mandala grup tartışmasında, birden fazla görüntü veya öğrenci tarafından temsil edilen kavramları araştırın, mandaladan çıkarılmış olan kavramları not alın ve öğrencilerin etkinlik boyunca yaşadıkları yeni bağlantıları/anlayışı keşfedin. Teorinin belirli yönlerini yinelemek ve sınıf toplantısından önce kapsanan materyali netleştirmek için öğretilebilir anlardan yararlanmak isteyebilirsiniz. Her yeni teoride olduğu gibi, bu süreç kullanılarak yeni bir mandala yaratılacaktır.
4. Dönem sonunda öğrencilerden her hafta mandaladan kendi bireysel katkılarını almalarını ve "kişisel teori" mandalaları oluşturmalarını isteyin. Öğrencilere, görüntülerinin tümünü, bir kısmını kullanabileceklerini ya da hiçbirini kullanmayabileceklerini söyleyin. Öğrencilerden görüntülerini ve kişisel teorileri ile olan ilişkilerini tanımlayan son bir cevap kâğıdı oluşturmalarını isteyin.

REFERANSLAR

Armstrong, S. (2008). *Sandtray therapy: A humanistic approach.* Dallas, TX: Ludic Press.

Atkins, S. S., & Williams, L. D. (Eds.). (2007). *Sourcebook in expressive arts therapy*. Boone, NC: Parkway.

Bernard, J. M. (1997). The discrimination model. In C. E. Watkins (Ed.), *Handbook of psychotherapy supervision.* New York: Wiley.

Bernard, J. M., & Goodyear, R. K. (2009). *Fundamentals of clinical supervision* (4. bsk.). Upper Saddle River, NJ: Merrill Pearson Education.

Boik, B. L., & Goodwin, E. A. (2000). *Sandplay therapy.* New York: W. W. Norton & Company.

Bratton, S., Ceballos, P., & Sheely, A. (2008). Expressive arts in a humanistic approach to play therapy supervision. In A. A. Drewes & J. A. Mullen (Eds.), *Supervision can be playful: Techniques for child and play therapist supervisors* (ss. 211-232). Lanham, MD: Aronson.

Campbell, J. M. (2000). *Becoming an effective supervisor: Workbook for counselors and psychotherapists.* New York: Taylor & Francis.

Carey, L. (1999). *Sandplay therapy with children and families.* Northvale, NJ: Jason Aronson Inc.

Carlson, T. D., & Erickson, M. J. (2001). Honoring and privileging personal experience and knowledge: Ideas for a narrative approach to the training and supervision of new therapists. *Contemporary Family Therapy: An International Journal*, *23*(2), 199-220.

Casado-Kehoe, M. (2006). [Supervision drawings: Bridge of life]. Unpublished raw data.

Corey, G. (2009). *Theory and practice of counseling and psychotherapy* (8th ed.). Belmont, CA: Thomson Brooks/Cole.

Downing, J. N. (2004). Psychotherapy practice in a pluralistic world: Philosophical and moral dilemmas. *Journal of Psychotherapy Integration*, *14*(2), 123-148.

Estrella, K. (2005). Expressive therapy: An integrated arts approach. In C. A. Malchiodi (Ed.), *Expressive therapies* (pp. 183-209). New York: The Guilford Press.

Falender, C. A., & Shafranske, E. P. (2004). *Clinical supervision: A competency-based approach*. Washington, DC: American Psychological Association.

Fall, M., & Sutton, J. M. (2004). *Clinical supervision: A handbook for practitioners*. Boston: Pearson.

Gladding, S. T. (2005). *Counseling as an art: The creative arts in counseling* (3rd ed.). Alexandria, VA: American Counseling Association.

Grant, J. (2006). Training counselors to work with complex clients: Enhancing emotional responsiveness through experiential methods. *Counselor Education and Supervision*, *45*, 218-230.

Haber, R. (1996). *Dimensions of psychotherapy supervision: Maps and means*. New York: W.W. Norton & Company.

Harman, R. L., & Tarleton, K. B. (1983). Gestalt therapy supervision. *The Gestalt Journal*, *6*(1), 29-37.

Hayes, P. (2006, April 28). *Art therapy and anxiety: Healing through imagery*. Seminar provided by the Cross Country Education Seminars, Orlando, FL.

Hegeman, G. (2008). Ethical dilemmas in sandplay supervision. In H. S. Friedman & R. R. Mitchell (Eds.), *Supervision of sandplay therapy* (pp. 67-72). New York: Routledge.

Henderson, D. A., & Gladding, S. T. (1998). The creative arts in counseling: A multicultural perspective. *The Arts in Psychotherapy*, *25*, 183-187.

Hoyt, M. F., & Goulding, R. L. (1989). Resolution of a transference-countertransference impasse using gestalt techniques in supervision. *Transactional Analysis Journal*, *19*, 201-211.

Kalff, D. (1980/2003). *Sandplay: A psychotherapeutic approach to the psyche*. Cloverdale, CA: Temenos Press.

Kaplan, M. L., Kaplan, N. R., & Serok, S. (1985). Gestalt therapy's theory of experiential organization and mutual support processes in psychotherapy and supervision. *Psychotherapy*, *22*(4), 687-695.

Keller, E. (2008). *The effects of an expressive arts group on female counselors-in-training: A qualitative study*. Unpublished master's thesis. Missouri State University, Springfield, MO.

Kim, B., & Lyons, H. (2003). Experiential activities and multicultural counseling competence training. *Journal of Counseling and Development*, *81*, 400-408.

Knill, P. J., Levine, E. G., & Levine, S. K. (2005). *Principles and practice of expressive arts therapy: Toward a therapeutic aesthetics*. London: Jessica Kingsley.

Lahad, M. (2000). *Creative supervision: The use of expressive arts methods in supervision and self-supervision*. London: Jessica Kingsley.

Lampropoulos, G. K. (2000). Evolving psychotherapy integration: Eclectic selection and prescriptive applications of common factors in therapy. *Psychotherapy, 37*, 285-297.

Lett, W. (1995). Experiential supervision through simultaneous drawing and talking. *The Arts in Psychotherapy*, 22(4), 315-328.

Levine, S. K., & Levine, E. G., (1998). *Foundations of expressive arts therapy: Theoretical and clinical perspectives*. Philadelphia: Jessica Kingsley.

Lowenfeld, M., (1979). *The world technique.* London: George Allen & Unwin.

Malchiodi, C. A. (1998). *The art therapy sourcebook*. New York: McGraw-Hill/ Contemporary Books.

Malchiodi, C. A. (Ed.). (2003). *Handbook of art therapy*. New York: The Guilford Press.

Malchiodi, C. A. (Ed.). (2005). *Expressive therapies*. New York: The Guilford Press.

Markos, P. A., Coker, J. K., & Jones, W. P. (2006/2007). Play in supervision: Exploring the sandtray with beginning practicum students. *Journal of Creativity in Mental Health,* 2(3), 3-15.

Markos, P., & Hyatt, C. (1999, Summer). Play or supervision? Using sandtray with beginning practicum students. *Guidance & Counseling, 14*(4), 3. MasterFILE Premier veri tabanından alıntı 5 Mayıs, 2009

McBride, M. (1998, Summer). The use of process in supervision: A Gestalt approach. *Guidance & Counseling, 13*(4), 41-50. Retrieved May 5, 2009, from Academic Search Premier database.

Melnick, J., & Fall, M. (2008). A Gestalt approach to group supervision. *Counselor Education & Supervision*, *48*, 48-60.

Mintz, E. (1983). Gestalt approaches to supervision. *Gestalt Journal*, 6(1), 17-27.

Morena, G. D. (2008). Midwives of consciousness: Supervising sandplay and expressive art therapists. In H. S. Friedman & R. R. Mitchell (Eds.), *Supervision of sandplay therapy* (p. 191). New York: Routledge.

Neswald-McCalip, R., Sather, J., Strati, J. V., & Dineen, J. (2003). Exploring the process of creative supervision: Initial findings regarding the regenerative model. *Journal of Humanistic Counseling, Education, and Development*, 42(2), 223-37.

Neukrug, E. (2007). *The world of the counselor: An introduction to the counseling profession* (3rd ed.). Belmont, CA: Thomson Brooks/Cole.

Newsome, D. W., Henderson, D. A., & Veach, L. J. (2005). Using expressive arts in group supervision to enhance awareness and foster cohesion. *Journal of Humanistic Counseling, Education & Development, 44*(2), 145-157.

Oaklander, V. (1988). *Windows to our children: A gestalt therapy approach to children and adolescents*. Highland, NY: The Gestalt Journal Press.

Oaklander, V. (2007). *Hidden treasure: A map to the child's inner self.* London: Karnac.

Pack, M. J. (2009). Supervision as a liminal space: Towards a dialogic relationship. *Gestalt Journal of Australia and New Zealand*, 5(2), 60-78.

Parrott, W. G. (1993, August). *Teaching skill in theorizing*. Paper presented at the annual meeting of the American Psychological Association, Toronto, Ontario, Canada. (ERIC Document Reproduction Service No. ED 371 280).

Perls, F. S., Hefferline, R. F., & Goodman, P. (1951). *Gestalt therapy: Excitement and growth in the human personality*. New York: Julian.

Perryman, K. L., Blisard, P. D., & Cantrell, N. (2009). *Floratherapy handbook* (2nd ed.). Unpublished manuscript.

Polster, E., & Polster, M. (1973). *Gestalt therapy integrated: Contours of theory and practice*. New York: Brunner-Mazel.

Polster, M. (1999). Gestalt therapy: Evolution and application. In E. Polster, M. Polster, & A. Roberts (Eds.), *From the radical center: The heart of gestalt therapy: Selected writings of Erving and Miriam Polster* (pp. 96-115). Cambridge, MA: GIC Press.

Resnick, R. F., & Estrup, L. (2000). Supervision: A collaborative endeavor. *Gestalt Review*, *4*(2), 121-137.

Robbins, A. (1994). *A multi-modal approach to creative art therapy*. London: Jessica Kingsley.

Ruiz, C. (2009). *Distintos enfoques en terapia de juego: Psicoanálisis, gestalt, estratégico y arenero* [Different approaches to play therapy: Psychoanalysis, gestalt, strategic therapy, and use of sandtray]. Unpublished manuscript.

Stewart, A. L., & Echterling, L. G. (2008). Playful supervision: Sharing exemplary exercises in the supervision of play therapists. In A. A. Drewes & J. A. Mullen (Eds.), *Supervision can be playful: Techniques for child and play therapist supervisors* (ss.281-307). Lanham, MD: Aronson.

Stoltenberg, C. D., McNeill, B. W., & Crethar, H. C. (1994). Changes in supervision as counselors and therapists gain experience: A review. *Professional Psychology: Research & Practice, 23*, 633-648.

Stone, H., & Stone, S. (1989). *Embracing our selves: The voice dialogue manual*. San Rafael, CA: New World Library.

Thompson, J. M. (2004). A readiness hierarchy theory of counselor-in-training. *Journal of Instructional Psychology, 31*(2).

Turner, B. A. (2005). *The handbook of sandplay therapy*. Cloverdale, CA: Temenos Press.

Weinrib, E. L. (1983). *Images of the self*. Boston, MA: Sigo Press.

Wilber, K. (2000). *Integral psychology: Consciousness, spirit, psychology, therapy*. Boston: Shambhala Publishers.

Yontef, G. M. (1993). *Awareness, dialogue & process: Essays on gestalt therapy*. Highland, NY: Gestalt Journal Press.

13

Dışavurumcu Sanatların Ek Klinik Kullanımları

Bu bölümde; macera terapisi, çocuk merkezli terapi ve kum oyunu teori ve teknikleri kısaca ele alınacaktır.

MACERA TERAPİSİ

Mark Gillen

Macera Terapisinin Tarihî Kökeni

"Macera terapisi" ya da "açık havada terapi"nin pek çok kökeni vardır. Williams (2000), 1906 San Francisco depreminden sonra yapılan ilk macera terapisi kanıtlarını açıklamıştır.

Agnew Akıl hastanesindeki binalar yıkıldıktan sonra, Williams, hastaların nasıl çadırda yaşamaya zorlandığını, sığınma alanlarına yerleştirildiğini ve şehrin yeniden inşasına yardım ettiğini anlatmaktadır. Çalışanlar, hastaların çoğunun davranışlarında hemen ve dikkat çekici değişiklikler gösterdiğini fark etmiştir.

Uyumsuz çocuklara kamp ve diğer açık hava deneyimlerini kullanarak terapi sağlamanın uzun bir geçmişi vardır. Michigan Üniversitesi Temiz Hava Kampı gibi özel kamplar, danışanı antisosyal davranışa dönüştürmeden kontrollü deneyimler, yaratıcı öğrenme fırsatları, gerçek yaşam koşulları ve heyecanlar yaşamasını sağlamıştır (Morse, 1947). Bu kamplar ayrıca terapistlere danışanları sürekli olarak gözlemleme fırsatı vermiştir.

Bununla birlikte, çoğu araştırmacı, macera terapisinin "Dış Sınır" geleneğinden geliştiğini kabul etmektedir (Russell, 2001). Dış Sınır, bilinmeyene yolculuk yapmak için güvenli bir limanın terk edilmesini belirleyen bir terimdir ve hayatta kalmanın içsel niteliklerini arttırmak için bir eğitimci olan Kurt Hahn tarafından ortaya atılmıştır. Hahn, sıkıntı veren durumlarla başa çıkabilmek için duygusal ve fiziksel becerileri desteklemenin bir yolunu aramıştır (Pommier, 1994). 1960'larda ve 1970'lerde Dış Sınır, suçlu ergenlerin hapsedilmesine alternatif bir tedavi olarak ün kazanmıştır. Macera terapisinin ilk araştırmacıları, değişimin Hahn'ın karakter gelişimine yönelmesi nedeniyle meydana geldiğini belirtmiştir (Russell, 2001).

Macera Terapisi Tanımı

Macera terapisinin tanımı yıllar içinde gelişmeye devam etmiştir. Macera terapisinin, vahşi bir ortamda tedavi amaçlı geleneksel terapi tekniklerinin kullanımı olduğu fikrinden birçok tanım geliştirilmiştir (Russell, 2000). Davis-Berman ve Berman (1993), macera terapisini dış mekân ortamında geleneksel tedavinin planlı ve sistematik kullanımı anlatımıyla bu tanımı desteklemişlerdir.

Pommier (1994), macera terapisinin deneyimsel öğrenmeyi terapiyle birleştirdiğini belirtmiştir. Yazar, macera terapisinin danışanların katılımcı olarak, gerçek etkinliklerle mevcut ve geleceğe dönük bilgiler edindiği benzersiz ortamlara entegre edildiğinde macera terapisinin oluştuğunu belirtmiştir. Pommier, macera terapisinin, danışanlara işlevsel olmayan davranışları zorlayan ve değişimi ödüllendiren faaliyetler sunan bir müdahale olduğunu ifade etmiştir.

Macera terapisi ayrıca davranış değişikliği, macera aktiviteleri ve terapötik ortam olarak benzersiz dış mekân ortamları içeren aktif bir yaklaşım olarak tanımlanmıştır (Gillis ve Simpson, 1991). Alvarez ve Stauffer (2001), macera terapisinin, terapötik hedeflere doğru değişimi yönlendirmek için kasıtlı herhangi bir macera aracının kullanımı olduğunu kabul etmektedir.

Itin (2001), macera temelli uygulamanın meta işlem düzeyinde yapılan değişikliklerin yanı sıra somut davranışlar, bilişler ve duygular içerdiğini belirterek macera terapisi tanımına başka bir katman eklemiştir.

Macera Terapisinin Bileşenleri

Tanımın ötesinde, danışanları ile etkili bir şekilde işlemeyi, davranışa ilişkin doğrudan ve hızlı sonuçları ve benzersiz bir öğrenme ortamında meydana gelen davranış güçlendirmeyi içeren macera terapisinin özellikleri ya da bileşenleri yer almaktadır (Pommier, 1994). Macera terapisi genellikle danışanların ilerleme kaydettiği ve gelecekteki hedeflerle ilgili görevlerin yerine getirilmesinin mümkün olduğu aşamaları içermektedir (Russell, 2001). Kiewa (1994), etkili macera terapisinde, danışanların önce bir şeyler yapmaları ve sonra üzerine düşünmeleri gerektiğini belirtmiştir. Kiewa, danışanın görevlerinin anlamlı bir gerçekliğe sahip olması gerektiğine, sonuçların net olması, güvenin, büyümenin bir parçası olarak dâhil edilmesi, danışanın seçim yapması ve başarının mümkün olduğu bir ortam olması gerektiğine inanıyordu. Pommier (1994), macera terapisinin bileşenlerini, danışanların; (a) korku ile karşı karşıya kaldığı, (b) güven duyduğu, (c) hemen, somut geri bildirim aldığı ve (d) sonuç aldığı deneyimler hâlinde sentezlemiştir.

Danışanların katılımını gerektiren etkinlikler, macera terapisinin temel değişim unsurları olarak görülüyordu. Danışan tarafından çoğunlukla yüksek riskli faaliyetler olarak algılanan şey aslında algının gerçek riskten daha büyük olduğu koşullu durumlar olmuştur (Mitten, 1994). Mitten, kaya tırmanışı gibi yüksek riskli aktivitelerin kullanılmasının kişinin öz güvenini arttırdığını ileri sürmüştür; bununla birlikte, etkinliğin neden olduğu duygusal stres danışanı kötü kararlar vermeye itmişse, olumsuz sonuçlara yol açabilir. Aynı şekilde, algılanan riski daha yüksek olan faaliyetler, öz yeterliliği desteklemek yerine, danışanların liderlere olan bağımlılığını arttırmıştır (Mitten, 1994).

Alvarez ve Stauffer (2001), etkinliklerin terapist tarafından yapılan bir değerlendirmeye dayanması gerektiğini ve bu macera terapisi etkinliklerinin düzeltici yaşam deneyimleri yaratması gerektiğini açıklamıştır. Alvarez ve Stauffer, danışmanın danışanın güçlü yönlerinin ve sınırlarının öğrenilip değerlendirilerek danışanın hayatının diğer bölümlerine aktarılabilecek etkinlikleri planlaması gerektiğini belirtmiştir. Bu süreçte önemli bir adım tedavi hedeflerinin çerçevelenmesi idi (Marx, 1988). Marx, tedavi hedefi planlamanın veya davranış sözleşmesinin danışana ve danışmana beklentilerini net bir şekilde bildirmesine ve davranışsal görevler geliştirmelerine yardımcı olduğunu belirtmiştir.

Etkinlikler ve sonuçlar, macera terapisinin temel unsurları olabilir ancak etkililiğin çalışanla empatik bir bağlantısı olmadığı konusunda şüpheler vardı (Russell, 2001). Açık hava danışmanları, ılık kalmayı, yemek yapmayı, sırt çantasını yapmayı, kanoyu sürmeyi veya bir nehri geçerken güvende olmayı da içeren bilgileri içeren danışanların ihtiyaç duydukları pratik becerilere sahiptir. Bu becerileri kazanımı aşamasında, danışanlar ve çalışanlar arasındaki güçlü etkileşim terapötik ittifakın oluşmasını sağlar (Williams, 2000).

Her macera terapisi programı, macera terapisinin kullanıldığı şekilden farklıydı. Örneğin, Dış Sınır'da, bireysel çevreyi desteklemek için doğal ortamı kullanılmıştır. Kullanılan bileşenler fiziksel aktivite, kasıtlı stres kullanımı, grup çalışması ve yeni becerilerin kazanılmasıyla sebep-sonuç ilişkilerinin güçlendirilmesiydi (Doud, 1977). Dış Sınır modeli, danışanı problemleri incelemesi, çözmesi ve öğrenilen davranışları tekrarlaması beklenen benzersiz bir fiziksel ve sosyal ortama yerleştirmiştir (Kiewa, 1994). Bu yaklaşımın özellikleri grup işleme, yüksek oranda algılanan stres ile artan zorlukları ve vahşi ortamda kullanılan terapötik teknikleri içeriyordu (Russell, 2001).

Yaygın olarak taklit edilen başka bir macera terapisi programı, maceraya dayalı danışmanlık olarak bilinmektedir. Bu bütünsel danışma ortamı davranışsal, duygusal ve bilişsel deneyimleri içermekteydi. Danışanları fiziksel ve duygusal güven oluşturmayı teşvik eden etkinliklere katılmasıyla karakterize edilmektedir. Bu davranış, hedef belirleme, zorlu durumlar ve katılımcılara davranışlarıyla ilgili sürekli geri bildirimde bulunmalarına yol açmaktadır (McNamara, 2001; Schoel, Prouty & Radcliffe, 1988).

Teori ve Uygulama

Gillis ve Simpson (1991), başarılı macera terapisi programlarını bir hedef gruba odaklanan; uzun vadeli değişimi teşvik eden; yeni başa çıkma becerilerinin öğrenilmesi için bir fırsat sağlayan; ev, okul ve toplumla güçlendirilmiş etkileşimler sağlayan ve toplanan titiz analitik verileri olan programlar olarak tanımlamıştır. Combs (2001), danışan davranışlarında değişikliklerin meydana geldiğini ortaya koymuştur ancak araştırma, ampirik kanıtları etkileyen değişkenler tarafından karıştırılmaktadır. Örneğin, macera terapisi genellikle uzun vadeli yerleşim tesisleri ya da bir macera terapisi programının etkinliğinin tespit edilmesinin zor olabileceği uzun süreli konut tesisler veya günlük tedavi programları gibi daha geniş bir terapötik ortamın bir parçası olarak gerçekleşmektedir.

Ayrıca macera terapisi programlarının analitik titizliği ile ilgili endişeler vardır. Mitten (1994), macera terapisinde işlem yapmak için belirlenmiş standartlar olmadığını, değişikliklerin nasıl tahmin edilebileceğini, değişikliklerin tahmin edilebileceği veya değişikliklerin süresini belirleyen hiçbir araştırma yapılmadığını belirtmiştir. Parker (1992), macera terapisi için ampirik desteğin zayıf kontroller, yetersiz örneklem büyüklüğü, yetersiz takip, kısa tedavi ve teorik modellerin eksikliği ile engellendiğini kabul etmiştir.

Macera terapisi araştırmacıları, analitik kesinliğin bulunmamasına da katkıda bulunmuş olabilir. Araştırmacılar, macera terapisi sürecine o kadar çok yatırım yapmış olabilirler ki, çıktıların tedavi etkisiyle oluştuğunu varsaymışlardır (Parker, 1992).Levitt (1994) bu çekişmeyi desteklemiştir ve çevreyi seven ve faydaları için tartışanların, doğası gereği eşsiz olan bir şeyin olumlu etkilere yol açabileceğini ümit edebileceğini belirtmiştir. Araştırmacılar, macera terapisindeki değişikliklerin arkasındaki teoriye zarar veren sonuç değişkenlerine de odaklanmış olabilirler (McNamara, 2001).

Diğer bir sorun, macera terapisinin, ergenlerin davranışlarındaki değişimi gerçekten nasıl desteklediğiyle ilgili araştırmaların bulunmayışıydı (Russell, 2000), en çok çalışılan macera terapisi popülasyonu (McNamara, 2001). Macera terapisi, travma yaşayan (Mitten, 1994), davranış problemi olan (Pommier, 1994) veya güven eksikliği, kişiler arası problem çözme eksiklikleri, depresyon ve kaygı yaşayan danışanlarda işe yarıyordu. (Williams, 2000). Bununla birlikte, açık havada tedavi edildiğinde bu popülasyondaki değişimin altında yatanı tanımlamak için daha fazla araştırmaya ihtiyaç vardı. Araştırmacılar, fiziksel olarak zorlu ve stresli durumların büyümeyi ve kişiler arası etkinliği, güven artırmayı ve iç kontrol odağını desteklediğini kabul etmektedirler (Doud, 1977; Mitten, 1994; Parker, 1992; Russell, 2000).

Bir danışman tarafından kabul edilen macera terapisi türü ne olursa olsun, açık varsayımlar ve sonuçlar içeren teorik bir temel içermelidir (Russell, 2001). Teori, uygulamayı bilgilendirmeyi amaçlamaktadır. Bir rehber olarak çalışma teorisi olmadan, daha az beceri ve daha az etki ile önemli kararlar alınmıştır (Schoel, Prouty & Radcliffe, 1988).

ÇOCUK MERKEZLİ OYUN TERAPİSİ

Charles E. Myers

Çocuk merkezli oyun terapisi (ÇMOT) "çocuğun hayatını çocuklarla ilişkilerinde yaşamak için kapsamlı bir felsefe" üzerine kuruludur (Landreth, 2002). Bu temel felsefe, çocukların da dâhil olduğu tüm insanların, bu süreci uygulamak ve yönlendirmek için içsel bir bilgelikle büyüme ve iyileşme için doğuştan gelen bir kapasiteye sahip olduğu temel inancı üzerine kuruludur. Her ne kadar çocuklar bu yeteneklere doğuştan sahip olsalar da yaşam deneyimleri iyileşme için doğal kapasitelerini önemli ölçüde bozabilir (Perry, Pollard, Blakely, Baker ve Vigilante, 1995). Çocuklar ilişkisel varlıklardır ve diğerleriyle sağlıklı ilişkiler içinde olmaları onlar için önemlidir. ÇMOT terapistleri bu iki ilkenin önemini kabul eder ve gerçekten kabul, özen ve güvene dayalı, güvenli ve besleyici bir ortam geliştirmeye çalışır.

Çocuk Merkezli Oyun Terapisi Gelişimi

ÇMOT, danışmanı Carl Rogers (1957/1992) tarafından benimsenen danışan merkezli prensiplere dayanan, yönlendirici olmayan (hümanist) oyun terapisi geliştiren Virginia Axline'ın (1947) çalışmasından ortaya çıkmıştır. Yaklaşımı, çocukların doğal iyileşme sürecinin benliğin bireyselleşmesinde ve temel benlik saygısının gelişiminde merkez olduğu inancına dayanmaktadır. Axline (1969), çocuk oyunlarının anlam ifade ettiğini ve çocukların anlaşıldığını ve kabul edildiğini hissetmesi gerektiğini kabul etmektedir. Çocukların oyunlarıyla ifade ettikleri duygu ve deneyimleri tanımanın ve bu anlayışı kendilerine yansıtmanın önemini vurgulamıştır. Guerney (1983) ve Landreth (2002)'nin çalışmaları bugünkü ÇMOT'un daha da gelişmesine katkıda bulunmuştur.

Çocuk Merkezli Oyun Terapisinin Temelleri

ÇMOT, oyun hayatının önemi ve çocukların hayatlarındaki ilişkilerin inancı üzerine kuruludur. Oyun çocukluk döneminin en önemli etkinliğidir (Landreth, 2002). Çocuklar kendilerini, etrafındaki diğer insanlarla ve dünyayla ilişkilerini keşfetmek, düzenlemek ve anlamak için oyunu kullanırlar. ÇMOT terapistleri, oyunu çocukların en doğal iletişim şekli olarak kabul eder. Ginott (1982) oyuncakların çocukların kelimeleri olduğunu ve oyunun çocukların iletişim kurduğu sembolik dil olduğu iddia etmektedir.

Çocuklar doğal olarak iç deneyimlerini ve inançlarını oyun ve etkinliklerle ifade eder. Çocuklar için oyun oynama hakkı ve önemi, Birleşmiş Milletler (Birleşmiş Milletler Genel Kurulu, 1990) ve Amerikan Pediatri Birliği (Ginsburg, Amerikan İletişim Akademisi Amerikan Akademisi ve Amerikan Pediatri Akademisi Çocuk ve Aile Sağlığının Psikososyal, Komitesi, 2007 dâhil) birçok kişi tarafından kabul görmüştür. 1700'lerin başlarında, oyun, çocukların sağlıklı gelişiminde önemli olarak kabul edilmiştir (Rousseau, 1762/1979). Çocuk oyununun kalitesinin bilişsel, duyuşsal ve sosyal gelişimlerini doğrudan etkilediği gösterilmiştir (d'Heurle, 1979). Oyun çocuklarla çalışırken gelişimsel olarak en uygun öğrenme stratejisi olarak görülmektedir (Bredekamp, 1987; Erikson, 1963; Montessori, 1964; Piaget, 1952).

ÇMOT'nin merkezinde, iyileşmenin çocukla oyun terapisti arasındaki özenli, terapötik ilişki bağlamında gerçekleştiği inancı vardır. Rogers (1951) *değişim için altı gerekli ve yeterli koşulu* belirtmiştir. Bu koşullar, bir çocuk ve bir oyun terapistinden oluşan iki kişi, psikolojik temasta, terapötik bir ilişkide bir araya geldiğinde oluşur (koşul 1). İlk kişi, çocuk, uyumsuzluk durumundadır (koşul 2). İkinci kişi, oyun terapisti, ilişkideki gerçekliği gösterir (koşul 3), çocuk için koşulsuz olumlu bir saygı gösterir (koşul 4) ve çocuğun içsel algılarına empatik bir anlayışa sahiptir ve bu deneyimi çocuğa iletir (koşul 5). Çocuk oyun terapistini gerçek, sıcak ve kabul edici olarak algılar (koşul 6).

Rogers'ın (1957/1992) altı koşulu altında geliştirilen ÇMOT, bireyin hayatını çocuklarla ilişki içinde yaşamaya ilişkin tutum ve davranış felsefesi üzerine kuruludur (Landreth, 2002). ÇMOT terapistleri, çocukların oyunlarının kendileri için hem iyileştirici hem de anlamlı olan yollarla yapıcı bir şekilde yönetme yeteneklerine dair derin ve kalıcı bir inanca sahiptir (Landreth ve Sweeney, 1997). Oyun terapistinin amacı, çocuklarla, iç yönelimlerini, yapıcı, ileriye doğru hareket eden, yaratıcı ve kendi kendini iyileştirme gücünü serbest bırakacak şekilde ilişki kurmaktır.

Çocuk Merkezli Oyun Terapisi Temel Kavramları

ÇMOT'nin temel kavramları, Rogers'ın (1951) kişilik merkezli yaklaşımının kişilik teorisinde, terapötik ilişkinin iyileştirici gücünde ve çocuklara yardım etmede oyunun gelişimsel yanıtında bulunur.

Kişilik Teorisi

ÇMOT terapistleri, çocuğun içsel duygu gelişimini ve benlik algılamasını kolaylaştıran bir ilişki geliştirmeye çalışmaktadır. Çocuğun benlik algısının önemi, Landreth'in (2002) "Bir çocuğun kendini nasıl hissettiği, davranışta önemli bir fark yaratan şeydir." ifadesiyle vurgulanmaktadır (s.60). Rogers'ın (1951) danışan merkezli oyun terapötik yapılarına dayanarak, ÇMOT terapistleri çocuğun kendi algısının önemini ve bu algının çocuğun gerçekliği olduğunu kabul eder. ÇMOT kişilik yapısı üç merkezî yapı üzerine kuruludur: (a) Kişi, (b) fenomenal alan ve (c) benlik (Landreth, 2002; Rogers, 1951).

Kişi

Çocuklar davranışlarıyla tanımlanan fiziksel bedenlerinin hareketlerinden çok daha fazlasıdır. Bir çocuğun kişiliği, varlığının tüm yönlerini kapsar: duygular, düşünceler, davranışlar ve fiziksel varlık. Çocuklar, yaşam alanlarını ve çevrelerindeki dünyayı, fenomenal alanlarından veya toplam deneyimlerinden geliştirdikleri algısal bir mercek aracılığıyla görürler. Çocuklar algılarına dayanarak, çevrelerindeki dünyaya, kendini gerçekleştirmek için ulaşan eksiksiz ve etkileşimli bir sistem olarak tepki verirler. Çocuklar büyümek ve özerklik için çabalar. Bu süreçte çocuklar algıladıkları ihtiyaçlarını bildikleri en iyi şekilde karşılamaya çalışırlar (Landreth, 2002). ÇMOT terapistleri, bir çocuğun toplam benliğini tanır ve onurlandırır ve bir çocuğun kendini gerçekleştirmesi doğuştan gelen dürtülerini desteklemek için güvenli ve besleyici bir ortam geliştirmek için aktif olarak çalışır.

Fenomenal Alan

Çocuğun fenomenal alanı, çocuğun bilinç ve bilinçaltı, içsel ve dışsal olarak yaşadığı her şeyden oluşur. Bir çocuğun gerçekliği, kendisinin, başkalarının ve içinde yaşadığı dünyanın algılarına dayanır. Bu algıların doğru olsun veya olmasın, çocuk için gerçekliktir. ÇMOT terapistleri, çocuğun dünyasını "gözleriyle" gördüğü gibi anlamanın ve algılarını gerçeklik olarak kabul etmenin önemini kabul eder (Landreth, 2002).

Benlik

Çocuklar yaşamlarında (örn., Anne, baba, öğretmenler) ve kendi fenomenal alanlarındaki önemli kişilerle etkileşime girdiklerinde, bazı deneyimleri kendileri olarak ayırt etmeye, benlik hissini geliştirmeye başlarlar. Çocuklar bazı şeyleri diğerlerinden farklı yaşadıklarını fark etmeye başlarlar. Bu farkındalık sayesinde çocuklarda olumlu bir saygı ve kabul edilme ihtiyacı geliştirir. Çocuklar kendilerini başkaları tarafından yargılanmış gibi algılamaya başlarlar ve olumlu saygılarının kaybından korkarlar. Bu algılar, çocukların kendi imajlarına uymasalar bile başkalarının sevmeleri ve onları değerli bulmaları için belli bir şekilde davranmaları, inanmaları veya hissetmeleri gerektiğini düşünmelerine yol açabilir. Çocuklar bu "değer koşulları" (Fall, Holden, & Marquis, 2004) veya koşullu olumlu saygı için çaba sarf ettikleri zaman, gerçek benlikleri ile kabul edilmeleri gerektiğine inanması gereken benlikleri arasında uyuşmazlık yaşarlar. Bu uyuşmazlık psikolojik baskı ve acıya neden olur. ÇMOT terapistleri, çocukların olumlu bir saygı gereksinimini ve uyuşmanın önemini kabul eder ve çocuklar için koşulsuz olumlu bir saygı göstermeye çalışırlar.

İyileştirici İlişki

Rogers (1957/1992), önemli bir değişimin yalnızca bir ilişki içinde gerçekleştiğini ve ilişkinin terapötik değişimin katalizörü olduğunu iddia etmiştir. ÇMOT terapistleri, çocukların büyümesine izin veren, kabul eden, besleyen, değişimi kolaylaştıran ve iyileştiren ortamlar oluşturmayı kabul eder. Kabul edici bir ilişkinin temel koşullarını deneyimlemek, çocukların kendilerini ifade etmelerini ve büyüme yeteneklerini serbest bırakır. Terapötik ilişki yoluyla oluşturulan yeni deneyimler, çocukların kendilerini anlamalarına ve öz kabul seviyelerini artırmalarına yardımcı olur. Axline (1950), çocukların terapötik ilişkide kim olduklarını keşfedebildiklerini ve oyunlarıyla kendilerini ifade edebildiklerini, öz bilgilerini geliştirdiklerini ve kapasitelerini daha etkili bir şekilde kullandıklarını belirtti. ÇMOT terapistleri çocuklara dört temel mesaj iletmeye çalışmaktadır: "Buradayım, Seni duyuyorum, Anlıyorum ve İlgileniyorum." (Landreth & Sweeney, 1997, p. 44).

Gelişimsel Duyarlılık

Çocuk terapistlerinin çocuklara gelişimsel bir perspektiften yaklaşması, anlaması ve davranması çok önemlidir (Landreth, 2002; Moustakas, 1955). ÇMOT, çocukların gelişimsel ihtiyaçlarına cevap veren (Axline, 1969; Guerney, 1983; Landreth, 2002), çocuklara büyüme, ustalık ve iyileşmesi için fırsatlar sağlayan terapötik bir yaklaşımdır (Bratton, Ray ve Landreth, 2008).

CCPT'in oyun temelli yaklaşımı Piaget'in (1952) bilişsel gelişim kuramına dayanmaktadır. Çocuklar bilgiyi anlama, işleme ve iletme konusunda yetişkinlerden farklıdır. Yetişkin terapisi, büyük ölçüde Piaget'in işlemsel aşamasına, soyut ve sofistike olmasına bağlıdır, oysa çocukların iletişimi somut ve basittir (Sweeney, 1997). Çocuklar, kendileri, başkaları ve çevrelerindeki dünyayla ilgili kendi içsel durumlarını ifade etmek için oyun ve etkinliklerle sembolizmi kullanırlar.

Oyun ve sözlü dil iletişimin zıt biçimleridir. Terapist çocuklara deneyimlerini, duygularını ve düşüncelerini bilişsel ve sözlü olarak iletme konusunda ısrar ettiğinde, temel olarak çocuklardan sembolik deneyimlerini terapistin tercih ettiği iletişim ortamına çevirmelerini istemektedir. Bu, yetişkin yalnızca İspanyolca temel bilgisi olan danışanlardan, derin duygularını, iç düşüncelerini ve samimi deneyimlerini yalnızca İspanyolca olarak paylaşmalarını sistemeye benzer. (Myers, 2008).

ÇMOT terapistleri, çocukların hayatında oyunun önemini ve amacını anlar. Çocuklar doğal olarak oyun yoluyla iletişim kurarak kendi iç dünyalarını ifade etmek için somut bir yol sağlamaktadır. Gelişimlerinde ve iyileşmelerinde etkili ve kolaylaştırıcı olan oyun, çocukların sağlıklı gelişimi için temeldir. ÇMOT, çocukların entelektüel, duygusal ve sosyal gelişimlerine, gelişimsel olarak duyarlı bir yaklaşımdır (Landreth ve Sweeney, 1997).

Çocuk Merkezli Oyun Terapisinin Uygun Olduğu Konular ve Sorunlar

Oyun terapisi, çocukların geniş kapsamlı sunum endişelerini tedavi etmede etkili bir yaklaşım olarak, yetmiş yıllık, araştırmaya dayalı, köklü bir geçmişe sahiptir. Bratton, Ray, Rhine ve Jones'in (2005) 93 kontrollü sonuç çalışmasının (1953-2000) meta-analizi, oyun terapisinin adreslemede büyük bir tedavi etkisine sahip olduğunu göstererek ortalama etki büyüklüğü 0.80 olan oyun terapisinin etkinliğini desteklemiştir. ÇMOT gibi hümanist/yönlendirici olmayan yaklaşımları kullanan 73 çalışma için daha büyük ortalama etki büyüklüğünü 93 olarak bulmuşlardır.

Oyun terapisinin, duygusal, davranışsal, eğitimsel, fiziksel ve sosyal alanda kaygıları dile getiren çocuklarla çalışmada etkili ve gelişimsel olarak duyarlı bir yaklaşım olduğu gösterilmiştir. ÇMOT'nin, travma ve kayıp, istismar ve ihmal, aile içi şiddet ve düşük öz güven gibi duygusal kaygıları olan çocukların tedavisinde yardımcı olduğu gösterilmiştir. ÇMOT, dikkat eksikliği/hiperaktivite bozukluğu, otizm, öfke, davranış bozukluğu ve aksi asilik gibi davranışsal kaygıları tedavi etmede başarıyla kullanılmıştır. ÇMOT'nin eğitimde olumlu sonuçları olduğu, okuma becerilerini ve bilişsel becerileri artırdığı tespit edilmiştir. ÇMOT, duyusal bütünleşme ve ölümcül hastalık gibi fiziksel ve tıbbi kaygıları olan çocukların ihtiyaçlarını karşılamada da yararlı olmuştur.

ÇMOT'nin, ailevi ve akran ilişkileri gibi sosyal kaygılarla mücadele eden çocukların, boşanma gibi yaşam değişikliklerine ve savaş ve doğal afetler gibi küresel kaygılara uyum sağlamalarına yardımcı olduğu gösterilmiştir. Oyun Terapisi Birliği'nin web sitesi, sürekli artan bir şekilde "raporlar" kütüphanesi sunmakta ve çeşitli oyun terapisi konularında güncel araştırmalar üzerine kısa raporlar yayınlamaktadır.

Özetle, ÇMOT terapistleri, kendilerini gerçekleştirme konusunda çocukların iç yönüne güvenmekte ve tedavide problemden ziyade çocuğa odaklanmaktadır (Landreth, 2002). Bu nedenle, tedavi hedefleri geneldir. ÇMOT terapistleri, destekleyici ve anlayışlı bir ilişki sağlamak, duygusal engelleri kaldırmak ve çocukların pozitif büyümesi için iç yönlerini serbest bırakmak için çaba gösterir. ÇMOT terapistleri, çocukların büyümelerine ve iyileşmelerine yardımcı olmak için doğal iletişim, keşif biçimini kullanır. Oyun yoluyla çocuklar iç dünyalarına, gerçekliklerine bir pencere açarlar. Çocukların kendilerini nasıl gördüklerini ve onlar için neyin önemli olduğunu görebiliyor ve anlayabiliyoruz. ÇMOT terapistleri, oyunun değerini ve çocuk tedavisindeki önemini kabul eder. Gerçek değişim çocukluğu ve çocuğu onurlandırdığımızda ortaya çıkar.

KUM OYUNU TERAPİSİ

Suzanne Degges-White

Kum Oyunu Kısa Tarihi

Kum oyunu, bireylerin mevcut kaygılarını veya sorunlarını sembolik, sözsüz bir şekilde ifade etmelerini sağlayan terapötik bir müdahaledir. Adından da anlaşılacağı gibi kum oyunu, bir kum tepsisinin kullanılmasını ve küçük figürlerin danışan tarafından kuma yerleştirilmesini içermektedir. Bu terapi şekli, danışanın sezgisel bilgisine ve danışmanın, henüz farkında olmasa da kaygılarını zaten çözmüş olan danışanın danışma süreci inancına dayanmaktadır. Kum oyunu süreci tipik olarak, bir bireyin dönüşüm için alışılmadık ve ön plana çıkmış rotada gezdiği arketip "kahraman yolculuğu"na benzetilir (Campbell, 1973).

1911'de H. G. Wells, yerde çocuklarıyla birlikte küçük oyuncaklarla oynadıkları oyunları anlatan *Floor Games* adlı bir kitap yazdı. Bu, eski kum oyunu uygulayıcılarından bazıları için temeldi. Böyle bir yöntem kullanan ilk uzmanlar arasında Dora Kalff, Margaret Lowenfield, Charlotte Buhler ve Erikson (Mitchell ve Friedman, 1994) yer alıyordu. C. G Jung'un kızı ile bir arkadaşlık kuran Kalff, Jung ile çalışmaya başladı ve bu etkili iş birliği Kalff'ı ilk Jungcu kum oyunu terapisti olarak tanımlamıştır. Kalff, kum oyunu ile bilinçaltının bilinçlendirilebileceğine inanıyordu.

Jungcu kum oyunu terapistleri, "kahramanın yolculuğunu", danışanların "kendi takımyıldızı" tepsisini yaratabildikleri ve ardından günlük gerçeklik ve yaşam dünyasına geri dönebilecekleri bilinçaltının en derin seviyesine bir yolculuk olarak görüyor (Mitchell & Friedman, 1994). Bu süreç, kum oyunu ile iyileşmenin gerçekleştiği araç olarak görülmektedir. Kalff (1980/2003) bu süreci, danışanın bu kalıbı takip eden tepsileri yaratabilecekleri üç aşamalı bir yolculuk olarak tanımlamıştır: (a) Hayvan-bitki, seçilmiş figürlerin ilkel dünyayı yansıttığı; (b) çatışma/savaş; seçilmiş figürler arasında çatışmanın yansıtıldığı ve (c) çatışma çözümü, danışanın benliğin takımyıldızı"nı yarattığı ve kendi egosunun bir "doğumunu", bireyselleşmeye benzer şekilde yarattığı ve daha sonra "gerçek dünyaya" veya "kolektif"e geri döndüğü son aşama. Yolculuğun kendisinin, duygusal ve psikolojik iyileşmeyi desteklediğine inanılmaktadır.

Malzemeler

Kum oyunu için gereken minimum temel malzemeler, temiz kumu tutmak için bir kap ve kuma yerleştirilecek figürler topluluğunu içerir. İdeal boyuttaki kum tepsisi, altı ve yanları mavi renkle boyanmış 30 inç X 20 inç X 3 inç'tir. Her ne kadar kum tepsileri uzman satıcılardan sipariş edilebilse de danışmanlar uygun boyutta plastik saklama kutularını da kullanabilirler. Figürler, danışanların düşünce ve duygularını ifade etmek için en uygun figürleri başarıyla seçebilmeleri için mümkün olduğunca çok sayıda etnik köken, ırk, cinsiyet ve dinî inanç sistemlerini kapsamalıdır. Danışmanın çalıştığı ortama bağlı olarak, terapist danışanlara belirli bir ortamı temsil eden nesneler sunabilir (bir hastanede veya tıbbi ortamda çalışıyorsanız yapışkan şeritler ve şırıngalar; okul ortamında minyatür masalar ve tahtalar vb.). En azından, nesneler ve figürler aşağıdaki kategorileri içermelidir: hayvanlar (vahşi, orman, evcil, tarih öncesi, fantezi ve çiftlik); kuşlar; haşarat; deniz canlıları; yarı insan/yarı hayvan (deniz kızları, insan başlı atlar); sürüngenler ve amfibiler; canavar; yumurta ve yiyecek; hayali figürler (cadılar, büyücüler, krallar ve kraliçeler); bitkiler; kayalar, kabukları ve fosiller; dağlar ve mağaralar; volkan; binalar; engeller; araçlar; insanlar; dövüş figürleri; manevi (rahipler, Buda, haç vb.) ve eklemek istediğiniz diğer figürler (Amatruda ve Simpson, 1997). Terapi süresince danışan tarafından yaratılan her kum tepsisini kaydetmek için bir kamera da olmalıdır.

İşleme

Hem yetişkinler hem de çocuklar, kelimelerle ifade etmesi zor olan aktif imgelemeyi sembollerle ifade etmeyi sağlayan bu yardımcı terapiden yararlanabilir. Kum oyunu, ortaya çıkan imgelerin bilinçli düşüncenin ürünü olmadığı hayal süreciyle karşılaştırılmıştır. Kum oyunu teknikleri, danışanların sorunları kendi hızlarında ve endişeyi doğrudan sözlü olarak kullanmak zorunda kalmadan keşfetmelerini sağlar. Bu, özellikle küçük danışanlar kaygılarını veya duygularını tartışmak için gerekli kelimelere sahip olmadıklarında özellikle işe yaramaktadır. Çeşitli şekillerde istismara maruz kalan çocuklar, doğrudan veya dolaylı olarak duygularını ve travmalarını canlandırmak için kum oyunu figürlerini kullanabilirler. Derine oturmuş duygular, çatışmalar ve deneyimleri ifade etmekte zorlanan yetişkinler bile bu sorunları keşfetmek için bu tür terapiyi başarıyla kullanır.

Danışanlar tipik olarak her seansta yeni bir tepsi oluşturur ve yarattıkları, kullanılan figürlerin sembolik seçimi ve yerleştirilmesi yoluyla ilerlemelerini yansıtmaktadır. Danışman ilk önce danışanlara bu ortamı tanıtırken, figürler ve kum saati gösteriliyor ve "kumda bir dünya yaratmaya" davet ediliyorlar. Danışan çalışırken, danışmanın sadece sürece tanıklık etmesi önemlidir; danışanın figürleri seçmesi veya yerleştirmesiyle ilgili sorular sorması tavsiye edilmez.

Danışan tarafından yaratılan ilk tepsi genellikle sorunun sadece bir kısmını değil, aynı zamanda çözümün bir kısmını da yansıtır (Amatruda ve Simpson, 1997). Danışanın, her kum tepsisi sırasında sözlü ve sözsüz olarak sunduğu tüm malzemeleri yansıtması önemlidir. Örneğin, danışmanlar ilk önce hangi nesnelerin girdiğini, hangilerinin tepsi yerleştirilmeden önce çıkarıldığını ve hangi nesnelerin alındığını, rafa geri yerleştirildiğini not etmelidir. Danışanın fiziksel hareketlerinin yanı sıra tepsisinin oluşturulması sırasında kendi etkinlik düzeyinden de çok fazla bilgi toplanabilir. Bazı uygulayıcılar danışana bitmiş çalışması hakkında doğrudan sorular sormamalarını önerirken, diğerleri danışanları tepsiyi oluştururken veya bitirdiklerinde yaptıkları çalışmalar hakkında bilgi vermeye davet eder. Çocuklar, tepsilerini oluştururken etkinliklerini ve figürlerinin etkinliklerini sık sık anlatırlar. Danışan oturumu bitirdikten sonra, oturum sırasında yapılan tepsinin çizilmesinin yanı sıra, danışanın çalışmalarının bir kaydının bulunması için tepsinin bir fotoğrafını çekmek yararlı olacaktır. Ayrıca, danışanın tepsisinin, seans sonuna ve danışan ayrılana kadar toplanmaması önemlidir. Resim, danışanın yaptığı "işi" yansıtır ve danışanın önündeki tepsiyi toplamak, danışan tarafından oturumun yapılmadığı şeklinde algılanır.

Her kum tepsisi oluşturma işlemi terapötik işlem olarak algılandığından, oluşturulan her kum tepsisini yorumlamak gerekmez. Aslında kum tepsisi yorumlanması danışmanlar olduğu sürece çok yönlü olabilir. Kendi yorumlarımızın sadece kendi yorumlarımız olduğunu ve danışanın anlamını veya niyetlerini yansıtmayabileceğini unutmamak gerekir. Belirli bir kum tepsisinin fotoğraflarını incelerken, tepsinin belirli ögelerinde yeni anlayışlar ve sembolizm ortaya çıkabilir. Kum çalışmasının yorumlanmasına yardımcı olmak için sembolizm üzerine çok sayıda kitap (örn., Cirlot's [1971] *A Dictionary of Symbols*) vardır ancak sürecin kendisi dış yorumlayıcı çalışmalar istişarede bulunmadan danışanın dönüşümüne yol açabilir (Amatruda ve Simpson, 1997).

Bazı danışanlar, danışmanlık hizmetini yürütmek için kum tepsisini kullanabilir ve her seansta ona geri dönebilir, diğerleri ise çalışmalarının başında tek bir kum tepsisi oluşturabilir.

Derinlemesine çalışmanın ve metaforun ortaya çıkması için bir alan sağlar ve en sözel olmayan danışanlara bile derinden kişisel bir düzeyde iletişim kurmanın bir yolunu sağlar.

REFERANSLAR

Alvarez, A. G., & Stauffer, G. A. (2001). Musings on adventure therapy. *The Journal of Experiential Education, 24*(2), 85-91.

Amatruda, K., & Simpson, P. H. (1997). *Sandplay: The sacred healing—A guide to symbolic process*. Taos, NM: Trance*Sand*Dance Press.

Association for Play Therapy. (n.d.). Mining reports. Alıntı 16 Mayıs, 2009,: http://www.a4pt.org/ps.index.cfm?ID51996

Axline, V. M. (1947). Nondirective therapy for poor readers. *Journal of Consulting Psychology, 11*(2), 61-69.

Axline, V. (1950). Entering the child's world via play experiences. *Progressive Education, 27*, 675.

Axline, V. M. (1969). *Play therapy*. New York: Ballantine Books.

Bratton, S. C., Ray, D. C., Rhine, T., & Jones, L. (2005). The efficacy of play therapy with children: A meta-analytic review of treatment outcomes. *Professional Psychology: Research and Practice, 36*(4), 367-390.

Bratton, S. C., Ray, D., & Landreth, G. (2008). Play therapy. In M. Hersen & A. M. Gross (Eds.), *Handbook of clinical psychology: Vol. 2. Children and adolescents* (pp. 577-625). New York: John Wiley & Sons.

Bredekamp, S. (Ed.). (1987). *Developmentally appropriate practice in early childhood programs serving children from birth through age 8*. Washington, DC: National Association for the Education of Young Children.

Campbell, J. (1973). *The hero with a thousand faces*. Princeton, NJ: Princeton University Press.

Cirlot, J. E. (1971). *A dictionary of symbols* (2nd ed.). New York: Barnes and Nobles.

Combs, S. E. (2001). The evaluation of adventure-based counseling with risk youth (Doktora tezi, Boston College, 2001). *Dissertation Abstracts International, 62*, 1569.

Davis-Berman, J. L., & Berman, D. S. (1993). *Wilderness therapy: Foundations, theory, & research*. Dubuque, IA: Kendall-Hunt.

d'Heurle, A. (1979). Play and the development of the person. *Elementary School Journal, 79*(4), 224-234.

Doud, R. S. (1977). The effects on self of a twenty-three day experiential wilderness program for adults: Implications for counseling (Doctoral dissertation, Western Michigan University, 1977). *Dissertation Abstracts International, 38*, 6531.

Erikson, E. H. (1963). *Childhood and society* (2nd ed.). New York: Norton.

Fall, K. A., Holden, J. M., & Marquis, A. (2004). *Theoretical models of counseling and psychotherapy*. New York: Brunner-Routledge.

Gillis, H. L., & Simpson, C. (1991). Project choices: Adventure-based residential drug treatment for court-referred youth. *Journal of Addictions and Offender Counseling, 12*(1), 12-27.

Ginott, H. G. (1982). Group play therapy with children. In G. L. Landreth (Ed.), *Play therapy: Dynamics of the process of counseling with children* (pp. 327-341). Springfield, IL: Charles C. Thomas.

Ginsburg, K. R., American Academy of Pediatrics Committee on Communications, & American Academy of Pediatrics Committee on Psychosocial Aspects of Child and Family Health. (2007). The importance of play in promoting healthy child development and maintaining strong parent-child bonds. *Pediatrics, 119*(1), 182-191.

Guerney, L. F. (1983). Client-centered (nondirective) play therapy. In C. E. Schaefer & K. J. O'Connor (Eds.), *Handbook of play therapy* (pp. 21-64). New York: John Wiley & Sons. Itin, C. (2001). Adventure therapy—critical questions. *The Journal of Experiential Education, 24*(2), 80-84.

Kiewa, J. (1994). Self-control: The key to adventure? Towards a model of the adventure experience. *Women & Therapy, 15*(3-4), 29-41.

Kalff, D. (1980/2003). *Sandplay: A psychotherapeutic approach to the psyche.* Cloverdale, CA: Temenos Press.

Landreth, G. L. (2002). *Play therapy: The art of the relationship* (2nd ed.). New York: Brunner-Routledge.

Landreth, G. L., & Sweeney, D. S. (1997). Child-centered play therapy. In K. J. O'Connor & L. M. Braverman (Eds.), *Play therapy theory and practice: A comparative presentation* (pp. 17-45). New York: John Wiley & Sons.

Levitt, L. (1994). What is the therapeutic value of camping for emotionally disturbed girls? *Women & Therapy, 15*, 129-137.

Marx, J. D. (1988). An outdoor adventure counseling program for adolescents. *Social Work, 33*(6), 517-520.

McNamara, D. N. (2001). Adventure-based programming: Analysis of therapeutic benefits with children of abuse and neglect (Doctoral dissertation, University of South Carolina, 2001). *Dissertation Abstracts International, 53*, 4964-4965.

Mitchell, R. R., & Friedman, H. S. (1994). *Sandplay: Past, present & future*. New York: Routledge.

Mitten, D. (1994). Ethical considerations in adventure therapy: A feminist critique. *Women & Therapy, 15*(3-4), 55-84.

Montessori, M. (1964). *The Montessori method.* New York: Schocken Books.

Morse, W. C. (1947). Some problems of therapeutic camping. *The Nervous Child, 6*(2), 211-224.

Moustakas, C. E. (1955). Emotional adjustment and the play therapy process. *The Journal of Genetic Psychology, 86*(1), 79-99.

Myers, C. E. (2008). *Development of the trauma play scale: Comparison of children manifesting a history of interpersonal trauma with a normative sample*. Unpublished dissertation, University of North Texas-Denton.

Parker, M. W. (1992). Impact of adventure intervention on traditional counseling interventions (Doktora tezi, The University of Oklahoma, 1992). *Dissertation Abstracts International, 53*, 4964-4965.

Perry, B. D., Pollard, R., Blakely, T., Baker, W., & Vigilante, D. (1995). Childhood trauma, the neurobiology of adaptation and 'use-dependent' development of the brain: How "states" become "traits." *Infant Mental Health Journal, 16*(4), 271-291). Retrieved May 13, 2009, from http://www.childtrauma.org/ctamaterials/states_traits.asp

Piaget, J. (1952). *The origins of intelligence in children* (2. bsk., M. Cook, Trans.). New York: International Universities Press. (Original work published 1936)

Pommier, J. H. (1994). Experiential adventure therapy plus family training: Outward Bound School's efficacy with status offenders (Doktora tezi, Texas A&M University, 1994). *Dissertation Abstracts International, 55*, 3311.

Rogers, C. R. (1951). *Client-centered therapy: Its current practice, implications, and theory*. Boston: Houghton Mifflin.

Rogers, C. R. (1992). The necessary and sufficient conditions of therapeutic personality change. 1957. *Journal of Consulting and Clinical Psychology, 60*(6), 827-832.

Rousseau, J.-J. (1979). *Emile, or on education* (A. D. Bloom, Trans.). New York: Basic Books. (Original work published 1762)

Russell, K. C. (2000). Exploring how the wilderness therapy process relates to outcomes. *The Journal of Experiential Education, 23*(3), 170-176.

Russell, K. C. (2001). What is wilderness therapy? *The Journal of Experiential Education, 24*, 70-80.

Schoel, J., Prouty, D., & Radcliffe, P. (1988). *Islands of healing: A guide to adventure based counseling*. Hamilton, MA: Project Adventure.

Sweeney, D. S. (1997). *Counseling children through the world of play*. Wheaton, IL: Tyndale House.

Wells, H. G. (1911). *Floor games*. London: Palmer. (Reprinted 1976. New York: Arno Press)

Williams, B. (2000). The treatment of adolescent populations: An institutional vs. a wilderness setting. *Journal of Child & Adolescent Group Therapy, 10*, 47-56.

Ek: Dışavurumcu Sanat Etkinlikleri Özet Tablosu

Dışavurumcu Sanat Yöntemi	Teori Bölümü	Teknik Adı	Sayfa
Resim	Adlerci Teori (Bölüm 2)	Yapılandırılmış Çoklu-Alan Aile Çizim Tekniği	13
		Yaşam Haritası Akordeon Kitap	20
		Kâğıt Peçete/Pelür Kâğıt Kolajı	22
		İmgeler ve Kolaj Aracılığıyla Hastanın Dünyasını Görmek	24
	Çözüm Odaklı Terapi (Bölüm 3)	Bir Çözüm Çizme	34
		Yeni Bölüm El Yapımı Kitapçık	37
		Yarış Arabası Özdeşleştirme	39
	Bilişsel Davranışçı Terapi (Bölüm 4)	Aile ile Keçe Çalışması	55
		Problemli Düşünceleri Tersine Döndürmek	60
	Seçim Teorisi (Bölüm 5)	"Seçtiğiniz Modayı Açıklama" Etkinliği	84
	Varoluşçu Teori (Bölüm 6)	Anlam Biriktirme: Varoluşsal Yansıma Olarak Gölge Kutusu	94
		Duygu Manzarası	96
		Öz Farkındalık Eksikliğinin Giderilmesi	98
		Keçe Panolarla Çerçevelendirme	104

Dışavurumcu Sanat Yöntemi	Teori Bölümü	Teknik Adı	Sayfa
	Feminist Teori (Bölüm 7)	Kadın Nakış İşleme Kasnağı	123
	Birey Merkezli Terapi (Bölüm 9)	Şiir Şişesi Postası	160
		Atık Malzemeden Duygu Heykelleri	163
		İmge Duvarı	166
		Danışan Aynası	171
		Öz Farkındalığı Desteklemek İçin Metafor Kullanımı	172
		Kişilik Çiftliği	178
		Sihirli Değnekler	180
	Öyküsel Yaklaşımlar (Bölüm 10)	Benim Metaforum	191
		Renk Kesitleri	193
		Yakima Zaman Topu	195
		Cherokee Su Kabağı Boyama	197
		Çok Katmanlı Zaman Çizelgesi	199
	Klinik Süpervizyon (Bölüm 12)	Yaşam Köprüsü	231
		Kolaj (Vaka) Kavramsallaştırma	236
		Bir Resim ve Binlerce Kelime	249
Bibliyoterapi	Adlerci teori (Bölüm 2)	Yapılandırılmış Bir Teknik Bibliyoterapi Tekniği	18
Drama	Bilişsel Davranışçı Terapi (Bölüm 4)	Bilişsel Davranışçı Terapi Drama İki Sahne	51
		Canlandırma: Çelişkili Niyet	53
	Seçim Teorisi (Bölüm 5)	Seçim-Hareket Etkinliği	77
	Gestalt Teorisi (Bölüm 8)	"Boş Ayıcık" Tekniği: Yetişkinlerde Kukla Kullanımı	138
		Gölge Partisi	144
		Toplantı Odası	147
		Ödenmemiş Faturalar	150
	Klinik Süpervizyon (Bölüm 12)	Sesimi Bulmak	238

Dışavurumcu Sanat Yöntemi	Teori Bölümü	Teknik Adı	Sayfa
Dışavurumcu Yazı	Çözüm Odaklı Terapi (Bölüm 3)	Yeni Bölüm El Yapımı Kitapçık	37
	Bilişsel Davranışçı Terapi (Bölüm 4)	Çaydanlık Değişimi	58
	Feminist Teori (Bölüm 7)	Değiştirilen Kitaplar ve Değiştirilmiş Yaşamlar	128
	Öyküsel Yaklaşımlar (Bölüm 10)	Bizim Bildirimiz Birlikte Oluşturulan Öyküler Benim Metaforum	187 189 191
	Klink Süpervizyon (Bölüm 12)	Bulunan Bir Şiir Oluşturmak	234
Çiçek Sanatı	Seçim Teorisi	Kalite Dünyaları Yansıtan Çiçek Düzenlemeleri	75
	Birey Merkezli Terapi (Bölüm9)	Floraterapi: Bir Rüya Bahçesi Aile Buketi	168 170
Hayal Gücü, Görselleştirme	Bilişsel Davranışçı Terapi	Problemli Düşünceleri Tersine Döndürmek	60
	Birey Merkezli Terapi (Bölüm 9)	Şiir Şişesi Postası	160
Intermodal	Dışavurumcu Sanatlarda Bütüncül Teori (Bölüm 11)	Hayvan Şifası/Güç Kalkanları Müzikten Esinlenen Şiirsel Paylaşım Bedeni İsimlendirme ve Kabul Etme Benlik Kutusu	209 212 214 216
Hareket/Dans	Seçim Teorisi	Akran Düdüklü Tenceresi ("Tutum Belirlemek")	79
	Gestalt Teori (Bölüm 8)	Duygu, Duygu Kalkanı	79
	Birey Merkezli Terapi (Bölüm 9)	İmge Duvarı	166

Dışavurumcu Sanat Yöntemi	**Teori Bölümü**	**Teknik Adı**	**Sayfa**
Müzik	Varoluşçu Terapi (Bölüm 6)	Müzikal Konuşmalar	101
	Feminist Teori (Bölüm 7)	Müzikal Kronoloji ve Ortaya Çıkan Yaşam Şarkısı	114
		Terapötik Topluluk Davul Çemberi	117
	Birey Merkezli Terapi (Bölüm 9)	Rencide Edici Kelimelere Karşı Güç Kazanma	174
Oyun	Adlerci Teori (Bölüm 2)	Oyuncak Evde Bana Aileni Göster Etkinliği	16
Kukla	Gestalt Teorisi (Bölüm 2)	"Boş Ayıcık" Tekniği: Yetişkinlerde Kukla Kullanımı	138
Kum Oyunu	Çözüm Odaklı Terapi (Bölüm 3)	Kumda Çözümleri Keşfetme	41
	Öyküsel Yaklaşımlar (Bölüm 10)	Danışanlarla Öyküsel Kum Tepsisi	201
	Klinik Süpervizyon (Bölüm 12)	Süpervizyonda Kum Tepsisi Kullanma	241

Dizin

C

Ç

D

E

F

R

S

Ş

T

U

V

W

Y